2판

가족복지론

Family Social Welfare

최정숙 강향숙 김경희 김선민 김유정 김주현 김지혜 박형원 백형의
우재희 이영선 이예승 이인정 이혜경 임정원 장수미 정선영 한인영 공저

학지사

2판 머리말

『가족복지론』 초판을 발간한 지 5년 만에 2판을 발행하게 되었다. 2015년 첫 출간 후 가족의 현황, 당면 이슈뿐 아니라 법과 정책, 서비스에서 많은 변화와 진전이 있었고 이를 새로이 담아낼 필요가 있었다. 또한 한국사회복지교육협의회에서 새로 발간한 2019~2020년 사회복지학 교과목지침서 내용과 2019년 한국가족사회복지학회에서 다룬 가족복지 교육의 현황과 과제에 관한 논의에서 진전된 사항들도 충실하게 반영할 필요가 있었다. 그간 저자들이 대학수업의 교재로 사용하면서 보완이 필요하다고 의견을 모은 내용은 물론 이 교재를 사용하신 여러분이 초판에 대해 말씀해 주신 사항 역시 잘 반영하고자 하였다.

2판은 다음 사항에 주력해 증보 개정하였다.

첫째, 계속해서 변화하고 있는 한국의 법과 정책, 서비스 내용을 현시점에 맞춰 업데이트해 담아냈을 뿐 아니라 변화된 외국의 가족복지정책 내용도 담고자 하였다. 가족의 개념에 관한 논의의 진전은 물론 가족의 현황 및 가족이 당면한 이슈, 가족에 대한 접근 방법에 대해서도 논문을 포함한 각종 문헌자료와 통계청을 비롯한 각 부처, 기관의 자료를 활용해 최신의 자료로 업데이트하였다.

둘째, 각 장에 QR코드를 삽입하는 새로운 시도를 통해 각 장의 내용과 관련이 있는 시청각 자료를 동시에 활용할 수 있게 하여 교재의 내용 이해를 돕고, 다각적인 관련 정보와 자료를 제공하여 확장된 사고와 논의가 가능하도록 하였다.

셋째, 많은 저자가 함께 작업하다 보니 내용이 풍부하고 심층적이지만 가족복지를 처음 접하는 학부생이 공부하기에는 분량이 다소 많고 난이도가 높다는 평가를 반영해 전체 구조를 간결하게 정리하였다. 먼저, 각 장의 주요 내용이 명료하게 드러나도록 분량을 줄여 간략하게 기술하였다. 또한 현대사회에서 가족이 당면한 이슈는 다양하지만 실천현장에서 만나게 되는 비중을 고려하여 1판에서 9개 분야로 쓴 가족복지 실천 분야를 8개 분야로 줄여 제시하였고, 목차 및 분야별 내용을 좀 더 체계적으로 재구성하여 제시하였다.

2판은 전체 4부 총 15개의 장으로 구성되었다. 제1부에서는 가족복지에 대한 기본적인 이해를 돕는 내용을 다루었다. 제1장에서는 변화하고 있는 가족의 개념과 기능, 현대사회 가족에서 나타나는 구조, 기능, 주기 면에서의 변화 및 이러한 가족의 변화를 바라보는 시각에 대해 논의하고, 현대사회의 가족이 당면한 문제 및 욕구에 대해 정리하였다. 제2장에서는 가족복지의 개념과 필요성, 가족복지의 대상, 접근 방법을 살펴보았다.

제2부에서는 가족복지 정책을 다루었다. 제3장에서는 복지국가와 가족복지 정책, 가족복지 정책의 개념과 유형, 대상을 살펴보았다. 제4장에서는 최근 주요 이슈인 저출산 고령화를 중심으로 우리나라의 가족복지 정책을 살펴보았고, 가족복지 관련 법으로 「민법(가족법)」「건강가정기본법」「한부모가족지원법」「영유아보육법」과 모성보호에 관한 법에 대해 살펴보았다. 제5장에서는 돌봄의 사회화(탈가족화) 관점에서 국가를 분류하여 미국, 영국, 독일, 프랑스, 스웨덴의 주요 가족복지 정책을 살펴봄으로써 우리나라 가족복지 정책에 시사하는 바를 논의할 수 있도록 하였다.

제3부에서는 가족복지 실천 관점과 이론, 가족복지 실천 과정을 다루었다. 제6장에서는 가족복지 실천의 기초가 되는 주요 이론으로서 가족체계와 가족 발달주기, 가족스트레스 이론, 가족 레질리언스 이론, 여러 가족치료 이론을 살펴보았다. 제7장에서는 가족복지 실천 과정을 접수 단계, 사정 및 계획수립 단계, 개입 단계, 종결 단계로 나누어 각 단계에서 수행해야 하는 실천목표와 실천기술들을 제시하였다. 또한 가족을 지원하는 실천 방법으로서의 가족교육, 가족치료, 가족 자조집단, 가족 사례관리를 활용해 가족과 일하는 방법을 제시하였다.

제4부에서는 사회복지 실천현장에서 많이 만나게 되는 이혼 및 재혼 가족, 가정폭력 가족, 중독가족, 다문화가족, 장애인가족, 정신장애인가족, 만성질환가족, 치매노인가족을 중심으로 각 가족에 대한 이해, 실태와 당면문제, 서비스 현황과 대책을 살펴보았다.

이 책은 지역사회복지관, 장애인기관, 정신건강복지센터, 중독센터, 병원 등 다양한 사회복지 실천현장에서 가족과의 실천 경험이 많은 저자들이 집필하였다. 가족을 지원하기 위해 가족을 어떻게 바라보고 정책적 · 실천적 차원에서 어떻게 접근해 나가야 할지 현장감 있는 고민을 담아 사회복지 실천현장에서 유용하게 활용할 수 있는 내용을 담고자 하였다. 또한 변화하는 가족에 대한 이해와 가족복지의 개념, 한국 및 외국의 가족복지 정책, 가족복지 실천 과정과 실천 분야를 균형 있게 다루면서도 특히 다른 저서에서는 잘 다루지 않은 가족복지 실천 관점으로서의 가족 스트레스 이론과 가족 레질리언스 이론을 소개하고 있다는 점, 가족복지 실천 방법으로 주로 소개되는 가족치료 외에도 사회복지 실천현장에서 활용도가 높은 가족교육, 가족 자조집단, 가족 사례관리에 관한 내용을 충실히 담아내고 있다는 점이 이 책이 갖는 특징이자 강점이라 할 수 있겠다.

저자들은 잘 집필한 부분이 있다면 더욱 진전시켜 나가고 부족한 부분은 계속적으로 보완해 가면서 책의 완성도를 높여 나가고자 한다. 사회복지 교육현장과 실천현장에 계시는 여러분께서 지속적인 관심과 의견을 보내 주실 것을 기대한다.

끝으로 개정판 출간을 위해 애써 주신 학지사 김진환 사장님과 김서영 선생님을 비롯한 출판사 여러분의 노고에 깊은 감사를 드린다.

2020년 3월

저자 일동

1판 머리말

최근 한국의 가족은 급격한 변화를 경험하고 있다. 세계 최저 수준의 출산율과 급속하게 진행되고 있는 고령화, 일-가정 양립과 가족돌봄의 문제, 이혼과 재혼의 증가, 가족 유형의 다양화, 다문화가족의 증가 등 과거에는 볼 수 없었던 여러 가지 현상을 경험하고 있다. 이러한 현상들은 한국 사회가 다루어야 할 주요 이슈가 되고 있으며, 이에 따라 가족에 대한 정책적 · 실천적 관심이 증가하고 있다. 저출산 · 고령화, 여성의 노동시장 참여 확대 등 인구학적 변화는 가족복지 정책의 변화를 촉발했고, 취약한 가족을 중심으로 한 제한된 가족복지에서 최근에는 모든 가족에 대한 보편적 가족복지로 확대되고 있는 상황이다.

이러한 상황에서 저자들은 가족복지에 관심 있는 학생들이 한국 사회의 가족 문제와 쟁점을 이해하고, 가족복지 실천에 필요한 정책과 개입기술을 습득하는 데 도움을 주기 위해 이 책을 집필하게 되었다.

이 책은 총 4부 16장으로 구성되어 있다. 제1부에서는 가족복지의 기본 개념의 이해를 위한 일반적인 내용을 다루었다. 제1장에서는 가족의 개념과 기능, 현대사회 가족의 변화에 대해 검토하였다. 제2장에서는 가족복지의 개념과 필요성, 접근방법을 살펴보았다.

제2부에서는 가족복지 정책을 다루었다. 제3장에서는 가족복지 정책의 개념에서 시작하여 가족복지 정책의 유형을 살펴보았다. 제4장에서는 저출산 · 고령화 이슈가 대두된 이후 보육 및 자녀양육 지원 서비스의 확대 등 다양한 가족복지 프로그램이 도입 · 확대되고 있는 우리나라의 가족복지 정책과 관련 법령을 정리하였다. 제5장에서는 '돌봄의 사회화' 관점에서 각 국가를 유형화하고 미국, 영국, 독일, 프랑스, 스웨덴의 주요 가족복지 정책을 정리하여 우리나라의 가족복지 정책에 있어 참고할 수 있는 내용을 살펴보았다.

제3부에서는 가족복지 실천의 이론과 과정을 기술하였다. 제6장에서는 가족복지 실천의 기초가 되는 주요 이론과 개념으로서 가족체계, 가족 발달주기, 가족 스트레스 이론, 가족 레질리언스 이론, 가족치료 이론을 고찰하였다. 제7장에서는 가족복지 실천의 접수 단계, 사정 및 계획수립 단계, 개입 단계, 종결 단계에서 실천가가 알아야 할 주요 개념과 기술, 고려해야 할 점들을 제시하였다. 아울러 가족 개입 방법으로서 가족교육, 가족치료, 가족 사례관리를 통해 가족과 일하는 데 필요한 구체적 방법을 제시하였다.

제4부에서는 가족복지 실천현장에서 접할 수 있는 중독가족, 가정폭력가족, 이혼가족과 재혼가족, 만성질환가족, 정신장애인가족, 장애인가족, 치매노인가족, 다문화가족, 노년기가족을 중심으로 기본 개념의 이해, 가족 문제를 설명하는 이론 및 관점, 특정 가족 유형에 대한 서비스 현황 및 관련 법령을 살펴보았다. 현대사회에서 가족이 경험할 수 있는 문제는 다양하지만, 지면의 제한으로 다양한 가족 문제를 살펴보기 어려웠기 때문에 다각적인 가족복지 접근이 필요한 가족 문제를 중심으로 살펴보았다.

이 책은 이화여자대학교 사회복지학 전공 한인영 교수님의 정년퇴임을 기념하기 위해 교수님과 제자들이 함께 준비한 것이다. 부족한 제자들을 한 번도 질책하지 않으시고 항상 따뜻하고 다정한 목소리로 지도해 주셨던 한인영 교수님을 기억하며, 이제는 그러한 교수님의 마음을 닮아 후학을 가르치고 있는 제자들이 모여 저술하였다. 교수님의 연구실에서 함께 밤늦게까지 공부하던 박사과정 시절을 추억하며 저술 방향을 논의하고 토론하는 과정은 제자들에게 또 다른 자극이 되었다. 아울러 전체 저술 과정에서 제자들을 격려해 주시며, 가족복지의 새로운 동향을 담아낼 수 있도록 이 책을 감수해 주신 한인영 교수님께 감사드린다.

이 책은 가족복지와 가족복지 실천에 대한 포괄적이고 광범위한 지식과 현황을 전달하는 데 초점을 두고 있으며, 가족복지 실천현장에 대한 기본적인 이해를 갖고자 하는 독자들에게 적합할 것으로 생각된다. 이 책이 변화하는 가족복지 분야의 교육과 실천현장에 도움이 되기를 바라며, 부족한 부분과 내용에 대해서는 앞으로 계속 보완하고자 한다. 이 책의 발간을 위하여 도움을 주신 모든 분들께 감사를 드린다.

2015년 1월 저자 일동

차례

■ 2판 머리말 … 3
■ 1판 머리말 … 7

제1부 가족복지 개관

제1장 가족에 대한 이해 / 17 [최정숙]

1. 가족의 개념과 기능 / 18
2. 현대사회 가족의 변화 / 21
3. 가족변화를 바라보는 시각 / 29
4. 현대사회 가족의 문제 및 욕구 / 31

제2장 가족복지에 대한 이해 / 37 [이인정]

1. 가족복지의 개념 / 38
2. 가족복지의 필요성 / 42
3. 가족복지의 대상 / 45
4. 가족복지의 접근 방법 / 47

제2부 가족복지 정책

제3장 가족복지 정책에 대한 이해 / 55 [김지혜]

1. 복지국가와 가족복지 정책 / 55
2. 가족복지 정책의 개념 / 59
3. 가족복지 정책의 유형 / 64
4. 가족복지 정책의 대상 / 68

제4장 우리나라의 가족복지 정책 / 73

1. 우리나라의 가족복지 정책 / 73 [김지혜]
2. 우리나라의 가족복지 관련 법 / 83 [이영선]

제5장 외국의 가족복지 정책 / 99 [박형원]

1. 미국의 가족복지 정책 / 102
2. 영국의 가족복지 정책 / 106
3. 독일의 가족복지 정책 / 110
4. 프랑스의 가족복지 정책 / 116
5. 스웨덴의 가족복지 정책 / 121

제3부 가족복지 실천

제6장 실천 관점 및 이론 / 135

1. 가족체계 / 135 [이예승]
2. 가족 발달주기 / 149 [이예승]
3. 가족 스트레스 이론 / 165 [임정원]
4. 가족 레질리언스 이론 / 176 [임정원]
5. 가족치료 이론 / 184 [강향숙]

제7장 가족복지 실천 과정 / 211 [장수미]

1. 접수 단계 / 211
2. 사정 및 계획수립 단계 / 217
3. 개입 단계 / 226
4. 종결 단계 / 231

제4부 가족복지의 실천 분야

제8장 이혼가족과 재혼가족 / 239 [백형의]

1. 이혼가족에 대한 이해 / 239
2. 이혼가족의 실태와 문제점 / 241
3. 이혼가족에 대한 서비스 현황과 대책 / 246
4. 재혼가족에 대한 이해 / 250

5. 재혼가족의 실태와 문제점 / 252
6. 재혼가족에 대한 서비스 현황과 대책 / 253

제9장 가정폭력가족 / 257 [김주현]
1. 가정폭력에 대한 이해 / 258
2. 가정폭력의 실태와 문제점 / 260
3. 가정폭력가족에 대한 서비스 현황과 대책 / 270

제10장 중독가족 / 287 [김선민]
1. 중독가족에 대한 이해 / 288
2. 중독가족의 대처 양상 / 290
3. 중독가족 치료 / 298

제11장 다문화가족 / 305 [김유정]
1. 다문화가족에 대한 이해 / 305
2. 다문화가족의 실태와 문제점 / 313
3. 다문화가족에 대한 서비스 현황과 대책 / 321

제12장 장애인가족 / 327 [정선영]
1. 장애인가족에 대한 이해 / 327
2. 장애인가족의 현황과 장애인가족 지원을 위한 관련 법령 / 340
3. 장애인가족 지원의 변화와 대책 / 347

제13장 정신장애인가족 / 355 [이혜경]

1. 정신장애인가족에 대한 이해 / 356
2. 정신장애인가족의 실태와 문제점 / 361
3. 정신장애인가족에 대한 서비스 현황과 대책 / 372

제14장 만성질환가족 / 381 [김경희]

1. 만성질환가족에 대한 이해 / 382
2. 만성질환가족의 실태와 문제점 / 388
3. 만성질환가족에 대한 서비스 현황과 대책 / 392

제15장 치매노인가족 / 405 [우재희]

1. 치매노인가족에 대한 이해 / 405
2. 치매노인가족의 실태와 문제점 / 407
3. 치매노인가족에 대한 서비스 현황과 대책 / 412

■ 찾아보기 … 421

제1부

가족복지 개관

제1장 가족에 대한 이해

제2장 가족복지에 대한 이해

제1장
가족에 대한 이해

사회복지 역사에 있어 가족은 개인의 복지에 직접적인 영향을 미치는 1차적 환경체계로 인식됨과 동시에 하나의 체계로서 당면하는 공동의 과제와 가족 내에 발생하는 다양한 역동으로 인해 그 자체가 사회복지의 주요 대상이 되어 왔다(최선희, 최정숙, 박화옥, 2008).

이 장에서는 가족에 대한 이해를 위해 가족의 개념과 기능을 살펴보고, 현대사회 가족의 변화양상과 이러한 변화를 바라보는 시각, 현대사회 가족의 문제 및 욕구를 살펴보는 것으로 구성하였다.

1. 가족의 개념과 기능[1)]

1) 가족의 개념

가족은 모든 사회, 문화에서 발견되는 보편적인 사회 현상이자 제도임에도 그것을 정의하기는 쉽지 않다.

전통적으로 가족을 정의하고 있는 개념을 살펴보면, Murdock(1949)은 "사회적으로 인정받는 성적 관계를 유지하는 최소한 두 명의 성인남녀와 그 성인들이 낳았거나 입양한 한 명 또는 그 이상의 자녀를 포함하며, 공동거주, 경제적 협력, 재생산으로 특징지어지는 사회집단"으로 정의하고 있다. 같은 맥락에서 Barker(1987)는 "혈연, 결혼, 입양 등으로 관련된 둘 이상의 사람들로 구성된 집단으로 동일한 가구에서 함께 거주하는 사람들의 집단"으로 정의한다. 이와 같은 정의는 주로 가족을 결혼, 혈연, 입양과 같은 법적 지위나 부모-자녀로 구성된 가족구조 및 형태에 의해 규정짓고 있으며 공동의 주거공간과 경제성, 자녀의 사회화를 책임지는 것을 포함하는 전형적인 핵가족 형태를 전제로 하고 있다.

근대 이래 핵가족은 인류의 가장 보편적인 가족 형태로 여겨지면서 정상과 비정상을 구분하는 준거틀로 작용(이여봉, 2006)해 왔으나 이러한 가족 형태를 기반으로 한 정의는 오늘날 다양한 가족 형태가 등장하고 있는 상황에서 더 이상 우세하거나 실제적이기는 어렵게 되었다. 현대사회에서는 획일성보다는 다양성이, 정형화보다는 유연화가, 규칙과 규율의 적용보다는 정서와 사랑의 공동체로서의 가족기능이 부각(신용하, 장경섭, 1996; 양옥경, 2000: 양옥경, 2005에서 재인용)되고 있으며, 실제 증가하고 있는 한부모가족, 재혼가족, 무자녀가족, 조손가족, 다문화가족, 미혼모부자가족, 기러기가족, 동성애가족 등 다양한 가족형태는 새로운 방식의 가족개념을 정의할 필요를 보여 주고 있다(최선희, 최정숙, 박화옥, 2008). 최근 쉐어하우스, 그룹홈, 노인공동체, 반려동물/

---

1) 가족의 개념과 기능에 관한 부분은 최선희, 최정숙, 박화옥(2008)을 기본 틀로 하고 다른 자료들을 추가적으로 보충하여 기술하였다.

로봇의 가족화와 같은 비혈연 공동체적 삶에 대한 시도들이 이어지면서 혈연의 의미가 축소되고 공동체적 삶이자 열린 가족개념에 대한 논의가 이루어지고 있으며(최선화, 공미혜, 전영주, 최희경, 2018; 이여봉, 2019), 전형적 가족을 넘어(beyond the family), 다양한 가족(Families), 선택적 가족(Familiy of choice), 사회적 가족이 논의되고 제안되고 있다(최정숙, 2019).

'혼인 · 혈연 아니어도 가족'(KBS 뉴스)

Gittins(1985)는 'the family(전형적인 정상 가족)'는 더 이상 정의할 수 없다고 전제하면서 가족의 보편적인 특성으로 가족관계를 제시하며 가족에 대한 역사적 · 문화적 특수성을 인식하는 것이 중요함을 주장하였다. Giddens(1992)는 "가족이란 정서적이고 물질적인 지지에 기반을 둔 둘 또는 그 이상의 사람들이 상호 간에 기대를 갖고 그들의 삶의 유형과 관계없이 상호책임감 · 친밀감과 지속적인 보호를 주고받는 구성체"라고 정의하였으며, 이효재(1983) 또한 가족을 "일상적인 생활을 공동으로 영위하는 부부와 자녀들, 그들의 친척, 입양이나 기타 관계로 연대의식을 지닌 공동체 집단"이라고 정의하였다. 장경섭(2018)은 한국인에게 가족은 사생활만을 영위하는 공간이나 관계가 아니라 사회적 자원, 가치의 선취 및 기본적 생존조건 확보, 유지를 위한 정치경제적 단위로서 역사적 현실 속에서 적응하며 생성한 상황적 구성물이라고 정의하였는데, 이러한 정의들은 가족을 연대의식을 갖고 지속적인 관계를 가지는 것으로, 기능을 갖는 상황적 구성물이라는 것에 초점을 두고 있다.

사회복지 분야에서도 최근에는 구조나 형태보다는 기능이나 관계의 질적인 측면에서 가족을 정의하고 있는 것을 볼 수 있다. Hartman과 Laird(1988)는 "둘 이상의 사람들이 친숙한 한 가족이라고 여기고 밀접한 감정적 유대와 가정이라는 생활공간, 생물적 · 사회적 · 심리적 요구의 충족에 필요한 역할과 과제를 공유할 때 가족이다"와 같이 정의하였으며, 같은 맥락에서 미국사회복지사협회(NASW) 가족분과위원회(1982)에서도 가족을 "그들 스스로 가족이라고 생각하고 건강한 가족생활에 필수적인 의무, 기능, 책임을 수행하는 두 명 이상의 사람들"(성정현, 여지영, 우국희, 최승희, 임세희, 2014: 29에서 재인용)로 정의하고 있는데, 이러한 정의는 다양한 가족구조, 발달주기, 문화적 차이를 포괄하고 있으며, 가족의 구조보다는 관계와 기능에 초점을 두고 있는 것으로 볼 수 있다.

가족의 범위, 형태와 관련한 지속적인 논의가 이어지고 있으나, 다른 가족 형태를 인정하는 것은 전통적 가족을 의도적으로 벗어나려 하거나 평가절하하는 것이 아니며 오히려 사람들이 소속감, 충성심, 상호적 돌봄, 밀접한 관계를 경험하는 풍부한 기회를 더해 주는 것(Hepworth, Rooney, Rooney, Strom-Gottfried, & Larsen, 2010)임이 고려되어야 할 것이다. 다양한 가족 관점에서는 가족 스스로가 성원으로 정의하는 것이 가족 범위로 가장 명확한 것이 될 것이고 가족 형태는 가족구성원 의식만큼이나 다양할 수 있겠지만, 사회복지에서 더욱 중요하게 관심을 가져야 할 것은 가족 및 그 성원들의 복지와 발달에 기여하는 '기능'이 잘 수행될 수 있도록 하는 것과 가족의 보편적이고 중요한 특성인 '관계'가 잘 정립될 수 있도록 하는 것이 될 것이다.

2) 가족의 기능

가족의 기능 역시 변화하는 사회문화적 상황에 영향을 받으므로 정형화된 정의를 내리기는 쉽지 않다.

국내외 학자들에 의해 제시된 가족의 기능을 살펴보면, Murdock(1949)은 출산과 재생산 기능, 성적 기능, 경제적 기능, 교육 및 사회화의 기능으로 제시하였다. Parsons와 Bales(1955)는 핵가족의 기능을 자녀의 사회화와 성인 인성의 안정화, 두 가지로 축소하여 주장하였으며, Ackerman(1960)은 가족의 기능을 영역별로 구분하여 생물적으로는 종족의 유지, 경제적으로는 가족구성원 간 상호협력에 의한 생활의 안정 도모, 심리적으로는 가족구성원의 애정욕구 충족, 사회문화적으로는 도덕과 관습의 전수라고 제시하였다.

Strong과 DeVault(1992)는 기존의 가족기능 중 경제적 협조 및 출산과 사회화 기능과 더불어 가족구성원에게 지위와 사회적 역할을 할당하는 기능과 친밀한 관계의 근원을 제공하는 기능을 강조하였고, Zastrow(2007)는 사회구성원의 재생산 기능, 아동양육과 보호 기능, 사회구성원의 사회화 기능, 성적 행동의 통제 기능과 함께 애정의 원천 기능을 제시하여 가족을 통해 느낄 수 있는 변함없는 소속감과 만족감, 가족구성원 간의 지속되는 관계를 통한 정서적, 사회적 충족감이 가족관계뿐만 아니라 사회적 관계에서도 매우 긍정적인 영향을 미치는 기능임을 주장하였다.

한편, 김주수(1986)는 가족의 기능을 사회의 변화에도 불구하고 비교적 지속적인 고유 기능, 사회의 변화에 따라 영향을 받는 기초 기능과 파생 기능으로 구분하였고, 각 기능에 있어 가족구성원을 위한 대내적 기능과 사회를 위한 대외적 기능을 제시하였다. 대내적 고유 기능으로는 성, 애정과 생식, 양육의 기능을 포함하였고, 대외적 고유 기능으로는 성적 통제와 종족보존의 기능을 포함하였다. 기초 기능이란 고유 기능과 파생 기능을 성립시키는 기능을 일컫는데, 대표적인 기초 기능으로 경제적 기능을 제시하였고, 대내적으로 생산과 소비의 기능을, 대외적으로 노동력 제공 및 생활보장의 기능을 주장하였다. 고유 기능과 기초 기능에 의해 가족이 성립되면 그로부터 자연적으로 발생되는 파생적인 기능은 가족구성원에게는 교육, 보호, 휴식, 오락, 종교 등의 대내적 기능을 담당하고, 사회에서는 안정화와 문화 전수의 기능을 담당한다고 제시하였다. 이원숙(2018)은 UN이 제시한 것을 기반으로 가족의 기능을 부부 결속의 구축, 생식과 성관계, 가족구성원에 대한 이름과 지위 부여, 아동과 가족구성원에 대한 기본적 보호, 아동의 사회화와 교육, 가족구성원의 보호, 가족구성원에 대한 정서적 지지 및 레크리에이션, 재화와 서비스의 교환 기능으로 제시하였다.

이상의 학자들이 가족의 기능으로 정의한 내용들을 보면 친밀한 관계의 근원 제공, 경제적 협조 단위로서의 기능, 자녀출산/사회화, 가족구성원에게 지위와 사회적 역할 할당, 가족구성원에 대한 돌봄과 보호 등이 주요 기능으로 요약된다.

2. 현대사회 가족의 변화

가족의 개념에서 이미 살펴본 바와 같이 오늘날의 가족은 많은 변화를 보여 주고 있다. 다양한 가족 형태가 등장하고 있을 뿐 아니라 규모와 구성에서도 변화가 나타나고 있다. 가족의 기능 면에서도 기존에 수행하던 기능에 변화가 발생하고 가족기능에 대해 기대하는 바

가족의 탄생(EBS Culture)

또한 달라지고 있다. 가족주기가 달라지고 다양한 형태로 나타나고 있는 상황이다. 최근의 가족변화 동향을 세부적으로 살펴보면 다음과 같다.

1) 가족구조 면에서의 변화

가족구조 면에서는 초혼연령의 상승, 결혼의 감소, 출산율 저하, 독신 및 노인단독가구의 증가로 1인 가구가 증가하는 등 가족의 규모가 축소되고 세대구성이 단순화되며 다양한 가족 비율이 증가하는 특징을 보여 주고 있다.

먼저, 우리나라 가족구조 변화에 큰 영향을 미치는 요인 중 하나는 초혼연령의 상승으로 만혼이나 비혼이 늘어나고 있는 추세와 연관된다. 우리나라 남녀 초혼연령은 1980년에는 남성 27.3세, 여성 24.5세였으나 2000년에 남성 29.3세, 여성 26.5세로 높아지고 2018년에는 남성 33.2세, 여성 30.4세까지 높아졌다(통계청 2019a). 혼인 건수는 1980년 403,031건(조혼인율 10.6)에서 2000년 332,090건(조혼인율 7.0), 2018년 257,600건(조혼인율 5.0)으로 지속적으로 감소하는 추세를 보인다. 결혼에 대해서 '해야 한다'고 생각하는 비율은 2018년 48.1%로 절반 이하로 떨어졌는데, 특히 미혼남성의 36.3%가 결혼에 찬성하는 반면, 미혼여성이 결혼을 원하는 비율은 22.4%에 불과하여 남녀 간의 차이를 보였다. 또한 동거에 대해서는 '결혼을 하지 않더라도 같이 살 수 있다'고 생각하는 사람의 비율이 증가하여 2018년 56.4%로 50.0%를 넘어서는 것으로 조사되었다(통계청, 2018a).

〈표 1-1〉 초혼연령 및 혼인 현황 (단위: 세, 건)

	평균초혼연령		혼인 건수	조혼인율 (인구 1천 명당 건)
	남성	여성		
1980	27.3	24.5	403,031	10.6
1990	27.8	24.8	399,312	9.3
2000	29.3	26.5	332,090	7.0
2010	31.8	28.9	326,104	6.5
2018	33.2	30.4	257,622	5.0

자료: 통계청(2019b).

최근 우리나라 출산율도 급격히 감소되는 경향을 보인다. 한 여성이 가임기(15~49세) 동안 출산하는 평균 자녀 수를 의미하는 합계출산율이 1970년에 4.53명이던 것이 1983년에 2.06명으로 인구대체율인 2.10명을 밑도는 지점으로 진입하여 2005년 1.08명까지 감소하였다가 2010년 1.23으로 다소 회복되는 듯 하더니 2018년 0.98명에 이를 정도로 출산율이 낮아지고 있다(통계청, 2019a). 첫 자녀 출산 시 모(母)의 평균연령은 2010년 30.1세로 30대에 진입하였고, 2017년 31.6세에 이르렀다(통계청, 2019a).

우리 사회에는 저출산뿐 아니라 고령화 현상 또한 두드러지게 나타나는데, 우리나라 평균기대수명은 1970년 61.9세에서 1990년 71.3세, 2010년 80.8세, 2017년 82.7세로 점차 늘어나고 있다(통계청 2019a, 〈표 1-2〉 참조). 또한 우리나라 65세 이상 고령인구의 비중은 1960년 2.9%에 불과하였으나, 2000년에는 7.2%에 이르러 고령화사회로 진입하였으며, 2018년에는 14.3%에 달해 고령사회로 진입하였다. 이후 2026년에는 베이비붐 세대(1955~1963년생)의 고령인구 편입으로 고령인구비율이 20.8%에 도달함으로써 초고령사회가 될 것으로 추정하고 있다. [그림 1-1]에서 보여 주는 연령 인구구조와 노령화지수[2]를 볼 때 유소년인구(0~14세)는 감소하고 고령인구(65세 이상)는 증가하여 노령화지수가 2000년 35.0에서 2010년 68.0, 2016년 100.1로 증가해 2016년에 고령인구가 유소년인구를 추월한 것으로 나타났다. 이는 향후 노인 가족구성원이 많아지는 가족구성이나 노인단독가구의 증가를 예견케 하며 또한 가족구성원과 사회의 노인부양 부담의 증가를 시사한다.

〈표 1-2〉 기대수명 (단위: 년)

	1970	1980	1990	2000	2010	2017
남녀 전체	62.3	66.1	71.7	76.0	80.2	82.7
남자	58.7	61.9	67.5	72.3	76.8	79.7
여자	65.8	70.4	75.9	79.7	83.6	85.7
차이(여-남)	7.1	8.5	8.4	7.3	6.8	6.0

자료: 통계청(2019a).

2) 유소년인구(0~14세) 100명에 대한 고령인구(65세 이상)비를 나타낸다.

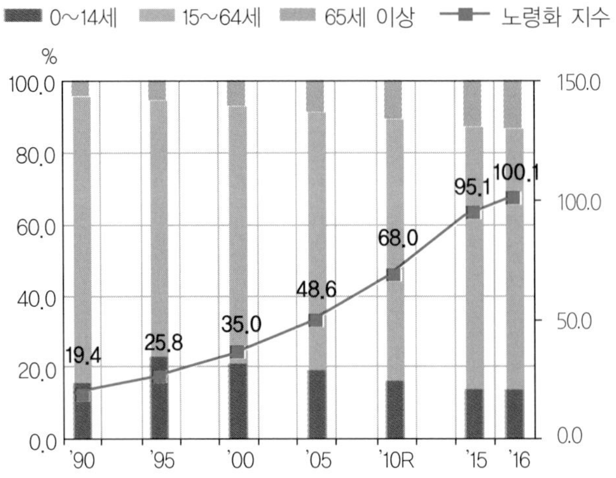

[그림 1-1] 연령인구구조 및 노령화지수

자료: 통계청(2017).

우리나라 가구규모의 변화도 급격하게 나타나고 있는데, 2017년 우리나라의 일반가구 수는 19,674천 가구로 1990년 11,355천 가구에 비해 73.2% 늘어났으며 계속 큰 폭으로 증가하고 있는 반면, 가구당 평균가구원 수는 1980년 4.62명이던 것이 2000년에는 3.12명, 2017년에는 2.47명으로 줄어 가구규모가 점차 축소되고 있는 것을 볼 수 있다. 1980년에 4.8%에 불과했던 1인 가구가 2000년에는 15.5%, 2017년에는 28.6%에 이를 정도로 급격하게 증가한 것으로 나타났다.

〈표 1-3〉 가구원 수별 가구분포 (단위: 천 가구, %, 명)

	1980	1985	1990	1995	2000	2005	2010	2015	2017
일반 가구	7,969	9,571	11,355	12,958	14,312	15,887	19,339	19,111	19,674
1인 가구	4.8	6.9	9.0	12.7	15.5	20	23.9	27.2	28.6
2인 가구	10.5	12.3	13.8	16.9	19.1	22.2	24.3	26.1	26.7
3인 가구	14.5	16.5	19.1	20.3	20.9	20.9	21.3	21.5	21.2
4인 가구	20.3	25.3	29.5	31.7	31.1	27	22.5	18.8	18.3
5인 이상	49.9	39	28.8	18.4	13.4	10	8	6.4	5.8
평균 가구원 수	4.62	4.16	3.77	3.40	3.12	2.88	2.69	2.53	2.47

자료: 통계청(각 년도b).

가족 형태별 가구구성을 보면 혈연가구 중 부부+미혼자녀로 구성된 가구는 1980년 56.5%, 2000년 57.8%, 2010년 49.4%, 2017년 44.8%로 여전히 높은 비율이지만 감소하는 추세를 보이고 있으며, 부부+양(편)친+자녀로 구성된 3세대 직계가족의 비율이 1980년 10.4%, 1990년 9.3%, 2000년 6.8%, 2010년 5.0%, 2017년 3.9%로 줄어든 데 비해 부부 1세대로 구성된 가족 형태는 1980년 6.4%, 1990년 9.3%, 2000년 14.8%에서 2010년에는 20.6%, 2017년 22.7%로 현저하게 증가한 것을 볼 수 있다.

〈표 1-4〉 가족 형태별 분포 (단위: 천 가구, %)

	1980	1985	1990	1995	2000	2005	2010	2015	2017
혈연 가구 수	7,470	8,751	10,167	11,133	11,928	12,490	12,995	13,693	13,747
부부	6.4	7.8	9.3	12.6	14.8	18.0	20.6	21.8	22.7
부부와 미혼자녀	56.5	57.8	58.0	58.6	57.8	53.7	49.4	44.9	44.8
한부모와 미혼자녀	10.0	9.7	8.7	8.6	9.4	11.0	12.3	15.0	14.6
부부와 양(편)친	0.6	0.8	0.9	1.1	1.2	1.2	1.2	1.1	1.0
부부와 양(편)친과 자녀	10.4	9.9	9.3	8.0	6.8	5.7	5.0	4.2	3.9
기타 가족	16.1	14.0	13.8	11.2	10.1	10.4	11.6	13.0	12.9

자료: 통계청(각 년도b).

또한 이혼율, 재혼율, 국제결혼의 증가로 한부모가족, 재혼가족, 다문화가족이 늘어나고 있으며, 그 외 북한이탈주민 가족, 조손가족, 분거가족이 증가하는 등 다양한 가족비율이 증가하는 특징이 나타나고 있다.

먼저, 이혼율이 1970년 11,615건(조이혼율 0.4)에서 1980년 23,662건(조이혼율 0.6), 1990년 45,694건(조이혼율 1.1), 2000년 119,455건(조이혼율 2.5)으로 증가하는 가운데 2003년에는 167,096건(조이혼율 3.4)으로 급격한 증가를 보여 그 해 혼인 건수가 304,932건임을 감안할 때 당해 100쌍이 결혼할 때 55쌍이 이혼하였음을 의미하는 수치를 보였다. 이후 2005년 128,035건(조이혼율 2.6), 2010년 116,900건(조이혼율 2.3), 2018년 108,700건(조이혼율 2.1)으로 다소 줄어들긴 했으나 여전히 높은 이혼율을 보여 주고 있다(〈표 1-5〉 참조). 만혼의 영향으로 초혼연령이 높아지고 결혼생활을 오래 유지한 중 · 장년층의 이혼이 증가하면서 이혼연령도 1990년 남성 36.8세, 여성 32.7세에서 2018년 남성 48.3세, 여성 44.8세로 높아지고 있다(〈표 1-6〉 참조). 이혼의 증가는 한부모가족의 증가로 이어져 2007년 1,468천 가구에서 2010년 1,594천 가구, 2015년 1,608천 가구로 증가하는 것으로 나타나고 있다(통계청, 2017).

재혼율 또한 증가하여 1980년 31,341건에서 2005년에는 79,942건으로 당해 혼인 314,304건과 비교해 볼 때 결혼 4쌍 중 1쌍이 재혼인 것으로 나타났으며, 2018년 57,132건으로 다소 감소되었지만 총 혼인 건수 대비 재혼 비율이 22.1%로 높은 비중을 차지한다. 재혼의 경우 '재혼남과 재혼녀' 커플을 제외하면, 기존에는 '재혼남과 초혼녀'의 결혼 비중이 높았으나, 1995년 이후부터는 '초혼남과 재혼녀'의 결혼 비중이 더 높아지는 것을 볼 수 있다(〈표 1-5〉 참조).

〈표 1-5〉 혼인, 이혼 및 재혼 건수 (단위: 건, %)

	총 혼인 건수 (조혼인율)	총 이혼 건수 (조이혼율)	총 재혼 건수				
				합계	초혼(남)+ 재혼(여)	재혼(남)+ 초혼(여)	재혼(남)+ 재혼(여)
1980	403,031 (10.6)	23,662 (0.6)	31,341	100.0	15.3	45.0	39.8
1990	399,312 (9.3)	45,694 (1.1)	42,663	100.0	21.8	34.0	44.2
1995	398,484 (8.7)	68,279 (1.5)	53,999	100.0	26.2	26.1	47.7
2000	332,090 (7.0)	119,455 (2.5)	59,639	100.0	27.2	19.2	53.5
2005	314,304 (6.5)	128,035 (2.6)	79,942	100.0	25.3	16.4	58.3
2010	326,104 (6.5)	116,858 (2.3)	71,369	100.0	25.6	19.5	54.9
2015	302,828 (5.9)	109,153 (2.1)	64,453	100.0	28.0	18.1	53.9
2018	257,622 (5.0)	108,684 (2.1)	57,132	100.0	28.0	17.9	54.0

자료: 통계청(2019a).

또한 다문화가족의 증가가 두드러지게 나타나는데, 1990년대 초까지만 해도 한국인과 외국인과의 결혼은 전체 결혼의 1%에 불과했으나 1990년대 중반부터 한국인 남성과 외국인 여성의 결혼이 현저하게 증가하여 2000년에는 3.7%를, 2005년에는 13.6%를 차지하였으며, 2010년에는 10.8% 2018년에는 8.8%를 차지하고 있는 상황이다(통계청, 2019b).

〈표 1-6〉 평균 초혼, 이혼 및 재혼 연령 (단위: 세)

	평균초혼연령		평균이혼연령		평균재혼연령	
	남	여	남	여	남	여
1990	27.8	24.8	36.8	32.7	38.8	34.0
1995	28.4	25.3	38.3	34.5	40.4	35.6
2000	29.3	26.5	40.1	36.5	42.1	37.5
2005	30.9	27.7	42.1	38.6	44.1	39.6
2010	31.8	28.9	45.0	41.1	46.1	41.6
2015	32.6	30.0	46.9	43.3	47.6	43.5
2018	33.2	30.4	48.3	44.8	48.9	44.6

자료: 통계청(각 년도a).

북한이탈주민의 국내 입국도 2000년 312명, 2005년 1,384명, 2010년 2,402명으로 증가하다가 2015년 1,275명으로 다소 감소하였으나 2019년 6월까지 총 입국자 수는 33,022명(통일부 홈페이지, 2019)에 이르는 것으로 보고된다. 어려운 이주 과정을 거쳐 가족 단위의 입국이 증가하고 있고, 먼저 입국한 사람이 북한과 중국 등에 잔류한 가족을 추후 데려오는 '연쇄이주'가 증가하고 있는 것으로 보고된다(최명민, 이기영, 최현미, 김정진, 2009: 201-202).

부모를 대신하여 18세 이하의 손자녀를 양육하는 조손가족 또한 증가하여 1995년 35,194가구에서 2005년 58,058가구로 증가하였으며, 2010년에는 69,175가구로 추산되고 있다(김혜영, 김은지, 최인희, 김영란, 2011). 여성가족부(2010)의 조손가족실태조사에 따르면 조손가족 형성 이유는 부모의 이혼 및 재혼이 53.2%로 가장 높고 부모의 가출 및 실종 14.7%, 부모의 질병 및 사망 11.4%, 부모의 실직 및 파산 7.6%로 나타났다. 그 외 직장, 학업, 가족 간 불화 등의 이유로 배우자나 미혼자녀와 따로 떨어져 사는 가구인 분거가족도 2010년 15.1%에서 2018년 20.1%로 증가한 것으로 나타났다(통계청, 2018).

2) 가족기능, 가족주기 면에서의 변화

현대사회에서는 가족기능 면에서의 변화 또한 두드러진다. 일반적으로 가족의 주요 기능은 Murdock(1949)이 제시한 4대 기능인 출산과 재생산 기능, 성적 기능, 경제적 기능, 교육 및 사회화의 기능으로 이해되어 왔으나 이러한 가족기능은 점차 사회로 이양되어 왔다. 경제적 기능은 시장으로, 교육 및 사회화의 기능은 공식적인 교육기관으로, 그 외 노인과 돌봄을 필요로 하는 가족구성원에 대한 보호 또한 공적인 영역으로 이전되고 있다(성정현 외, 2014). 미래의 가족기능은 출산이나 양육의 기능, 교육이나 사회화의 기능보다 정서적 기능이 가장 주요하게 부각될 것으로 전망되고 있다(양옥경, 2000, 2005). 실제 우애적 결혼이 보편화되고 이혼 사유로 정서적 유대와 관련된 이유가 증가하고 있다(이여봉, 2019).

또한 앞에서도 언급한 것처럼 우리나라 합계출산율은 2018년 0.98명으로 인구가 유지될 수 있는 합계출산율 2.1명의 절반 수준에도 못 미치고 있고, 고령인구가 증가하는 저출산 고령화사회에서 가족보호 기능을 어떻게 지원할 것인가가 과제로 부상되고 있다. 통계청(2018b)의 장래인구추계에 따르면 노령화지수는 2065년 442.3명으로 2016년 100명을 넘어선 이래 4.4배가 될 전망이며, 2015년 생산가능인구 1백명 당 부양 인구 36.2명(노인 17.5명)에서 계속 높아져 2065년 108.7명(노인 88.6명)까지 증가할 전망인 것으로 보고되었다. 외환위기 이후 평생직장의 개념이 붕괴되고 정규직 고용비중이 감소되는 등 노동시장의 불안정성이 크게 증가하고 있어 가족생활의 경제적 기반이 위축(장혜경 외, 2005)되고 있으며, 노동시장의 불안정으로 인해 맞벌이 필요가 증가하고 있고, 결혼이 불안정한 시대라 할 수 있다(이여봉, 2019). 2018년 20대 실업률이 9.5%로(통계청, 2019a) 청년실업 문제가 심각하며, 연애, 결혼, 출산 등을 포기하도록 내몰린다는 의미를 가진 'N포세대'라는 용어까지 나오게 되었다. 교육현장의 치열한 생존경쟁과 입시 및 교육 제도하에서 가족의 사회화 기능이 혼란·왜곡된다. 자녀양육 기능이 어느 때보다 강화되어 가족에게 큰 부담으로 작용하고 자녀양육 부담의 증가로 출산 감소 현상이 지속되며 '특별한' 자녀로 키우고자 부모의 경쟁이 과열되면서 다시 자녀양육 부담을 가중시키는 악순환이 발생(이원숙, 2018)되고 있다. 자녀의 교육적 성취를 위한 가족 단위의 투자가 많고, 자녀교육을 위한 실질적 관리자로서의 여성지위 및 정체성이 나타나고, 기러기가족과 같이 다음 세대를 위한 투자전략을 위해 부부간 유대를 희생하는 선택을 하기도 한다(이여봉, 2019).

가족주기 면에서는 앞에서 살펴본 바와 같이 결혼연령이 상승하고, 출산 자녀 수가 감소하며 평균기대수명의 연장 등으로 자녀출산과 양육 시기가 짧아지고 자녀 출가 후 노인부부만 남는 시기가 점차 길어지는 특징을 보이고 있다. 또한 이혼가족과 재혼가족의 증가로 기존의 가족 발달주기와는 다른 단계들을 경험하게 되는 가족이 늘어나게 되었고, 그 외 무자녀가족, 조손가족, 다문화가족의 증가는 기존 가족 발달주기와는 다른 과정과 과업을 갖게 될 것으로 보이며, 이에 대한 조사와 이해의 필요성이 제기된다.

3. 가족변화를 바라보는 시각

이와 같이 결혼율 감소, 출산율 하락, 이혼율 증가, 1인 가구 증가, 한부모가족 증가 등 현대사회 가족에서 나타나는 변화를 바라보는 시각은 상이하다. 다양한 차원에서 제기되는 가족변화를 부정적인 시각으로 바라보고 위기로 인식하는 가족위기론 입장과 이러한 변화를 긍정적으로 혹은 필연적으로 일어날 수밖에 없다고 바라보면서 대책을 모색하는 가족변화론 혹은 가족진보론으로 불리는 입장으로 구분된다.

가족위기론 시각은 주로 정치적 보수주의자들이 갖는 견해로, 핵가족을 성별역할분업(남성=생계부양, 여성=가족보호)에 기초하여 사회구조를 원활하게 유지하기 위해 가족이 수행해야 할 아동양육, 사회화, 노동력 재생산 기능을 가장 잘 수행할 수 있는 가장 이상적인 가족 형태로 보고(Parsons & Bales, 1955), 산업화와 도시화로 개인주의적인 가치가 증대하고 자아실현욕구가 강조되는 사회 속에서 점차 가족이 자녀의 사회화 기능, 사랑과 연대감 제공이라는 정서적 기능들을 원활히 수행하지 못한 채 이혼과 한부모가족, 무자녀 부부가족, 독신가구 등이 증가하고 출산을 거부하면서 가족 문제가 발생한다(Popenoe, 1988)고 바라보는 견해이다(윤홍식, 송다영, 김인숙, 2010: 25 재인용).

가족변화론 혹은 가족진보론으로 불리는 시각은 가족의 다양화를 위기보다는 변화와 진화/진보로 바라보는 입장으로, 현대사회의 가족변화를 야기한 근본적 요인으로 종래의 가부장제적 가족구조와 경제구조의 불안정성을 강조하며(Scanzoni, 2001), 현대사회 가족은 민주적이고 평등한 가치를 중시하는 전체 사회의 변화 속에서 점차 전통적 가족의 위계를 거부하고 민주적인 가족관계를 형성하고자 하는 의지를 성숙시켜 나가고 있으며, 이에 따라 가족구조가 변화하고 다양화되어 간다고 주장한다(Benokratis, 2002; Giddens, 1996; 김인숙, 2002; 윤홍식 2004; 이재경, 2004: 윤홍식, 송다영, 김인숙, 2010: 25에서 재인용). 이혼가족과 한부모가족, 동거부부 및 동성애 부부 같은 비전형적 가족은 정상가족에서 일탈한 비정상가족이 아니라 자율성과 평등성을 기본 가치로 하는 현대사회의 대안적 가족이 될 수 있다(Scanzoni, 2001)고 보며, 이혼이나 출산율 문제의 근본 원인은 전통적인 성역할을 거부하려는 여성의 이기심에 있는 것이 아니라 자녀양육 및 출산의 모든 책임이 여성에게 과부하된 성별분업체계, 일과 가족 양립을 지원하기 위한 보육 정책 및 사회적 지원체계 부족, 여성의 가족보호 역할에 대한 사회적 경시 등에서 비롯된다고 간주한다(Giele, 1996; 이동원, 2005). 이들에게 가족변화는 당연하며 가부장제적 가족구조와 경제구조의 불안정성을 타파하는 방향으로 나아가야 하고 적극적인 사회복지 정책을 통해 전통적 가족기능을 사회화해야 함을 강조한다(조홍식, 김인숙, 김혜란, 김혜련, 신은주, 2019: 46).

이렇듯 변화하는 가족에 대한 다른 시각들이 존재하는 상황에서 우리는 가족 가치 규범을 회복하고 가족적 의무를 다하는 '정상 가족' 문화를 정착시키는 방향으로 나아가면서 '그 외의 가족들'을 정책범주에서 소외시키는 방향으로 나아갈 것인가 혹은 가족의 다양성을 포용하는 사회적 합의를 하고 혈연에 한정한 폐쇄성 대신 가족경계 허

물기 및 열린 가족으로의 개념을 전환하는 방향으로 나아갈 것인가(이여봉, 2019) 하는 논의의 과제를 안고 있다 하겠다.

4. 현대사회 가족의 문제 및 욕구[3)]

가족 문제를 어떻게 정의하는가 하는 것은 정의하는 사람이나 집단의 가치, 관점에 따라 달라질 수 있을 것이다. 김혜란, 홍선미와 공계순(2006)은 현대 가족이 가족구성원의 보호 기능 약화, 가족구성원들 간의 갈등, 가정폭력, 가족해체, 빈곤 등의 문제를 나타내고 있다고 하였으며, 조홍식 등(2019)은 오늘날 한국의 가족 문제에 대해서 유교적 · 도구주의적 · 서정주의적 · 개인주의적 가족가치관 혼재로 국가의 가족 정책 수립이 힘든 문제, 경제적 부양의 문제, 가족의 돌봄(보호) 기능 약화, 가족의 통제 능력과 통제 기능의 약화, 사회화와 정서적 지지 기능의 약화, 결손가정 증가에 따른 문제, 다양한 가족 유형에 따른 어려움으로 정리하고 있다. 한편, Hepworth와 그의 동료들(2010)은 빈곤과 공공 정책, 자녀의 독립이나 가족구성원의 사망, 이혼과 별거 같은 생애전환과 분리, 전쟁파병과 같은 의외의 가족전이가 가족의 스트레스 요인이 될 수 있다고 하였으며, Walsh(2002)는 변화하는 가족 형태(이혼과 재혼가족, 게이 또는 레즈비언 커플과 가족), 실직과 직장이전 이슈를 가지고 있는 가족, 정신적 · 신체적 질환이 있는 성원을 둔 가족, 임종 도전과 상실 이슈를 가지고 있는 가족, 전쟁 관련 외상과 회복 이슈를 가지고 있는 가족 등 다양한 상황에 처한 가족과 일해야 한다고 하였다.

가족사회복지에서 대상으로 하는 가족 문제 및 욕구에 대해서는 1970년대 미국에서 가족복지의 대상으로 일반적으로 제시한 가족 스트레스, 경제적 · 사회적 어려움, 가족관계 · 가족구성원의 기능손상이라는 분류가 잘 설명해 주고 있다. 여기서 가족 스트레스란 가족구성원의 갑작스러운 사망, 이혼, 전근, 이사, 실직 등으로 인한 스트레스를 말하고, 경제적 · 사회적 어려움은 경제적 곤궁 및 사회자원 도입의 곤란 등으로 경

3) 현대사회 가족의 문제 및 욕구에 관한 부분은 장수미, 최정숙, 박형원, 김주현, 홍현미라, 이혜경, 이영선, 한인영(2017)에서 최정숙이 기술한 가족 부분을 기본 틀로 보완 작성하였다.

제적 · 사회적 요구를 충족할 수 없는 상황에 놓이는 것을 의미하며, 기능손상은 가족관계 · 가족구성원의 개인적 기능 장애 등으로 인해 가족이 사회적 제 기능을 수행하는 데 제한이 생기는 경우를 의미한다(NASW, 1970: 조홍식 외, 2019: 86에서 재인용).

오늘날의 가족은 기혼취업여성의 증가, 평균수명의 연장, 신체적 · 정신적 질환자에 대한 장기보호, 가족규모의 축소로 인한 보호책임 분담의 어려움 등 사회적 여건의 변화로 인하여 과거 어느 때보다 더 많은 책임을 수행하고 있으며, 이에 따른 스트레스를 경험하고 있다(이원숙, 2012). 가족 스트레스 요인에 대해 McKenry와 Price(2000)는 가족의 경계, 구조, 목표, 역할이나 가치에 변화를 불러일으키는 것이나 변화 자체의 어떤 측면으로 설명한다. 스트레스 요인은 갑작스런 사고와 같이 예측할 수 없는 사건뿐 아니라 결혼, 출산과 같이 예측된 발달적 생활전이와도 관련된다. 또한 스트레스 요인에는 부적절한 의사소통기술이나 역할분담 같은 가족 내부 역동뿐만 아니라 과도한 환경적 요구, 사회적 차별과 같은 외부 환경적 요소가 관련된다. 어떤 가족, 특히 그들의 차이 때문에 매일의 삶에서 냉담하거나 무관심한 환경과 빈번하게 접하는 사람들에게는 다른 형태의 스트레스 요인이 발생할 수 있는데, 이러한 무관심은 사회의 일반적인 사람들뿐 아니라 공공 정책구조에도 있을 수 있으며, 전문가가 그 가족을 수용할 만한 규범을 벗어나 기능하고 있는 것으로 인식할 때 실천에서의 무관심 또한 발생할 수 있다(Hepworth et al., 2010).

경제적 어려움, 빈곤의 문제는 여전히 심각한데, 청년층과 중장년층의 높은 실업률이 가족형성과 가족유지에 부정적으로 작용하며, 신자유주의 확산 및 세계화의 영향으로 경제적 양극화가 진행되고 있다(조홍식 외, 2019: 64) 특히 여성한부모가족, 노인가족, 장애인가족의 빈곤 문제는 노동시장에서의 차별, 사회보장 정책의 미흡 등 사회환경적인 요인들의 영향을 크게 받고 있다. 저소득층 가족의 경제적, 문화적 결핍은 자녀교육의 문제로 이어져 빈곤의 세습화를 가져올 수 있기 때문에 빈곤의 영향은 더욱 심각하다(김혜란 외, 2006).

그 외 부부갈등, 부모-자녀의 세대갈등, 가정폭력 등 **가족관계상의 이슈**와 **가족기능상의 이슈** 또한 가족복지에서 다루어야 할 문제 및 욕구에 해당된다. 최근 부부관계가 평등하고 민주적인 방향으로 변화하고는 있지만 부부간의 실제적 평등에 기반한 조화로운 관계는 아직 실현되고 있지 않으며(조홍식 외, 2010), 최근 여성의 성평등 의식 고양, 기혼여성의 취업률 증가로 가족 내 새로운 역할분담 등의 과제를 안고 있음에도 가부장제와 양성평등의 가치가 혼재하고 있는 가운데 갈등이 증폭되고 있다. 또한 교육현장의 치열한 생존경쟁과 입시 및 교육 제도하에서 자녀양육 부담은 증가하고 가족의 사회화 기능이 혼란스러운 가운데(이원숙, 2018) 부모-자녀 간 기대와 요구의 갈등, 긴장의 이슈를 가지고 있다. 배우자폭력, 아동학대, 노인학대를 포함하는 가정폭력의 문제 역시 여전히 심각한데, 이와 같은 폭력은 개인 및 가족의 신체적 · 정신적 측면에 치명적 손상을 끼칠 수 있으므로 가정폭력의 예방은 물론 대책을 위한 사회 단위의 적극적인 관심이 계속 필요할 것이다. 이 외에도 신체적 · 정신적 질환과 장애 이슈를 가지고 있는 가족, 비행, 범죄, 약물중독 등의 이슈를 가지고 있는 가족들의 가족기능을 지원하는 것도 필요하다.

◈ 참고문헌

김주수(1986). 가족관계학. 서울: 진명문화사.

김혜란, 홍선미, 공계순(2006). 사회복지실천기술론. 서울: 나남.

김혜영, 김은지, 최인희, 김영란(2011). 조손가족지원방안연구. 서울: 한국여성정책연구원.

성정현, 여지영, 우국희, 최승희, 임세희(2014). 가족복지론. 경기: 양서원.

양옥경(2000). 한국 가족개념에 관한 질적 연구. 한국가족복지학, 6, 69-99.

양옥경(2005). 가족과 사회복지. 서울: 이화여자대학교출판부.

여성가족부(2010). 2010년 조손가족 실태조사.

윤홍식, 송다영, 김인숙(2010). 가족 정책. 경기: 공동체.

이동원(2005). 변화하는 사회, 다양한 가족. 경기: 양서원.

이여봉(2006). 가족 안의 사회, 사회 안의 가족. 경기: 양서원.

이여봉(2019). '가족 패러다임 변화에 관하여', 「가족복지고유성에 대한 재해석과 새로운 길 찾기」. 2019 한국가족사회복지학회 춘계학술대회자료집, 27-34

이원숙(2012). 가족복지론(3판) 서울: 학지사.

이원숙(2018). 가족복지론(4판) 서울: 학지사.

이효재(1983). 가족과 사회. 서울: 경문사.

장경섭(2018). 내일의 종언-가족자유주의와 사회재생산 위기. 서울: 집문당.

장수미, 최정숙, 박형원, 김주현, 홍현미라, 이혜경, 이영선, 한인영(2017). 사회복지실천기술론(2판). 서울: 학지사.

장혜경, 김혜영, 홍승아, 은기수, 이명진, 김영란, 주재선, 송치선(2005). 가족실태조사. 여성가족부.

조흥식, 김인숙, 김혜란, 김혜련, 신은주(2010). 가족복지학(4판). 서울: 학지사.

조흥식, 김인숙, 김혜란, 김혜련, 신은주(2019). 가족복지학(5판). 서울: 학지사.

최명민, 이기영, 최현미, 김정진(2009). 문화적 다양성과 사회복지. 서울: 학지사.

최선화, 공미혜, 전영주, 최희경(2018). 변화하는 사회의 가족복지. 서울: 학지사.

최선희, 최정숙, 박화옥(2008). '가족사회복지실천의 개념과 모델'. 한국가족사회복지 어디로 갈 것인가: 전망과 과제. 한국가족사회복지학회 추계학술대회 자료집, 93-111.

최정숙(2019). '가족복지교육의 현황과 과제', 「가족복지 고유성에 대한 재해석과 새로운 길 찾기」. 2019 한국가족사회복지학회 춘계학술대회자료집. 73-96.

통계청(각 년도a). 인구동태통계연보 (혼인, 이혼편).

통계청(각 년도b). 인구주택총조사 보고서.

통계청(2017). 2016 인구주택총조사 보도자료.

통계청(2018a). 2018년 사회조사보고서.

통계청(2018b). 장래인구추계 통계정보보고서.

통계청(2019a). 2018 한국의 사회지표.

통계청(2019b). 2018년 혼인이혼통계 보도자료.

통일부 홈페이지(http://www.unikorea.go.kr). 주요사업통계 북한이탈주민입국현황.

Ackerman, N. W. (1960). *The Psychodynamic of Family Life*. New York: Basic Books.

Giddens, A. (1991). *Modernity and Self-Identity: Self and Society in the Late Modern Age*. Cambridge: Polity.

Giele, J. Z. (1996). Decline of the family: Conservative, liberal and feminist views. In D. Popenoe, J. Elshtain, and D. Blankehorn (Eds.), *Promises to Keep: Decline and Renewal of Marriage in America's View* (pp. 89-115). Lanham, MD: Rowman and Little Field.

Hartman, A., & Laird, J. (1988). *Family-Centered Social Work Practice*. New York: Free Press.

Hepworth, D. H., Rooney, R. H., Rooney, G. D., Strom-Gottfried, K. S., & Larsen J. (2010). *Direct Social Work Practice; Theory and Skills* (8th ed.). CA: Brooks/Cole, Cengage Learning.

Murdock, G. O. (1949). *Social Structure*. New York: MacMillan.

Parsons, T., & Bales, R. (1955). *Family, Socialization and Interaction Process*. New York: The Free Press.

Popenoe, D. (1988). *Disturbing the Nest*. New York: Aldine De Gruyter.

Scanzoni, J. (2001). From the normal family to alternate families to the quest for diversity with interdependence. *Journal of Family Issues, 22*(6), 688-710.

Strong, B., & DeVault, C. (1992). *The marriage and family experience* (5th ed.). St. Paul, MN: West Group.

Walsh, F. (Ed.). (1993). *Normal Family Process*. New York: Guilford Press.

Walsh, F. (2002). A family resilience framework: Innovative practice applications. *Family Relations, 51*(2), 130-138.

Zastrow, S. (2007). *The Practice of Social Work*. CA: Brooks/Cole.

제2장
가족복지에 대한 이해

가족은 개인과 사회를 연결하는 중요한 역할을 한다. 가족은 사회 기본단위로서 결혼, 출산과 양육, 돌봄, 교육 등을 통해 사회와 끊임없이 영향을 주고받는다(조홍식 외, 2013). 그렇기에 가족은 사회의 변화에 직간접적인 영향을 받게 되며 그 변화에 적절히 대처하고 적응해야만 삶의 질과 안녕(well-being)을 유지할 수 있다. 하지만 가족 내부나 사회의 문제로 인해 사회변동에 적절하게 대응하지 못하고 기능과 역할을 제대로 수행하지 못하게 될 때 가족은 심리사회적으로 여러 문제를 경험하게 된다. 이때 가족이 겪게 되는 문제는 가족 차원에 그치는 것이 아니라 가족과 상호역동적 관계에 있는 사회 전체에도 부정적 영향을 미치게 된다.

그러므로 가족 내에서 문제해결이 어려울 때 외부의 도움과 지원을 통해서라도 문제를 극복해 나가도록 도울 필요가 있다. 나아가 가족 내에서 문제가 발생하지 않도록 가족 내적, 외적 자원을 강화하는 사회서비스와 제도가 마련될 필요가 있다. 이러한 노력과 지원, 제도들을 가족복지라 한다. 가족복지에는 가족상담, 가족치료 등의 임상적 개입과 가족을 위한 정책적 지원들이 포함된다. 이 장에서는 가족복지를 좀 더 명확하고 구체적으로 이해하기 위해 여러 학자가 제시한 가족복지의 정의를 살펴볼 것이다. 이를 통해 가족복지의 개념을 정리하고, 현대 가족의 문제 상황과 변화에 따른 가족복지의 필요성과 그에 따른 가족복지의 접근 방법을 사회문화적 맥락에서 살펴본다.

1. 가족복지의 개념

인터넷에서 '일하는 엄마(working mom)'를 검색하면 웃는 얼굴로 아이를 안은 채 컴퓨터를 여유롭게 바라보며 당당히 일하고 있는 여성의 사진이나 이미지를 쉽게 찾아볼 수 있다. 하지만 그러한 사진과는 달리 현실에서는 가사와 직장이라는 이중 노동에 시달리며 역할 긴장으로 힘겨워하는 여성의 삶이 존재한다. 또한 부모로서 자녀 양육에 참여하고 싶어도 직장 여건이나 사회 인식 부족 등으로 그러지 못하는 남성의 삶도 공존하고 있다. 이렇듯 우리가 쉽게 떠올리게 되는 가족의 이미지는 애정의 기능이 강조된 이상적인 모습이지만 실제 가족의 삶과는 다소 거리가 있다. 근대화, 산업화, 도시화가 급격히 진행된 현대사회에서 전통적 가족의 개념과 기능, 역할에 급격한 변화가 초래되면서 우애적 가족의 이상적 이미지는 단지 환상(fantasy)일 뿐이라는 주장까지도 제기되고 있다.

이러한 주장까지 나오게 된 배경을 살펴보면 다음과 같다. 먼저, 가족의 개념과 기능의 변화이다. 현대사회의 급격한 산업화에 따라 여성이 노동시장에 진출하게 되고, 혈연 중심의 확대가족에서 맞벌이 부부 중심의 핵가족화로 가족의 기능과 역할이 변화하였다. 전통적으로 가족 내에서 이루어지던 아동, 장애인, 노인 등에 대한 보호, 부양, 돌봄, 교육을 사회서비스와 수당, 사회시설 등의 사회체계가 대신하게 되었다. 가족이 전통적으로 보유했던 지지와 통제의 기능들을 전문가들과 서비스가 수행하게 된 것이다. 가족은 이제 수많은 기관과 전문가의 도움을 받아야 유지할 수 있는 체제로 바뀌고 있다. 특히 우리나라는 저소득층을 중심으로 전통적인 친족의 지지 기능이 무너지고 있고, 국가의 복지 정책에 의존하는 경우가 늘고 있다. 중산층도 부계 중심이던 친족체계에서 벗어나 모계를 포함한 혈연적 연대를 통해 육아와 경제적 측면에서 도움을 얻고 있어 기존의 가족개념과 경계가 변화하고 있다. 특히 '독박 육아'라는 말이 생길 정도로 친인척의 도움을 기대하기 어려운 부부 중심의 불안한 가족 특성을 나타내고 있다.

이와 더불어 현대 가족은 기존에 수행해 오던 전통과 문화의 세대 간 전수, 교육 등 다수 기능이 상실되고 있다. 가족 구성이 매우 다양한 형태로 진행되면서 혈연관계를 토대로 배타적으로 유지되어 온 전통적 가족관을 더는 고수할 수 없게 되었다. Seibert와 Willetts(2000)은 가족을 "동거하며 정서적 지지를 유지하거나, 법적 또는 생물학적 결합에 의해 빈번한 접촉을 유지하는 적어도 두 명 이상의 개인들"이라고 정의했다. 이는 친분이나 우정 이상의 구속력을 가족에게 부과하지 않는 개념이다. 즉, 기존의 혈연 중심의 연대적 정서를 가진 전통적 가족보다 한층 완화된 개념을 제시하고 있는 것으로 변화된 가족개념을 단적으로 보여 주고 있다.

반면 가족은 여전히 우리 사회의 애정과 결속의 기본 토대로 이해된다. 근대화 과정에서 개인주의가 핵심 가치로 부각되면서 전통사회의 결속과 연대가 약화되었다. 이에 따라 가족은 사회연대의 마지막 보루로 인식되고 있다. 가족은 애정과 친밀감을 바탕으로 인간성을 보호하고, 자애로운 돌봄과 사생활을 보장하기 때문에 전문적 분업과 노동의 몰인간화로 삭막해진 환경으로부터 개인을 보호하게 된다. 그렇기에 현대사회에서 가족의 애정적 기능이 강조되며, 사회가 이상적 가족 이미지를 만들어 내고 이를 강조하고 있다는 주장이 제기되기도 한다.

이렇듯 가족의 개념과 기능에 대한 다양한 의견이 논의되고 있는 것은 그만큼 우리 사회 내 가족의 변화 폭이 클 뿐만 아니라 가족이 중요한 위치에 있다는 것을 의미한다. 가족은 하나의 역동적 체계로서, 멈춰 있거나 고정된 실체로 존재하는 것이 아니라 개인, 사회와 더불어 끊임없이 상호작용하며 변화한다(김수환, 2011). 그렇기에 사회의 변화에 따라 가족의 규모와 기능 등이 변화하였지만 가족만이 갖는 고유한 생존가치와 능력은 여전히 존재하고 있다. 또한 사회의 기본단위로서 가족의 의미는 복지국가에서 여전히 중요한 위치를 차지하고 있다.

그러므로 우리는 제1장에서 검토된 기존의 전통적인 가족개념, 가족의 변화된 특성과 상황에 대한 충분한 이해를 바탕으로 가족복지에 대한 개념을 검토해야 한다. 가족이 사회에서 갖는 위치와 기능, 사회의 변화에 따른 가족의 특성에 대한 이해를 토대로 가족복지의 개념을 살펴보도록 하겠다.

가족복지의 개념을 정의 내리고자 할 때 그것이 매우 어려운 일이라는 것을 먼저 이해할 필요가 있다. 가족복지의 개념 정의가 어려운 이유는 다음과 같다. 첫째, 가족복지의 대상이자 주체인 가족에 대한 정의가 어려운 일이기 때문이다. 가족에 대한 고전적 정의는 '결혼 제도에 의해 결합된 남녀 한 쌍의 부부와 그 자녀로 이루어지며 가족구성원 각자가 주어진 성역할을 따라 구분된 역할을 수행한다.'는 Parsons(1949)의 정의에서 출발한다. 이 정의는 전통적 가족관을 고수하는 사람들에게 각인되어 있다. 하지만 최근의 가족은 가족관계 안에서 서로에 대한 기대와 인식이 변화했고 그 의미가 다양해졌다. 가족은 가족이라고 자신을 인식하는 사람들의 관념 속에서 정의되고 의미를 가지게 된 것이다. Gubrium과 Holstein(1997)은 '가족은 어느 고정적인 실체가 아니라 사람들이 가진 하나의 사고방식이며, 사람들이 살아가는 현실에서 끊임없이 구성되고 해체되며 또다시 재구성된다'고 주장하였다. 이렇듯 가족복지의 대상인 동시에 가족복지의 주체 중 하나인 가족에 대한 개념에 큰 변화가 있었고 합의된 정의에 이르는 것이 매우 어려운 일이기에 가족복지를 정의하는 것 또한 난해한 일이 된다.

가족복지에 대해 명확한 정의를 내리기 어려운 두 번째 이유는 가족복지 분야가 다른 복지 분야와 중첩되어 가족과 개별 대상자를 구분하는 것이 어렵기 때문이다. 가족복지의 고유영역의 분류 기준이 모호함으로써 아동, 여성, 노인 등 개별 성원들의 복지와 가족복지가 크게 다름이 없다는 오해를 사기도 한다(양심영, 2000). 실제로 가족 문제를 규정하고 관련 서비스와 정책을 마련할 때 가족구성원 간의 상호작용 및 관계를 고려하여 '전체로서의 가족'으로 접근하기보다는 개인 단위로 서비스와 정책이 이루어지고 있는 것이 현실이다. 이러한 이유들로 인해 가족복지의 개념을 고정화하는 것은 대단히 어렵게 된다(박미은 외, 2012).

따라서 가족복지의 개념은 사회적 맥락 속에서 가족에 대한 시각을 바탕으로 가족을 한 단위로 접근하는 '**전체로서의 가족**'의 개념 안에서 신중하게 정의할 필요가 있다. 가족복지의 개념을 명확히 하기 위해 여러 학자의 정의를 살펴보면 다음과 같다.

미국사회복지사협회(National Association of Social Workers, 1965)는 **가족사회사업**이란

가족생활을 강화하고 가족구성원의 사회적응 문제를 원조하는 것을 목적으로 공적 기관과 민간기관이 제공하는 일련의 서비스라고 규정하고 있으며, 이 정의는 가족복지의 목적적 측면을 강조하고 있다.

Feldman과 Scherz(1968)는 가족복지에 대해 전체로서의 가족뿐만 아니라 가족구성원 개개인의 사회적 기능 수행을 효과적으로 증진시켜 가족구성원 모두가 행복할 수 있도록 돕는 사회복지의 한 분야라고 하였다.

김만두(1982)는 가족복지는 가족의 집단성을 확립하게 하고 개개 가족구성원의 인격의 성장과 발달을 원조하며 항상 변화하는 사회에 대응하여 적극적인 가족을 확립하게 하는 목표를 가지고 전개하는 활동이라고 하면서 가족복지의 목표를 강조하였다.

전정희(1995)는 가족복지의 개념 변천과 전개에 대한 연구를 통해 가족복지에 대해 다음과 같이 제시하였다. "가족복지란 가족에 의한 가족기능에 대한 가족생활주기에 있어 자립적 수행의 지원과 실천과 그의 지원 서비스의 체계적인 것으로 가족은 부부, 부모-자녀, 형제자매의 관계를 중심으로 한 복지 추구의 1차적 집단이다. 가족복지는 지역복지를 전제로 하거나 배경으로 한 실천 과정으로 가족복지의 목표는 가족집단으로서의 가족의 자립과 가족생활주기에 있어서 가족집단적 발달을 위한 문제해결 능력의 확보와 유지를 의미하며, 가족집단을 위해 개인의 희생을 강조하는 것이 아니라 개인의 자기실현을 촉진하도록 가족집단을 지원하는 것을 목적으로 한다."고 하였다.

최경석 등(2006)은 가족복지란 한 단위로서의 가족의 전체성을 강조하면서 가족과 가족구성원이 경험하는 문제를 해결하여 가족이 건강하고 행복한 생활을 유지할 수 있도록 하는 미시적, 거시적인 사회적 대책이라고 정의하였다.

김영화 등(2002)은 가족복지에 대해 가족이 가족의 욕구와 문제를 스스로 충족시킬 수 있도록 잠재력을 개발하고 가족의 역할과 기능을 활성화하며, 생활의 질적 향상을 위해 여러 형태로 사회가 개입하는 것으로 정의하였다.

조홍식 등(2013)은 가족복지의 목적, 주체, 대상, 수단, 범위를 통해 가족복지를 정의하였는데, 먼저 가족복지의 목적은 국민 생활권의 기본 이념에 입각하여 가족의 행복을 유지시키고자 하는 것이라고 하였다. 가족복지의 주체는 가족을 포함한 사회구성원 전체이며 대상은 가족구성원 개개인을 포함한 '한 단위(unit)로서의 가족 전체'라고 하였다. 이를 통해 가족복지에 있어 가족 전체를 함께 고려해야 할 필요성을 강조하였다. 가족복지의 수단은 제도적, 정책적, 기술적 서비스 등 조직적인 제반 활동이라고 하였다. 가족복지의 범위는 복지라는 목적 달성을 위한 현실적인 수단으로서 실체 개념을 갖는 사회복지의 한 분야라고 정의하였다.

이러한 정의들에서 검토된 내용을 살펴보면, 먼저 대상적 측면에서 가족복지는 그 대상을 가족으로 하고 있으며 가족을 하나의 전체성(family as a whole)의 맥락에서 검토하고 있음을 알 수 있다. 가족복지는 그 가족구성원 개개인에 대해서도 관심을 두고 있지만 한 단위로서의 가족 전체를 대상으로 하는 것이다. 둘째, 가족구성원의 발달을 원조하고, 문제와 욕구를 충족하는 가족의 기능을 강조하고 있다. 셋째, 사회와의 관계적 맥락에서 가족과 구성원들의 사회적 기능 수행을 증진시키는 내용을 포함하고 있다. 넷째, 가족구성원 개개인의 건강한 성장과 사회적 적응 및 행복한 생활을 누리는 것도 중요하게 검토되고 있다. 다섯째, 가족복지의 실천 기제에 대해 가족과 그 성원들을 돕는 공공과 민간의 모든 노력이 가족복지임을 제시하고 있다.

이러한 내용을 토대로 가족복지에 대한 개념을 규정하면 다음과 같다. 가족복지는 '한 단위로서의 가족'이라는 가족의 전체성에 바탕을 두고, 가족구성원들이 사회와의 교류 속에서 욕구를 적절히 충족하고 문제를 예방 및 해결하여 가족구성원들이 신체적, 심리사회적, 문화적, 영적으로 건강하고 행복한 상태를 유지할 수 있도록 돕는 체계적이며 전문적인 노력으로 이와 관련된 모든 정책과 서비스라고 할 수 있다.

2. 가족복지의 필요성

1) 가족구조의 변화와 가족해체

최근 우리 사회의 주요 이슈 중 하나는 '가족해체'의 문제이다. 이혼 및 별거가 급증하고 있으며, 가출 및 유기, 자살, 존속 상해 등의 문제가 증가하고 있다. 이로 인해 결혼관계가 파괴되고 결손가정이 생겨나 가족이 구조적으로 불안정한 상태에 놓이게 되고 있다. 경제적 문제로 인해 가족 안정성이 약화되었고 이는 가족해체로 이어져 사회문제를 초래하고 있다. 가족해체는 여성 및 아동, 노인 등 가족에 대한 의존도가 높은 가족구성원의 경제적 어려움의 심화를 야기한다. 특히 이혼은 여성들에게 심각한 경제적 위험을 초래하는 주요한 요인이다. 전 배우자로부터 자녀양육비 지원이 미비한 한국 사회의 경우 부양자녀는 이혼 여성의 경제적 어려움을 가중시키게 된다(김혜영, 변화순, 윤홍식, 2008). 또한 이혼으로 인한 가족해체는 아동의 방치나 청소년 비행 및 범죄의 증가로 이어지게 된다(신지현, 2007). 그러므로 가족해체가 사회문제로 이어지지 않도록 예방적 접근과 해체 이후의 다양한 가족 문제에 대한 문제해결적 접근 및 지원이 이루어져야 하며, 이를 위해 가족복지의 필요성이 증대되고 있다.

2) 가족의 기능 약화와 책임 증대

가족을 위한 복지체계의 발달은 전통적인 가족체계에 대한 위기의식이 싹트기 시작한 근대에서 시작되었다. 전통적인 가족을 유지하기 위해 가족이 수행해 왔던 기능들을 대행하거나 수정 혹은 보완하는 개입을 복지 관련 전문가들이 수행하기 시작한 것이다. 근대 이래로 서구에서 가족이 상실해 가는 지지적 기능과 통제의 기능을 전문가 집단이 수행하며 가족에 대한 각종 전문적 서비스를 발전시켜 왔다(고미영, 2008).

이러한 맥락에서 현대 가족은 돌봄, 교육, 문화전달 등 전통적 가족이 지녔던 주요 기능이 약화되었다. 여성의 취업 증가와 핵가족화는 주말부부의 증가, 자녀 수 감소, 주거생활 변화 등을 가져왔고, 이는 아동, 노인, 장애인 등을 보호하는 데 어려움을 초래하였다(조홍식 외, 2013). 가족이 수행했던 돌봄 기능을 이제는 보육시설, 요양시설, 병원 등의 기관이 대신하여 보호 서비스를 제공하고 있는 것처럼 가족기능의 약화로 인해 복지 서비스의 필요성이 증대되고 있다. 이처럼 가족의 전반적 기능은 약화된 반면, 가족의 책임은 과거보다 오히려 더 많이 부과되고 있다(김윤재 외, 2013). 즉, 평균수명의 연장으로 부양이 필요한 노인인구가 늘고 있고, 탈시설화 정책으로 지역사회 내에 존재하는 장애인에 대한 돌봄을 제공하는 가족의 책임이 증대되었다. 이렇듯 사회복지 서비스의 정책 방향이 가족구성원의 보호와 복지에 대한 가족의 책임을 강조하는 방향으로 가고 있다. 가족이 구조적으로 해체된 상태가 아니라 할지라도 가족의 기능이 수행되지 않은 상태는 일종의 가족해체 상태이기 때문에(신지현, 2007) 가족이 그들에게 부과된 책임을 잘 수행할 수 있도록 돕는 다각적 노력인 가족복지 서비스가 제공될 필요성이 제기되는 것이다.

3) 다양한 가족 형태의 등장과 욕구 변화

현대사회는 맞벌이 가족, 한부모가족, 재혼가족, 소년소녀가장 가족, 조손가족, 노인단독가족, 분거가족, 공동체 거주가족, 원격가족 등 **다양한 가족의 형태가 출현**하고 있고, 사회 내 존재하고 있다. 혈연 중심의 단일한 가족 경험은 이데올로기적으로 존재할 뿐 실재하지는 않는다는 의견(조흥식 외, 2013)과 같이 우리 사회의 가족 형태는 극도로 다양화되고 있다. 가족구성원은 자신이 정한 가족의 범주에 따라 각기 다른 경험을 하게 된다. 그렇기에 다양한 가족 형태나 가치관을 인정하며 다름과 차이를 수용하며 상호존중의 태도를 형성해 나가야 한다.

하지만 이러한 다양한 가족 형태에 대한 사회의 시각은 병리적인 접근인 경우가 많고 이러한 관점을 바탕으로 한 기존의 가족복지 정책은 오히려 가족 문제를 심화시키고 심지어 가족해체의 요인으로 작용하게 되기도 한다(손병덕, 황혜원, 전미애, 2011). 그러므로 다양한 형태의 가족에 대해 각각의 가족의 의미를 읽어 내어 특수 욕구에 부응함으로써 문제를 예방할 필요가 있다. 또한 이들 가족이 문제에 적절히 대처하고 그 가족이 사회적 기능을 수행할 수 있도록 가족 역량을 도모하는 가족복지 서비스와 정책적 지원이 필요한 것이다.

4) 사회문제 해결 단위로서 가족의 유용성

가족은 사회체계의 핵심 단위이자 문제해결을 위한 효과적 단위이다. 개인을 대상으로 한 개별적인 접근보다 가족을 단위로 한 가족상담이 문제해결에 보다 효과적이라는 결과가 여러 연구들을 통해 보고되었다. 예를 들면, 생명에 심각한 위협을 받는 암환자의 경우에도 배우자의 지지와 적응이 생존율에 중요한 영향을 미치며, 투병 과정뿐만 아니라 치료 이후에도 가족의 지지와 이해가 높을수록 환자의 적응도와 삶의 질이 높다는 연구들이 보고되고 있다. 이에 다수의 연구에서 암환자에게 부부상담, 가족상담을 진행한 결과, 환자의 정서적 안정, 부부관계 및 삶의 질 증진 등 더 큰 효과가 있는 것으로 보고되고 있다(이인정, 2011). 이처럼 어려움에 처한 개인을 돕는 데 가족 단위의 개입이 더욱 효과적인 것이다. 가족의 규모 축소와 가족기능이 다른 각종 사회제도로 이양되고 대체되는 등 가족은 급속히 변화하고 있지만 여전히 개인의 발달주기를 통해 다른 어떤 사회체계에서도 발견할 수 없는 중요한 가치를 지니고 있다. 또한 가족은 사회의 모든 문제와 정책에 직간접적인 영향을 주고받고 있기 때문에 개인 및 사회의 문제를 조사하고 진단, 개입할 때 가족 단위로 시행해야 할 필요성이 있다. 그렇기에 복지대상이 가족인 가족복지의 중요성이 강조되고 있다.

3. 가족복지의 대상

가족복지의 대상은 가족이다. 이때 가족은 '전체로서의 가족'을 전제로 한다. 이러한 의미에서 가족구성원 개개인을 대상으로 하는 아동복지, 청소년복지, 여성복지, 노인복지, 장애인복지 등은 가족복지와 구분된다. 가족복지의 대상은 가족구성원 개개인을 대상으로 하는 복지와는 구별되는 '전체로서의 가족'에 대한 접근에 토대를 두어야 한다. 이를 바탕으로 구체적인 가족복지의 대상 영역에 대해 검토하면 다음과 같다.

1) 가족구조의 특성에 따른 대상

가족의 구조적 특성에 따라 가족복지의 대상을 규정하는 것으로 맞벌이 가족, 미혼모가족, 한부모가족, 이혼가족과 재혼가족, 소년소녀가장 가족, 조손가족, 노인가족 등 가족구조상의 다양성을 고려하여 각 가족이 지닌 특성과 욕구, 문제에 따라 관련 정책을 마련하고 복지 서비스를 적절하게 제공하게 되는 것이다(김윤재 외, 2013).

2) 가족기능의 문제에 따른 대상

가족이 사회적 제 기능을 수행하는 데 제한이 생기는 경우 일반적인 가족복지 대상 영역이 된다. 이러한 경우는 먼저 가족의 스트레스 상황을 들 수 있는데, 정상적인 능력을 보유한 가족이라도 가족구성원의 출산 또는 사망, 결혼이나 이혼, 이사, 실직 등으로 인해 가족이 스트레스 상황에 적응해야 하는 경우를 말한다. 이는 가족통제 능력과 통제 기능이 약화되어 사회화, 정서적 지지 기능의 수행 능력을 약화할 수 있기에 가족복지의 대상이 된다. 둘째, 경제적 어려움이나 사회적 지원을 동원하는 데 있어서 어려움을 겪게 되는 경우이다. 이러한 가정의 빈곤과 자원 부족은 가족의 부양 문제와 직결되며 빈부의 차이에 의한 상대적 박탈감으로 인해 사회문제화되므로 가족복지가 필요한 대상이 된다. 셋째, 가족구성원의 개인적 기능에 장애가 발생한 경우로 가족구성원 중 일부가 신체적 · 정신적 장애를 겪게 되어 가족이 제 기능을 수행하는 데 제한이 생기는 경우 가족복지의 대상이 된다.

3) 가족의 발달단계별 가족복지의 대상

가족은 발달주기에 따라 다양한 변화와 문제, 위기를 경험하게 된다. 부부만의 시기, 자녀출산 및 양육기, 미취학 아동기, 학령기, 청소년기, 원가족으로부터의 독립기, 중년기, 노년기 등 가족 발달주기에 따라 가족구성원인 개개인은 물론 가족 전체가 직면하게 되는 복지 욕구는 다양하며 이에 따라 복지 개입을 달리하게 된다(김윤재 외, 2013).

4. 가족복지의 접근 방법

조홍식 등(2002)은 가족복지의 접근 방법을 간접적 방법과 직접적 방법으로 구분하였는데, 간접적 방법은 문제 가족에 대한 예방적 차원에서 제도적, 환경적, 거시적으로 접근하는 가족복지 정책이며, 직접적 방법은 고통을 겪고 있는 가족에 대해 개별적, 심리사회적, 미시적으로 접근하는 가족복지 서비스라고 하였다. 또 김윤재 등(2013)은 가족복지의 접근 방법에 대해 거시적, 중범위적, 미시적 방법으로 분류하였고 거시적 방법과 중범위적 방법은 가족복지 정책과 가족복지 행정이라고 하였으며, 미시적 접근 방법은 가족복지 서비스라고 하였다. 이인정(2004)은 사회보장제도를 사회보험, 공공부조, 사회복지 서비스로 구분할 때, 가족복지 정책은 사회보험, 공공부조와 관련성이 높고, 가족복지 서비스는 사회복지 서비스와 관련성이 높고 경제적 지원 위주의 가족복지 정책을 보완하면서 각 가족의 개별적이고 구체적인 문제해결과 심리, 정서, 사회적 욕구 충족을 도모한다고 하였다. 이들 내용을 종합하면, 가족복지의 접근 방법은 크게 가족복지 정책과 가족복지 서비스로 구분할 수 있으며 좀 더 구체적으로 살펴보면 다음과 같다.

1) 가족복지 서비스

가족복지 서비스는 가족을 대상으로 하는 사회복지 서비스 또는 사회적 서비스로 정의될 수 있다. 가족복지 서비스의 기능은 가족생활을 보호하거나 회복시키고 가족의 문제를 해결하도록 돕는 역할을 하며, 가족구성원들의 성장과 발달을 돕고 가족의 사회적 자원에 대한 접근을 가능하게 하는 것이다(이인정, 2004). 가족복지 서비스는 다양한 내용으로 이루어지고 있는데 여기서는 가족복지 서비스의 대표적 내용인 가족사례관리, 가족치료, 가족생활교육, 가족옹호를 검토하겠다.

(1) 가족 사례관리

가족 사례관리(family case management)는 가족을 대상으로 하는 사례관리이다. 현대 가족은 형태가 다양해지고 그 욕구 또한 복합적인 특징이 있기 때문에 가족 스스로 욕구를 충족하고 문제를 해결해 나가는 것은 매우 어려운 일이다. 그렇기에 직접적이고 전문적인 개입을 포함하여 지역사회 자원을 연결하여 욕구와 문제를 해결해 나가는 것이 매우 필요하며 중요한 방법이 되었다. 이렇듯 사회와의 관계적 맥락에서 자원을 연계하고 관리하여 가족의 잠재된 역량을 개발함으로써 가족기능을 원활히 수행할 수 있도록 돕는 전형적 방법이 가족 사례관리이다(박미은 외, 2012).

가족 사례관리는 역할중심, 자원획득, 역량강화의 세 가지 접근으로 이루어지는데 역할중심의 접근은 가족의 욕구에 대응할 수 있는 서비스들을 조정하고 통합하는 것이며, 자원획득의 접근은 가족의 욕구에 부합하고 문제해결을 돕는 자원을 동원하고 연계 및 조정하는 데 초점을 두는 접근이다. 역량강화의 접근은 가족이 스스로 욕구를 확인하고 자원을 찾고 동원하는 능력을 증진하는 데 초점을 두는 것이다.

이러한 가족 사례관리를 통해 가족의 기본적 욕구를 충족하고 가족기능을 강화하며 가족관계를 증진하고 가족 문제해결을 도모하게 된다(최선희, 최정숙, 박화옥, 2008: 박미은 외, 2012에서 재인용).

(2) 가족치료

가족치료(family therapy)는 가족 진단을 기초로 가족구성원들이 겪고 있는 가족 내의 역기능 문제나 정서적 문제를 해결하여 정상적 기능을 수행할 수 있도록 원조하는 전문적 개입활동이다(김윤재 외, 2013). 가족치료의 토대가 되는 이론과 모델을 적용하여 상실되거나 약화된 가족기능을 회복시키는 데 주력한다. 가족치료 이론으로는 체계 이론, 구조 이론, 상호작용 이론, 발달 이론, 의사소통 이론, 역할 이론 등이 있다(김윤재 외, 2013). 가족치료는 개인보다 가족 전체에 초점을 두는 상담 방법으로 개인상담에 비해 인간의 문제를 좀 더 포괄적으로 이해할 수 있으며 가족구성원 간의 상호작용 변화에 주로 개입하여 가족관계와 상황을 중시한다(손병덕 외, 2011).

(3) 가족생활교육

가족생활교육(family life education)은 가족 및 가족구성원이 가족생활과 성장, 발달에 필요한 지식을 갖추도록 도와 가족 내의 역할 수행에 대한 잠재력을 향상시킴으로써 가족생활을 향상시키고 가족과 관련된 사회문제를 사전에 예방하는 것이다(손병덕 외, 2011). 예를 들면, 결혼준비교육, 부부관계 향상 프로그램, 부모교육, 또는 치매노인가족, 한부모가족과 같이 특수한 상황에 있는 가족의 적응을 돕기 위한 교육 등이 있다.

(4) 가족옹호

가족옹호(family advocacy)는 빈곤, 기회불평등, 인종차별 등 가족이 처한 사회적 불이익 상황을 초래한 환경에 대해 개입하는 것이다. 가족옹호는 가족들이 사회복지기관의 지원으로 가족의 권리를 주장하고 지역사회에서 필요한 서비스를 확보하도록 돕는 것이다(손병덕 외, 2011). 가족옹호의 목표는 기존의 공공 및 민간 서비스와 그 전달체계를 향상시키는 것뿐만 아니라 그 지역사회에 적합한 새롭고 변화된 형태의 서비스를 개발하는 것이다(박미은 외, 2012).

2) 가족복지 정책

가족복지 서비스 접근 방법이 문제 가족에 대한 개별적, 심리적, 미시적인 방법이라면 가족복지 정책은 문제 가족에 대하여 사후 복귀적인 개입이라기보다는 예방적 접근으로 사회의 구조적 문제에 대하여 제도적, 환경적, 거시적으로 접근하는 것이다(조흥식 외, 2013). 이러한 맥락에서 일반적으로 가족복지 정책은 국가 또는 정부가 가족과 가족생활의 복지를 증진시키기 위하여 실시하는 공공의 활동이나 일체의 행동을 의미한다(김수환, 2011).

가족복지 정책은 사회보장 관련 법률이나 정책을 통하여 이루어지는데, 우리나라의 경우 「사회보장기본법」을 비롯하여 「헌법」 「가족법」 「사회복지사업법」 등 여러 관련 법률에서 근거를 찾을 수 있다. 가족에 대한 구체적인 정책으로, 먼저 소득지원 정책으로는 사회보험과 조세 정책, 빈곤가족을 위한 공공부조인 기초생활보장제도를 들 수 있다. 건강지원 정책으로는 국민건강보험과 저소득층 가족을 위한 의료급여 제도가 있다(손병덕 외, 2011). 가족복지 정책의 유형과 그 내용에 대해서는 제2부에서 좀 더 구체적으로 다루도록 하겠다.

◈ 참고문헌

고미영(2008). 가족복지 서비스를 위한 새로운 실천 패러다임에 관한 연구. 한국가족치료학회지, 12(2), 53-75.

김만두(1982). 현대사회복지총론. 서울: 홍익재.

김수환(2011). 가족복지론(2판). 경기: 공동체.

김영화, 이진숙, 이옥희(2002). 성인지적 가족복지론. 경기: 양서원.

김윤재, 김성남, 정덕임, 정재우, 김순옥(2013). 가족복지론. 경기: 공동체.

김혜영, 변화순, 윤홍식(2008). 여성의 이혼과 빈곤: 직업과 소득의 변화를 중심으로. 가족과 문화, 20(2), 37-63.

박미은, 신희정, 이혜경, 이미림(2012). 가족복지론. 경기: 공동체.

손병덕, 황혜원, 전미애(2011). 가족복지론. 서울: 학지사.

신지현(2007). 가족해체의 실상과 문제점에 따른 가족복지대책. 한국사회복지지원학회지, 3(1), 199-225.

양심영(2000). 가족복지서비스의 통합적 실천에 관한 연구: 지역사회 서비스 운영주체를 중심으로. 한국가족복지학, 6, 39-67.

이인정(2004). 한국 가족복지의 현황에 관한 연구. 사회과학연구, 10, 125-142.

이인정(2011). 암환자와 배우자의 부부적응에 대한 부부의사소통의 영향. 한국사회복지학, 63(2), 179-205.

전정희(1995). 가족복지의 개념변천과 전개에 관한 연구. 초등교육연구, 6, 95-57.

조홍식, 김인숙, 김혜란, 김혜련, 신은주(2013). 가족복지학(4판). 서울: 학지사.

최경석, 김양희, 김성천, 김진희, 박정윤, 윤정향(2006). 한국 가족복지의 이해. 서울: 인간과복지.

최선희, 최정숙, 박화옥(2008). '가족사회복지실천의 개념과 모델'. 한국가족사회복지 어디로 갈 것인가: 전망과 과제. 한국가족사회복지학회 추계학술대회 자료집, 93-111.

Feldman, F. L., & Scherz, F. H. (1968). *Family Social Welfare: Helping Troubled Families*. New York: Atherton Press.

Gubrium, J. F., & Holstein, J. A. (1997). 가족이란 무엇인가: 사회구성주의적 관점에서 본 가족담론(최연실, 조은숙, 성미애 역). 서울: 하우.

National Association of Social Workers. (1965). Unmarried Parents. *Encyclopedia of social work.*

Parsons, T. (1949). The social structure of the family. In R. Anshen (Ed.), *The family: Its function and destiny* (pp. 173-201). New York: Harper & Row.

Seibert, M. T., & Willetts, M. C. (2000). Changing Family Forms. *Social Education, 64*(1), 42-47.

제2부
가족복지 정책

제3장 가족복지 정책에 대한 이해
제4장 우리나라의 가족복지 정책
제5장 외국의 가족복지 정책

제3장
가족복지 정책에 대한 이해

1. 복지국가와 가족복지 정책

산업사회에서 남성은 노동시장 영역을, 여성은 가사와 자녀양육을 담당하는 성별 분업 구조를 이루고 있었다. 이 시대의 전통적 패러다임하에서 가족복지 정책은 가족의 기능을 유지하는 데 초점을 두고 있으며, 성별분업에 기반을 둔 핵가족을 정상가족으로 전제하고 있다. 즉, 가족 정책은 정상가족의 해체를 예방하고, 문제가 생긴 가족에게만 최소한도로 개입하여 지원하는 것이다(송다영, 정선영, 2013). 그러나 여성의 경제활동 참여 증가와 다양한 가족 유형의 증가로 인해 사회는 새로운 가족복지 정책 패러다임을 요구하고 있다. 여성의 노동시장 참여가 늘면서 누가, 어떻게 가정 내 돌봄의 문제를 해결할 것인가에 대한 새로운 가족 정책 패러다임이 요구되고 있으며, 가족돌봄 책임의 주체가 가족에서 가족과 사회로 전환되고 있다(송다영, 정선영, 2013).

수십 년 전만 하더라도 남성은 한 집안의 가장으로서 노동시장에 참여하고, 여성은 결혼을 하여 가정에서 집안일을 하며 아이들을 돌보는 것이 주된 역할이라 여겨졌다.

그러나 현재 복지국가는 여성의 노동시장 참여가 증가함에 따라 이러한 성역할 구분과 그에 따른 역할 분담에서 많은 변화가 일어나고 있으며, 이는 가족복지 정책의 중요성을 인식시키는 주요 요인이 되고 있다. 한국의 가족복지 정책은 다른 복지 정책에 비해 시기적으로 늦게 발전했지만, 그 발전 속도는 매우 빠르다고 볼 수 있다. 특히 '저출산 고령화'가 국가의 주요 정책 이슈로 떠오른 2005년을 전후로 하여 가족복지 정책이 확대되기 시작하였다. 서구 복지국가들이 이미 1990년대 가족복지 지출을 확대한 것에 비해 늦은 시점이지만 저출산 고령화 이슈 이후 보육 서비스 확대, 보육료 지원 확대, 유급 육아휴직 도입, 각종 출산보조금 제도 도입 등 다양한 가족복지 정책 프로그램들이 도입·확대되었다(류연규, 2011).

Esping-Anderson(1990)은 복지국가 체제를 논하면서 복지국가가 역사의 산물이며 사회계급 간 투쟁의 산물이라는 점을 전제하고 그것이 사회의 계급과 계층구조, 시장 및 가족관계와 서로 연결된다는 점을 강조하여 탈상품화, 계층화, 수혜 제공과 관련된 국가-시장-가족의 관계를 복지국가의 주요한 분류 기준으로 제시하였다(박경일, 2008). 탈상품화란 "노동시장에 대한 종속으로부터 개인을 보호하는 정도, 즉 개인이 노동시장 참여와 상관없이 일정 수준 이상의 삶을 누릴 수 있는 정도"를 의미한다(Esping-Anderson, 1993: 채구묵, 2005에서 재인용).

그리고 이러한 기준에 따라 현존하는 복지국가체제를 자유주의, 보수주의, 사회민주주의의 세 가지 유형으로 구분하였는데, 각 구분에 따른 가족복지 정책의 관점을 정리하면 다음과 같다.

1) 자유주의 복지국가

자유주의 복지국가는 탈상품화의 효과가 가장 최소화된 국가이며, 이들 국가에서 사회복지 서비스는 제한되어 있고 자산조사를 전제로 한 사회복지 프로그램이 받아들여진다. 또한 자유주의 복지국가에서는 고전적인 자본주의의 모습에 가장 부합되는 데에 시장의 역할이 중심적이며, 시장을 통한 개인주의적인 연대에 방해가 될 수 있는 국가나 가족의 역할은 주변화되어 있다(박병현, 2005). 이러한 체제에서는 전통적 가족의 기능과 역할이 강조되면서 가족이 복지의 일차적 책임을 진다. 가족의 책임 기능에 문제가 발생했을 때 국가의 개입이 이루어지며, 그것도 최소한의 개입에 그치고자 한다. 이러한 형태는 미국, 캐나다, 호주 등에서 볼 수 있다(이영실 외, 2013).

2) 조합주의(보수주의) 복지국가

보수적인 조합주의적 복지국가는 노동력의 상품화 문제를 중요시하지 않는 국가로서, 노동력의 상품화 정도는 온건한 편이나 시민적 권리로서 사회복지 개념을 받아들인다. 이들 국가들은 가족의 중요성을 강조하는 전통적인 종교적 및 문화적 신념에 지배받으면서 교회나 자원봉사조직들이 사회복지의 역할을 대신하고 있다고 보았다. 또한 보수적인 조합주의적 복지국가는 가족주의적 요소가 강하여 사회적 연대의 진원지는 가족이고 국가는 이러한 가족의 특성을 지원하고 보완하는 역할을 한다(박병현, 2005).

이러한 체제는 전통적 가족주의를 고수하며 개인에 대한 복지의 일차적 책임을 가족에 두고, 자유주의 복지체제와 마찬가지로 국가는 이차적 책임을 담당한다. 전업주부는 사회보험에서 제외되며, 가족 관련 급여만이 모성을 보호한다. 보육이나 기타 유사한 각종 가족복지 서비스는 매우 미흡하며, 가족이 기능을 다하지 못할 때에만 국가가 개입하는 최소한의 복지가 행해진다. 이러한 형태는 독일, 프랑스, 오스트리아, 이탈리아, 네덜란드 등에서 볼 수 있는데, 자족 기능을 충분히 보완하지 못하고 있다는 점에서 자유주의 복지체제와 크게 다르지 않다(이영실 외, 2013).

3) 사회민주주의 복지국가

사회민주주의 복지국가는 가장 높은 노동력의 탈상품화 정도를 나타내기 때문에 사회복지 프로그램들은 높은 수준으로 제도화되어 있으며, 시민들은 노동시장의 의존으로부터 이탈되어 있다. 이들 국가에서 정부란 시민들이 복지를 얻기 위해 의존하는 마지막 제도가 아닌 가장 주된 제도이다. 또한 사회민주주의 복지국가는 사회적 연대의 진원지가 국가이며, 따라서 국가의 역할이 크고 국가는 탈상품화 가능성이 높고 보편주의적인 개입에 의해 가족과 시장을 대체하는 특성을 갖는다(남찬섭, 2002).

이러한 체제에서는 가족의 기능을 보완하는 정책이 아니라 가족의 역할을 적극적으로 공유하고 가족기능의 사회화에 국가가 앞장선다. 국가는 가족복지 정책을 통하여 사회구성원에게 사적 생활을 영위해 나가는 데 불편함이 없도록 가족 관련 문제를 직접적으로 해결해 나가는 책임을 다하고 있다. 이러한 형태는 덴마크, 스웨덴, 노르웨이, 핀란드 등의 북유럽에서 볼 수 있다(이영실 외, 2013).

그러나 Esping-Anderson이 복지 수준 측정을 위해 사용한 탈상품화 개념은 페미니스트들에 의해 여성에 대한 복지가 배제되었다는 비판을 받게 되었다. 탈상품화란 노동시장의 의존으로부터의 보호인데, 이것이 문제가 되려면 먼저 노동시장에 대한 접근이 가능해야 한다. 이는 다분히 임금노동을 전제로 한 것으로, 임금노동자로 정의되지 않는 여성들의 노동이 배제된 개념이라는 것이다. 즉, 노동시장 의존으로부터 독립이라는 개념 자체가 여성들의 비시장적 무급노동으로서의 가사노동을 간과하고 있다는 것이다(Orloff, 1993; Sainsbury, 1999; 이혜경, 홍승아, 2003: 채구묵, 2005에서 재인용). 이러한 페미니스트들의 비판을 수용하여 Esping-Anderson은 탈가족화라는 새로운 개념을 제시하였다. 탈가족화는 "가구의 복지와 돌봄 책임이 국가 또는 시장을 통해 완화되는 정도"로 정의할 수 있다(Esping-Anderson, 1999: 윤홍식 외, 2011에서 재인용). 즉, 탈상품화가 남성노동자에 기반을 둔 개념이라면, 탈가족화는 여성친화적인 개념이라고 할 수 있다(채구묵, 2005). 가족 부담으로 인해 여성이 상품화되어 있지 못하다면 가족 부담을 공적인 서비스를 통해 덜어 줌으로써 여성이 노동시장에 진입하도록 하고, 그럼으로써 여성은 노동자의 지위를 갖고 남성노동자와 동일한 탈상품화에 의해 복지국가와 연관을 맺을 수 있도록 하자는 것이 탈가족화 개념인 것이다(김수정, 2004: 채구묵, 2005에서 재인용).

이제 가족복지 정책은 전통적 복지국가의 재편 과정에서 새롭게 요구되는 복지국가의 핵심 정책 중 하나가 되었다(윤홍식, 2011). 복지국가와 가족복지의 관계에 대해 위에 설명한 것과 같이, Esping-Anderson(1999)은 복지의 책임 소재를 가족 중심의 책임을 강조하는 가족책임주의와 가족에 대한 사회적 책임을 강조하는 탈가족주의로 구분하였다. 가족책임주의는 시민의 복지에 대한 국가의 책임이 취약한 상태에서 가족이 가족구성원의 복지를 책임지게 하는 이념으로 작용하고 있으며, 가족책임주의에서는 개인의 복지와 관련해 국가와 가족이 대체재 관계에 있다는 가정이 성립한다(Leon, 2002: 윤홍식, 2012에서 재인용).

2. 가족복지 정책의 개념

가족의 복지에 대한 정책은 가족 정책(family policy)과 가족복지 정책(family welfare policy)으로 구분할 수 있다. 가족 정책과 가족복지 정책의 개념에 대해서는 학자들 간에도 명확한 합의가 이루어지지 않고 있으며, 우리나라에서는 '가족 정책'과 '가족복지 정책'이라는 용어가 여러 문헌에서 혼재되어 사용되고 있다. 이와 관련하여 김영화 등(2010)은 가족 정책은 "국가가 가족의 기능이나 역할에 의도적으로 영향을 미침으로써 원하는 방향의 변화를 가져오려는 체계적인 개입계획"을 의미하고, 가족복지 정책은 통제와 원조의 기제를 통해 국가가 순수하게 "가족을 위해 행하는 정책"을 의미하는 것으로 이해되어 왔다고 하였다. 그러나 이 두 개념은 경우에 따라 혼용되므로 명확히 구분하기가 어려우며, 오늘날 국가는 사회복지의 전 분야에 걸쳐 정책을 통해 가족에게 영향을 미치고 있으므로 가족 정책과 가족복지 정책의 개념을 구분하는 것은 점차 의미를 상실해 가고 있다(김영화 외, 2010). 즉, 가족복지 정책은 가족 정책의 한 영역이면서 동시에 가족을 위한 복지 정책이라는 측면에서 약간의 차이가 있기는 하지만 일반적으로 혼용되고 있는 것을 볼 수 있다. 김혜경 등(2011)은 실제로 가족 정책의 궁극적 목적이 가족의 복지를 향상시키는 데 있으므로 가족 정책은 곧 가족복지 정책이라고 이해하여도 무리가 없다고 주장하였다.

가족복지 정책의 개념과 관련하여 보편적으로 인용되고 있는 정의를 살펴보면 다음과 같다.

1) Kamerman과 Kahn의 정의

가족복지 정책을 논할 때, 학자들에 의해 가장 많이 인용되는 개념은 Kamerman과 Kahn(1978)의 정의인데, 이들은 가족복지 정책을 "정부가 가족에 대해 그리고 가족을 위해 행하는 모든 활동"으로 정의하였다. 따라서 가족복지 정책은 '가족복지'라는 목적 달성을 위해 국가가 행하는 정책범주가 포괄됨은 물론이고, 다른 목적을 위해 가족에 대해 의도적으로 행하는 정책범주들도 포함된다(성정현 외, 2013). 보다 구체적으로 Kamerman과 Kahn은 가족복지 정책을 세 가지 개념으로 분류한다. 가족복지 정책은, 첫째, 사회문제를 해결하기 위한 사회정책의 한 분야(as a field)로 이해될 수 있으며, 둘째, 다른 거시적 사회목표를 달성하기 위한 수단(as an instrument)으로 기능하기도 하고, 셋째, 다른 사회정책의 선택 및 정책평가의 기준이나 관점(as criterion or perspective)이 되기도 한다(Kamerman & Kahn, 1978: 김영화 외, 2010에서 재인용). 이 세 가지 가족 정책의 개념은 다음과 같다.

(1) 사회정책의 한 분야로서의 가족복지 정책

사회정책의 한 분야로서의 가족복지 정책은 가족에 대해 어떤 구체적 목표를 설정하고 있는 정책 분야를 의미한다. 출산율 증대, 아동건강 증진, 양육 부담의 감소, 성 평등 증진 등의 목표를 달성하기 위해 아동수당 등의 현금 급여 프로그램, 고용 정책, 주택 정책, 영양 및 건강 정책, 부양자녀에 대한 소득세 감면, 아동보호 및 발달 관련 서비스와 같이 뚜렷하게 가족을 목표로 하는 법을 포함한다. 여기에서는 '단위로서의 가족'과 '구성원으로서의 개인'이 가족복지 정책의 대상이 되고, 어떠한 경우에서든지 가족과의 연관성을 가지는 것을 중요시한다(박미은 외, 2012). 하지만 현실적으로 가족복지에 대한 구분이 명확하지 않기 때문에 Kamerman과 Kahn(1978)은 가족복지 정책을 사회정책의 한 분야로 볼 때, 아동과 여성에 영향을 미치는 정책으로 한정하기도 하였다(윤홍식 외, 2011: 박미은 외, 2012에서 재인용).

(2) 수단으로서의 가족복지 정책

수단으로서의 가족복지 정책은 가족의 행위를 변화시킴으로써 더 넓은 사회·정치적 목적을 달성하기 위한 일종의 사회통제 수단으로 보는 것이다. 이때 가족복지 정책은 목표달성을 위한 합리화의 수단이 된다(박미은 외, 2012). 예를 들면, 동유럽의 경우 아동보육시설의 확대와 모성수당 제도 등을 통해 여성들은 경제활동에 참여하도록 유도되었으며, 고실업 시대에는 육아휴직 등을 통해 다시 가정으로 되돌아가도록 유인되었다. 이는 노동시장의 목적을 달성하기 위해 가족복지 정책을 수단으로 이용한 것이다.

(3) 관점으로서의 가족복지 정책

관점으로서의 가족복지 정책은 모든 사회정책에서 가족에게 미치는 효과와 영향력이 고려되어야 한다고 가정하는 것이다. 이 경우 가족복지 정책은 특정 정책을 범주화하는 개념으로서보다는 국가의 모든 사회정책을 가족복지 정책적 시각에서 바라보아야 한다는 점을 강조한다. 명시적 가족복지 정책이 부재할 경우, 관점으로서의 가족복지 정책이 가지는 유용성은 매우 크다(이원숙, 2012; 성정현 외, 2013). 관점으로서의 가족복지 정책은 유럽처럼 사회정책의 선정 기준 및 평가 기준으로 시행되는 것으로서 명시적 및 묵시적 가족복지 정책이 포함된다. 명시적 가족복지 정책은 가족을 위한 목표를 의도적으로 세운 정책으로 입양 정책, 탁아 정책, 가족계획 등이 있다. 묵시적 가족복지 정책은 의도적으로 만들어진 것이 아니나 결과적으로 가족에 영향을 주는데, 여기에는 조세 정책, 주택 정책 등이 있다(박미은 외, 2012).

이와 같은 세 가지 분류를 보면 가족복지 정책은 포괄적인 사회정책의 한 분야로 인식되는가, 아니면 다른 사회정책을 실현하기 위한 매개체로 인식되는가 하는 관점 차이를 보이는데, 이 중 가장 보편적으로 동의를 얻고 있는 접근법은 가족복지 정책이 사회정책의 한 분야이며, 국가가 가족에 대해 의도적으로 행하는 정책을 의미한다는 것이다(김영화 외, 2010).

2) Zimmerman의 정의

Zimmerman(1995)의 정의도 학자들에 의해 많이 인용되고 있는데, Zimmerman은 “정부가 가족에게 직간접적으로 영향을 미치는 모든 정책”을 가족복지 정책이라고 규정하였다. 즉, Zimmerman의 정의는 가족의 복리달성이란 목적을 가지고, 가족이 경험하게 되는 여러 문제들에 대처하기 위한 일련의 상호 연관된 정책을 가족복지 정책이라고 본다. 따라서 Zimmerman(1992)은 가족 정책을 Kamerman과 Kahn(1978)의 정의에서 보는 것처럼 세분화하지 않았는데, 이는 명시적으로 가족 정책으로 규정되어 있지 않더라도 거의 모든 정책이 직접적 혹은 간접적으로 가족에 영향을 미치고 있다고 보기 때문이다. 이런 의미에서 가족복지 정책이란 가족의 복지를 추구할 것을 정책목적으로 선택하므로 가족과 관련시켜 정책을 바라보는 하나의 관점인 동시에 가족과 연관된 수많은 상이한 프로그램을 포함하고 있는 하나의 영역이라고 할 수 있다(이영실 외, 2013).

3) 국내의 정의

국내의 정의를 살펴보면 윤홍식 등(2011)은 가족 정책이란 “가족이 수행해 왔던 기능이 원활하게 돌아갈 수 있도록 하기 위한 정책적 개입”이라고 정의하면서 가족 정책이 재생산 기능, 경제적 기능, 사회화 기능, 성적 · 정서적 기능, 돌봄의 기능을 포괄하고 있다고 하였다. 이영실 등(2013)은 가족복지 정책은 가족복지라는 목적달성을 위해 국가가 행하는 정책범주들이 포괄됨은 물론이고, 다른 목적을 위해서 가족에 대해 의도적으로 행하는 정책범주도 포함되며 동시에 통제와 원조의 기제를 통해 국가가 순수하게 가족을 위해 행하는 정책도 의미한다고 하며, 가족복지 정책이란 “국가가 그 사회가 추구하는 목표를 실현하기 위한 의도를 가지고 가족 및 가족구성원으로서 개인의 복지를 증진시키기 위해 행하는 일련의 정책”이라고 정의하고 있다.

앞에서 살펴본 바와 같이, 그동안 가장 많이 인용된 가족복지 정책 개념은 Kamerman과 Kahn 또는 Zimmerman의 정의이며, 국내의 연구들에서도 이와 유사한 정의를 내리고 있다. 그러나 이와 같은 정의는 지나치게 포괄적이고 광범위해서 모호하다는 비판을 받고 있다. '가족'이 하나의 정형화된 이념형으로 존재하는가에 대한 문제제기부터 가족 정책의 지향성이 단선적이지도 않고 단계론적이지도 않기 때문에 가족 정책을 유형화하는 것이 가능치 않다는 견해에 이르기까지 다양하다(Harding, 1996; Hakim, 2003: 송다영, 정선영, 2013에서 재인용).

오랫동안 가족은 아동, 청소년, 노인을 위한 부양과 돌봄의 역할을 수행해 왔으나 전반적 사회 환경의 변화로 이러한 역할 수행이 어려워지고 있으며, 가족 형태의 다양화와 고령화라는 새로운 사회 환경은 가족복지 정책의 변화를 요구하고 있다(송다영, 정선영, 2013). 그러나 한국 사회의 가족복지 정책은 여전히 노동시장, 가족구조, 인구구조의 변화를 담보하지 않고 있으며, 새로운 사회적 위험에 대처하지 못하고 있다(윤홍식 외, 2011). 현재 우리나라의 가족복지 정책은 고용 정책, 탈빈곤 정책, 적극적 노동시장 정책, 여성 정책 등과의 연관성 속에 놓지 않고, 단순히 출산이나 양육과 같은 가족 내 기능 수행에만 관심을 두고 있는 것이다. 최근 우리나라의 가족복지 정책 방향은 사회구조의 변화와 이에 따른 새로운 사회적 위험을 가족복지 정책을 통하여 해결하려는 노력을 기울여 왔던 선진국의 방향과 배치된다(이삼식, 이지혜, 2011).

이러한 문제점들을 반영하여, 송다영과 정선영(2013)은 가족구조와 사회 환경의 변화를 고려하여 '가족'을 혼인, 혈연, 입양에 의해 이루어진 사회의 기본단위이자 변하지 않는 하나의 사회제도가 아니라 잠재적 유동성을 내포하는 생활현실로 정의하며, '가족복지 정책'은 사회구조 변화와 신사회 위험의 대두로 발생하는 다양한 문제에 대응하고 '가족의 역할을 하는 사람들'을 지원하는 정책으로 정의하고 있다.

지금까지 살펴본 정의를 종합하여, 이 책에서는 '가족과 가족의 역할을 가진 사람들을 대상으로 하고, 사회구조의 변화를 반영하면서 하나의 단위로서 가족 또는 각 가족구성원의 복지와 관련이 있는 국가의 모든 정책'을 가족복지 정책이라고 정의하고자 한다.

3. 가족복지 정책의 유형

각 국가의 가족복지 정책을 유형화하는 것은 특정 국가의 가족복지 정책의 특성을 이해하는 데 도움을 제공하며, 국가 간 정책의 유사점과 차이점 비교에도 기여할 수 있다. 여러 학자들이 가족복지 정책을 유형화하였는데, 대표적인 몇 가지는 다음과 같다.

1) 가족의 책임에 대한 국가의 통제, 지원방식에 따른 유형화

Harding(1996)은 가족의 책임에 대해 국가가 어떤 방식으로 통제, 지원하는지에 따라 권위주의 모델(authoritarian model), 자유방임 모델(laissez faire model), 중간개입 모델(intermediate model)로 유형화하였다.

권위주의 모델은 국가의 통제가 매우 강력하여 국가가 원하는 행동의식과 가족 형태를 강화하기 위한 정책과 법적 조치를 지향한다(이영실 외, 2013). 가족의 개별적 욕구나 선택은 거의 고려하지 않으며, 국가가 제시하는 방향으로 가족 정책을 수행함으로써 가족에 대한 국가의 통제가 매우 높다(김혜경 외, 2011). 예로는 피임이나 낙태행위 금지, 사회복지수급권이나 투표권, 상속 제도 등이 있다.

자유방임 모델은 국가가 가족에 대한 간섭을 하지 않고, 사적인 영역을 보호함으로써 특별한 가족 정책을 제시하지 않는 모델이다(김혜경 외, 2011). 가족에 대한 정책목표는 없으며, 선호하는 가족 유형이나 행위, 가치 등이 없고, 국가가 가족에 대해 어떠한 영향력도 행사하지 않는다. 예로는 개인별 분리과세, 개인 단위로 급여되는 사회보장급여 등이 있다(박미은 외, 2012).

중간개입 모델은 앞의 두 모델의 중간 유형으로서 가족에 대한 국가의 책임을 적절한 수준에서 인정하고 가족통제를 시도하면서도, 가족의 자율적인 측면을 존중하면서 가족기능을 보완하거나 대체하는 정책을 제시한다. 가족에 대한 국가의 통제 정도에 따라 특정 영역에서 가족의 책임을 강제하는 유형, 긍정적 인센티브를 활용함으로써 국가가 원하는 방향으로 가족행동을 촉진시키는 유형, 제한적인 가설하에서 묵시적인 가족 정책을 활용함으로써 직접적인 통제는 없지만 가족에 영향을 미치는 유형, 가족을 대체하거나 측면에서 지원하는 유형, 명확한 정책 방향을 정하지 않고 가족의 변화에 따른 수요와 욕구에 대응하는 유형으로 구분된다(김혜경 외, 2011).

2) 출산율 감소 대비 정책에 따른 유형화

Gauthier(1996)는 출산율 감소에 대비해 OECD 22개 서구 선진국들이 가족복지 정책을 어떻게 추진해 왔는가를 현금급여(가족수당, 자산조사 가족급여, 부양아동 소득공제), 노동 관련 급여(출산휴가, 육아휴직), 보육시설, 낙태 및 피임에 관한 법률 등을 이용하여 분석하였으며, 이를 통해 4개 모델인 출산장려 모델(pro-natalist model), 전통지향적 모델(pro-traditional model), 평등주의 모델(pro-egalitarian model), 가족주의-정부비개입 모델(pro-family, but non intervention model)을 제시하였다(채구묵, 2005).

출산장려 모델에서는 저출산의 문제가 주요 정책 관심이며, 출산장려와 관련한 가족지원은 국가의 중요한 책임이다. 따라서 일과 가족을 병행하는 것이 출산을 방해하지 않도록 함으로써 취업모를 지지한다. 예로는 셋째 이상 자녀에 대한 현금지원, 모성휴가, 높은 수준의 보육 서비스 등이 있다(성정현 외, 2013; 윤홍식 외, 2011; 박미은 외, 2012).

전통 지향적 모델에서는 전통적 남성부양가족 제도 유지가 주요 정책 관심이며, 전통적 가족 유형을 지지하고, 전통적 성역할 구분을 선호한다. 따라서 여성의 노동시장 참여를 촉진할 수 있는 아동보육 정책보다는 여성의 아동양육을 지원하는 휴가급여를 더 선호한다.

평등주의 모델에서는 남녀 간 평등증진이 주요 목표이다. 남녀 모두 양육과 노동시장 참여를 병행할 수 있도록 국가의 공적 지원을 강조한다. 따라서 모성휴가보다는 부모휴가가 주요 정책이다.

가족주의-정부비개입 모델에서는 가족 지원에 대한 국가책임을 인정하지만 요보호가족으로 한정한다. 전통적 가족 유형을 선호하며, 가족의 자립과 규제받지 않는 시장에 대한 신념이 강하다. 따라서 일-가정 양립을 위한 국가개입을 최소한으로 하고, 그 이상을 기업이나 민간의 역할로 간주한다(성정현 외, 2013; 윤홍식 외, 2011; 박미은 외, 2012).

3) 국내 학자들이 제시한 유형화

국내 학자들도 가족복지 정책에 대한 유형화를 제시하였는데, 주요 내용은 다음과 같다.

김수정(2004)은 가족수당, 출산휴가, 0~2세 보육시설, 3~5세 보육시설에 대한 지표를 이용하여 강한 모성중심주의, 약한 모성중심주의, 제도적 노동시장 참여지원, 잔여적 복지 유형의 4개 모델을 제시하였다.

〈표 3-1〉 모성지원/노동지원의 젠더적 차원에 따른 유형화

구분	특징	국가
강한 모성주의 유형	• 가족수당을 중심으로 한 정책노력의 수준이 높음 • 양육자로서 여성의 역할 강조하고 모성역할 지원 • 0~2세 아동을 지원하는 프로그램의 확대를 주저하거나 모성지원적 방식과 충돌하지 않는 선상에서 변용된 프로그램 도입	이탈리아, 벨기에, 오스트리아, 프랑스
약한 모성주의 유형	• 가족수당의 제도화를 통해 사회적 권리의 차원에서 모성을 통합하고 있지만, 급여 수준이 높지 않고 0~6세 아동에 대한 공보육 지원의 수준이 낮음 • 가족수당을 통해 여성들의 양육역할을 일정 정도 지원하지만, 여성들이 노동시장에 참가할 경우 아동을 돌보는 것에 대한 제도적 장치 미비 • 보육과 관련된 부담은 가족이 자체 서비스를 통해 해결하거나 시장을 통해 구매	독일, 영국, 네덜란드
제도적 노동시장 참여지원 유형	• 국가의 가족지원에서 여성의 모성역할보다는 노동자 역할 지원에 주력 • 가족지원과 관련하여 높은 수준의 제도화된 복지체계 • 0~2세 공보육 프로그램과 출산휴가의 지출이 현격히 높음	덴마크, 스웨덴, 핀란드, 노르웨이
잔여적 복지 유형	• 전통적으로 자유주의 국가로 분류된 국가들은 가족이나 시장 영역에 국가개입을 꺼려 함 • 전반적으로 가족지원의 수준이 낮고, 모성을 지원하는 프로그램의 수준 낮음 • 여성은 어머니로서는 복지권이 없거나 낮은 수준의 지원만을 받음	미국, 호주, 캐나다

출처: 김수정(2004)의 내용을 토대로 재구성함.

채구묵(2005)은 각국의 가족복지 전체 지원 수준과 노동·양육중심 지원 수준의 비중을 활용하여 가족복지 정책을 고복지-노동중심, 고복지-양육중심, 저복지-노동중심, 저복지-양육중심의 4개 유형으로 구분하였다.

〈표 3-2〉 가족복지 전체 지원 수준과 노동·양육중심 지원 수준의 비중을 활용한 유형화

구분	특징	국가
고복지-노동중심	• 가족복지 전체 지원 수준이 높음 • 출산휴가와 보육(노동중심)에 대한 지원 수준이 가족수당(양육중심)에 대한 지원 수준보다 상대적으로 더 높음	스웨덴, 덴마크, 핀란드, 노르웨이
고복지-양육중심	• 가족복지 전체 지원 수준이 높음 • 가족수당(양육중심)에 대한 지원 수준이 출산휴가와 보육(노동중심)에 대한 지원 수준보다 더 높음	프랑스, 벨기에, 오스트리아, 룩셈부르크
저복지-노동중심	• 가족복지 전체 지원 수준이 낮음 • 출산휴가와 보육(노동중심)에 대한 지원 수준이 가족수당(양육중심) 지원 수준보다 상대적으로 더 높음	미국, 캐나다, 일본
저복지-양육중심	• 가족복지 전체 지원 수준이 낮음 • 가족수당(양육중심) 지원 수준이 출산휴가와 보육(노동중심)에 대한 지원 수준보다 더 높음	그리스, 이탈리아, 독일, 네덜란드

출처: 채구묵(2005)의 내용을 토대로 재구성함.

윤홍식 등(2011)은 돌봄의 사회화와 가족화의 관점을 가지고 가족복지 정책을 비교함으로써 시장형, 가족화 우선형, 가족화·탈가족화 병행형, 탈가족화 우선형, 미발달형으로 분류하였다.

〈표 3-3〉 돌봄의 사회화와 가족화의 관점에 따른 유형화

구분	특징	해당 국가
시장형	• 돌봄의 가족화와 탈가족화 모두 국가의 역할 미비 • 시장이 돌봄의 사회화의 주된 방식으로 자리함	미국, 영국, 캐나다, 뉴질랜드 등
가족화 우선형	• 돌봄의 사회화보다는 돌봄의 가족화에 상대적으로 관대한 지원 • 가족화정책이 탈가족화의 대체재로 자리함	독일, 오스트리아 등
가족화 · 탈가족화 병행형	• 돌봄의 가족화와 사회화 모두에서 국가의 지원이 이루어짐 • 여성의 사회적 수급권은 모성과 노동자성 양자에 근거함	프랑스, 벨기에, 네덜란드 등
탈가족화 우선형	• 돌봄의 가족화정책은 돌봄의 탈가족화 정책을 보완하는 위치에 있음	스웨덴, 덴마크 등
미발달형	• 돌봄의 사회화와 가족화를 위한 충분한 정책 확대가 이루어지지 않은 국가	한국, 그리스 등

출처: 윤홍식 외(2011).

4. 가족복지 정책의 대상

가족복지 정책의 대상은 국가와 가족의 입장에서 본 가족의 욕구와 가족 문제라고 할 수 있다. 가족의 욕구가 충족되지 않는다면 이는 가족 문제가 사회문제가 되므로 욕구와 문제는 밀접한 관련이 있다. 그러므로 가족복지의 대상은 가족의 구조와 기능, 그리고 가족 발달주기에 따라 구분할 수 있다(이영실 외, 2013).

1) 가족구조 측면에서의 분류

최근에 여성의 경제활동 참여 증가로 인한 돌봄 영역에서의 변화와 함께 다양한 유형의 가족이 증가하고 있다. 이혼율의 증가뿐만 아니라 동거가족, 생활공동체, 한부모가족, 조손가족, 1인가구 등 다양한 가족 형태가 증가하고 있는데, 이는 경제적 불안정으로 인해 발생한 현상이기도 하지만 개인화된 삶을 지향하는 가치관의 변화로 나타

난 현상이기도 하다(송다영, 정선영, 2013).

현재 다양한 가족구조를 반영한 가족복지 정책으로는 이혼 증가로 인한 한부모가족 및 조손가족에 대한 한부모가족 지원 정책이 있으며, 점차 증가하고 있는 다문화가족에 대한 다문화가족 지원 정책도 가족구조에 따른 가족복지 정책이라고 할 수 있다(박미은 외, 2012).

2) 가족기능 측면에서의 분류

전통적으로 가족이 부양과 돌봄 기능을 제공해 왔으나 다양한 가족 유형의 등장은 이러한 가족기능의 변화를 요구하고 있다. 즉, 부양과 돌봄의 책임이 가족에서 가족과 사회가 분담하는 형식으로 변화하고 있는 것이다(송다영, 정선영, 2013). 가족기능 측면에서의 가족 정책은 학자에 따라 다음과 같이 분류하고 있다.

이영실 등(2013)은 가족기능에 따라, ① 빈곤가족, ② 학대가족, ③ 알코올중독이나 약물중독가족, ④ 청소년비행가족, ⑤ 실직으로 인한 소득의 상실로 경제적 측면에서 기능상의 결손을 경험하는 가족, ⑥ 병리 혹은 장애로 인한 심리적 및 의료적 문제를 겪고 있는 가족으로 가족복지의 대상을 분류하였다. Bogenschneider(2008)는 ① 결혼, 이혼, 출산, 입양 등 가족의 형성과 해소에 관련된 정책, ② 자녀 및 가족을 위한 경제적 부양에 관련된 정책, ③ 자녀양육에 관련된 정책, ④ 노인이나 장애를 가진 가족구성원을 위한 돌봄에 관련된 정책으로 가족복지 정책을 구분하였으며, Gauthier(2011)는 ① 가족을 대상으로 한 아동수당, 가족수당, 주거수당과 같은 직접적 현금지원 정책, ② 세제혜택과 같은 간접적 현금지원 정책, ③ 모성휴가, 부성휴가, 육아휴직과 같이 부모권을 지원하는 정책, ④ 보육시설 및 서비스와 같이 노동권을 지원하는 정책으로 가족복지 정책을 구분하였다.

성정현 등(2013)은 가족의 기능을 경제적 기능, 노동력 재생산의 기능, 양육 및 보호의 기능, 정서적 기능, 사회유지 및 통제의 기능으로 구분하여 각 기능에 따라 가족복지 정책을 구분하였다. ① 경제적 기능에 해당하는 정책으로는 사회보험, 공적부조, 가족수당, 조세감면 등이 있고, ② 노동력 재생산의 기능에 해당하는 정책으로는 임신 및 출산 급여와 휴가, 건강보장 프로그램 등이 있으며, ③ 양육 및 보호의 기능에 해당하는 정책으로는 아동수당, 육아휴직, 양육비 지원, 보육 서비스, 부모휴가, 가족 간호휴가, 노인 · 아동 · 장애인 부양지원 서비스 등이 있고, ④ 정서적 기능에 해당하는 정책으로는 가족상담 및 치료 서비스, 가정폭력 지원 서비스, 부부상담 등이 있고, 마지막으로 ⑤ 사회유지 및 통제의 기능에 해당하는 정책으로는 가족 관련 법(상속, 이혼 및 재혼, 입양 등)이 있다.

3) 가족 발달주기에 따른 분류

가족 발달주기에 따라 가족복지 정책의 대상을 구분하면, 부부만의 시기, 자녀출산 및 양육기, 미취학 아동기, 학령기, 청소년기, 청년기, 장년기, 노년기 등 가족 발달주기에 따라 가족구성원 개개인은 물론 가족 전체가 당면하는 복지욕구는 다양하며, 이에 따라 복지개입을 달리할 수 있다(이영실 외, 2013). 우리나라의 가족복지 정책에서도 가족 발달주기에 따른 접근을 찾아볼 수 있는데, 여성가족부의 다문화가족 지원 정책을 보면 결혼준비기에서부터 가족관계 형성기, 정착 및 자녀양육기, 역량강화기 등 다문화가족의 발달주기에 따라 맞춤형 서비스를 제공하고 있다(박미은 외, 2012).

◆ 참고문헌

김수정(2004). 복지국가 가족지원정책의 젠더적 차원과 유형. 한국사회학, 38(5), 209-233.

김영화, 이진숙, 이옥희(2010). 성인지적 가족복지론(3판). 경기: 양서원.

김혜경, 도미향, 문혜숙, 박충선, 손홍숙, 오정옥, 홍달아기(2011). 가족복지론(4판). 경기: 공동체.

남찬섭(2002). 한국 복지체제의 성격에 관한 경험적 연구: 에스핑 엔더슨의 기준을 중심으로. 상황과 복지, 11, 163-202.

류연규(2011). 젠더레짐과 한국 가족복지 정책 유형. 한국 가족사회복지학회 학술발표 논문집, 3-32.

박경일(2008). 사회복지정책론. 경기: 공동체.
박미은, 신희정, 이혜경, 이미림(2012). 가족복지론. 경기: 공동체.
박병현(2005). 복지국가의 비교-영국, 미국, 스웨덴, 독일의 사회복지역사와 변천. 경기: 공동체.
성정현, 여지영, 우국희, 최승희(2013). 가족복지론(개정판). 경기: 양서원.
송다영, 정선영(2013). 통합적 가족 정책으로의 패러다임 전환을 위한 과제. 비판사회정책, 39, 145-189.
윤홍식(2011). 가족 정책, 복지국가의 새로운 역할: 보편성과 다양성에 대한 요구. 한국가족복지학, 33, 5-35.
윤홍식(2012). 가족주의와 가족 정책 재유형화를 위한 이론적 논의. 한국사회복지학, 64(4), 261-284.
윤홍식, 송다영, 김인숙(2011). 가족 정책: 복지국가의 새로운 전망(개정판). 경기: 공동체.
이삼식, 이지혜(2011). 일가정양립정책과 보육정책간 연계방안 연구. 한국보건사회연구원 연구보고서 2011-37-6.
이영실, 김재경, 김봉순, 박용권, 조명희, 홍성희(2013). 가족복지론. 경기: 양서원.
이원숙(2012). 가족복지론(3판). 서울: 학지사.
채구묵(2005). 가족복지 정책과 출산율. 한국사회복지학, 57(3), 337-361.

Bogenschneider, K. (2008). *Family Policy Matters: How Policymaking Affects Families and What Professionals Can Do*. New Jersey: Lawrence Erlbaum Associates.
Esping-Anderson, G. (1990). *Three Worlds of Welfare Capitalism*. Cambridge: Polity Press.
Esping-Anderson, G. (1999). *Social Foundation of Postindustrial Economies*. New York: Oxford University Press.
Gauthier, A. H. (1996). *The State and the Family*. New York: Oxford University Press.
Gauthier, A. H. (2011). *The State and the Family: A Comparative Analysis of Family Policies in Industrialized Countries*. New York: Oxford University Press.
Harding, L. F. (1996). *Family, State and Social Policy*. London: MacMillan Press LTD.
Kamerman, S. B., & Kahn, A. J. (1978). *Family Policy: Government and Families in Fourteen Countries*. New York: Columbia University Press.
Zimmerman, S. (1992). *Family Policy and Family Well-being*. Newbury Park: Sage.
Zimmerman, S. (1995). *Family Policy: Constructed Solutions to Family Problem*. New York: Sage Publications.

제4장

우리나라의 가족복지 정책

1. 우리나라의 가족복지 정책

1) 저출산 · 고령사회 기본계획

우리나라는 1960년대부터 1990년대 중반까지 인구 증가 억제를 정책적으로 추진하는 가족계획사업을 진행하였다. 그러나 1983년에 합계출산율이 인구대체수준 미만(2.08명)으로 하락하고, 저출산사회로 진입하자(1984년, 1.74명) 1990년대 중반부터는 인구자질과 복지증진 정책을 2000년도 초반까지 펼쳤으며, 2001년 합계출산율 1.30명으로 초저출산 시대가 시작되면서 2000년대 중반부터 출산장려정책을 추진하고 있다(변수정, 황남희, 2018). 저출산 · 고령사회 문제가 국가적 의제로 인식되면서 2005년 「저출산 · 고령사회기본법」을 제정하였으며, 정부는 5년마다 저출산 · 고령사회 기본계획을 수립하고 있다.

(1) 저출산 분야

① 제1차 저출산 · 고령사회기본계획(2006~2010) '새로마지플랜 2010'

제1차 기본계획의 목표는 '저출산 대응기구 구축'이다. 출산과 양육에 유리한 환경 조성을 위해 '결혼 · 출산 · 양육에 대한 사회 책임 강화' '일과 가정의 양립 및 가족 친화 사회문화 조성' '건전한 미래 세대 육성'을 추진하였다. 자녀 양육 및 교육비에 대한 부담, 일 · 가정 양립 곤란, 육아지원시설 부족 등 자녀 양육 환경이 미흡한 점을 출산과 양육의 장애 요인으로 판단하고 이를 제거하는 방식으로 저출산 대책에 접근하였으며, 정책의 주요 대상은 저소득가정이고, 보육지원 내용이 정책의 중심을 이루었다(변수정, 황남희, 2018)

② 제2차 저출산 · 고령사회기본계획(2011~2015) '새로마지플랜 2015'

제2차 기본계획의 목표는 '점진적 출산율 회복'이다. 제1차 기본계획에 이어 출산과 양육에 유리한 환경 조성을 위해 '일과 가정의 양립 일상화' '결혼, 출산, 양육 부담 경감' '아동 · 청소년의 건전한 성장 환경 조성'을 추진하였다. 맞벌이 등 일하는 가정을 대상으로 하는 정책들이 부각되었으며, 기존 저소득층 대상 중심에서 나아가 중산층 이상으로 대상의 폭을 확대하였다(변수정, 황남희, 2018). 2012년 전면적 보육료 · 유아학비 지원 시작 이후 2013년 무상보육 · 유아교육을 실시하였고, 가정양육수당 시행을 통해 보편적 복지로서의 보육 지원 체계 마련을 위해 노력하였다(최효미 외, 2018).

③ 제3차 저출산 · 고령사회기본계획(2016~2020) '브릿지 플랜 2020'

10년간의 정책에도 출산율 반등에 실패하자 저출산 현상의 원인을 더욱 면밀히 분석하여 제3차 저출산 · 고령사회기본계획을 수립하였다. 기존에 기혼 가구의 보육 부담 경감을 중심으로 하던 것에서 나아가 일자리나 주거와 같이 만혼이나 결혼 포기의 이유가 되는 요인들을 해결하고자 하였다. 제3차 기본계획의 목표는 '아이와 함께 행복한 사회'로 수립 당시 합계출산율 1.21명(2014년)을 2020년에 1.5명으로 올리겠다는 목표치를 제시하였다. 이를 위해 '청년 일자리 · 주거 대책 강화'와 '난임 등 출생에 대한 사회 책임 실현’ ‘맞춤형 돌봄 확대 · 교육 개혁 전략’ ‘일 · 가정 양립 사각지대 해소’를 골자로 추진 전략이 마련되었다. 제1차와 제2차 기본계획에서는 미시적 요인에 대한 대응이 주를 이루었다면, 제3차 기본계획에서는 거시적인 사회구조를 변화하려는 접근으로 기본계획에서 다루는 분야가 확장되었다(변수정, 황남희, 2018).

(2) 고령화 분야

① 제1차 저출산 · 고령사회기본계획(2006~2010)

제1차 기본계획의 목표는 ‘고령사회 대응 기반 구축’이다. 고령사회 삶의 질 향상 기반을 구축하기 위해 ‘노후소득보장체계 구축’ ‘건강 · 의료보장체계 구축’ ‘노인 친화적 사회적 기반 조성’을 과제로 제시하였으며, 미래 성장동력 확보를 위해 ‘여성 · 고령 인력 활용’ ‘인적 자원의 경쟁력 제고’ ‘고령친화산업 육성’을 과제로 제시하였다 제1차 기본계획은 저소득 노인 중심으로 노후 소득보장과 건강 등에 대한 제도적 기반을 마련하는 데 주력하였다. 2008년도에는 공적연금 사각지대 완화를 통해 노인의 소득보장을 강화하고자 기초노령연금을 도입하였으며, 노후 건강보장을 위해 노인장기요양보험제도를 도입하였다(변수정, 황남희, 2018).

② 제2차 저출산 · 고령사회기본계획(2011~2015)

제2차 기본계획의 목표는 ‘고령사회 대응체계 확립’이다. 고령사회 삶의 질 향상 기반 구축을 위해 ‘베이비붐 세대 고령화 대응체계 구축’ ‘안정되고 활기찬 노후생활 보장’ ‘고령친화 사회 환경 조성’을 과제로 제시하였으며, 성장동력 확보 및 분야별 제도 개선을 위해 ‘잠재 인력 활용 기반 구축 및 인적 자원 경쟁력 제고’ ‘인구구조 변화에 대응한 경제사회제도 개선’ ‘고령친화산업 육성’을 과제로 선정하였다. 제2차 기본계획은 정책 대상을 베이비붐 세대와 중산층 이상 노인으로 확대하여 고령자의 삶의 질과 관련된 제도를 더욱 공고히 하고자 하였다. 2014년도에는 노후소득보장을 위해 기존의 기초노령연금을 기초연금으로 변경하여 급여 수준을 확대하였다(변수정, 황남희, 2018).

③ 제3차 저출산 · 고령사회기본계획(2016~2020)

제3차 기본계획의 목표는 '생산적이고 활기찬 고령사회'이며, '노후소득보장 강화' '활기차고 안전한 노후 실현' '여성, 중 · 고령자, 외국 인력 활용 확대' '고령친화경제로의 도약' 등의 추진 전략을 제시하였다. 제3차에서는 정책 대상을 점진적으로 확대하여 중장년층을 포괄하고, 제1차와 제2차를 통해 마련된 제도의 사각지대 해소와 정책 간 연계 등 성숙 단계로 이행하기 위한 정책을 포함하고 있다. 다층적 노후소득보장과 노인장기요양보험의 내실화, 사전 예방적인 건강관리 지원 등을 주요 내용으로 하고 있으

〈표 4-1〉 저출산 · 고령사회기본계획의 목표 및 추진과제

구분		제1차 저출산 · 고령사회 기본계획 (2006~2010)	제2차 저출산 · 고령사회 기본계획 (2011~2015)	제3차 저출산 · 고령사회 기본계획 (2016~2020)
저출산 분야	목표	저출산 대응기구 구축	점진적 출산율 회복	아이와 함께 행복한 사회
	추진 과제	• 결혼 · 출산 · 양육에 대한 사회 책임 강화 • 일과 가정의 양립 및 가족 친화 사회문화 조성 • 건전한 미래 세대 육성	• 일과 가정의 양립 일상화 • 결혼, 출산, 양육 부담 경감 • 아동 · 청소년의 건전한 성장 환경 조성	• 청년 일자리 · 주거 대책 강화 • 난임 등 출생에 대한 사회 책임 실현 • 맞춤형 돌봄 확대 · 교육 개혁 전략 • 일 · 가정 양립 사각지대 해소
고령화 분야	목표	고령사회 대응 기반 구축	고령사회 대응체계 확립	생산적이고 활기찬 고령사회
	추진 과제	• 노후소득보장체계 구축 • 건강 · 의료보장체계 구축 • 노인 친화적 사회적 기반 조성 • 여성 · 고령 인력 활용 • 인적 자원의 경쟁력 제고 • 고령친화산업 육성	• 베이비붐 세대 고령화 대응체계 구축 • 안정되고 활기찬 노후 생활 보장 • 고령 친화 사회 환경 조성 • 잠재 인력 활용 기반 구축 및 인적 자원 경쟁력 제고 • 인구구조 변화에 대응한 경제사회 제도 개선 • 고령친화산업 육성	• 노후소득보장 강화 • 활기차고 안전한 노후 실현 • 여성, 중 · 고령자, 외국 인력 활용 확대 • 고령친화경제로의 도약

출처: 변수정, 황남희(2018)의 내용을 재구성함.

며, 요양이 필요한 시점에 지역사회 내에 거주하며 돌봄 서비스를 받을 수 있도록 하였다(변수정, 황남희, 2018).

2) 지원방식에 따른 가족복지 정책

가족복지 정책의 지원 방식은 현금 정책(in cash)과 시간 정책(in time), 서비스 정책(in service)으로 구분할 수 있다(이승윤, 박고은, 김윤영, 2014; 김사현, 2015). 현금지원 정책은 가족에게 직간접적으로 제공되는 현금급여로 아동수당과 가정양육수당 등이 있고, 시간지원 정책은 가정에서 지내는 시간을 늘려 주는 정책으로 출산전후 휴가, 육아휴직 등이 있다. 서비스지원 정책으로는 보육 정책과 방과후 보육 정책, 노인돌봄 정책 등이 있다(김사현, 홍경준 2014).

복지서비스 안내 책자

(1) 현금지원 정책

① 아동수당

우리나라의 아동수당제도는 2000년대 초반부터 수차례 제도 도입 노력이 있어 왔지만 재정 문제와 양육수당의 우선도입, 보육서비스의 보편화 등에 밀려 무산되다가 2017년 7월 '국정 운영 5개년 계획'에서 0~5세 아동에게 월 10만 원씩 지급하는 아동수당제도 도입이 공표되었고, 2018년 3월 27일 「아동수당법」(2018. 9. 1. 시행)이 제정되어 2018년 9월부터 아동수당이 지급되었다.

아동수당

도입 시에는 소득·재산 기준 하위 90%의 만 6세 미만(0~71개월) 아동에게 월 10만 원씩 지급하였으나 시행과정에서의 행정비용 등이 논란이 되면서 2019년 1월부터는 소득·재산 기준과 관계없이 만 6세 미만의 전체 아동으로 확대 시행되어 우리 사회에서 처음으로 보편적 사회수당 제도가 실시되었다. 2019년 9월부터는 연령 기준을 확대하여 만 7세 미만의 모든 아동에게 수당을 지급하고 있다(조성은 외, 2018).

아동수당은 아동양육에 따른 경제적 부담을 경감하고, 아동의 건강한 성장 환경을 조성하여 아동의 기본적 권리와 복지증진에 기여하기 위한 것으로 멕시코, 터키, 미국을 제외한 모든 OECD 국가에서는 이미 오래전부터 시행되고 있는 제도이다. 아동수당 제도 도입은 아동에 대한 본격적인 투자 확충과 함께, 아동 양육에 대한 국가 책임성을 강화한다는 측면에서 의미가 있다(보건복지부, 아동수당 안내 웹사이트).

② 가정양육수당

가정양육수당은 어린이집 및 유치원을 이용하지 않는 아동에 대한 부모의 양육비용 부담 경감을 통해 정부지원의 형평성 문제 해소 및 재가 아동의 건강한 성장발달 지원을 목적으로 하는 서비스로, 우리나라는 2013년 3월부터 시행되었다. 소득수준에 관계없이 보육료나 유아학비 또는 종일제 아이돌봄 서비스 등을 지원받지 않고 가정에서 양육되는 만 0~6세 영유아를 지원하는 서비스로 초등학교 취학년도 2월까지(최대 86개월) 연령에 따라 월 10~20만 원의 가정양육수당을 현금으로 지급하고 있다.

(2) 시간지원 정책

① 출산전후 휴가

「근로기준법」 제74조에서는 취업 중인 임산부에 대해 출산전후 휴가와 출산 후 업무복귀 및 임금보장을 명시하고 있으며,「남녀고용평등과 일 · 가정 양립 지원에 관한 법률」에서는 출산전후 휴가지원(제18조), 배우자의 출산휴가(제18조의 2) 등을 명시하고 있다.

출산전후 휴가란 출산한 여성근로자의 근로의무를 면제하고 임금상실 없이 휴식을 보장받도록 하는 제도로 임신 중의 여성에 대해 출산 전과 출산 후를 통해 90일(다태아일 경우 120일)의 출산전후 휴가를 주되, 휴가 기간의 배정은 출산 후에 45일 이상이 확보되도록 부여하여야 한다. 휴가기간 중의 임금지급은 우선지원 대상기업의 경우 90일(다태아 120일)의 급여가 고용보험에서 지급되고, 대규모 기업의 경우 최초 60일(다태아 75일)은 사업주가 그 이후 30일(다태아 45일)은 고용보험에서 지급된다(고용보험 홈페이지, 출산전후 휴가 안내).

② 육아휴직

「남녀고용평등과 일 · 가정 양립 지원에 관한 법률」에서는 육아휴직(제19조), 육아기 근로시간 단축(제19조의 4) 등을 명시하고 있다.

육아휴직이란 근로자가 만 8세 이하 또는 초등학교 2학년 이하의 자녀를 양육하기 위하여 신청, 사용하는 휴직으로 근로자의 육아부담을 해소하고 계속근로를 지원함으로써 근로자의 생활안정 및 고용안정을 도모하는 한편, 기업의 숙련인력 확보를 지원하는 제도이다. 육아휴직의 기간은 자녀 1명당 1년 이내이며, 부모가 모두 근로자이면 한 자녀에 대하여 부와 모 각각 1년 사용이 가능하다(고용보험 홈페이지, 육아휴직 안내).

(3) 서비스지원 정책

① 보육 정책

미취학 자녀를 대상으로 하는 우리나라의 보육 정책으로는 만 0~2세 보육료 지원, 만 3~5세 누리과정 지원, 아이돌봄서비스 등이 있다.

〈표 4-2〉 우리나라의 보육 정책

구분	대상	지원 내용
만 0~2세 보육료 지원	어린이집을 이용하는 만 0~2세 아동	연령 및 보육시간(종일반/맞춤반)에 따라 차등하여 보육료를 아이행복카드로 지원
만 3~5세 누리과정 지원	국 · 공 · 사립유치원 및 어린이집에 다니는 만 3~5세 유아	학비(유치원)와 보육료(어린이집), 방과 후 과정비 지원
아이돌봄서비스	맞벌이 부부, 취업 한부모가정 등 양육 공백 발생으로 돌봄이 필요한 생후 3개월~만 12세 이하의 아동이 있는 가정	아이돌보미가 가정으로 찾아가 돌봄서비스 제공, 소득에 따라 비용 차등 지원

출처: 보건복지부(2019)의 내용을 재구성함.

② 방과후 보육 정책

방과후 보육 정책은 초, 중학교에 재학 중인 아동의 보육을 지원하는 정책으로 교육부의 방과후 보육료 지원과 초등돌봄교실, 보건복지부의 지역아동센터 지원, 여성가족부의 청소년 방과후 아카데미 운영 지원 등이 있다.

〈표 4-3〉 우리나라의 방과후 보육 정책

구분	대상	지원 내용
방과후 보육료 지원	만 12세 이하 취학아동 중 방과후 어린이집을 일일 4시간 이상 이용하는 기초생활수급자, 차상위계층 가구 아동	보육료 월 10만 원(방학기간 종일제 보육을 실시한 경우 월 20만 원) 지급
초등돌봄교실	방과후 돌봄이 필요한 맞벌이 · 저소득층 · 한부모가정 등의 초등학생	단체활동 프로그램 및 숙제 · 독서 · 휴식 등 개인활동과 급 · 간식 지원
지역아동센터 지원	교육급여, 한부모가정, 조손가정, 다문화가정, 장애가정 등 지역사회 내 방과후 돌봄서비스를 필요로 하는 만 18세 미만의 아동(중위소득 100% 이하)	아동보호(안전교육, 급식), 교육기능(일상생활 지도, 학습능력 제고), 정서적 지원(상담, 가족지원), 문화서비스(체험활동, 공연), 지역연계(인적 · 기관연계) 프로그램 운영
청소년 방과후 아카데미 운영지원	맞벌이 가정, 한부모가정, 조손가정, 다문화가정, 장애가정, 2자녀 이상 가정 등 방과후 돌봄이 필요한 청소년(초등 4학년~중등 3학년)	학습지원, 캠프, 상담, 다양한 전문체험활동 프로그램(예술, 과학, 진로개발, 봉사, 리더십개발, 동아리활동 등) 운영

출처: 보건복지부(2019)의 내용을 재구성함.

③ 노인돌봄 정책

우리나라의 노인돌봄 정책으로는 노인장기요양보험제도, 노인돌봄기본서비스, 노인돌봄종합서비스, 지역사회 통합돌봄(커뮤니티케어) 서비스 등이 있다.

• 노인장기요양보험제도

노인장기요양보험제도는 65세 이상 노인 또는 65세 미만 노인성질환자(치매, 중풍, 뇌혈관질환, 파킨슨병 등)로 6개월 이상의 기간 동안 혼자 일상생활을 수행하기 어려운 노인(장기요양 1~5등급, 인지지원 등급을 인정받은 자)을 대상으로 재가급여, 시설급여, 특별현금급여(가족요양비)를 지원한다.

〈표 4-4〉 장기요양보험 급여

구분	지원 내용
재가급여	• 장기요양요원(요양보호사 등)이 가정을 방문하여 신체활동 및 가사활동 등 요양서비스, 목욕서비스, 간호서비스, 주야간보호, 단기보호, 복지용구 등을 제공 • 장기요양 급여비용의 15% 본인부담
시설급여	• 장기요양기관에 입소하여 신체활동 지원 및 심신기능의 유지·향상을 위한 교육, 훈련 제공 • 장기요양 급여비용의 20% 본인부담
특별현금급여 (가족요양비)	• 지역, 천재지변, 신체·정신 또는 성격 등 그 밖의 사유로 장기요양기관 이용이 어렵다고 인정되는 경우 가족요양비 월 15만 원 지급

출처: 보건복지부(2019).

• 노인돌봄기본서비스

노인돌봄기본서비스는 돌봄이 필요한 만 65세 이상 취약 독거노인을 대상으로 건강상태, 생활환경 변화 및 욕구를 파악해 안전 확인, 생활교육 및 보건복지서비스를 연계한다. 안전확인 서비스는 직접확인은 주 1회 이상, 간접확인은 주 2회 이상이며, 생활교육은 생활 관리사별 월 1회, 독거어르신별 분기당 1회 이상 실시한다.

• 노인돌봄종합서비스

노인돌봄종합서비스는 65세 이상 노인 중 노인장기요양등급 외 A 또는 B 판정자로 건강보험료 본인부담금 합산액이 기준 중위소득 160% 이하인 노인을 대상으로 방문, 주간보호, 단기가사 서비스를 제공한다. 단기가사 서비스는 최소 2개월 이내 골절진단 또는 중증질환 수술을 받은 노인 중 65세 이상의 독거노인, 고령(부부 모두 만 75세 이상)의 노인부부 가구, 조손가정 노인이 대상이다.

• 지역사회 통합돌봄(커뮤니티케어) 서비스

지역사회 통합돌봄(커뮤니티케어)이란 노인이나 장애인 등 돌봄이 필요한 주민이 살던 곳에서 개개인의 욕구에 맞는 서비스를 누리고 지역사회와 함께 어울려 살아갈 수 있도록 주거 · 보건의료 · 요양 · 돌봄 · 독립생활 지원이 통합적으로 확보되는 지역주도형 사회서비스 정책이다. 고령화 등으로 돌봄(케어)에 대한 수요가 급증하여 돌봄 문제가 보편화되었으나 부족한 재가서비스로 가족의 돌봄 부담이 증가하고 있고, 병원과 시설을 중심으로 의료 · 복지체계가 이어져 퇴원 후 집으로 돌아가고 싶으나 다시 병원이나 시설을 이용해야 하는 상황이다. 보건과 복지 간 연계 미흡으로 단편적이고 분절적인 서비스가 제공되고 있으며, 급속한 고령화로 인한 케어지출 급증으로 인해 사회보장제도의 지속가능성에 대한 문제도 대두되고 있다. 이러한 문제를 해결하기 위해 우리나라는 2019년 6월부터 2년간 전국 8개 지방자치단체에서 지역사회 통합돌봄 선도사업을 실시하며, 초고령사회에 진입하는 2026년부터 지역사회 통합돌봄사업

〈표 4-5〉 지역사회 통합돌봄(커뮤니티케어) 서비스 주요 내용

구분	주요 내용
목표	• 예방과 건강관리, 재가 서비스 지원을 통해 '살던 곳'에서 가능한 한 오래 건강하게 살 수 있도록 지원
대상	• 요양병원 입원 환자 중 지역사회 복귀를 원하는 환자 • 급성기 병원에서 입원 치료를 마치고 퇴원을 준비 중인 환자로서 지역사회 복귀를 위하여 케어가 필요한 노인 • 집이나 지역사회에 거주하고 있으나 노화, 사고, 질병, 기능상태 저하 등으로 케어 미제공 시 요양병원 입원이나 시설 입소가 불가피해질 수 있는 노인
서비스	• 퇴원지원: 병원 지역연계실을 통한 환자평가, 퇴원계획 수립 및 지역사회 자원 · 서비스 연계 • 주거지원: 주거 개보수 및 케어안심주택 운영 • 서비스연계: 개인별 욕구에 적합한 케어 서비스 지원, 보건의료, 요양 및 돌봄, 재가 의료급여 등 • 빅데이터 활용 집중형 건강관리: 빅데이터 분석으로 건강 고위험군을 발굴, 지역사회 자원을 활용한 집중 건강관리 모델 개발

출처: 보건복지부 보도자료(2019. 1. 10.)의 내용을 재구성함.

의 제공을 보편화한다(보건복지부 보도자료, 2019. 1. 10.).

지역사회 통합돌봄사업은 노인과 장애인, 노숙인을 대상으로 하고 있으며, 이 중 노인 통합돌봄 모델의 목표와 대상, 서비스는 다음과 같다.

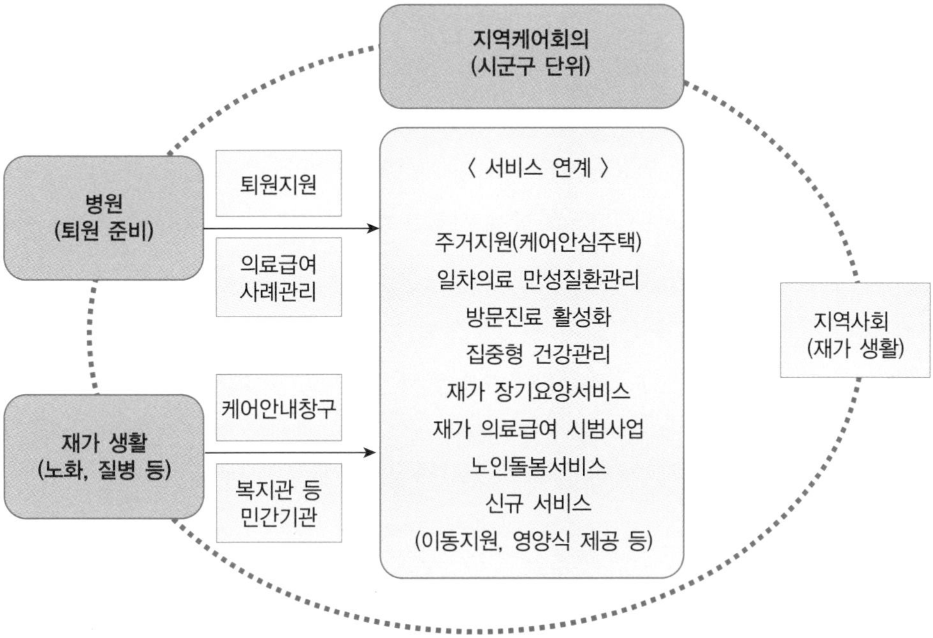

[그림 4-1] 노인 지역사회 통합돌봄 모델

출처: 보건복지부 보도자료(2019. 1. 10.).

2. 우리나라의 가족복지 관련 법

우리나라는 민법에 의해 기본적인 가족의 범위를 규정하고 있으며, 헌법에는 모든 국민은 인간다운 생활을 할 권리가 있으며, 이를 위해 국가는 사회보장과 사회복지증진에 노력할 의무가 있음을 명시하고 있다(34조). 헌법에서 보장하는 사회보장의 내용을 한 단계 구체화한 법은 「사회보장법」이다. 「사회보장법」은 가족 안에서 인간이 살아가면서 직면할 가능성이 높은 고령, 사망, 질병, 실업, 장애 등의 위험에 대해 사회적으로 대응함으로써 최저생활이 보장되도록 하기 위한 목적을 담고 있다. 사회보장에 관한 법은 다시 사회보험 관련 법, 공공부조 관련 법, 사회복지 서비스 관련 법으로 분류될 수 있다. 이 가운데 보험방식에 의해 국민에게 발생하는 위험에 대처함으로써 국민의 소득을 보전하고 건강을 보장하는 사회보험 관련 법에는 공적연금법(「국민연금법」「사립학교교직원연금법」「군인연금법」), 의료보험법(「국민건강보험법」「산업재해 보상보험법」「고용보험법」) 등이 속한다. 이에 비해 공공부조 관련 법은 국민의 최저생활을 보장함을 목적으로 하기 때문에 생활유지에 경제적 어려움이 있는 취약계층을 대상으로 하여 이들의 최저생계와 건강유지를 돕는다. 공공부조에 관련 법은「국민기초생활보장법」과「의료급여법」등이 있다. 그 밖에 사회복지 서비스는 국가나 지방자치단체 또는 민간에서 복지와 관련된 상담, 방문 서비스, 직업훈련 그리고 사회복지시설 이용 서비스 등을 필요로 하는 사람들에게 제공함으로써 이들이 정상적 사회생활을 할 수 있도록 지원하는 것을 말한다.「건강가정기본법」과「한부모가족지원법」「영유아보육법」등이 가족생활과 필수적으로 연관되는 사회복지 서비스 법이라 할 수 있다.

1) 민법과 가족법

(1) 법의 의의와 목적

한국 법 중에서 가족과 관련된 직접적인 법은「민법」으로서 혼인관계, 친자관계, 상속관계 등 규율하는 구체적 사항을 정하고 있다.「민법」의 제4편(친족편), 제5편(상속편) 및「가족관계의 등록 등에 관한 법률」은 가족법이라고 할 수 있다. 한국의 가족법은 1969년부터 시행되었으며 세부 내용은 친족의 정의와 범위, 약혼과 사실혼, 친생자, 호주승계, 상속과 유언 등으로 가족 제도의 기본을 유지하는 규정이라고 할 수 있다.

가족법은 원래 부계 중심의 가부장적 가족 제도의 원리에 근거하여 제정된 법률이다. 그 때문에 기존의 가족법에는 양성평등이라는「헌법」의 기본 원칙에 위배되는 규정이 상당부분 존재하고 있어서 여성계에서는 민주적이고 평등한 가족관계를 지향하는 방향으로 가족법 개정에 대한 논의를 지속하여 왔다. 2000년 10월에는 '동성동본불

혼규정'과 '여성의 재혼금지조항'이 폐지되었고, 부계 중심의 가족구성원리의 근거가 되는 '호주제도'(동법 제778조)도 2005년 3월 2일 국회 본회의 통과 후 2008년부터 폐지되었다. 개정된 호주제에서는 자녀의 아버지의 성과 본을 따르는 것을 원칙으로 하되 부모의 협의에 따라 어머니의 성을 따를 수도 있도록 하고 또한 필요한 경우에 법원의 허가를 받아 자녀의 성과 본을 변경할 수 있도록 했다. '호주제 폐지'에 따른 대체법으로 「가족관계의 등록 등에 관한 법률」이 제정되었고, 2008년 1월 1일부터 시행되었다. '가족관계등록부'는 개인별로 가족구성원을 편제하여 개인의 존엄성과 양성평등의 헌법 이념을 구현하고자 하였다.

(2) 주요 내용

① 가족의 범위

「민법(가족법)」의 가족의 범위는 배우자, 직계혈족 및 형제자매, 직계혈족의 배우자, 배우자의 직계혈족 및 배우자의 형제자매(동법 제779조)로 가족범위를 포함하고 있다. 이는 과거의 호주에 관한 규정과 호주제도를 전제로 한 입적, 복적, 일가창립, 분가 등에 관한 규정을 삭제하는 한편, 호주와 가(家)의 구성원과의 관계로 정의되고 있는 가족에 관한 규정을 새롭게 규정한 것이다.

② 혼인에 관한 규정

혼인에 관한 조항에서는 부부간의 의무(동법 제826조), 성년의제(동법 제826조의 2)로 명시하고 있고, 혼인효력의 구체적 내용으로는 부부간의 가사대리권(동법 제827조), 부부재산의 약정과 그 변경(동법 제829조), 생활비용(동법 제833조) 등이 있다. 혼인에 관한 규정에서는 남녀평등과 혼인이 자유를 침해할 우려가 있는 '동성동본금혼 제도'가 폐지되고 '근친혼금지 제도'로 전환되었다.

③ 이혼에 관한 규정

「민법(가족법)」에서 이혼은 협의상 이혼과 재판상 이혼으로 분류하고 있다. 협의상

이혼의 경우 가정법원의 확인을 받아 「가족관계의 등록 등에 관한 법률」의 정한 바에 의하여 신고함으로써 그 효력이 성립되고(동법 제836조), 재판상 이혼의 경우 배우자의 부정한 행위가 있었을 때, 배우자가 악의로 다른 일방을 유기한 때, 배우자 또는 그 직계존속으로부터 심히 부당한 대우를 받았을 때, 자기의 직계존속이 배우자로부터 심히 부당한 대우를 받았을 때, 배우자의 생사가 3년 이상 분명하지 아니한 때(동법 제840조)는 가정법원에 이혼을 청구할 수 있음을 명시하고 있다.

④ 부모-자녀관계에 관한 규정

「민법」에서의 부모-자녀관계에 관한 내용은 대체적으로 관계의 법적 효력을 중심으로 규정되어 있고 보호자로서 부모의 기능이 법적으로 원활하지 않거나 부재한 경우 후견인이나 친족이 대신 법적 책임자 또는 조력자의 기능을 할 수 있다고 규정하고 있다. 또한 친생자(동법 제844~865조)와 입양의 요건(동법 제866~908조)으로 구성되어 있는데 자녀의 성과 본은 부의 성과 본을 따르는 것을 원칙으로 하되 혼인신고 시 부모의 협의에 의하여 모의 성과 본도 따를 수 있도록 하였으며(동법 제781조 제1항) 자녀의 복리를 위하여 자녀의 성과 본을 변경할 필요가 있을 때에는 부 또는 모의 청구에 의하여 법원의 허가를 받아 이를 변경할 수 있도록 하였다(동법 제781조 제6항).

2) 건강가정기본법

(1) 법의 의의와 목적

「건강가정기본법」은 건강한 가정생활의 영위와 가족의 유지 및 발전을 위한 국민의 권리 · 의무와 국가 및 지방자치단체 등의 책임을 명확히 하고, 현대사회에서 제기되는 다양한 가정문제의 적절한 해결방안을 강구하며, 가족원의 복지증진에 이바지할 수 있는 지원정책을 시행함으로써 건강가정을 구현하고, 나아가 사회통합에 기여하도록 하기 위하여 2004년 제정, 2005년부터 시행되었다(동법 제1조). 가족구성원의 욕구충족과 삶의 질 보장을 위해 가족 문제를 가족 내부의 문제로 국한하지 않고, 사회와 국가의 책임으로 확대하여 보고 있으며, 이러한 시각으로 지원에 대한 법적 요건을 형성하고 있는 것이 특징이다.

법률의 제정과 개정 과정에서 '건강한 가정생활'이라는 법의 목적에 정책적인 방향성과 가치나 이념이 드러나지 않고 추상적이라는 점, '전형적인 가정의 형태만 건강한 가정인가?'라는 문제제기와 함께, 국가 인권위원회는 이 법에 대하여 법률명에 가치개념을 포함하는 '건강'이라는 말을 넣는 것이 이분법적인 사고를 할 수 있음으로 가치중립적인 말로 바꿀 것을 권고한 바 있다(2015. 10. 10.) 또한 혼인, 출산, 가족부양이 국민의 의무인가에 대한 논란, 가족의 범위를 혼인, 혈연, 입양으로 한정하여 다양성을 막는다는 점이 인권위 권고에 의해 지적된 바 있다(2005. 10. 10.). 최근(2018년) 개정을 통하여 1인 가구도 생활 단위로 정의하고, 건강가정기본계획의 수립 시 1인 가구의 복지증진을 위한 대책이 포함되도록 하였다.

(2) 주요 내용

① 가족, 가정, 건강가정에 대한 정의

'가족'이라 함은 혼인, 혈연, 입양으로 이루어진 사회의 기본단위를 말하고, '가정'이라 함은 가족구성원이 생계 또는 주거를 함께하는 생활공동체로서 구성원의 일상적 부양, 양육, 보호, 교육 등이 이루어지는 생활 단위를 말한다. '**건강가정**'이라 함은 가족구성원의 욕구가 충족되고 인간다운 삶이 보장되는 가정을 말한다. 또한 '건강가정사업'이라 함은 건강가정을 저해하는 문제(이하 '가정문제'라 한다)의 발생을 예방하고 해결하기 위한 여러 가지 조치와 가족의 부양 · 양육 · 보호 · 교육 등의 가정기능을 강화하기 위한 사업을 말한다(동법 제3조).

② 책임주체 및 적용대상자

「건강가정기본법」에 따르면, 모든 국민은 가정의 구성원으로서 안정되고 인간다운 삶을 유지할 수 있는 가정생활을 영위할 권리를 가지기 때문에 모든 국민은 가정의 중요성을 인식하고 그 복지의 향상을 위하여 노력하여야 한다(동법 제4조). 따라서 국가 및 지방자치단체는 건강가정을 위하여 필요한 제도와 여건을 조성하고 이를 위한 시책을 강구하여 추진하여야 하고 가족구성원의 특성과 가정 유형을 고려하여야 하며, 민주적 가정 형성, 가정친화적 환경 조성, 양성평등한 가족자치실현 및 가사노동의 정당한 가치평가를 위하여 노력하여야 한다(동법 제5조).

③ 건강가정 사업

「건강가정기본법」에서는 국가 및 지방자치단체가 추진해야 하는 **건강가정 사업**으로 가정에 대한 지원, 가족 단위 복지증진, 가족의 건강증진, 가족부양의 지원, 이혼 예방 및 이혼가정 지원, 건강가정교육 등(제3장; 21~33조), 개별 복지법과 달리 가정을 단위로 한 통합적 접근을 규정하고 있다.

④ 건강가정 지원센터

「건강가정기본법」은 국가 및 지방자치단체가 가정 문제의 예방·상담 및 치료, 건강가정의 유지를 위한 프로그램의 개발, 가족문화운동의 전개, 가정 관련 정보 및 자료 제공 등을 위하여 중앙, 시·도 및 시·군·구에 **건강가정 지원센터**를 설립하도록 하였다. 센터에는 건강가정 사업을 수행하기 위하여 관련 분야에 대한 학식과 경험을 가진 전문가인 건강가정사를 두도록 되어 있다. 건강가정사는 대학 또는 이와 동등 이상의 학교에서 사회복지학, 가정학, 여성학 등 여성가족부령이 정하는 관련 교과목을 이수하고 졸업한 자로만 가능하게 되었다(동법 제35조).

순간포착! 세상에 이런 정책: 건강가정 지원센터

3) 한부모가족지원법

(1) 법의 의의와 목적

「한부모가족지원법」은 한부모가족이 건강하고 문화적인 생활을 영위할 수 있도록 함으로써 한부모가족의 생활안정과 복지증진에 이바지함을 목적으로 한다. 「한부모가족지원법」의 전신에 해당하는 법은 1989년 제정된 「모자복지법」이다. 이 법은 배우자와 사별, 이혼, 유기, 별거 등의 사유로 배우자가 없거나 배우자가 있어도 노동 능력을 상실하여 여성이 생계를 책임지는 모자가정이 자립 · 재활할 수 있도록 지원하기 위하여 제정되었는데, 이후 이혼의 급격한 증가와 경제구조의 변화로 부자가족의 경우에도 자립 · 재활을 위하여 국가의 지원이 필요하게 되어 2002년 「모 · 부자복지법」으로 개정되었다. 이어 2007년에는 「한부모가족지원법」으로 법명이 변경되면서 조손가족 등도 지원할 수 있도록 하였다. 2018년까지 수차례 개정 과정을 통하여 보호의 개념을 지원의 개념으로 확대하였으며, 이혼, 미혼인 자가 출산 또는 양육에 경제적 어려움을 겪을 경우 미혼모자가족복지시설을 이용할 수 있도록 이용범위가 확대되었다.

(2) 주요 내용

① 한부모가족의 정의

'**한부모가족**'이란 모자가족 또는 부자가족을 말하며, '모자가족'이란 모가 세대주(세대주가 아니더라도 세대원을 사실상 부양하는 자를 포함한다)인 가족을 의미하며, '부자가족'이란 부가 세대주(세대주가 아니더라도 세대원을 사실상 부양하는 자를 포함한다)인 가족을 의미한다. 아동이란 18세 미만(취학중인 경우에는 22세 미만을 말하되, 병역의무를 이행하고 취학중인 경우는 병역의무를 이행한 기간을 가산한 연령 미만)을 말한다(동법 제4조, 5조)

② 책임주체 및 적용대상자

「한부모가족지원법」에 따르면, 국가와 지방자치단체는 한부모가족의 복지를 증진할 책임을 지고, 모든 국민은 한부모가족의 복지증진에 협력하여야 하며(동법 제2조), 한부모가족의 모 또는 부와 아동은 그가 가지고 있는 자산과 노동 능력 등을 최대한으로 활용하여 자립과 생활 향상을 위하여 노력하여야 한다(동법 제3조)고 규정하고 있다.

한부모가족 중 지원 대상자는 여성가족부령이 정하는 자로 제한하고 있으며, 여성가족부령인 시행규칙 제3조에는 "지원 대상자의 범위는 여성가족부장관이 매년 「국민기초생활보장법」 제2조 제11호에 따른 기준 중위소득, 지원 대상자의 소득수준 및 재산의 정도를 고려하여 지원의 종류별로 정하여 고시한다"라고 규정되어 있다. 즉, 모든 한부모가족을 지원하는 것이 아니라, 자산조사를 통해 저소득 한부모가족으로 제한하여 지원하고 있다. 지원 대상자의 범위는 3가지의 특례규정을 두고 있는데, 첫째, 출산 후 해당 아동을 양육하지 아니하는 미혼모도 미혼모자가족복지시설을 이용할 때는 이 법에 따른 지원 대상자가 된다. 둘째, 부모가 보호하기 어려운 상황의 아동을 양육하는 조부, 조모는 이 법의 지원 대상자가 될 수 있다. 셋째, 국내에 체류하고 있는 외국인 중 대한민국 국민과 혼인하여 대한민국 국적의 아동을 양육하고 있는 사람도 대상이다(동법 제5조).

③ 복지지원의 내용

복지지원의 내용으로는 복지급여, 복지자금의 대여, 가족지원 서비스, 청소년 한부모 교육 및 자립지원, 자녀양육비 이행지원 등의 현물급여와 전문 서비스를 포함하고 있다.(동법 제11, 12, 13, 17조) 복지급여는 생계비, 아동교육지원비, 아동양육비 등 급여를 신청할 수 있으나, 지원 대상자가 「국민기초생활보장법」 등에 따라 지원을 받고 있는 경우에는 급여를 하지 않는다(제12조). 복지자금대여는 아동교육비, 의료비, 주택자금등 중 하나의 자금을 대여할 수 있다(제13조). 가족지원서비스는 아동의 양육 및 교육서비스, 장애인 · 노인 · 만성질환자 등의 부양서비스, 취사 · 청소 · 세탁 등 가사서비스, 교육 · 상담 등 가족관계증진 서비스, 인지 청구 및 자녀양육비 청구 등을 위한 법률상담, 소송대리 등 법률구조서비스 등이다. 청소년 한부모 교육 및 자립지원 내용은 청소년 한부모의 선택에 따라 교육비 또는 검정고시 지원, 자립을 위해 필요한 자산을 형성할 수 있는 재정적인 지원 등이다(법 17조).

육아보다 더 힘든 한부모가정 편견 (KBS 뉴스)

④ 한부모가족복지시설

국가나 지방자치단체는 **한부모가족복지시설**을 설치할 수 있다. 국가나 지방자치단체 외의 자가 설치 · 운영하려면 시장 · 군수 · 구청장에게 신고할 수 있다(동법 제20조). 한부모가족복지시설의 종류로는 모자가족복지시설, 부자가족복지시설, 미혼모자가족복지시설, 일시지원복지시설, 한부모가족복지상담소 등이 있다.

4) 영유아보육법

(1) 법의 의의와 목적

한국의 보육제도는 일하는 기혼여성의 아동을 보호하는 탁아 사업의 형태로 시작되었다가, 1980년대 후반부터 기혼여성의 사회진출을 적극적으로 돕는 차원에서 보육권 보장의 사회적 책임 문제가 공적으로 제기되기 시작하였다. 그 결과,「영유아보육법」은 1991년 1월에 제정되었고 그 후 여러 차례 개정되었으며 최근 2017년 12월 개정 · 시행되고 있다. 입법목적은 영유아의 심신을 보호하고 건전하게 교육하여 건강한 사회구성원을 육성함과 아울러 보호자의 경제적 · 사회적 활동이 원활하게 이루어지도록 함으로써 영유아 및 가정의 복지증진에 이바지함을 목적으로 한다(동법 제1조).

(2) 주요 내용

① 영유아, 보육에 대한 정의

'영유아'란 6세 미만의 취학 전 아동을 의미하고, '보육'이란 영유아를 건강하고 안전하게 보호 · 양육하고 영유아의 발달 특성에 맞는 교육을 제공하는 보육시설 및 가정양육지원에 관한 사회복지 서비스를 의미한다(동법 제2조 제1~2항).

② 책임주체 및 적용대상자

「영유아보육법」에 따르면, 모든 국민은 영유아를 건전하게 보육할 책임을 지고, 국가와 지방자치단체는 보호자와 더불어 영유아를 건전하게 보육할 책임을 지며, 이에 필요한 재원을 안정적으로 확보하고자 노력해야 하며, 특별자치도지사 · 시장 · 군수 · 구청장은 영유아의 보육을 위한 적절한 어린이집을 확보하여야 한다(동법 제4조).

주요 적용대상은 6세 미만의 취학 전 아동이며, 단「기초생활보장법」에 따른 수급자,「한부모가족지원법」에 따른 대상자의 자녀,「국민기초생활보장법」에 따른 차상위계층의 자녀, 「장애인복지법」에 해당하는 장애인 중 보건복지부령에 정하는 장애의 정도에 해당하는 자의 자녀, 「다문화가족지원법」에 따른 다문화가족의 자녀, 국가유공자 등의 자녀, 제1형 당뇨를 가진 경우의 영유아 등은 우선 급여 제공 대상이 된다.

③ 복지지원의 내용

보육과정 지원, 무상보육, 양육수당, 보육서비스 이용권 등의 내용을 담고 있으며, 보육과정은 영유아의 신체 · 정서 · 언어 · 사회성 및 인지적 발달을 도모할 수 있는 내용을 포함하도록 하며, 보건복지부 장관은 표준교육과정을 개발 · 보급하여야 하며, 필요한 경우 그 내용을 검토하여 수정, 보완하도록 하고 있다(제29조). 또한 무상보육 원칙을 제시하고 있으며, 무상보육 실시에 드는 비용은 국가나 지방자치단체가 부담하거나 보조하도록 한다(제34조). 어린이집이나 유치원을 이용하지 않는 영유아에 대해서는 영유아의 연령과 보호자의 경제적 수준을 고려하여 양육에 필요한 비용을 양육수당으로 지원할 수 있음을 명시하고 있다(제34조). 국가나 지방자치단체는 무상보육과 양육수당의 비용 지원을 위하여 보육서비스 이용권을 영유아의 보호자에게 지급할 수 있다.

④ 어린이집

어린이집의 종류로는 국공립어린이집, 법인어린이집, 직장어린이집, 가정어린이집, 부모협동어린이집 등이 있다(동법 제10조). 국가 및 지방자치단체는 국공립어린이집을 설치 · 운영하며, 도시 저소득주민 밀집 주거지역 및 농어촌지역 등 취약지역에 우선적으로 설치하여야 한다(동법 제12조). 국공립어린이집 외의 어린이집을 설치 · 운영하려는 자는 시장 · 군수 · 구청장의 인가를 취득하여야 한다(동법 제13조). 대통령령으로 정하는 일정 규모 이상의 사업장의 사업주는 직장어린이집을 설치하여야 하며, 사업장의 사업주가 직장어린이집을 단독으로 설치할 수 없을 때에는 사업주 공동으로 직장어린이집을 설치 · 운영하거나, 지역의 어린이집과 위탁계약을 맺어 근로자 자녀의 보육을 지원하거나, 근로자에게 보육수당을 지급하여야 한다(동법 제14조).

5) 모성보호에 관한 법

현재 우리나라에서 모성보호와 관련된 법률은「남녀고용평등과 일 · 가정 양립 지원에 관한 법률」「근로기준법」「고용보험법」이 대표적이라 할 수 있다. 이들 3개 법률은 그동안 별다른 실효 없이 명목상으로 존치되다가 기혼 취업여성의 증가로 인한 보육욕구의 변화와 근로자의 자녀양육권에 대한 권리강화의 차원에서 2000년 이후에 그 내용이 대폭 수정됨으로써 법률에 가족의 현실이 조금씩 반영되기 시작하고 있다. 가족 정책 관련 법규 중 여성의 경제활동을 위한 사회진출을 도우면서 동시에 모성의 역할을 충실히 할 수 있도록 보호하는 법에는「근로기준법」「남녀고용평등과 일 · 가정 양립 지원에 관한 법률」「고용보험법」이 포함된다.

(1) 근로기준법

「근로기준법」의 입법목적은 헌법에 따라 근로조건의 기준을 정함으로써 근로자의 기본적 생활을 보장, 향상시키며 균형 있는 국민경제의 발전을 꾀하는 것이며(동법 제1조), 여성의 경제적 활동과 모성역할을 도모하는 데 기여한다.「근로기준법」의 내용 중 여성 및 가족에 관련된 부분을 살펴보면 다음과 같다. 사용자는 임신 중이거나 산후 1년이 지나지 아니한 여성과 18세 미만인 자를 도덕상 또는 보건상 유해 · 위험한 사업에 사용하지 못한다(동법 제65조). 사용자는 여성 근로자가 청구하면 월 1일의 생리휴가를 주어야 한다(동법 제73조). 임산부의 보호를 위하여 사용자는 임신 중의 여성에게 산전과 사후를 통하여 90일간의 보호휴가를 주어야 한다(이 경우 휴가기간의 배정은 산후에 45일 이상이 되어야 한다(동법 제74조). 또한 사용자는 임신 중인 여성이 임신 16주 이후 유산 또는 사산한 경우 근로자가 청구하면 대통령령으로 정하는 바에 따라 보호휴가를 주어야 한다. 다만, 인공임신중절수술(「모자보건법」 제14조 제1항에 따른 경우는 제외한다)에 따른 유산의 경우는 그러하지 아니하고, 이에 따른 휴가 중 최초 60일은 유급으로 한다(다만,「남녀고용평등과 일 · 가정 양립 지원에 관한 법률」 제18조에 따라 산전후 휴가급여 등이 지급된 경우에는 그 금액의 한도에서 지급의 책임을 면하며, 사용자는 임신 중의 여성 근로자에게 시간 외 근로를 하게 하여서는 아니되며, 그 근로자의 요구가 있는 경우에는 쉬운 종류의 근로로 전환하여야 한다. 동법 제74조). 그리고 육아시간의 적절한 운용을 위하여 생후 1년 미만의 유아를 가진 여성 근로자가 청구하면 1일 2회 각각 30분 이상의 유급 수유시간을 주어야 한다(동법 제75조).

(2) 남녀고용평등과 일 · 가정 양립 지원에 관한 법률

「남녀고용평등과 일 · 가정 양립 지원에 관한 법률」의 입법목적은 「대한민국헌법」의 평등이념에 따라 고용에서 남녀의 평등한 기회와 대우를 보장하고 모성보호와 여성고용을 촉진하여 남녀고용평등을 실현함과 아울러 근로자의 일과 가정의 양립을 지원함으로써 모든 국민의 삶의 질 향상에 이바지하는 것이다(동법 제1조). 「남녀고용평등과 일 · 가정 양립 지원에 관한 법률」의 내용 중 모성보호 및 직장과 가정생활의 양립 지원과 관련된 부분을 살펴보면 다음과 같다. 산전후 휴가에 대한 지원에 있어서 국가는 「근로기준법」 제74조에 따른 산전후 휴가 또는 유산 · 사산휴가를 사용한 근로자 중 일정한 요건에 해당하는 자에게 그 휴가기간에 대하여 통상임금에 상당하는 금액을 지급한다. 산전후 휴가급여 등은 그 금액의 한도에서 「근로기준법」 제74조 제3항에 따라 사업주가 지급하는 것으로 본다. 산전후 휴가급여 등을 지급하기 위하여 필요한 비용이나 재정은 「사회보장기본법」에 따라 사회보험에서 분담할 수 있다. 사업주는 여성 근로자가 산전후 휴가급여 등을 받을 수 있게 관계서류의 작성 · 확인 등 모든 절차에 적극 협력하여야 한다(동법 제18조).

육아휴직에 있어서 사업주는 근로자가 만 6세 이하의 초등학교 취학 전 자녀(입양한 자녀를 포함)를 양육하기 위하여 휴직을 신청하는 경우에 이를 허용하여야 한다. 육아휴직의 기간은 1년 이내로 하고, 사업주는 육아휴직을 이유로 해고나 그 밖의 불리한 처우를 하여서는 아니되며, 육아휴직기간에는 그 근로자를 해고하지 못한다. 다만, 사업을 계속할 수 없는 경우에는 그러하지 아니한다. 사업주는 육아휴직을 마친 후에는 휴직 전과 같은 업무 또는 같은 수준의 임금을 지급하는 업무에 복귀시켜야 한다. 또한 제2항의 육아휴직기간은 근속기간에 포함한다(동법 제19조).

일 · 가정의 양립을 위한 지원에 있어서 국가는 사업주가 근로자의 육아휴직이나 육아기 근로시간 단축을 허용한 경우 그 근로자의 생계비용과 사업주의 고용유지비용의 일부를 지원할 수 있고, 국가는 소속 근로자의 일 · 가정의 양립을 지원하기 위한 조치를 도입하는 사업주에게 세제 및 재정을 통한 지원을 할 수 있다(동법 제20조).

직장보육시설 설치 및 지원에 있어서 사업주는 근로자의 취업을 지원하기 위하여 수유 · 탁아 등 육아에 필요한 보육시설을 설치하여야 하고, 직장보육시설을 설치하여야 할 사업주의 범위 등 직장보육시설의 설치 및 운영에 관한 사항은 「영유아보육법」에 따른다(동법 제21조). 공공복지시설의 설치에 있어서 국가 및 지방자치단체는 여성근로자를 위한 교육 · 육아 · 주택 등 공공복지시설을 설치할 수 있다(동법 제22조).

(3) 고용보험법

「고용보험법」의 입법목적은 실업의 예방, 고용의 촉진 및 근로자의 직업 능력의 개발과 향상을 꾀하고, 국가의 직업지도와 직업소개 기능을 강화하며, 근로자가 실업한 경우에 생활에 필요한 급여를 실시하여 근로자의 생활안정과 구직활동을 촉진함으로써 경제 사회발전에 이바지하는 것이다(동법 제1조). 「고용보험법」상 모성보호에 해당되는 급여 내용에는 육아휴직급여와 산전후 휴가급여가 있는데 육아휴직급여에 있어서 고용노동부 장관은 「남녀고용평등과 일 · 가정 양립 지원에 관한 법률」 제19조에 따른 육아휴직을 30일(산전후 휴가기간 90일과 중복되는 기간은 제외) 이상 부여받은 피보험자 중 다음의 요건을 모두 갖춘 경우에 육아휴직급여를 지급하도록 되어 있다(동법 제70조). ① 육아휴직을 시작한 날 이전에 제41조에 따른 피보험 단위 기간이 통산하여 180일 이상일 것, ② 같은 자녀에 대하여 피보험자인 배우자가 육아휴직(30일 미만은 제외한다)을 부여받지 아니하고 있을 것, ③ 육아휴직을 시작한 날 이후 1개월부터 끝난 날 이후 12개월 이내에 신청할 것, 다만 같은 기간에 대통령령으로 정한 사유로 육아휴직급여를 신청할 수 없었던 자는 그 사유가 끝난 후 30일 이내에 신청하여야 한다. 산전후 휴가급여에 있어서 고용노동부 장관은 「남녀고용평등과 일 · 가정 양립 지원에 관한 법률」 제18조에 따라 피보험자가 「근로기준법」 제74조에 따른 산전후 휴가 또는 유산 · 사산휴가를 받은 경우로서 다음의 요건을 모두 갖춘 경우에 산전후 휴가급여 등을 지급한다. ① 휴가가 끝난 날 이전에 제41조에 따른 피보험 단위 기간이 통산하여 180일 이상일 것, ② 휴가를 시작한 날 이후 1개월부터 휴가가 끝난 날 이후

12개월 이내에 신청할 것. 다만, 그 기간에 대통령령으로 정하는 사유로 산전후 휴가급여 등을 신청할 수 없었던 자는 그 사유가 끝난 후 30일 이내에 신청하여야 한다.

◈ 참고문헌

김사현(2015). 가족 정책 지원유형에 따른 성역할태도 변화 - 현금, 시간, 서비스 지원을 중심으로. 한국사회정책, 22(1), 285-316.

김사현, 홍경준(2014). 출산율 및 여성노동참여율에 대한 가족 정책이 영향: 정책균형관점에서 본 OECD 21개국 비교연구. 사회복지정책, 41(2), 213-238.

김수정(2019). 사회복지법제와 실천. 서울: 학지사.

김윤재, 김성남, 정덕임, 정재우, 김순옥(2013). 가족복지론. 경기: 공동체.

류연규(2011). 젠더레짐과 한국 가족복지 정책 유형. 한국가족사회복지학회 2011 추계학술대회 자료집.

박미은, 신희정, 이혜경, 이미림(2013). 가족복지론. 경기: 공동체.

박수정, 황남희(2018). 저출산 · 고령사회기본계획의 주요 내용과 향후 과제. 보건복지포럼, 258, 41-61.

이승윤, 박고은, 김윤영(2014). 가족 정책의 세 가지 지원유형과 그 조합에 관한 국제비교연구. 사회복지정책, 41(1), 214-240.

이진기(2017). 가족법의 개정과 입법. 가족법연구, 31(2), 99-130

이진숙, 김태원(2007). EU국가들의 가족 정책의 한국 가족 정책에 대한 함의. 한 독 사회과학논총, 17(1), 101-130.

전선영, 조금학, 박성석, 강윤경, 박정숙(2011). 가족복지론. 서울: 신정.

조성은, 이상정, 전진아, 주보혜, 김현진(2018). 아동수당 제도 발전 방안에 관한 연구보고서. 한국보건사회연구원.

최승원, 이승기, 윤석진, 김광병, 김수정, 김태동, 배유진(2018) 사회복지법제론. 서울: 학지사.

최효미, 김동훈, 김근진, 이윤진, 이삼식, 정익중, 김기헌, 김승연, 조혜주, 염혜경(2018). 사회보장제도「영유아, 아동, 청소년 돌봄 분야」기본 평가 연구보고서. 육아정책연구소.

고용보험 홈페이지(https://www.ei.go.kr/ei/eih/eg/pb/pbPersonBnef/retrievePb0301Info.do). 출산전후휴가 안내 웹사이트.

고용보험 홈페이지(https://www.ei.go.kr/ei/eih/eg/pb/pbPersonBnef/retrievePb0302Info.do). 육아휴직 안내 웹사이트.

법제처(http://www.moleg.go.kr/main.html).

보건복지부(2019). 2019 나에게 힘이 되는 복지서비스. http://www.bokjiro.go.kr/nwel/wel/welsvc/svcsearch/EgovWelGuideBookInfo.do

보건복지부 보도자료(2019. 1. 10.) 지역사회 통합돌봄(커뮤니티케어) 선도사업 추진 계획.

보건복지부 아동수당 안내 웹사이트. http://www.ihappy.or.kr/

제5장
외국의 가족복지 정책

국가마다 다른 역사적 · 사회적 배경하에 가족복지 정책[1]이 발달해 왔기 때문에 각국의 가족복지 정책을 단순히 비교하는 것은 쉽지 않다. 또한 각국은 다른 형태로 제도를 운영하고 있어 비교 가능한 적절한 자료를 구하는 것도 어렵기 때문에 국가 간 비교에는 한계가 있다. 복지국가의 가족복지 정책에서는 여성, 특히 자녀가 있는 여성의 양육과 노동을 지원하는 정책이 핵심을 이루기 때문에 이 장에서는 돌봄의 사회화(탈가족화)의 관점에서 국가를 분류하고, 각국의 가족복지 정책의 특성을 살펴보고자 한다. '**탈가족화**'는 가족 내 돌봄의 필요를 사회화시켜 가족의 돌봄부담을 완화하는 정책을 말하며, '**가족화**'는 가족 내 돌봄의 필요에 대해 부모가 직접 아동을 돌볼 수 있게 지원하는 정책으로 개념을 정의한다(윤홍식 외, 2012). 이러한 개념 정의에 따라 각국의 가족복지 정책을 구분하면 〈표 5-1〉과 같다.

1) 유럽 각국에서는 가족복지 정책이라는 용어보다는 가족 정책(family policy)이라는 용어를 보편적으로 사용하고 있으나, 이 장에서는 가족복지 정책이라는 용어로 통일해서 사용하고자 한다.

〈표 5-1〉 가족복지 정책의 유형

가족복지 정책유형	특징	해당 국가
시장형	• 돌봄의 가족화와 탈가족화 모두 국가의 역할 미비 • 시장이 돌봄의 사회화의 주된 방식으로 자리함	미국, 영국, 캐나다, 뉴질랜드 등
가족화 우선형	• 돌봄의 사회화보다는 돌봄의 가족화에 상대적으로 관대한 지원 • 가족화정책이 탈가족화의 대체재로 자리함	독일, 오스트리아 등
가족화 · 탈가족화 병행형	• 돌봄의 가족화와 사회화 모두에서 국가의 지원이 이루어짐 • 여성의 사회적 수급권은 모성과 노동자성 양자에 근거함	프랑스, 벨기에, 네덜란드 등
탈가족화 우선형	• 돌봄의 가족화정책은 돌봄의 탈가족화 정책을 보완하는 위치에 있음	스웨덴, 덴마크 등
미발달형	• 돌봄의 사회화와 가족화를 위한 충분한 정책확대가 이루어지지 않은 국가	한국, 그리스 등

출처: 윤홍식 외(2010).

이 장에서는 각 유형에서 한 국가씩 선택하여 미국, 영국, 독일, 프랑스, 스웨덴의 가족 정책 중 돌봄 관련된 아동 및 보육서비스와 가족에 대한 현금 및 세제지원 등을 중심으로 살펴보고자 한다.

가족 정책은 기존 남성생계부양 모델에 기초한 기존의 가족 단위 정책에서 1970년대 이후 젠더 관점이 반영되면서 젠더평등과 여성의 노동시장 참여와 같은 다양한 정책 목적을 달성하기 위한 방향으로 변화되어 왔다. 가족 정책의 제도 유형은 앞에서도 살펴본 것처럼 현금지원, 시간지원, 서비스지원 등으로 구분된다. 현금지원은 가족에게 직접적으로 제공되는 현금급여로 아동 및 가족수당, 보육지원금, 출산장려금 등이 해당된다. 시간지원은 여성이나 남성이 아동양육 역할과 노동시장 참여의 역할을 동시에 수행할 수 있도록 출산전후 휴가나 유급 육아휴직 등 아동돌봄을 위한 시간을 제공하는 것이다. 서비스지원은 보육서비스 등과 같이 가족 내 아동보육 및 아동양육을 국가가 직접적으로 지원하는 형태이다. 시간지원과 서비스지원은 여성의 일 · 가족양립을 가능케 하고 노동권과 가족권을 보장하는 정책도구로 간주된다(송다영 외, 2013: 최영, 2017에서 재인용).

대부분의 OECD 회원국에서는 돌봄노동 지원정책과 아동양육비용 지원을 위한 현금 정책을 조합해 아동가족 정책 패키지를 제공하고 있다. OECD 회원국의 경우, 2015년 기준 국내총생산(GDP)의 평균 2.4%를 아동가족 관련 지출로 사용하고 있다. [그림 5-1]에서 보듯이 우리나라의 경우 아동가족 관련 급여로 GDP의 약 1.4%를 지출하고 있어 OECD 회원국 중 최하위권에 속하며, 그 마저도 대부분이 보육서비스 지원에 집중되고 현금급여는 미약한 실정이다(최영, 2017).

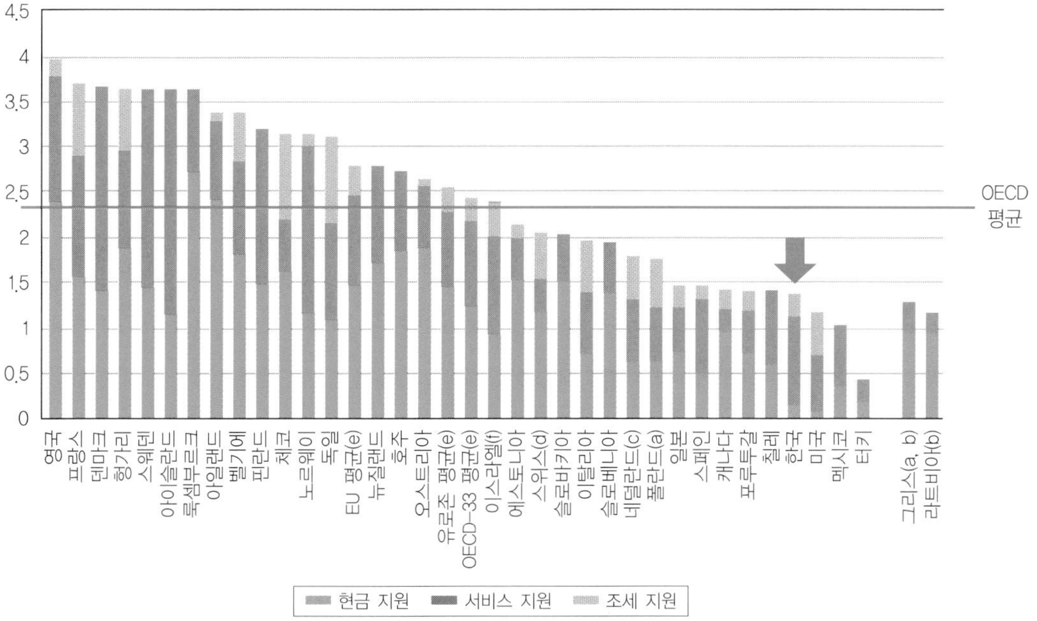

[그림 5-1] OECD 회원국의 가족 관련 공공지출 비중, GDP대비 %, 2013년 이후

출처: 최영(2017).

1. 미국의 가족복지 정책[2)]

1) 역사적 배경

미국은 1935년「사회보장법」을 기점으로 전통적 잔여형 제도에 사회보장제도를 더하여 현재의 모습을 갖췄다. 1930년대까지 미국에는 보편적 사회보장제도가 부재했고,「사회보장법」 제정 이후 노인연금, 실업보험, 빈곤층에 대한 사회부조를 제공하게 되었다.「사회보장법」은 본래 의료보험도 포함하고 있었으나 기업가와 보수 세력의 강력한 반대로 인해 의료보험은 실현되지 못했다. 뉴딜시대에 미국은 대공황 이전까지의 개인주의적 가치로부터 벗어나 처음으로 유럽식 사민주의적 국가개입을 부분적으로 인정하게 되었다(Hofstadter, 1972: 김태현, 2012에서 재인용). 1937년에는 사회부조가 확대되어 저소득층의 주거지원을 목표로 하는「공공주택법」이 제정되었다. 그러나 뉴딜복지정책은 남부의 민주당 보수파를 무마하기 위해 노인연금과 실업보험의 혜택으로부터 농업노동자와 가내노동자를 배제하였는데 그 대부분은 흑인과 여성이었다(Noble, 1997: 70-72: 김태현, 2012에서 재인용).

1960년대 들어 미국의 복지는 급팽창하였다. 뉴딜시대에 실현되지 못했던 의료보험은 부분적으로 노인층 및 빈곤층에 대한 무료의료의 도입으로 보완되었고, 공공부조의 관대화, 사회보장의 확장 등이 이어졌다. 1970년대 경제불황과 정치적으로 보수기조가 우세해지면서 레이건 정부는 빈곤퇴치 관련 예산 삭감, 자격조건 강화, 급여를 낮추는 조치 등을 취했다. 클린턴 정부에 이르러 미국의 보수주의는 정점을 이루었는데, 과거 60년 동안 미국의 빈곤층을 위한 대표적 복지정책이었던 요보호아동가족부조(AFDC)가 가정한시지원제도(TANF)로 대체되고 이후 일과 복지의 연계가 강조되고 있다. 1975년 제정된 이후 저소득 가정을 대상으로 하는 근로장려세제는 지속적으로 늘어났는데, 미국의 청교도적 전통으로 인해 일하는 사람에 대한 복지에 대해서는 반대

2) 미국의 가족복지 정책은 한국보건사회연구원에서 발간한『주요국의 사회보장제도-미국』을 참고하여 정리하였다.

하지 않으며, 근로빈곤층에 대한 세제지원이라는 점에서 정치적으로도 지지되는 제도이다.

2) 가족복지 정책의 특징

R. Titmus는 복지국가를 구분하면서 유럽대륙을 일반적으로 사민주의 및 대륙형 복지국가로 유형화하였고, 미국은 그와는 대조적 형태를 보인다는 점에서 잔여형(residual) 사회정책으로 분류함으로써 미국의 취약한 복지체제를 강조한 바 있다.

미국은 가족에 대한 지원이나 복지 제공에 있어 정부의 역할을 최소화하려는 일관된 정책방향을 갖고 있다. 자녀양육 및 부양 등 가족문제에 대한 1차적 책임은 개인이나 가족에게 있으며 가족에 대한 지원도 국가보다는 시장과 고용주의 역할에 크게 의존한다. 미국 가족복지 정책의 특징은 첫째, 노동시장 참여를 통한 개인 및 가족생계 유지원칙 유지, 둘째, 남성생계부양자 모델에 대한 가족가치의 강조와 이를 통한 가족의 복지 실현, 셋째, 공사영역 분리와 개인 및 가족문제에 대한 국가의 재정적 지원 최소화, 넷째, 노동시장 내 능력에 따라 차등화되고 이원화된 보육서비스와 휴가정책 구조로 압축된다(윤홍식 외, 2012).

3) 주요 가족복지 정책

(1) 보육서비스

1970년대 이후 많은 여성이 경제활동을 하고 있으며 사보육을 원칙으로 하고 있는 미국의 보육서비스 시장도 함께 성장하였다. 그러나 보육서비스의 수요 변화에도 불구하고 공급에는 큰 변화가 없었다. 대부분의 보육서비스에 대한 지원은 1960년대부터 시작되었다. 이러한 보조는 세 가지의 기본적인 형태를 취하고 있는데, 첫째, 저소득 가정의 아동을 위한 직접적 보육서비스의 제공, 둘째, 저소득 가정이 보육서비스를 제공받을 수 있게 도와주는 보조금의 형태, 셋째, 중산층이나 고소득 가정에게 제공되는 세금공제이다.

미국에서 보육서비스는 복지수급 어머니(welfare mothers)의 취업지원을 위한 방안으로 도입되었기 때문에 공보육에서 중시하는 보육서비스의 질 담보가 문제로 제기되고 있다. 저소득층 가족은 신뢰할 만한 공보육서비스의 보장 없이 비용이 허락하는 한도 내에서 질 낮은 보육서비스를 이용하거나 적절한 보육서비스를 찾지 못해 일을 그만 둘 수밖에 없는 구조적 문제를 갖고 있다. 아동보육에 대한 적절한 보호장치 없이 방치된 여성 가구주의 노동강제는 결국 아동보육을 개인적으로 해결할 수밖에 없게 만들었다(윤홍식 외, 2012).

(2) 아동 및 가족 지원

미국에서는 낙인 없이 제공하는 보편적 프로그램은 빈곤층의 복지의존을 강화시킨다고 보기 때문에, 미국은 선진국가 중에서 유일하게 현재까지 보편적인 가족수당이나 아동수당제도를 도입하지 않고 있다. 여기서는 아동을 양육하고 있는 빈곤가정에 대한 소득지원 프로그램을 살펴보고자 한다.

① 가정한시지원제도(Temporary Assistance for Needy Families: TANF, 1996)

이 프로그램의 목적은 수급자격을 갖춘 가정에 한정된 기간 동안의 지원을 통하여 자활하도록 하며, 혼외 임신 및 출산을 감소시키고 양부모 가족을 유지해 나가도록 돕는 것이다. TANF에 의거하여 미취업 상태의 근로 가능한 성인은 급여 개시 2개월 후부터 지역사회 공공근로에 참여해야 하며 2년이 지나면 반드시 취업을 해야 하고, 수급 기간은 일생 동안 총 5년을 초과할 수 없도록 제한하고 있다. TANF의 수급자격 요건은 AFDC(Aid to Family with Dependent Children)의 조건과 같다고 볼 수 있다. 즉, 부모의 사망, 가출, 정신적 또는 신체적 무능력, 실업 등에 의하여 부모로부터 부양받지 못하는 18세 미만의 아동이 있는 가정 중 주(州)에서 정한 재산과 소득기준 이하여야 한다. 미혼모 청소년의 경우 부모와 함께 거주하거나 성인의 감독이 가능한 주거환경에서 생활하는 경우에 한하여 TANF 프로그램의 수급자격이 주어지도록 규정하고 있다(오정수 외, 2007: 김태현, 2012에서 재인용).

② 영양보조프로그램(Supplemental Nutrition Assistance Program: SNAP, 2008)

연방정부는 경제적으로 어려운 가구에 식료품을 지원하는데, Food Stamp로 알려진 식료품 지원은 2008년 영양보조프로그램(SNAP)으로 명칭이 변경되었다. 월 수급액을 전자 바우처 카드를 통해 지원하는데 식료품 소매점에서 이를 사용할 수 있다. 전자 바우처 카드를 사용하여 건강한 식자재를 구매하도록 유도하는 한편 농산물 수요를 증가시키려는 목적도 포함되어 있다(임완섭 외, 2016). 미국의 복지지원에는 현물지원이 많은 편인데, 이는 미국의 산업 구조적 특징과 빈곤층에 대한 불신이 결합되어 나타난 형태이다. 현물지급을 통하여 소비를 촉진하는 동시에 빈곤층이 현금을 생활비 이외의 다른 용도로 전용하는 것을 막기 위한 방편인 것이다.

③ 아동양육보조금(Child Care and Development Fund: CCDF)

1996년 클린턴 정부의 복지개혁의 일환으로 입법된 PRWORA(Personal Responsibility and Work Opportunity Reconciliation Act)는 기존 사회보장법에 의해 제공되던 아동양육 프로그램(AFDC Child Care, Transitional Child Care, At-risk Child Care)을 폐지하고 새로운 아동양육보조금으로 단일화하여 CCDF로 명명하였다.

지원 대상은 주 중위소득(State Median Income: SMI)의 34~85%에 해당하는 저소득 가정 또는 TANF 수혜대상자의 13세 미만 자녀이다. 아동에 대한 양육지원은 가족 수, 소득, 기타 요인 등 각 주에서 요구하는 조건에 따라 낮은 비율의 자부담이 있고, 일부 주의 경우 빈곤선 이하의 가족에게는 자부담을 면제해 준다. 모든 주에서는 장애 등의 특수 욕구가 있는 아동 또는 극빈층 아동에게 최우선적으로 서비스를 제공해야 한다(임성은, 2010).

④ 근로자세금공제(Earned Income Tax Credit: EITC)

EITC는 일을 하면서도 소득수준이 낮아 어려운 생활에서 벗어나기 힘든 계층을 지원하기 위한 복지성격의 조세제도이다. 피부양 아동이 있는 저소득층의 세금 부담을 덜어주고 더 나아가 근로소득이 일정 수준 이하인 근로빈곤층 가구에 대해 현금급여를 제공하는 제도이다. 저소득 가구가 내야 할 세금보다 공제할 금액이 많은 경우 단순히 세금을 면제하는 데 그치지 않고 차액만큼 현금으로 지급한다. EITC는 개인주의와 자유주의적 시장논리를 복지와 연결시키고자 하는 미국 복지정책의 이념적 지향을 가장 잘 반영하는 것으로 노동의욕 고취와 관계가 있다.

⑤ 아동세금환급공제(Child Tax Credit: CTC)

EITC가 주마다 다른 기준을 적용하는 데 반해 CTC는 연방정부에서 일괄적으로 적용하며, 저소득 가정의 아동양육 비용의 상쇄를 주된 목적으로 한다. EITC와 중복으로 받을 수 있어 아동이 있는 저소득 및 중산층 근로자에게는 더욱 유리하다.

2. 영국의 가족복지 정책[3)]

1) 역사적 배경

영국에서는 베버리지 보고서(Beveridge Report) 이후 근대 사회보장제도가 발전하기 시작하였다. 베버리지 보고서로 인해 포괄적인 사회복지정책이 마련되었으나, 당시 사회보장제도의 실질적 대상은 경제활동을 하는 남성이었고, 건실한 직장이 있는 남편을 두고 자녀를 양육하는 여성의 역할을 전제로 했다는 점에서는 한계도 있었다.

행복의 조건, 복지국가를 가다(EBS 다큐)

베버리지 보고서에서 제안한 아동수당은 1945년 「가족보조금법(Family Allowance Act)」을 통해 시행되었는데, 이는 일반 조세수입을 재원으로 의무교육을 이수 중인 모든 아동의 가정에 주당 5실링을 지급하여 아동양육부담을 경감시키기 위한 보편적 제도였다. 1970년대 중반까지 베버리지 보고서를 기반으로 한 사회복지서비스가 확대되었고, 이후 경제침체와 함께 보수당을 기반으로 하는 대처내각에서는 공공예산 감축, 민영화, 빈곤층에 대한 자산조사의 강화 등이 이루어졌다. 1997년

3) 영국의 가족복지 정책은 한국보건사회연구원에서 발간한 『주요국의 사회보장제도-영국』을 참고하여 정리하였다.

집권한 블레어 내각은 '제3의 길'을 주장하면서 고용창출, 자립, 복지의존을 억제하는 공공부조체계로 개편하는 개혁안을 제시하였다. 예를 들면, 저소득층의 근로유인을 위하여 1999년 10월에 '근로가족소득지원제도(Working Families' Tax Credit: WFTC)'를 도입하여 주당 16시간 이상 일하고 1명 이상의 16세 미만 자녀 혹은 19세 미만 학생 자녀를 둔 저소득계층을 대상으로 자녀양육비용과 최소수입을 보장하는 제도를 마련하였다. 또한 빈곤아동에 대한 지원을 통하여 아동빈곤율 감소 효과를 거두었고, 교육지원을 통한 빈곤탈출정책은 강화되었다.

2) 가족복지 정책의 특징

전통적으로 가족에 대한 영국의 접근은 암묵적이었다고 말할 수 있다. 과거 보수당 정부는 '전통적인 가족가치'를 강조하면서 가족의 삶에는 가능한 한 개입하지 않는 것을 원칙으로 삼았다(Fox-Harding, 1996: 양소남, 2008에서 재인용). 1990년대 중반까지 영국 정부는 전통적 가족이 아닌 다른 형태의 가족은 병리적이라고 보았으며(Burden, Cooper & Petrie, 2000), 빈곤을 개인적인 실패의 결과라고 보았기에 한부모를 위한 사회보장수당을 폐지하고 보육에 대한 국가의 책임을 줄이는 정책 등을 실시했다. 그 결과 여성단독가구의 빈곤위험 증가, 아동빈곤의 증가의 결과가 있었고, 일례로 영국은 미국과 러시아에 이어 세 번째로 아동빈곤율이 높은 나라가 되었다(Brewer, Clark & Goodman, 2003: 양소남, 2008에서 재인용).

영국은 보편적인 가족복지 정책 대신 빈곤가족에 초점을 맞추고 있으며, 아동정책도 일반아동보다는 요보호아동에 대한 정책이 주를 이루어 왔다. 1997년부터 2010년까지 신노동당 정부는 아동가족 분야 정책과 관련하여 빈곤아동의 보건 및 교육, 양육환경이 위기에 있다는 사실을 인지하여 빈곤가족 지원, 복지에서 근로/아동양육 가족친화적 고용환경, Sure Start 프로그램 투자, 첫출산 부모지원, 부모교육투자, 가족유지/이혼 과정에서 아동복지증진, 가정폭력/미등교 문제/청소년 임신/청소년범죄 해소에 정책주안점을 두어 왔다(최영준, 2012).

양육지원 정책 측면에서는 보육시설서비스 정책보다는 현금지원 정책이 우세한 편이다. 이러한 양육지원 정책은 여성의 경제활동 참가율을 높이기 위한 사회적 지원이라기보다는 자녀를 가족 안에서 양육해야 한다는 전통적 성향이 강하고 가정에서 아동을 돌보는 일에 대한 보상으로서 현금지원 정책이 발달된 것으로 볼 수 있다(강경희 외, 2013).

1997년 블레어 내각부터 강조되어 온 영국의 주요 복지 흐름은 복지의존의 탈피와 복지급여에 대한 개인적 책임 강조와 근로복귀 강화, 부정수급방지, 그리고 전반적인 복지예산 감축이다. 2000년대 후반 세계 경제위기 시 영국 정부는 아동수당 정책을 개혁하여 '급여액 동결' '지급대상축소' 등이 이루어지기도 했다(서영민, 2017).

3) 주요 가족복지 정책

(1) 아동 및 보육서비스

영국은 아동보육서비스 제공을 사적인 영역으로 간주해 오다가 1990년대 후반부터 공공의 역할을 확대한 국가이다. 영국은 1998년 '국가아동보육정책(National Childcare Strategy)'을 통해 아동 및 보육서비스의 양과 질을 향상시키기 위한 국가개입을 천명하였다. 2004년 '아동보육 10개년 전략(10 Years Strategy for Childcare)'에서는 아동보육서비스에 대한 국가개입을 더욱 강화하였다. 10개년 전략의 목표 두 가지는 아동에게 양질의 조기교육시설을 제공함으로써 아동 관련 성과를 거두자는 것과 부모고용을 촉진함으로써 아동빈곤을 경감하는 것을 골자로 하고 있다. 2006년 '아동보육법(Childcare Act 2006)'은 지방자치단체의 의무 확대, 취업부모를 위한 충분한 아동보육서비스의 확보, 지역의 아동보육서비스 시장에 대한 지원과 촉진 등을 포함하고 있어 2004년의 10개년 전략이 내놓은 계획을 실행하기 위한 법적 근거를 마련한 것이다(최영준, 2012).

2004년부터 3~4세 아동에게 무료보육시설 이용 혜택을 주기 시작해, 2006년 주당 12.5시간 이용은 무료이며, 2007년부터는 주당 15시간으로 확대 실시하고 있다. 2006년 기준 약 1,000개의 Sure Start 아동센터가 설립되어 약 800,000명의 아동과 그 가족에게 조기교육, 아동보육, 보건, 가족지원, 부모 및 자녀를 위한 정보 제공 등의 통합적인 서비스가 제공되고 있다(Daycare Trust, 2006). 이러한 아동보육의 확충과 조기

교육의 확대는 아동의 학습능력과 또래관계 등을 향상시켜 궁극적으로 빈곤의 악순환을 단절하는 역할을 했다고 보고되고 있다(Daycare Trust, 2007). 아동보육서비스 확대와 출산휴가의 확대, 육아휴직의 도입, 그리고 탄력근무제의 도입은 일과 가족의 양립을 지원하고 이를 통해 부모의 선택권을 보장했다는 긍정적인 평가를 받고 있다(양소남, 2008).

(2) 아동 및 가족수당

① 아동수당

아동수당(Child Benefit: CB)제도는 어린 자녀를 둔 부모에게 일정 수준의 현금을 지급함으로써 아동에게 최저한의 인간다운 생활을 보장하는 보편적인 복지제도이다. 베버리지는 아동수당(Child Allowance)이라는 용어로 제안하였으나 입법 시에는 가족수당(Family Allowance)이라는 명칭으로 변경되었다. 1970년에는 가족소득보조금(Family Income Supplements) 제도로 변경되었으며, 1974년에 아동급여(Child Benefit: CB)로 명칭이 변화되었다. 아동수당은 아동양육이나 빈곤아동 및 가족문제를 해결하기 위한 측면에서 도입되었으며 묵시적인 인구정책과 실업대책적인 측면도 있었다. 처음에는 둘째 자녀부터 지급하였으나, 1975년 아동급여법의 제정과 함께 첫째 자녀부터 적용하는 보편주의 방식으로 전환되었다. 영국의 아동수당 대상은 만 16세 이하(의무교육 연령상한선)의 모든 아동과 재학 중인 16~19세의 정규 교육과정에 있는 학생을 부양하고 있는 부모이다.

② 근로가족세금공제제도

1997년 이전에 지급되던 가족수당(Family Credit) 대신 근로가족세금공제제도(Working Families' Tax Credit: WFTC)를 1999년에 도입하였다. 이것은 일정 수준 이하의 소득과 가족규모에 근거해서 주당 16시간 이상 근로하는 성인에게 지급되었다. 이후 근로세금공제제도(Working Tax Credit: WTC)로 대체되었는데, 가정에 조세부담을 경감시킴으로써 근로동기를 자극하고, 세금을 납부하지 못하는 가정에 대해서는 동일한 금액을 되돌려 받을 수 있도록 하여 최소한의 소득을 보장하는 것이다(양소남, 2008).

③ 아동세금공제제도(Child Tax Credit: CTC)

연간 수입이 58,175파운드를 넘지 않는 유자녀 가족과 친부모가 아니더라도 아동의 주된 보호자가 대상이 되며, 수입 정도와 가족요소, 아동요소, 장애요소 등의 여건을 고려하여 지원액을 산정한다. 2007/8년 기준으로 가족요소를 충족시킬 경우 최대 지원액은 연간 545파운드이며, 아동요소를 충족시킬 경우 아동 한 명당 1,845파운드, 장애가 있을 경우 이보다 많은 지원이 이루어지고 있다(양소남, 2008).

3. 독일의 가족복지 정책[4)]

1) 역사적 배경

앵글로색슨 국가에서 '사회보장'이라는 개념을 주로 사용하는 것과 달리 독일에서는 '사회정책(Sozialpolitik)'이라는 용어가 빈번하게 사용되고 있다. 사회정책은 150년 이상 사용되어 온 용어로, 19세기 후반 독일의 도시화 및 산업화의 과정에서 노동자문제, 특히 질병, 고령, 장애, 실업 등의 어려움에 대응하기 위하여 독일에서 진화된 개념이다(유광호, 1996: 이정우, 2012에서 재인용). 독일은 19세기 후반, Otto von Bismarck(1815~1898)가 사회보험법을 제정함으로써 구미 선진국 중에서도, 국가개입에 의한 근대적 사회보장제도를 구축하는 데 선구적 역할을 하였다. 비스마르크의 사회보험법은 독일의 산업혁명 이후 자본주의 전개 과정에서 발생한 노동자문제에 대응하기 위한 방안이었다. 억압적인 노동정책에 대한 보상으로 사회급여를 개선하고, 제1차 세계대전으로 인해 증가한 사회적 보호대상자를 지원하면서 전후 사회보장체제를 갖추게 되었다. 제2차 세계대전 후, 패전과 분단으로 인해 독일의 사회보험은 사실상 폐허에서 출발하

4) 독일의 가족복지 정책은 한국보건사회연구원에서 발간한 『주요국의 사회보장제도-독일』, 정재훈(2017)을 참고하여 정리하였다.

였다. 독일의 사회보장은 1950년대와 1960년대 후반 경제기적의 시기를 거쳐 1970년대의 오일위기 때까지는 양적 · 질적 팽창을 거듭하면서 제도적으로 정비되었다. 예를 들면, 1967년 사무직노동자 누구나 연금보험에 가입할 수 있는 자격을 부여하였고, 이후 사회보험이 고용관계를 전제로 하지 않고, 자영업자 · 예술가 등 노동자가 아닌 계층으로까지 의무가입이 확대되었다. 1990년대 이후 독일의 사회보장제도는 지속가능한 경제성장, 실업률, 국가재통합의 문제뿐만 아니라 고령화, 인구구조의 불균형, 가족구조의 변화, 여성의 기능 및 의식의 변화와 같은 새로운 상황에서 다양한 방식으로 구조개혁이 불가피해졌다.

2) 가족복지 정책의 특징

독일은 보수주의적, 조합주의적 복지국가로 알려져 왔으며, 복지국가 유형과 젠더와의 관계에 주목하는 연구들은 독일을 '강한 남성부양자 모델'로 묘사하면서 남성은 노동시장 참여를, 여성은 가족의 재생산을 맡는 유형으로 분류한다(Bussemaker & Kersbergen, 1999: 황규성, 2013에서 재인용). 가족복지 정책 역시 이러한 성역할 분업에 부합하게 설계되어 왔다(이진숙, 2006: 황규성, 2013에서 재인용).

독일은 전통적으로 보수적인 가족복지 정책의 기조하에 '돌봄노동은 여성, 취업노동은 남성'이라는 전통적인 성별노동분리를 적극적으로 유지하는 방향을 갖고 있다. 독일의 가족복지 정책은 혼인과 가족제도를 보호하고 장려하려는 의도에서 출발하였고, 여성의 경제활동을 지원하는 개입은 상대적으로 덜 발달되었다(성정현 외, 2010).

독일에서는 '가족생계비 책임자로서의 아버지'의 부담을 덜어 주기 위한 목적으로 여성보다는 남성에 대한 사회정책적 차원의 지원이 먼저 발달했다. 즉, 가장인 남성의 임금을 보충해 줌으로써 가사를 담당하는 주부가 취업노동을 해야 하는, 즉 어머니로서의 역할을 제대로 못하는 상황을 막아야 한다 (Auerbach u.a., 1957: 113: 이정우, 2012에서 재인용)는 것이었다.

그러나, 메르켈 정부의 가족복지 정책은 패러다임의 변화로 일컬어질 정도로 많은 변화가 있었다. 2006년 발간된 '7차 가족보고서'는 독일은 1960년대의 가족모델을 유지한 결과 교육인프라와 가족 지원서비스 및 네트워크를 등한시하는 결과를 초래했다고 비판하였다(김상철, 2010). 또한 독일 가족복지 정책의 문제점으로는 유럽 중에서도 가족에 대한 현금급여 수준이 높음에도 부족한 육아시설 때문에 일과 가정의 양립이 어렵다고 지적하면서 그 대안으로 부모로서의 시간을 보장하는 정책, 경제적 지원, 인프라가 필요함을 역설하였다(BMFSFJ, 2006: 황규성, 2013에서 재인용). 이후 2007년 발효된 '부모수당 및 부모시간에 관한 법률', 2008년 발효된 '아동지원법', 가정육아하는 부모에게 3세 미만 아동당 월 150유로를 지급하는 '돌봄수당'의 도입(2013)(황규성, 2013) 등이 이어지면서 독일의 가족복지 정책은 변화하고 있다.

3) 주요 가족복지 정책

(1) 아동 및 보육서비스

독일의 경우 전통적으로 가족 내 보육과 보충성의 원칙을 강조하여 현금급여 지급정책이 주류를 이루어 왔고, 특히 3세 미만의 아동보육시설은 매우 부족했다. 1965년에서 1994년 사이에 공공 보육시설 이용률은 0.6%에서 2.2%로 불과 1.6% 증가에 그쳤다. 이러한 보육시설 구축 미비와 전통적인 성별노동분리는 지속적인 저출산 현상을 야기하게 된 요인이다. 독일의 합계출산율은 1970년대를 기점으로 급격히 감소하였고, 1995년에 합계출산율 1.25로 가장 낮은 출산율을 보인 후 현재까지 지속적인 저출산 현상을 보이고 있다(정재훈 외, 2012). 이러한 문제를 개선하기 위하여 2007년 아동보육시설 구축계획을 수립하였고, 2008년 발효된 아동지원법에 따라 2013년까지 3세 이하 아동 3명 중 1명에게 보육시설을 보장하는 계획을 지속적으로 추진하였고, 만 1세가 되면 모든 아동이 보육시설을 이용할 권리를 법적으로 보장받게 되었다. 이러한 보육 인프라의 구축은 보육의 탈가족화 경향을 강화시키고, 출산율 향상에도 기여할 것으로 전망할 수 있다.

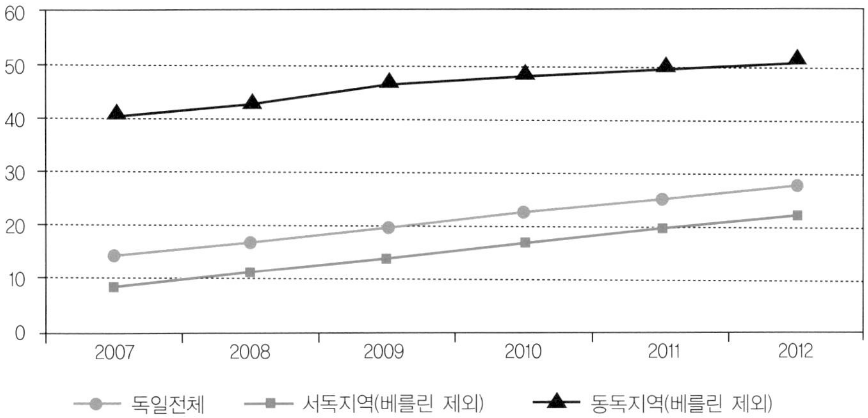

[그림 5-2] 0~3세 아동의 보육시설 이용률

출처: 황규성(2013).

(2) 아동 및 가족수당

독일에서는 가족수당(Familiengeld; Family Allowance)이라는 표현은 사용하지 않으며, 가족을 지급 단위 대상으로 하는 주요 수당에는 아동수당과 부모수당이 있다.

① 아동수당

아동수당(Kindergeld)은 히틀러 정권이 독일민족의 후세대를 생산해 내기 위한 수단으로 1936년 도입되었고, 그 당시에는 독일식 순수 아리아혈통을 지닌 가족의 다섯 번째 자녀가 대상이었다. 1955년에는 세 번째 출생 아동부터 월 25마르크의 아동수당을 지급했는데, 이때 대상은 전업주부 가족으로서 아동수당은 '가족생계책임자'인 아버지의 부담을 덜어 주는 기능을 하는 것이 전제였다. 이후 수혜 대상자 범위가 확대되어 1961년에는 두 번째 출생 아동부터, 1975년부터는 첫 번째 출생 아동으로 지급 대상 범위를 확대하면서 어머니의 취업 여부나 가족 소득수준에 관계없이 아동수당이 보편적인 가족 정책으로 기능할 수 있는 계기가 마련되었다. 아동수당 지급 주체는 연방 가족·노인·여성·청소년부(Bundesministeriums für Familie, Senioren, Frauen und Jugend: BMFSFJ)에 소속된 가족금고(Familienkasse)이다. 아동수당은 자녀가 18세가 될 때까지 지급되며, 자녀가 18세가 넘어도 미취업 상태로 고용센터(Agentur für Arbeit)에 구직활동 중으로 등록되어 있을 경우 21세가 될 때까지 아동수당을 받을 수 있다. 이외에 자녀가 18세를 넘었지만 대학에 진학하거나 직업훈련에 참여하고 있다면 최대 25세까지 아동수당을 받을 수 있다. 또한 위탁가정, 조손가정, 재혼가정 자녀의 상황을 고려하여 아동수당을 확대함으로써 가족형태의 다양성을 받아들이는 제도로서 역할을 하고 있다.

② 부모수당

부모수당(Elterngeld)제도의 원 형태는 1986년 도입된 보육수당·휴가(Kindererziehungsgeld unddurlaub)이다. 기존 수당제도로는 지속적인 저출산 문제에 대응할 수 없다는 인식하에 부모수당제도로 보완되었다. 부모수당은 2007년 1월 1일 이후 출생한 아동부터 적용되었으며, 자녀 출산 후 휴직을 할 경우 소득대체율이 월소득

〈표 5-2〉 부모수당 내용

<table>
<tr><th>수급 자격</th><th>급여 수준</th><th>수급 기간</th></tr>
<tr><td>혼인·동거부부, 아이를 돌보는 조부모·친척</td><td>소득대체율 67%</td><td>12개월</td></tr>
<tr><td rowspan="3">동거하는 친자·양자</td><td rowspan="3">월 300유로에서 1800유로</td><td>부모 중 한 명이 추가로 2개월 더 수급 가능</td></tr>
<tr><td>부모 중 한 명이 아플 경우, 다른 한 명이 추가로 2개월 수급 가능</td></tr>
<tr><td>독신부모의 경우 혼자서 2개월 추가 수급 가능</td></tr>
<tr><td>아이를 직접 돌보는 사람에게</td><td>추가 자녀 수에 따라 최소한 75유로씩 증액 지급, 자녀가 3살 때까지</td><td>부모가 동시에 7개월 동안 수급 가능</td></tr>
<tr><td>주당 30시간 이내 취업활동</td><td>쌍둥이 이상의 경우 추가 출생당 300유로씩 더 지급</td><td>반액급여를 28개월 동안 수급 가능</td></tr>
<tr><td>실업급여와 중복될 경우 유리한 쪽으로 선택 가능</td><td>과세 대상이 아님</td><td></td></tr>
</table>

출처: 정재훈 외(2011).

의 67%, 최고 월 1,800유로까지 지급되었다. 기존 수당제도가 아동양육비용을 대체해 주던 개념이었다면, 부모수당제도는 소득을 대체해 주는 개념으로 전환함으로써 출산 기회비용을 최소화하는 가족복지 정책적 시도라는 점에서 의미가 있다.

부모수당의 주요 내용은 〈표 5-2〉와 같다.

보육휴가는 8주간의 모성보호기간이 끝나고 부모 중 한 명이 취업활동을 할 때 신청할 수 있었다. 보육휴가는 2001년 **부모시간**(Elternzeit)으로 대체되었는데, 부모시간은 자녀출생 후 3년이 지나기 전까지 부모가 공동으로 가질 수 있다. 부모시간을 얻기 위해서는 부나 모가 각각 주당 30시간을 초과하지 않게 취업활동을 해야 한다.

1986년 보육수당 · 휴가 제도 도입으로 인하여 아동보육노동만을 통해서도 연금 수급권을 갖게 됨으로써 보육노동의 사회적 가치를 인정한 의미가 있다. 또한 2001년 보육수당 · 부모시간 제도는 보육시기를 휴가로 보지 않고 보육이 취업활동과 같은 노동임을 인정하였다는 의미가 있다. 또한 [그림 5-3]과 같이 부모수당 · 시간제 실시 첫해인 2007년에 남성 참여 비율이 8.9%였던 것이 2010년 부모시간 남성 참여 비율은 20%로 제도 도입 원년과 비교할 때 두 배 이상 증가하였는데, 이는 부모시간제도가 여성의 돌봄노동 경감 및 젠더평등에 기여하고 있음을 보여 주는 결과이다.

(단위: %)

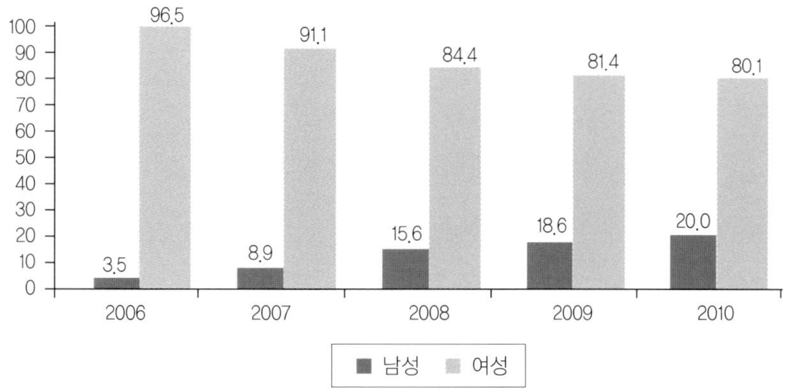

[그림 5-3] 성별 부모시간 사용 현황

출처: 정재훈 외(2011).

4. 프랑스의 가족복지 정책[5)]

1) 역사적 배경

'저출산 → 다산국가로' 프랑스인이 아이 많이 낳는 이유(SBS 뉴스)

프랑스의 가족복지 정책은 역사적으로 전통적인 가족주의에 기반을 두고 있다. 1930~1940년대는 프랑스에서 국가차원의 가족복지 정책이 태동한 시기이다. 전후 인구감소에 대한 우려와 함께 인구를 국가경쟁력의 주요 자원으로 인식하여 출산율 제고를 위한 가족복지 정책이 시작되었다. 프랑스에서는 민간 기업이 가족이 있는 노동자에게 임금 외 추가 가족수당을 지급하고 있었는데, 1932년 랑드리법을 통해 최소한 두 자녀를 가진 산업체 근로자에게 임금에 추가적으로 가족보조금(sursalaire familial) 지급을 의무화하였고, 이것이 프랑스 최초의 가족복지 정책이라고 할 수 있다(김민정, 2011). 1938년에는 전체 임금근로자에게 가족수당(allocations familiales)이 지급되기 시작하였다.

1945년 이후에는 가족복지 정책이 출산장려의 목적에서 벗어나 사회보장의 목적을 갖고 추진되었다. 1945년 사회보험체계가 마련되면서 가족복지 정책의 주요 업무를 담당하는 가족수당 지역공단(Caisses d'allocations familiales: CAF)이 설립되고, 가족수당, 홑벌이 다자녀 가정수당, 임신수당, 모성수당 등 네 종류의 수당이 중요한 위치를 차지하게 되었다. 이후 주거수당, 이사보조금, 가정주부수당, 특수교육수당, 고아수당, 미성년장애수당, 성인장애수당 등이 추가되었다. 초기의 가족수당은 소득수준에 상관없이 전체 인구집단을 대상으로 하였지만, 추가로 신설된 수당은 특별한 상황과 선별적인 특성을 반영한 것이고, 가족부양과 관련된 제반 문제에까지 영역을 확장시키고 있다. 1970년대 초반에 이르러 총 20개가 넘는 가족수당이 생겼고, 수당의 효율성을 도모하기 위하여 체계를 개편하였다. 예를 들어, 1978년 시작된 가족보조금(complément

---

5) 프랑스의 가족복지 정책은 한국보건사회연구원에서 발간한 『주요국의 사회보장제도-프랑스』, 신윤정(2017), 신윤정(2019)을 참조하여 정리하였다.

familial)은 홑벌이 다자녀가정수당, 가정주부수당 등을 통합한 것이다. 가족보조금의 도입은 프랑스 가족수당 정책에서 의미가 있는데, 고소득가정에서 저소득가정으로의 수직적 소득재분배 성격이 강화되었고, 여성의 역할이 가정 내 돌봄노동자에서 노동시장에서의 근로자로서 변화하게 된 것이다(노대명, 2012).

1980년대 이후 미테랑 사회당 정권 집권 시에는 3세 이하 자녀가 한 명 이상 있는 가정에 영아수당(APJE)을 지급하였고, 자녀의 출생 또는 3세 이하 자녀의 입양으로 인해 직장생활을 그만두거나 시간을 줄여서 일하는 경우 양육부모수당을 지급하였다. 또한 3세 미만의 자녀를 자택에서 돌보는 보육사를 고용하는 가족에 대해서는 보육사 이용비용을 지원하였다. 1997년 이후에는 가족부가 설립되고 영아보육시설 설립에 대한 입법체계가 갖추어졌다. 가족수당을 받는 자녀의 연령이 20세까지로 확대되고, 아버지휴가가 시작되었다. 2001년에는 자녀간호수당이 마련되어 심한 질병이나 장애가 있는 자녀를 돌보기 위해 근로시간을 줄이거나 중단할 수 있게 하였다.

2) 가족복지 정책의 특징

질병, 노령, 산재와 함께 가족 분야는 프랑스 사회보장체계의 주요한 부분을 차지하고 있다. 프랑스에서 가족 정책은 '부모의 출산 · 양육 · 교육부담을 경감해 주기 위해 국가, 지방, 및 사회보장기구가 추진하는 정책'으로 정의되며, 가족부양에 따른 위험으로부터 가족을 보호하는 수당과 가족생활과 관련된 사회적 위험으로부터 가족을 보호하는 수당을 포괄적으로 운영하고 있다. 프랑스 가족수당의 특징은 가족수당이 단일한 하나의 수당이 아니라 자녀양육을 지원하는 성격의 다양한 현금지원 정책을 가족수당이라는 하나의 큰 체계 안에 포함하고 있다는 것이다(신윤정, 2017). 가족을 지원하는 정책을 하나의 체계 안에 포함시킴으로써 보다 촘촘하게 가족을 지원할 수 있고, 중복을 방지하는 장점이 있다.

프랑스의 가족수당 정책은 가족수당 전국공단(Caisses nationale des allocations familiales)이 담당하는데, 이 기관은 가족수당 및 육아휴직수당 외에도 주거수당 등 제반 사회정책 분야의 수당업무를 담당하고 있다. 이러한 사실은 프랑스의 사회정책이 가족 지원을 중심으로 이루어지고 있음을 의미한다.

가족수당 전국공단이 표방하는 가치는 평등, 통합, 공정으로서 다음의 네 가지 지향점을 갖고 정책을 추진한다. 첫째, 개인으로 하여금 가족생활, 직업생활, 사회생활을 조화롭게 하도록 지원한다. 둘째, 부모역할을 지원하여 부모자녀관계를 증진시킨다. 셋째, 주변환경 및 다양한 사회적 관계 속에 가족이 동참하도록 한다. 넷째, 개인과 가정이 사회활동이나 직업활동에 있어서 독립적으로 활동할 수 있는 환경을 조성한다.

가족수당 전국공단의 재정은 기업이 지불하는 고용주 부담금(44.2%), 국민의 확대보호세(21.7%), 국가부담(20.5%)으로 구성되어 있는데, 특히 기업이 부담하는 부분이 상당하다는 것을 알 수 있다. 2010년 기준 5백만 가족이 가족수당급여를 받고 있으며 2001년부터 2009년까지 연간 0.4%의 증가율을 보이고 있다. 세계적인 경제침체에도 불구하고 가족수당을 받는 가족이 평균적인 증가율을 보이는 것은 의미 있는 현상이다(노대명, 2012).

또한 프랑스의 가족복지 정책은 1970년대까지는 공식적인 부부에게만 적용되는 법이었으나, 1980년대 미테랑 대통령은 좌파대통령으로서 가족의 다양성을 고려하여 결혼, 가족형태, 출산, 여성취업에 대해 국가불간섭 입장을 채택하였다. 이후 각종 가족관계법에서 가족을 지칭할 때는 동거 및 한부모가족, 동성커플 등 다양한 형태를 포함하게 되었다(김민정, 2011).

3) 주요 가족복지 정책

(1) 아동 및 보육서비스

프랑스에서 1990년대 초반에는 출생아 수가 감소 추세였으나, 1995년 이후 증가하기 시작하였고, 현재까지 프랑스는 유럽국가 중에서도 높은 출산율을 유지하고 있다.

프랑스에서 6세 미만 영유아의 보육은 크게 시설보육과 개인 보육사에 의해 이루어지는 개인보육으로 구분된다. 시설보육은 다시 집단보육시설과 가족보육시설로 구분된다. 집단보육시설은 일반적인 유형의 보육시설이며, 가족보육시설은 영유아를 보육하는 개인 보육사나 부모들이 하루 중 특정 시간에 보육시설에 모여 영유아에게 다양한 활동을 하게 하며 돌보는 공동시설이다. 개인보육은 인가된 보육사(assistant maternelles), 보육사들의 집, 가정 내 보육사 세 가지 유형이 있다. 보육사는 자신의 집에서 아동을 4명까지 돌볼 수 있게 허가된 사람들이다. 보육사들의 집은 보육사 집에서 아동을 돌보는 것에 문제가 있거나 다른 보육사들과 아동을 돌보는 것이 필요한 보육사들이 모여 아동을 돌보는 시설이다. 가정 내 보육사는 부모가 고용하여 집에 와서 자녀를 돌보는 경우이다. 보육사 자격은 1977년 제정된 법에 의해 제도화되었는데, 보육사는 건강, 가족환경, 주거규모 및 위생상태 등 보육환경에 대한 검증을 노동, 고용, 건강부로부터 받아야 하고, 교육을 받아야 한다.

프랑스의 보육료 지불 보상체계는 'Prestation de Service Unique(PSU)'를 기초로 마련되는데, 보육료 지불과 보상은 부모가 이용한 보육서비스 시간에 따라 결정된다. 보육서비스의 유형도 정규보육, 일시보육, 긴급보육으로 구분되어 있어 부모들의 보육욕구를 융통성 있게 충족시키기에 적합한 구조로 되어 있다.

(2) 아동 및 가족수당

① 영아보육수당

영아보육수당(PAJE)은 출생수당, 기초수당, 보육방식의 자유로운 선택을 위한 보조금, 직업활동의 자유로운 선택을 위한 보조금으로 구성되어 있다.

출생수당은 일정한 소득수준 이하의 가정에 임신한 지 7개월째 되는 달 또는 입양된 자녀가 가정에 온 날 일시불로 지급하는 수당으로 자녀임신이나 입양과 더불어 발생하는 초기비용을 지원한다.

기초수당은 일정한 소득수준 이하의 가정을 대상으로 자녀출생 또는 입양한 날로부터 3년 동안 매월 지급하는 수당으로 저소득층 가정의 자녀양육과 관련된 비용을 지원하는 목적을 갖는다.

보육방식의 자유로운 선택을 위한 보조금은 취업여성이 3세 미만의 자녀를 시설에 맡기지 않고 인가된 보육사나 가정보육서비스를 이용하여 자녀를 양육할 때 지불하는 보육사 임금의 일정부분을 보조해 주는 수당이다. 보조금 액수는 가족의 소득수준, 이용하는 서비스 종류, 자녀 연령에 따라 차등적으로 지급한다.

직업활동의 자유로운 선택을 위한 보조금은 2015년 '자녀교육을 분담하는 것에 대한 수당'이라는 명칭으로 변경되었다. 이 수당은 첫째 자녀가 1세 될 때까지 부부 각각 6개월간 지급받을 수 있게 하여 부부가 함께 육아휴직을 사용할 수 있는 여지가 확대되었다(신윤정, 2017).

② 가족수당

가족수당(Allocation familiales: AF)은 소득수준에 상관없이 모든 가정을 대상으로 한다는 점에서 보편적인 특성을 갖고 있으며, 동시에 두 자녀 이상의 가정을 대상으로 한다는 점에서는 출산율 제고를 위한 선별적인 특성을 갖고 있다. 수당은 자녀가 20세 될 때까지 지급되며, 자녀가 14세 되는 시점에 수당을 인상하여 교육비 증가에 실질적으로 대비할 수 있게 해 준다.

③ 가족보조금

3세 이상 21세 미만의 자녀를 3명 이상 양육하는 일정 수준 이하의 가족은 가족보조금(Complement familial)을 받을 수 있다. 가족보조금은 가족수당을 보조하는 역할을 한다고 볼 수 있다.

④ 한부모가족을 위한 수당

한부모가족을 위한 정책에는 가족부양수당과 양육비 징수지원이 있다. 가족부양수당(Allocation de soutien familial)은 한부모라는 조건만 적용되며 소득기준은 적용되지 않는다. 또한 이 수당은 다른 지원금과 중복지원됨으로써 한부모가족의 경제적 부담에 대하여 특별한 배려를 하는 경향을 갖고 있다. 양육비 징수지원(Aide au recouvrement des pensions alimentaire)은 별거 또는 이혼한 사람이 전 배우자가 지불하지 않는 양육비를 받을 수 있게 가족수당 전국공단이 지원하는 것이다.

⑤ 장애아교육수당

20세 미만 자녀의 장애율이 80% 이상인 경우 받을 수 있는 수당이다. 장애율이

50~79%인 경우라도 특수학교에 다니거나 집에서 특수교육을 받는다면 이 수당을 받을 수 있다. 장애자녀를 돌보기 위해 근로시간을 줄이거나 일을 그만 둔 경우, 제3자를 고용한 경우 등 장애의 심각성에 따라 급여액이 달라진다.

⑥ 성인장애수당

장애인 당사자에게 지급되는 수당으로서 일정 소득수준 이하인 경우 지급된다.

⑦ 자녀간호수당

20세 미만의 자녀가 질병, 심각한 장애, 사고로 인하여 부모의 돌봄을 필요로 할 때 받을 수 있는 수당이다. 이 수당을 받기 위해서는 자녀를 돌보기 위해 직업활동을 중단해야 하고, 근로자는 고용주에게 자녀돌봄휴가를 요청해야 한다. 급여는 월 단위로 지급되며, 부모는 이 급여를 6개월 단위로 갱신하면서 최대 3년간 받을 수 있다.

⑧ 개학수당

6~18세 자녀가 새 학기를 맞아 등교할 때 필요한 지출을 지원하는 수당이다. 수당은 연 1회, 학교가 개학하기 전인 8월에 지급되며, 자녀 연령이 높을수록 급여액이 늘어난다.

5. 스웨덴의 가족복지 정책[6]

1) 역사적 배경

1800년대 중반까지 농경국가였던 스웨덴은 1800년대 중반 산업혁명이 진행되면서 일자리를 찾아 대도시로 이동한 농촌인구로 인해 주

육아천국 스웨덴 라테파파(KTV Play)

6) 스웨덴의 가족복지 정책은 한국보건사회연구원에서 발간한 『주요국의 사회보장제도-스웨덴』을 참고하여 정리하였다.

택문제와 건강문제가 대두되기 시작했다. 1889년에는 스웨덴 최초로 직업안전법이 통과되어 고용주가 노동자들의 안전조치를 의무적으로 실천할 것을 규정하였다. 1910년대 전개된 보통선거권 운동을 바탕으로 여성노동자, 주부도 유권자로 편입되었고, 노동자의 노동환경 개선과 사회보장에 대한 요구가 확대되었다. 1937년부터는 여성의 노동시장 진출이 본격화되기 시작하면서 여성의 출산을 위한 기초지원금을 제공하기 시작했다. 직장이 있는 여성뿐 아니라, 가정주부의 경우에도 동일하게 출산비용의 일부를 국가가 부담하였는데, 이 제도를 통해 여성의 출산부담을 줄이고자 노력했으며, 여성의 출산이 사회적 차별의 대상이 되어서는 안된다는 인식이 서서히 뿌리를 내리기 시작했다. 또한 1938년부터 전 노동자에게 시행된 2주간의 유급휴가제는 국민의 삶의 질, 가족의 여가활용, 여성의 사회진출을 통한 자녀교육 문제 등을 휴가제의 확대로 접근했다는 의의가 있다. 제2차 세계대전 이후 지속적으로 노동자들의 노동환경 및 처우 개선, 국민건강 및 삶의 질에 초점을 둔 사회정책기조가 조성되어 국민의료 보건정책이 확충되고 노동조건 향상과 관련된 산재보험이 폭넓게 시행되었다.

1960년대 말에는 아동이 있는 가족의 주거문제에 대한 사회적 관심이 증대되면서 주택수당에 대한 논의가 본격적으로 전개되기 시작하였다. 1970년대는 제2차 세계대전 이후 지속적으로 확충되어 온 스웨덴 사회보장제도가 황금기를 맞게 되나, 1973년 오일쇼크의 충격을 받았고, 1932년 이후 한 번도 우익정당들에게 정권을 내주지 않던 사민당이 1976년 선거에서 패배함으로써 복지제도의 중요한 분수령이 되었다. 1982년 다시 정권에 복귀한 사민당은 소외된 사회계층의 삶의 질 향상을 정책목표로 정하였고, 1991년 들어 발생한 재정적자를 개선하기 위해 실업자기금의 소득 대체율을 100%에서 80%로 낮추고, 다자녀 가족에게 부여한 아동수당 보너스 제도를 폐지하는 등 사회복지서비스와 각종 보조금을 축소하는 긴축재정을 단행하였다.

2006년 이후부터의 사회보장 정책의 기조는 일하는 사람에게 인센티브를 주고 장기요양, 장기실업상태에 있는 사람들에게는 채찍을 가하는 당근과 채찍의 두 가지 정책을 병행해 오고 있다. 가족복지 정책은 장애인가정, 자녀가정의 보호와 사회적 약자에 대한 선별적, 집중적 지원책에 우선순위를 두고 국가재정의 부담을 줄여 나가는 데 역량을 집중하고 있다. 하지만 이 조치가 저소득 혹은 실업자 가정의 삶의 질을 하락시켜 사회 안전망이 축소되며, 양극화 현상이 심화되고 있다는 점에서 좌익계열 정당들로부터 비판을 받고 있는 상황이다.

스웨덴의 사회보장제도의 발전은 1920년대 이후 사민당의 정부 참여, 사회적 요구와 궤적을 같이 하며 발전해 왔다. 우익정당들마저도 이제는 복지제도가 스웨덴 모델의 특징이자 경제발전과 사회통합의 기초로 인식하고 있다(Lindbom 2006). 국민의 70% 이상이 의료보험, 실업자 보험, 연금보험 등의 이유로 현재의 높은 세율 유지를 원하고 있고(Svallfors 1996; SCB 1999; SOU 2010), 유권자의 주류가 중산층에 몰려 있어 복지제도를 인정하지 않고는 정권 유지가 불가능하다는 전략적 차원(Lindbom, 2006)에서 볼 때 스웨덴의 정치에서 사회보장제도는 변수가 아니라 상수로 자리를 잡고 있고, 모든 정당이 이 사회적 요구의 범주 속에 들어와 적응이 되어 있다는 논리로 해석된다. 2000년대 후반부터 시행되고 있는 정책기조는 시민들의 인적자원 역량을 키우는 정책을 중심으로 사회투자(social investment)를 진행해 갈 것으로 보인다(최연혁, 2012).

2) 스웨덴 체계의 핵심요인[7)]

스웨덴 사회의 오랜 생활철학인 라곰(Lagom)과 얀텔라겐(Jantelagen)은 일과 생활의 균형을 유지하는 데 영향을 주고 있다. 라곰은 '적당한' '알맞은'과 같은 균형을 의미하고, 얀텔라겐은 개인의 우월함보다는 사회구성원들과의 조화, 공동체의 균형을 강조하는 개념이다(홍희정, 2019).

스웨덴의 복지를 이해하기 위한 핵심요인은 다음 네 가지 정도로 요약할 수 있다. 첫째는 사회적 연대와 사회적 신뢰이다. 스웨덴은 다른 유럽국가들에 비해 가족 이외의 사람들이나 공공기관에 대해 높은 신뢰도를 갖고 있는 것으로 조사되고 있고, 높은 세금을 약속함으로써 선거에 승리할 수 있는 세계에서 몇 안되는 나라 중의 하나이다. 매우 투명하고 책임감 있는 체계와 활발한 비정부기구의 활동 등으로 인해 높은 사회적 신뢰를 유지하고 있다. 둘째는 일에 대한 루터교 전통을 갖고 있다는 점인데, 스웨

7) 이 부분의 내용은 2012년 9월, 주한 스웨덴 대사의 특강 내용 중 일부를 정리한 것이다.

덴은 높은 세금을 위해 많은 사람이 일하고 납세하도록 하는 광범위한 조세기반을 갖추고 있으며, 조세제도가 효과적이고 공정하다는 인식이 보편적이다. 셋째는 강한 개인주의 전통을 들 수 있다. 여기서 개인주의라 함은 개별 시민들은 모든 형태의 종속과 경제적 의존에서 자유로워야 한다는 생각을 뜻한다. 가족법 개혁으로 노인부모에 대한 부양의무가 폐지되었고, 배우자 간에도 개별적으로 세금을 납부하고, 부모 소득에 대한 자산조사 없이 학자금 대출이 가능한 점 등은 이러한 개인주의 전통에서 비롯된 것이라 볼 수 있다. 스웨덴에서 이상적인 가족은 일하는 성인으로 구성되며, 재정적으로 다른 사람에게 의존하지 않는 것이다. 넷째는 포용적인 사회분위기를 꼽을 수 있다. 모든 사람이 일정단계에서 복지급여를 받고 있고, 부자와 빈자 간의 차이를 막기 위해 소득재분배의 필요성에 대해 국민들이 강한 믿음을 갖고 있는데, 이러한 점이 스웨덴 복지의 근간이라고 할 수 있다.

3) 가족복지 정책의 특징

2012년 유럽연합에서 조사한 스웨덴의 양성평등지수(EU Gender Equality Index)는 74.2로 유럽연합 28개국의 평균인 52.9보다 상당히 높은 수준이다. 스웨덴 정부는 양성평등의 궁극적인 목표로 스웨덴 사회를 구성하는 남성과 여성 모두 동등한 기회와 권한을 확보해야 함을 강조하고 있다. 스웨덴 정부에서는 이 목표를 바탕으로 ① 양성 간 균등한 권한 부여, ② 경제영역에서의 양성평등, ③ 가사노동과 보육에서의 양성평등, ④ 여성에 대한 남성의 폭력규지 등의 4가지 하위목표를 두고 있다(송지원, 2017).

스웨덴의 가족구조의 특징은 이혼과 별거의 증가, 결혼하지 않고 사는 동거가족 증가, 가족규모의 축소 등을 들 수 있다(한유미 외, 2005). 자녀가 있는 가족 중 약 1/5은 한부모가족이며, 이혼율 세계 2위로 알려진 스웨덴에서는 아동의 1/3이 17세가 되기 전에 부모의 이혼을 경험하고, 아동의 1/4 미만이 친부모와 살고 있다(Hessle, 1998). 또한 스웨덴 국가통계에서도 결혼 여부, 자녀 유무와 관계없이 2명 이상이 함께 사는 것을 '가족'으로 규정하고 있고(Hessle, 1998) 동거커플의 재산에 대한 개혁, 동거가족의 법적권리가 확대되면서 동거가 일반적인 사회현상이 되고 있다(최연혁, 2012).

스웨덴 가족복지 정책의 목적은 남녀 모두가 육아와 일을 양립할 수 있도록 하는 환경을 조성하는 것이며, 가족지원 정책은 보편적 수당, 사회보험, 소득조사(means-tested) 또는 욕구조사(needs-tested)수당 등의 세 가지 유형으로 추진된다(신윤정, 2008: 최연혁, 2012에서 재인용).

〈표 5-3〉 스웨덴 양육지원 정책 유형

	내용
보편적 수당	아동수당(다자녀 가족보조금, 입양수당 포함)
사회보험	육아휴직급여, 병간호휴가, 아동연금, 임신출산급부, 보육기간 연금권
소득조사 또는 욕구조사 수당	한부모가족 지원, 주거수당, 아동보호수당

출처: 신윤정(2008).

스웨덴은 여성의 양육자로서의 역할보다 노동자로서의 역할을 강조하여 여성취업을 적극 장려하며, 여성의 양육자로서의 역할을 지원하는 가족수당보다 노동자로서의 역할을 지원하는 공보육이 정책적으로 더 높은 비중을 차지하고 있다(김수정 2002: 최연혁, 2012에서 재인용).

4) 주요 가족복지 정책

(1) 아동 및 보육서비스

스웨덴의 아동 및 보육서비스는 출산율 향상에 중요한 역할을 해 왔으며, 가족복지의 핵심을 이룬다. 임신이 확인된 순간부터 여성은 지역 내 1차 진료소에 등록되어 건강관리, 출산 등에 대한 정보를 제공받는다. 사회보장법에서는 임신에서 출산까지 태아와 산모를 보호하는 책임을 고용주에게 지우고 있으며, 임신한 여성은 직장에서의 노동 강도를 줄여야 할 때 임신급여(Graviditetspenning)를 활용할 수 있고, 출산예정 10일 전부터는 출산준비를 위해 부모급여(Föräldrarpenning)를 사용할 수 있다. 출산 후 최대 480일 동안 육아와 건강회복에 전념할 수 있도록 부모급여가 지급된다. 이

480일은 연속으로 사용할 수도 있고, 자녀가 8세 될 때까지 개인의 선택에 따라 수시로 활용할 수도 있다.

스웨덴은 학령기 이전 아동을 대상으로 하는 다양한 보육시설을 갖추고 있으며, 보육기관의 95%를 국가가 운영하고 있다. 어린이집은 가장 보편적인 형태의 시설이며, 이용시간은 부모의 직업여건에 따라 유연하게 운영된다. 주당 최대 30시간까지 보육기관을 이용할 수 있는데, 다음 세 가지 조건 중 한 가지를 만족해야 한다(홍희정, 2019).

① 부모가 모두 일을 하는 경우
② 부모가 모두 전업 학생이거나 부모 중 한 명은 일을 하고 한 명은 전업 학생인 경우
③ 부모가 모두 실업상태이나 구직활동을 하거나 직업훈련을 받는 경우, 부모 중 한 명은 일을 하고 다른 한 명이 실업상태이나 구직활동을 하고 있는 경우

스웨덴의 보육비용은 국가, 지방정부, 부모가 분담하는 구조이다. 1999년 보육료 부담 상한제를 도입하여 2002년부터 실시하고 있는데, 한 달 가구소득이 42,000크로네 이하인 가구는 총 가구소득의 일정비율을 보육료로 납부하는 방식이다. 보육료 상한제 실시로 2005년 이후 부모가 부담하는 보육료 비율이 평균 10% 수준을 유지하고 있으며, 이는 가족의 소득안정기능을 수행하고 있다(최연혁, 2012).

(2) 아동 및 가족수당

아동 및 가족수당은 임신한 여성, 자녀가 있는 부모(입양 포함)에게 지급되는 수당이며, 재원은 조세이고 수당에 대한 세금을 납부한다. 출산·양육과 관련된 급여를 받기 위해서는 고용주에게 신청하고, 고용주는 기초자치단체인 사회보장사무소에 통보하고, 사회보장사무소는 적절성 여부를 판단하여 급여를 제공한다.

① 임신현금급여

임신한 여성이 위해한 업무를 수행하면서 대체업무가 제공되기 어려운 경우에 보장

받는 휴가로서 60일간의 휴가를 가질 수 있고, 휴가기간 동안 월평균소득의 80%에 해당하는 임신현금급여를 받을 수 있다.

② 육아휴직과 부모 육아휴직 할당제

스웨덴은 1974년 세계 최초로 부모 육아휴직제도를 도입하였다. 당시 부모 육아휴직제도는 주로 여성이 사용하였고, 남성의 참여는 매우 드물었다. 1995년 도입된 부모 육아휴직의무할당제는 최소 30일은 부부가 각각 자녀를 돌볼 의무를 부과하는 것이고, 남성의 육아참여를 강제하는 것이다. 그럼에도 남성들의 육아참여는 증가하지 않았고, 2002년 부모 육아휴직 할당일수를 60일로 확대하고, 의무할당된 육아휴직 사용을 고용주가 거부하거나 차별행위를 하면 강력히 제재하였다. 이에 따라 남성 육아휴직자가 크게 증가하였고, 육아에 적극적으로 참여하는 소위 라테파파(Lattepapa)[8]도 등장하였다. 스웨덴의 부모 육아휴직참여 성별 비율의 추이는 [그림 5-4]와 같다. 이러

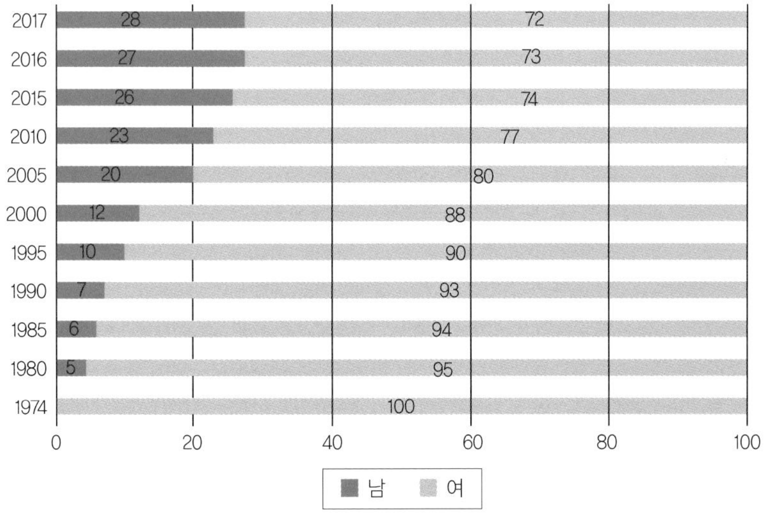

[그림 5-4] 부모 육아휴직 성별 참가 비율(1974~2017년)

출처: 홍희정(2019).

8) 커피를 손에 들고 유모차를 밀고 다니는 육아에 적극적인 아빠를 의미하는 말로 남녀공동육아문화가 자리 잡은 스웨덴에서 유래하였다.

한 스웨덴의 육아휴직제도는 육아에 대해 여성만의 책임이 아닌 부부 공동의 의무로 패러다임을 전환시켰다는 점에서 의미가 매우 크다(홍희정, 2019).

③ 아동간병휴가 및 급여

자녀가 12세가 되기 전까지 자녀를 간병하기 위해 아동간병휴가를 받을 수 있다. 자녀 1인당 1년에 60일간의 아동간병휴가를 받을 수 있는데, 1주일까지는 의사진단서 없이 아동간병휴가를 사용할 수 있으나, 1주일 이후에는 의사진단서가 있어야 한다. 아동간병휴가를 받은 부모는 월평균소득의 80%에 해당하는 아동간병급여를 받을 수 있다. 암 등과 같이 중증질환을 가진 아동의 경우, 아동이 18세가 될 때까지 아동간병휴가를 받을 수 있다.

④ 아동수당

아동수당은 1946년 시작된 제도로서 가정의 경제수준에 상관없이 태어나는 첫 달부터 16세까지 지급된다. 16세 미만 아동을 양육하는 부모는 아동이 스웨덴에 거주하고 있으면 받을 수 있다. 아동이 16세 이후에도 의무교육을 받고 있으면 연장아동수당을 받는다. 아동수당의 총액은 아동 수가 증가할수록 증가되고, 아동 수가 2인 이상일 경우 기본 수당 외에 추가수당이 지급된다. 2007년도 기준으로 아동 1인인 경우 1,050크로네(141,750원), 2인인 경우 2,100크로네(283,500원) 정도의 아동수당이 지급되었다. 자녀가 많을수록 보너스를 합해서 아동수당지급액은 더 커지게 된다. 아동수당이 경제적으로 여유가 있는 가정에는 의미가 없으므로 저소득층에만 지원하자는 의견이 잠시 있었으나, 국민들의 반발로 취소될 만큼 아동수당은 아동 한 명 한 명의 고유권한이라는 인식이 전 국민에게 깊게 뿌리박혀 있다(DN 2008-3-26; SvD 2008-3-25: 최연혁, 2012에서 재인용). 즉, 아동의 권리 차원에서도 가정의 일정한 삶의 질 유지는 중요하다고 보고 있다.

⑤ 한부모에 대한 양육지원비

부모의 이혼 또는 별거 시 아동을 양육하는 한부모는 아동을 양육하지 않는 부 또는 모로부터 양육지원비를 받을 권리가 있다. 이혼 또는 별거 시 기초자치단체의 사회보장사무소에 양육지원비를 신청하면 양육지원비를 지급할 의무가 있는 부 또는 모의 월급에서 양육지원비를 원천징수하여 아동을 양육하는 부 또는 모에게 지급한다. 만약 양육지원비를 지불할 능력이 없거나 부족한 경우 사회보장사무소는 양육지원비를 대신 지급하고, 향후 지급의무가 있는 부 또는 모에게 소득이 발생하면 그 비용을 사회보장사무소에 지불해야 한다.

⑥ 입양수당

해외에서 아동을 입양하는 부모는 입양수당을 받으며, 아동을 출산한 부모와 아동 부양에 관한 모든 면에서 동등한 권리를 갖는다.

◈ 참고문헌

강경희, 전홍주(2013). 스웨덴, 영국, 프랑스, 핀란드, 한국의 양육지원정책 변화 분석: 현금지원정책, 보육시설서비스정책, 조세혜택 정책을 중심으로. 유아교육학논집, 17(6), 283-304.

김근세, 김주희(2011). 한국과 미국의 보육서비스 전달체계와 품질 비교분석. 서울: 집문당.

김민정(2011). 프랑스 가족 정책과 출산장려. 민족연구. 48, 74-96.

김상철(2010). 독일 가족 정책에서 보충성원칙 적용에 관한 연구. 사회복지정책, 37(3), 269-297.

김수정(2002). 복지국가 가족 지원체계의 구조변화에 관한 일연구: 가족수당과 보육 지원 프로그램을 중심으로. 서울대학교 박사학위논문.

김태현(2012). 주요국의 사회보장제도-미국. 서울: 한국보건사회연구원.

노대명(2012). 주요국의 사회보장제도-프랑스. 서울: 한국보건사회연구원.

서영민(2017). 영국 아동수당정책의 개혁과 전망. 국제사회보장리뷰, 2, 5-15.

성정현, 여지영, 우국희, 최승희(2010). 가족복지론. 경기: 양서원.

송다영, 정선영(2013). 통합적 가족 정책으로서의 패러다임 전환을 위한 과제. 비판사회정책, 39, 145-189.

송지원(2017). 스웨덴 정부의 양성평등 정책 개선방안. 국제사회보장리뷰, 1, 102-105.
신윤정(2008). 스웨덴의 양육지원 정책 방향. 서울: 한국보건사회연구원.
신윤정(2017). 프랑스 가족수당의 현황과 시사점. 국제사회보장리뷰, 2, 25-34.
신윤정(2019). 프랑스 보육료 지불 보상체계의 동향과 시사점. 국제사회보장리뷰, 9, 98-108.
양소남(2008). 영국의 가족 지원(supporting families)정책에 관한 연구:신노동당 정부를 중심으로. 사회복지정책, 33, 7-29.
오정수, 이혜원, 정익중(2007). 세계의 아동복지서비스. 서울: 나눔의 집.
윤홍식, 송다영, 김인숙(2010). 가족 정책: 복지국가의 새로운 전망. 서울: 공동체.
이정우(2012). 주요국의 사회보장제도-독일. 서울: 한국보건사회연구원.
이진숙(2006). 독일 가족 정책의 현황과 젠더적 성격. 한국사회복지학, 58(4), 93-118.
임성은(2010) 영국과 미국의 한부모가족 현황 및 지원정책. 보건복지포럼, 3월호, 83-103.
임완섭, 전지현(2016). 미국 공공부조제도의 동향과 특성. 보건복지포럼, 8월호, 96-113.
정재훈(2017). 독일의 아동수당현황. 국제사회보장리뷰, 2, 16-24.
정재훈, 박은정(2012). 가족 정책 유형에 따른 독일 가족 정책 변화 분석. 가족과 문화, 24(1), 1-30.
정재훈, 이소영(2011). 한국과 독일의 가족복지 정책 비교. 한국가족사회복지학회 학술발표논문집, 37-60.
최연혁(2012). 주요국의 사회보장제도-스웨덴. 서울: 한국보건사회연구원.
최영(2017). 세계 각국 아동수당제도의 성격 및 유형. 국제사회보장리뷰, 2, 5-15.
최영준(2012). 주요국의 사회보장제도-영국. 서울: 한국보건사회연구원.
한유미, 오연주, 권정윤, 강기숙, 백석인(2005). 스웨덴의 아동보육제도. 서울: 학지사.
홍희정(2019). 스웨덴의 일 · 생활균형정책과 시사점. 국제사회보장리뷰, 9, 109-121.
황규성(2013). 독일 메르켈 정부 가족 정책 개혁의 정치과정. 민주사회와 정책연구, 24, 172-200.

Auerbach, Walter u.a. (1957). Sozialplan für Deutschland: Auf Antrag des Vorstands der Sozialdemokratischen Partei Deutschlands, Berlin.
BMFSFJ(Bundesministerium für Familie, Senioren, Frauen und Jugend) (2006). Familie zwischen Flexibilität und Verlässigkeit, Siebter Familienbericht.
Brewer, M., Clark, T., & Goodman, A. (2003). "What really happened to child poverty in the UK under Labour's first term?" *The Economic Journal, 113*: 240-257.
Burden, T., Cooper, C., & Petrie, S. (2000). *'Modernising' social policy: Unravelling New Labour's welfare reforms.* Aldershot: Ashgate.

Bussemaker, Jet & von Kersbergen, Kees, "Contemporary social-capitalist welfare states and gender inequality", 15-46, in Gender and Welfare State Regimes, edited by Sainsbury, Diane, Oxford: Oxford Univ. Press.

Daycare Trust. (2006). *Childcare today: A progress report on the Government's ten-year Childcare Strategy*. London, Daycare Trust.

Daycare Trust. (2007). *Childcare nation?: Progress on the childcare strategy and priorities for the future*. London, Daycare Trust.

Fox-Harding, L. (1996). *Family, state and social policy*. Basingstoke: Macmillan.

Hessle, S., Ioka, B., & Yamano, N. (1998). *Family Policy and Child Welfare in Japan and Sweden. Stokholm*. Sweden: Stockholm University Press.

Lindbom, Anders. (2006). *The Swedish Conservative Party and the Welfare State. Institutional Change and Adapting Preferences*. Stockholm: Institute for Future Studies.

Noble, Charles. (1997). Welfare As We Know It: A Political History of the American Welfare State, Oxford.

SCB. (1999). http://www.scb.se/Grupp/valfard/_dokument/A05ST0204_04.pdf

SOU. (2010). Trygg, stöttande, tillitsfull? Svenskarnas syn på socialförskring (사회적 안전성, 사회적 지원 그리고 신뢰성. 스웨덴 국민의 사회보장제도에 대한 시각). Parlamentariska social försäkringsutredningen 2010: 04.

Svallfors, Stefan. (1996). Välfärdsstatens moraliska ekonomi: välfärdsopinionen i 90-talets Sverige(복지국가의 도덕적 경제: 90년대 스웨덴의 복지의식). Umeå: Borea.

제3부

가족복지 실천

제6장 실천 관점 및 이론

제7장 가족복지 실천 과정

제6장
실천 관점 및 이론

1. 가족체계

1) 체계의 관점에서 본 가족

가족은 개인이 성장하고 발달하는 데 가장 친밀하고 영향력 있는 사회 환경이다. 가족을 구성하는 요소는 개인이지만 가족을 단위로 볼 때 개인이 가지고 있는 심리적 문제보다는 그 사람의 환경이나 생태학적 체계처럼 개인을 둘러싸고 있는 관계 속에서 일어나는 문제에 더 많은 관심을 가지게 된다. 따라서 개인보다는 가족이라는 한 집단을 개입의 단위로 취급하게 된다. 즉, 문제를 가지고 있는 개인뿐 아니라 모든 개인에 대한 이해는 그를 둘러싼 가족이라는 맥락을 파악하고 개인과 가족 전체 사이에 존재하는 고정된 상호작용의 양상을 분석하는 데서 출발해야 한다. 이러한 이해는 문제행동의 영향으로 또 다른 문제행동을 초래하게 되는 악순환의 연쇄 고리를 끊고 가족 자체가 가지고 있는 회복력에 의해서 가족과 개인의 기능을 회복시키는 것을 가능하게 한다.

가족에 대한 체계적 관점은 한 가족원이 책임성이 부족하면 다른 가족원이 과도한 책임을 짐으로써 보완하게 되는 것처럼 가족 내 상호 보완적이거나 상호 교환적인 형태로 나타나는 가족관계의 특성을 정확히 읽을 수 있도록 도와준다.

Goldenberg(2000)는 체계로서의 가족의 특성을 〈표 6-1〉과 같이 설명하고 있다.

〈표 6-1〉 체계로서의 가족의 특성

- 가족구성원은 가족 내에서 상호 의존 상태에 있는 다양한 위치를 가진다.
- 가족과 가족 외부체계를 구분하는 경계의 두께는 그 엄격함과 침투성의 정도에 따라 다양하다.
- 가족은 시간이 지나면서 반복되는 상호작용 패턴을 나타내는 적응과 균형을 추구하는 단위이다.
- 가족은 더 큰 사회체계를 대표하는 외부체계의 요구, 그리고 가족구성원들의 내적 욕구와 요구를 모두 충족시켜야 하는 과업을 수행하는 단위이다.

가족에 대한 개입에 있어 일반체계이론이 중요한 것은 가족을 이해할 수 있도록 만들었기 때문이다. 김유숙(2012)은 일반체계이론에 근거해 가족의 특성을 〈표 6-2〉와 같이 정의하고 있다.

〈표 6-2〉 일반체계론적 관점에서 가족체계의 특성

- 가족은 각 부분의 특성을 합한 것 이상의 특성을 지닌 체계이다. 이러한 가족체계의 움직임은 어떤 일반적 규칙에 의해 지배되고 있다.
- 모든 가족체계는 경계를 가지고 있다. 이와 같은 경계의 특성은 가족체계가 어떻게 기능하는가를 이해하는 데 중요하다.
- 가족체계의 한 부분의 변화는 가족체계 전체의 변화를 초래할 수 있다.
- 가족체계는 완전하지 않으므로 항상 비교적 안정된 상태를 유지하려는 경향이 있다. 따라서 성장이나 진화가 가능하며 여러 가지 방법으로 변화를 일으키거나 촉진시킬 수 있다.
- 가족체계는 체계 간의 의사소통이나 피드백 기능이 중요하다.
- 가족 내 개인의 행동은 직선적 인과관계보다는 순환적 인과관계로 보는 것이 이해하기 쉽다.
- 다른 열린 체계와 마찬가지로 가족체계는 목적을 가지고 있는 것처럼 보인다.
- 가족체계는 하위체계에 의해서 성립되며, 또한 가족체계는 보다 큰 상위체계의 일부분이다.

이처럼 가족에 대한 개입은 가족을 하나의 역동적 구조이자 물리적, 정서적 공간을 공유하는 개인들의 집합체로 보아야 하며 개인은 가족 속에서 다른 구성원들과 끊임없이 상호작용하면서 나름대로의 독특한 역할이나 규칙을 만들어 내는 체계로서 존재한다는 이해가 바탕이 되지 않으면 안 된다.

가족관계에서 모든 가족구성원의 행동은 다른 가족들에게 영향을 미치는 순환적 인과관계망을 형성하고 있으므로 개인의 문제로 확인되었지만 개인이 아닌 가족체계 전체를 살피는 입장에서 문제를 파악하는 것이 사실에 보다 더 가까이 접근할 수 있는 방법이 된다. 중요한 것은 가족 내 발생하는 문제가 직선적인 원인과 결과를 가진 것이 아니라 가족이라는 생활체계 안에서 발생하는 순환적 역동성을 가지고 있다는 것이다. 즉, 어떤 문제의 원인이 결과를 유발하며 다시 그 결과는 문제의 원인이 된다는 것으로 가족은 복잡한 감정과 관계가 얽혀있는 체계로서 계속해서 살아 움직이는 유기체라는 것을 기억해야 한다.

2) 일반체계이론에 근거한 가족의 특성

생태체계이론의 주요 개념을 구성하는 일반체계이론은 1940년대 Bertalanffy에 의해 처음으로 제시된 후 1960년대부터 주목을 받게 되었다. 체계 요소들 간의 상호작용을 강조하는 일반체계이론의 영향으로 사회복지실천에서도 개인행동에 초점을 두던 관점에서 나아가 체계 구성원들 간의 역동적 상호작용을 중요시하게 되었다. 즉, 문제를 사정하는 데 있어서 그 범위를 개인에게만 국한하지 않고 관련 체계의 영향력을 포함시키게 되었으며 문제나 욕구를 상황적이고 환경적인 맥락에서 이해하려는 시도를 하게 되었다.

일반체계론적 관점에서는 인간 행동에 대해 전체적인 시각을 제시함으로써 문제를 개인, 사회, 환경이 상호작용하는 총체로 보게 하여 인간이 하나의 통합된 체계로 외부체계와 끊임없이 상호작용하며 상호 의존하는 존재로 본다. 또한 개인은 각자 자신의 욕구에 맞게 환경을 수정하고 환경의 요구에 맞게 자신의 행동을 수정할 수 있는 능력을 가지고 있으며 그러므로 각 개인의 행동은 개인으로부터 나온 것이 아닌 개인이 속해 있는 집단, 가족 등 전체적인 사회적 상황의 결과라고 주장한다(김경호, 2010).

Bertalanffy는 일반체계이론에 있어서 구조, 개방성, 폐쇄성, 상위체계, 하위체계, 경계, 항상성, 동등 결과성, 다중 결과성 등의 개념을 설명하고 있다. 또한 체계는 외부로부터 정보나 에너지를 받아들이는 투입, 투입된 에너지를 자신에게 적절하게 변형하는 전환, 체계 내에서 변형된 에너지를 환경으로 방출하는 산출, 산출된 에너지를 다시 체계 내부로 투입시키는 환류의 과정을 반복하는 특성을 가지고 있다고 하였다. 가족체계와 그 역동성으로 이해하기 위해 알아야 할 주요 개념은 다음과 같다.

(1) 경계선

경계(boundary)는 체계의 외부와 내부 또는 체계들을 서로 구분하는 선 또는 테두리를 의미한다. Minuchin(1974)은 경계는 두 개 또는 그 이상의 수의 체계나 하위체계를 나누기 위한 추상적인 개념이라고 하였다. 가족체계는 개인으로서의 하위체계, 부부하위체계, 형제하위체계 사이의 여러 가지 관계에 의해 성립된다. 그는 경계는 상호작용을 통하여 형성된 규칙에서 알 수 있다고 하였는데, 가족구성원 중 누가 어떤 체계 내에서 어떤 형태로 참가하는가를 규정하는 숨은 규칙에 의해서 경계가 설정된다고 보았다. 경계선은 고정적인가 유연한가, 애매한가 명확한가, 개방적인가 폐쇄적인가 등으로 나눌 수 있는데 일반적으로 하위체계 간의 경계가 명료한 가족은 건강한 가족이며, 애매한 가족은 문제에 모든 가족구성원이 휘말려 혼란을 초래한다고 보는 것이다. 이렇게 경계가 애매한 가족을 흔히 밀착된 상태라고 부르며 가족은 모든 정보를 공유하여 구성원 각각의 문제에 서로 지나치게 얽히게 되며 필요 이상의 관여를 하게 된다. 경계가 경직된 가족은 자신들의 생각과 감정을 나누어 갖지 않으며 가족구성원 중 누군가에게 문제가 생겨서 도움이 필요하지만 가족들이 고립되어 있기 때문에 도움이 필요한 가족구성원을 원활하게 원조하기 어렵게 되는 것이다. 반면에 명료한 경계를 가진 가족은 하위체계들 간에 지나치게 참여하거나 간섭하는 것을 허용하지 않는다. 또한 그 경계가 경직되지 않고 유연하여 가족 내에 문제 상황이 발생하면 각 하위체계는 일시적으로 문제를 해결하기 위해 하위체계 간 경계를 느슨하게 하여 협력하고 이후 긴장이 완화되면 다시 원래의 경계상태를 회복하기 쉬워진다.

밀착된 가족의 경계는 구별이 잘 안되고 쉽게 바뀐다. 또한 이러한 가족의 구성원들은 가족 응집력에 가치를 높게 두고 자주성을 잃고 가족 밖의 문제를 탐구하고 해결하려 하지 않는다. 격리된 가족은 독립적이며 자주적으로 기능하나 가족의 충성심은 거의 없다. 이들은 상호 의존성의 능력이 필요할 때 다른 사람에게 도움을 요청하는 힘이 부족하다. 가족구성원 중 한 사람이 스트레스를 받을 때 밀착된 가족은 지나치게 빠르고 격렬한 반응을 하는 데 반해, 격리된 가족은 거의 반응을 하지 않는 것처럼 보인다. 가족상담 시 사회복지사는 전형적인 가족경계에 대한 틀을 바탕으로 하면서도 급변하는 시대의 흐름에 따른 각 가족 내 가족경계의 독특성과 개별성을 세심하게 관찰하고 분석해 내는 능력이 필요하다.

(2) 하위체계

하위체계(subsystem)는 종속적인 체계로서 큰 체계 속에 있는 더 작은 체계를 말한다. 한 개인의 신체나 정신이 각각의 하위체계로 구성된 것처럼, 가족 또한 하위체계로 기능하는 개인들의 집합에 의해 구성되어 있다. 가족체계는 부부하위체계, 형제하위체계, 여성하위체계, 남성하위체계 등을 포함한 여러 개의 하위체계를 포함한다. 또는 세대를 뛰어넘은 아버지와 딸의 하위체계, 어머니와 아들의 하위체계를 구성할 수도 있으며, 이러한 하위체계들이 또 다른 하위체계를 구성하기도 한다(Minuchin, 1974). 가족을 대상으로 한 개입에서 가족의 하위체계의 양상에 어떤 문제를 가진 가족을 자주 보게 된다. [그림 6-1]은 지나치게 밀착되어 뒤엉킨 어머니와 딸, 소원한 관계에 있는 아들, 가족 내에서 거의 존재감이 사라진 아버지, 희박한 부부관계를 보여주고 있다. 이러한 경우, 개입은 가족 내 하위체계를 중심으로 이루어지는 것이 보다 효과적일 것이다. [그림 6-1]의 예에는 어머니와 딸의 밀착된 관계와 소원한 부부관계의 두 개 하위체계만을 가족역동 분석에 제시하고 있으나 가족체계 내에 있는 다양한 하위체계들의 양상을 통해 좀 더 복잡한 관계도 예측할 수 있을 것이다.

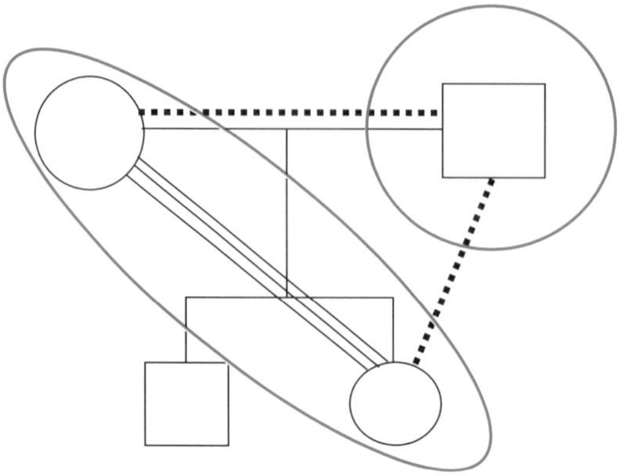

[그림 6-1] 밀착된 부모자녀하위체계와 소원한 부부하위체계

(3) 순환성

체계론적 입장에서 가족을 이해할 때 가장 유용한 개념 중 하나는 순환적 인과관계이다. 이는 가족 내에서 일어나는 여러 가지 현상들을 이해하는 기초로서 가족 성원 중 누군가가 어떤 행동이나 말을 하면 그것이 다른 가족 성원이 반응하게 하는 자극이 되고, 이 자극은 다른 가족 성원들에게 추가적으로 역동적 반응을 야기함을 말한다.

Bowen(1978)은 체계적 접근에서 '왜'보다는 어떤 행동을 하는가에 초점을 둔다는 것을 강조하면서 원인에 대한 걱정을 하기보다는 무엇이, 어떻게, 언제, 어디에서 일어났는지에 관한 상황적 사실이 가족상담의 중요한 열쇠가 된다고 하였다. 실제로 가족상담을 할 경우 어떤 문제가 일어난 원인에 대해 추적해 가게 되는데, 처음에는 왜라는 질문으로부터 시작하지만 이후 점차적으로 사건이 일어난 주변 정황을 다양한 관점에서 추적함으로써 순환적 인과관계의 유형을 밝혀낼 수 있게 된다. 〈표 6-3〉을 통해 관련된 예시를 살펴볼 수 있다.

이처럼 인간은 살아 움직이는 유기체이기 때문에 한 개인의 행동을 단선적인 원인과 결과의 과정으로 파악하려 한다면 분명 한계와 오해에 부딪히게 될 것이다. 그러므로 가족 내에서 발생하는 상황들을 순환적 역동구조로 파악하고 거기에 가족 성원 개인의 역동성에 대한 이해가 더해진다면 보다 분명한 해결책을 얻을 수 있을 것이다.

〈표 6-3〉 순환성과 관련된 가족의 예

알코올사용 장애가 있는 남편과 그의 아내가 상담을 받으러 왔다. 아내는 남편이 술을 끊을 생각도 없고 직업도 없이 집에서 시간과 돈만 축내고 있다고 하소연하였다. 이에 대해 남편은 다른 집 여자들은 남편한테 따뜻하게 대해 주고 잘 챙겨 주는데 자신의 아내는 매일 술 얘기만 하고 잔소리에 구박만 하니 술 없이는 화가 나서 도저히 버털 수가 없다며 불평한다고 가정해 보자. 이 예에서 직선적 인과관계의 관점으로만 가족을 보면 가족으로부터 문제의 인물 혹은 환자라고 지목당한 사람의 음주행위가 가족의 불행한 현재 상황의 원인이라고 판단하게 된다. 하지만 순환적 인과관계로 상황을 보게 되면, 남편은 음주를 아내의 잔소리와 무시하는 태도로 인해 치밀어 오른 분노를 식힐 수 있는 유일한 수단으로 여기고 있는 것을 알 수 있다. 즉, 남편의 술 마시는 행위는 이 가족 갈등의 원인이 됨과 동시에 결과가 될 수 있는 것이다. 왜냐하면 이들은 생활체계 속에서 서로가 서로에게 영향을 주기도 하며 받게도 되기 때문이다. 이러한 관점은 더 나아가 단순히 반복적인 음주행위와 이에 대한 잔소리를 통해 부부갈등을 겪고 있다는 표면적인 사실 이면에 부부사이의 관계를 통제하는 것과 가족 내 권력쟁취 싸움이 근원적인 갈등의 원인이라는 것을 명료화할 수 있게 한다. 또 다른 예로 절도를 하는 비행을 저지르는 중학생 아들과 가정형편이 어려워 하루하루 날품팔이를 하는 부모로 이루어진 가족이 있다고 가정해 보자. 이 학생은 이미 학생선도위원이나 담임 선생님 등 많은 전문가들이 노력과 정성을 기울여 문제를 해결하려 했으나 결국 소년원 감호라는 처벌을 받게 되었다.

사회복지사는 가족문제를 이해하고 해결하는 데 있어 가족의 순환적 역동구조를 파악하여 역기능적 과정에 개입함으로써 악순환의 연쇄 고리를 끊고 방향을 전환해야 함을 잊지 말아야 한다.

3) 가족체계의 특성을 구성하는 주요 개념

가족을 체계로서 이해하기 위해서는 가족의 특성을 나타내는 주요 개념을 파악하는 것이 도움이 된다. 가족구조나 기능을 파악하기 위해 알아 두어야 하는 개념들은 가족항상성(family homeostasis), 삼각관계(triangulation), 가족규칙(family rules), 가족신화(family myth), 분리와 밀착(disengagement & enmeshment), 부모화(parentification) 등이다.

(1) 가족항상성

생물학적인 항상성의 개념과 마찬가지로 가족에게도 자신들이 잘 기능한다고 생각되는 상태가 있으며 그 상태를 지속하고자 하는 본능적인 욕구가 있다. 생물학에서 시작되었던 일반체계이론을 가족치료로 도입한 Jackson(1965)은 체계가 현재 상태를 유지하고 변화에 저항함으로써 평형상태를 유지하려는 경향성을 갖는 것처럼 가족에게도 이러한 경향성이 강하게 작동한다고 하였으며, 이를 '가족항상성'이라고 명명하였다. 예를 들어, 어떤 공동체가 혼란상태에 빠져 있다가 한 희생자를 박해하여 평화를 찾는 경험을 했다면 그들은 자신도 모르게 이 구원의 과정을 반복하려고 노력하게 된다. 이러한 과정이 반복되면 한 집단에서 희생양을 만드는 것이 그 집단의 안정을 유지하면서 대다수의 사람들에게 유익할 수 있는 방법이라는 것을 깨닫고 안정된 시기에도 이러한 희생양 메커니즘을 포기할 수가 없게 된다(오제은, 2006). 그러므로 가족항상성은 희생양(scape goat)이라는 개념과 매우 밀접하게 연관되어 있다고 할 수 있다.

그러나 가족항상성이 언제나 개인의 희생을 통해 다수의 평화가 유지되는 식의 역기능적 의미를 가지는 것은 아니다. 바람직한 목표를 가진 가족 성원은 서로 건전한 성장을 도모하는 상호작용을 통해 관계의 균형을 유지한다. 즉, 가족 내 융통성 있는 경계를 가짐으로써 원활한 피드백을 촉진할 수 있다. 예를 들어, 십대 자녀를 둔 부모가 자녀의 충분한 성장을 위해서 '밤 11시 전에는 잠자리에 들어야 한다.' 대학생인 자녀에게 '적어도 10시까지는 집에 들어와야 한다.'는 규칙을 요구한다고 하자. 자녀는 이러한 부모가 정해 놓은 규칙에 처음에는 잘 따르겠지만 간혹 조금 늦게 들어오거나 정해진 시간보다 늦게 잠자리에 들게 될 수 있다. 이때 부모는 적당히 넘어가 준다거나 간혹 잔소리를 하는 등 융통성 있게 자녀의 행동에 반응할 수 있지만, 만약 자녀가 이러한 규칙을 매번 어기게 된다면 부모는 자녀에게 더 엄하게 대하게 될 것이다. 이때 자녀들은 부모의 반응을 보면서 더 이상 규칙을 어기면 안 될 것 같은 분위기를 감지하고 부모의 요구에 맞추도록 노력하면서 규칙에 따르게 될 것이다. 이때 사회복지사는 가족에 의해 지목된 문제자의 치료에만 매달려서는 가족의 문제를 해결할 수 없다는 것을 알아야 한다. 지목된 문제자의 문제행동이 가족항상성을 유지하는 데 도움을 주고 있음을 알고 가족구성원들이 알면서도 묵인하고 있는 혹은 자신들도 모르게 무의식적으로 반복하고 있는 가족 내의 '불편한 진실'을 찾아서 역기능적 항상성의 고리를 끊어 주는 것이 해결의 열쇠임을 기억해야 한다.

(2) 삼각관계

삼각관계의 개념을 설명할 때 대표적으로 Bowen의 주장을 예로 들지만 이 외에도 다수의 가족치료자들이 가족체계 안에 존재하는 삼각관계의 중요성을 언급해 왔다. 삼각관계가 형성되는 가장 기본적인 과정은 다음과 같다.

가족 내 두 사람의 관계가 안정적일 때는 별 문제가 없으나 이러한 관계는 이인체계 안팎으로부터 정서적인 힘에 의해 쉽게 혼란에 빠지게 된다. 이때 그 상황을 견디지 못하고 두 사람 사이의 긴장을 줄이고자 제3의 요소로 어떤 사람이나 문제를 끌어들이게 되는데 이러한 형태가 가족 삼각관계이다. 삼각관계를 도식화하면 다음과 같다.

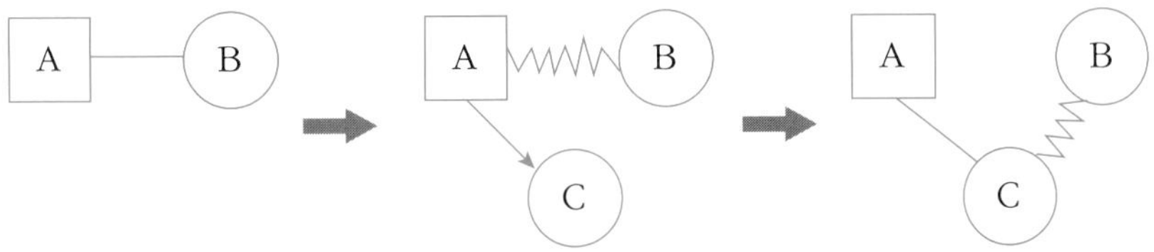

[그림 6-2] 삼각관계의 기본 과정

Kerr와 Bowen(1988)은 이 도식에서 관계에 대한 불안과 긴장 수준이 높은 A가 그들 관계의 외부에 있는 제3자 C를 이인체계 안으로 끌어들임으로써 긴장을 해소하려고 하는데, 이때 C가 A편을 들고 공감하면 A와 C는 친밀감이 생기고 B는 새로운 외부인이 되면서 A와 C의 관계에 방관자가 된다고 설명하였다. 여기서 가장 중요한 요소는 편들기로, A와 C는 A와 B 사이의 관계에서 발생한 문제에 대해 B를 비난하게 되면서 전형적인 삼각관계의 틀이 형성된다고 볼 수 있다. 도식에서 A는 불안 확대자이며, B는 불안 발생자, C는 불안 억제자라고 지칭할 수 있는데, Bowen은 이러한 삼각관계는 정서체계의 기본요소로서 가장 안정된 관계 단위이기 때문에 인간관계에서 보편적으로 나타난다고 하였다. 그러므로 가정뿐만 아니라 연인, 친구, 직장이나 교회 등의 공동체에서도 삼각관계는 일반적으로 나타나는 현상이지만, 가족의 특성상 일시적이 아닌 만성화되기 쉬운 경향이 강하므로 부모가 그들의 갈등관계에 자녀를 끌어들이는 경우 삼각관계의 역기능적 영향력이 강하게 나타날 수 있다고 하겠다.

삼각관계를 설명할 때 일반적으로 세 사람의 관계를 기술하는데, 때로는 그보다 많은 관계에서도 삼각관계가 형성되기도 한다. 둘 이상의 자녀가 하나가 되어 부모의 이인체계와 삼각관계를 이루는 경우도 있다. 셋 이상의 사람이나 문제의 연합도 삼각관계가 될 수 있는 것이다. 간단한 예로 아버지가 가정을 전혀 돌보지 않는다고 아들과 딸에게 불평하는 어머니가 있다고 해 보자. 이 어머니는 자신과 자녀들이 생존하기 위해서는 자녀들이 자신과 연합해야 한다는 것을 여러 가지 형태로 암시한다. 이러한 상황은 네 번째 사람인 아버지에게 대항하기 위해 세 사람의 결속을 강화하려고 하는 것이다. 이 경우는 적어도 네 사람이 삼각관계에 관여하고 있는 것이다(김유숙, 2012).

(3) 가족규칙

가족 내에서 부모가 수행하는 중요한 역할 중 하나가 자녀의 사회화라고 할 수 있다. 부모는 자녀가 가족 내에서 사회화 과정을 통해 사회적으로 잘 기능하는 성인으로 성장할 수 있도록 돕는다. 부모는 자녀의 대인관계나 외부와 교류하는 방식을 배우게 되는 최초의 모델이며 양육과 교육의 책임자이고 자녀의 성격 형성에 주된 결정요인이 된다. 자녀가 볼 때, 부모는 최초로 갖게 되는 사회적 경험과 동일시의 대상이라는 점에서 부모와 자녀의 관계는 교육적이면서도 문화적인 관계라고 말할 수 있다.

부모가 자녀를 사회화하는 과정에서 자녀가 지켜야 하는 행동과 의식에 관한 규범인 가족규칙은 자녀의 성장경험과 학습에 지대한 영향력을 미친다. 부모는 자녀에 대한 기대를 규칙이라는 말을 사용하여 분명하거나 암시적인 방법으로 요구하며, 자녀는 부모나 주위의 중요한 사람들의 이러한 기대에 반응하는 방법을 익히게 되는데 이러한 가족규칙은 행동이나 반응으로 나타나며 사람들이 사용하는 대처방식의 일부가 된다(정문자, 2007).

이러한 가족규칙들은 가족 성원들이 가족체계 외부의 환경과 접촉하고 상호작용하는 데 바람직한 방향으로 작용하기도 하지만 반대로 가족 성원들의 감정을 지나치게 억제하고 분노와 반발심을 조장하는 역기능을 초래하기도 한다.

예를 들어, '어른들 말씀을 들으면 자다가도 떡이 생긴다.' '집안에서 일어난 일은 밖에서 말하지 말아야 한다.' '직장에서의 일을 집안까지 가져오지 말아야 한다.' '남에게 싫은 소리는 하는 게 아니다.' 등의 우리가 생활 속에서 쉽게 접할 수 있는 규칙들은 적절한 선에서 사회화에 도움이 되지만 '절대로'나 '항상' '반드시' 등의 절대적 용어가 따르는 가족규칙들은 지나치게 엄격하고 융통성이 없어서 가족 성원들에게 부담을 줄 수 있다. 특히 '남자는 ~해야 한다.' '여자는 ~해야 한다.'라는 규칙은 가족 내에서 남성의 권위를 옹호하고 유지해 주는 기능을 함으로써 부부갈등의 요인으로 작용할 수 있을 것이다.

가족규칙은 내재적인 것으로 오랜 시간 동안 반복을 통해 만들어졌으며 가족 성원들이 조직화되고 반복적인 상호작용 유형으로 행동하도록 만드는 역할을 하게 된다. 가족 안에는 수많은 규칙들이 있을 수 있는데 역기능적인 가족의 경우에는 가족규칙이 한정되어 있으며, 역기능의 정도가 심하면 심할수록 소수의 규칙에 의해 가정이 운영되는 경우가 많다. 때로는 가족 성원들이 서로 합의하여 명백한 규칙을 만들어 내기도 하는데 바람직한 규칙은 협의와 변화의 가능성을 개방적으로 수용하여 성립된 것이다(김유숙, 2012).

그러므로 사회복지사는 효과적인 가족상담을 위해서 가족규칙을 파악해야 하며 가족규칙을 바탕으로 개입하게 된다면 기존의 가족기능을 한걸음 더 성장시키도록 도울 수 있을 것이며 나아가 가족규칙의 변화를 도모하는 것도 가능하게 될 것이다.

(4) 가족신화

가족신화는 가족 성원 서로와 가족 전체에 대한 가족 성원의 현실왜곡을 묘사한 개념이다. Anderson(1989)은 가족신화를 가족생활에서 가족구성원 개개인이 서로에 대해 공동으로 나누어 가지는 매우 통합된 믿음으로, 그들의 명확한 현실왜곡에도 불구하고 어느 누구에게서도 도전받지 않는 신념이라고 보았다. 또한 가족신화가 가족 이미지의 일부이지만 사회적으로 보이기 위한 것은 아니고 가족이 가족 성원들에게 보이는 태도의 일부이며 가족 성원들의 주어진 역할을 의미한다고 하였다. 이러한 이유 때문에 가족신화가 비록 진실되지 못하고 불합리할지라도 감히 도전하지 않는 신성불가침의 영역으로 여기고 받아들여 거기에 맞춰 행동하게 되며, 확실한 증거나 심층적인 분석 없이 가족에 대한 자동적 사고로 무비판적으로 수용하는 가족신화를 가질 수밖에 없다고 본다.

가족신화는 때로는 가족항상성을 유지하는 데 기여하기도 하며, 때로는 가족관계를 파괴시킬 정도로 위협적인 긴장상태를 유발시키기도 한다(Watzlawick, Beavin & Jackson, 1967). 그러므로 가족신화에 지나치게 집착하면 새로운 변화를 시도하기보다는 가족이 과거의 습관대로 기능하도록 조장하게 되고 가족 내 삼각관계와 희생양의 정당화를 고착시키는 결과를 불어올 수도 있다. 다음 〈표 6-4〉는 가족신화를 보여 주는 적절한 예이다.

〈표 6-4〉 가족신화의 예

가정 내에서 일상적으로 자녀에게 폭력을 휘두르는 아버지가 있다고 가정해 보자. 이 가족 안에는 아버지의 말은 반드시 복종해야 하며 아버지의 폭력은 가족의 질서와 평화를 유지하는 최선의 방법이라는 공동의 신념, 즉 가족신화가 존재한다. 어머니는 자녀가 아버지로부터 폭행을 당할 때마다 불쌍하지만 이러한 통과의례 후 찾아오는 평화를 지키기 위해 함구하고 외면한다. 자녀들은 이성적으로는 아버지의 폭력이 단지 아버지의 분노의 표현이며 자신들은 어떤 잘못도 하지 않았음을 알고 있지만 이에 저항하지 못한다. 아버지는 자신들에게 의식주와 가정이라는 울타리를 보장해 주는 절대적 권위를 가지고 있으며 대외적으로 보여 줄 수 있는 안락한 가정이 깨지길 바라지 않기 때문이다. 어느 순간부터 가족 성원들에게 가족신화가 스며들고, 불합리하지만 가족의 항상성을 유지시켜 주는 가족신화에 학습된 무기력으로 반응을 하게 되는 것이다.

예에서처럼 가족신화가 부정적 기능을 하는 경우도 있지만 가족규칙이나 삼각관계에서의 경우처럼 가족을 외부환경으로부터 보호하고 급격한 변화로부터 가족 성원들의 혼란을 막아 주는 순기능의 역할도 있음을 기억해야 한다.

(5) 분리와 밀착

분리와 밀착은 가족이 서로 얼마나 관여되어 있는지의 여부를 파악하는 개념으로서 경계선이 명료한 가족은 정상적인 가족일 것이다. 경계선이 애매한 가족은 가족체계에 참가하는 규칙이 애매하기 때문에 그 구성원은 모든 문제에 지나치게 얽혀 필요 이상으로 관여하게 된다. 이러한 가족을 일반적으로 밀착된 가족이라고 부른다. 반대로 경계선이 경직된 경우는 구성원이 제각기 흩어져 버리는데 이러한 가족을 분리된 가족이라고 부른다(김유숙, 2012).

Minuchin(1974)은 모든 가족은 밀착된 경계선과 분리된 경계선을 양극으로 하는 연속선상의 어느 지점에 위치한다고 설명하면서 가족 경계의 특징을 구체적으로 정의하고 있다. 먼저 아주 심하게 밀착되어 있는 가족구조는 가족 성원들 사이의 경계가 약하여 침투가 잘 되고 유동적이다. 마치 가족 성원들은 다른 사람의 부분인 것처럼 느끼고 행동한다. 그러므로 가족 성원들은 거리감이 없고 강한 소속감 때문에 자율성에 방해를 받을 수 있으며, 문제가 발생했을 때 자발적인 대처를 하기 어렵다. 이러한 가족체계는 긴장상태에 처할 때 적응하고 변화하기 위한 자원이 부족할 수 있고, 문제를 점차 악화시킬 가능성이 있어서 한 개인의 긴장이 쉽게 다른 하위체계로 전해질 수 있다. 다음은 분명한 경계를 가진 가족구조인데, 이 경우 가족 성원들은 서로 지지적으로 돌보면서 상호간에 자율성을 존중한다. 이들은 하위체계들 간의 분리를 유지하면서도 전체 가족체계에 소속되어 있는 것을 강조한다. 하위체계들 간의 의사소통의 기회를 증가시키고, 필요시 서로 지지하고 돌보는 기능을 하게 된다. 마지막으로 분리된 경계는 하위체계 사이와 가족 외부 체계와의 관계에서 지나치게 경계가 분명하여 지역사회에서는 고립되고 가족 성원들끼리는 거리감과 소외감을 느끼게 된다. 충성심과 소속감이 부족하고 도움이 필요할 때 요청하는 능력이 부족하다. 가족 성원들 간 의사소통이 어렵고 가족의 보호적 기능을 수행하기가 어렵다.

사회복지사는 가족의 상호작용 양상을 관찰함으로써 이러한 가족 경계의 분리와 밀착관계에 대해 파악할 수 있는데, 분리와 밀착의 양상은 가족 내에서 한 개인이 자신의 정체감을 확고하게 지키면서도 동시에 다른 가족구성원들의 문제에 공감하고 교류하는 친밀감을 형성할 수 있는지를 평가하는 수단이 된다. 사회복지사는 지나치게 밀착되어 있는 가족의 경우 각 개인을 개별화하고 하위체계의 경계를 강화하는 것을 목표로 세워야 하고, 분리된 가족의 경우 경계를 보다 유연하게 만들고 긴장상태에서 좀 더 친밀하게 연합할 수 있도록 가족 성원 간 상호작용을 증진시키는 것을 목표로 해야 할 것이다.

(6) 부모화

Bozormenyi-Nagy(1973)는 맥락적 가족치료에서 가족 내 문제가 있으면 그것을 보상하기 위해 자녀가 자신의 이익을 희생하여 헌신하게 되며, 이런 보이지 않는 충성심이 문제행동을 야기한다고 제안하면서 부모화의 개념을 가족치료에 도입하였다. Chase(1999)는 '아동이 부모의 욕구를 배려하고 돌보기 위해 자신이 가진 관심, 위안, 지도의 욕구를 희생하게 되는 가족의 기능적, 정서적 역할의 반전'을 '부모화'라고 정의했다. 이처럼 부모의 권한이 자녀에게 분배되는 것은 대가족, 편부모가족, 맞벌이부부가족에게는 자연스러운 현상이다. 부모화로 인해 가정에서 자녀가 부모의 역할을 대신할 경우 역경에 대한 탄력성이 증가되고, 긍정적 대처와 건강한 정체성과 자존감 형성 등의 긍정적 결과도 기대할 수 있다.

그러나 부모화된 아이는 체계가 잘 기능하지 못하는 가족에서 자신의 나이에 걸맞지 않게 지나친 책임감, 능력, 자율성 등을 발전시킬 수가 있는데 대부분의 경우 한쪽의 부모가 적절한 역할을 하지 못하므로 부모의 대용물로 부적절한 역할수행을 하는 부정적 측면도 많다. 상담 장면에서 볼 수 있는 아이의 지나친 순종, 어른 같은 언행, 과잉 성취욕, 완벽주의, 사회적 고립, 또래 문제에 대한 지나친 개입, 슬픔, 피로, 불안, 걱정이나 물질남용, 폭력 등도 부모화의 역기능적인 결과로 예측된다.

부모의 역할을 수행하는 자녀는 정서적, 지적, 신체적으로는 부모의 역할을 할 준비가 되어 있지 않지만 그에 상응하는 역할과 책임을 수행해야 하므로 대부분 자신들에게 기대되는 역할이 자신의 욕구와 상충될 수 있으며, 이러한 기대가 자녀의 능력으로 달성할 수 없을 때도 있을 것이다. 결과적으로 심리적 압박감을 느끼게 되고 아이가 달성해야 하는 발달과업은 제대로 수행하지 못하게 될 위험성을 가진다(김유숙, 2012). 적절한 수준의 부모화는 가족경계를 유연하게 하며 가족구성원의 친밀감 형성, 부부갈등의 확산을 방지하는 효과도 있겠으나 지나친 부모화는 형제간 폭력, 근친상간 등의 심각한 부작용을 야기할 수 있기 때문에 사회복지사는 이러한 측면을 고려해서 가족 내 자녀의 부모역할 수행의 빈도, 기간, 상황, 영향 등 그 양상을 면밀하게 관찰하고 평가할 수 있어야 한다.

2. 가족 발달주기

가족은 시간이 흐름에 따라 움직이고 변화하는 하나의 체계이다. 한 개인이 여러 단계의 발달 과정을 거치면서 각 단계마다 발달과제를 성취해 나가는 것처럼 가족 또한 시간이 지남에 따라 정서적 발달과 그에 따른 과제를 수행하게 된다. 그리고 많은 가족 내 문제가 가족이 어느 한 발달단계에서 다른 발달단계로 이행되는 과정에서 발생한다고 볼 수 있으며 그러한 변화가 있기 전까지 기능을 잘 유지하던 가족들도 가족 발달주기의 변화 과정에서 심각한 긴장과 불안을 느끼며 극단적으로는 가족해체 위기를 경험하기도 한다. 가족의 발달 과정은 한 개인의 성장발달 과정과 유사하다고 할 수 있지만 가족은 다양한 특성을 가진 구성원들의 집합체이고 그 안에서 서로에 대한 기대, 믿음, 가치와 문화 등을 공유하는 복잡한 체계이므로 각 단계의 발달과제를 무리 없이 수행한다는 것은 결코 쉬운 일이 아니다. 가족들의 임상적 문제의 많은 수가 가족 발달주기의 이행단계에서 야기되지만 때로는 이러한 예측 가능한 발달상의 문제가 아닌 예측할 수 없는 사건들이 가족의 위기를 초래하기도 한다. 예를 들어, 가족구성원의 예상치 못한 죽음, 장애아의 출생, 만성질환, 정서적 외상 등과 같은 사건으로 가족 발달주기의 혼란에 처할 수 있다.

이렇게 가족 발달주기상의 혼란으로 어느 한 단계에 고착되어 더 이상 전진하지 못하는 가족의 경우 가족의 변화에 대한 가족구성원의 긴장과 불안이 정상적 반응 수준을 넘었다고 볼 수 있으며 이때 가족구성원들은 더 큰 스트레스를 경험할 수 있다. 그러나 가족 발달주기와 관련된 문제들은 모든 가족이 반드시 거치게 되는 것이며 각 단계에서 다음 단계로 넘어갈 때 적응상의 문제가 발생하는 것은 필연적이라고 할 수 있다. 또한 가족 발달주기는 일련의 발달단계가 있지만 모든 가족이 일정한 속도와 변화 양상을 보이는 것이 아니라 가족의 상황이나 특성에 따라 나름대로의 성장곡선을 그리게 되며, 성장과 변화의 시기를 잘 넘기게 되면 다음에는 그 변화가 견고해지는 비교적 안정적인 시기가 이어진다고 볼 수 있다.

1) 가족 발달주기에 대한 이해

(1) 가족 발달주기의 의미

가족 발달주기는 시간의 흐름에 따라 가족의 형태가 변화하는 것에 초점을 맞추고 있으며 세대 간 반복되어 일어나는 연속적인 과정을 의미한다. 가족은 한 개인이 살아가는 환경 속에서 발생하는 인간관계와 형태에 따라 발전하며 사회적, 정서적, 경제적 요구에 따라 그 모습이 다양하게 변화한다고 할 수 있다. 가족 발달주기는 대부분의 가족이 일생 동안 거치는 중요한 단계들의 연속이며 개인과 마찬가지로 가족도 출생에서 죽음에 이르는 과정을 경험하게 되는데, 각 단계를 지나는 모습은 가족마다 다르며 이는 각 가족의 특성에 따라 영향을 받는다고 볼 수 있다.

가족마다 차이는 있겠으나 모든 가족은 개인과 마찬가지로 결혼, 첫아이의 출생, 청소년기의 시작과 같은 어떤 예측 가능한 사건이나 국면을 통과하게 된다. 즉, 대부분의 가족은 두 성인이 그들이 출생한 가족에게서 분리하여 결혼하고, 남편과 아내로서 서로에게 맞춰가고 적응하는 것을 학습하며, 첫 자녀가 태어나면서 부모로서의 새로운 역할을 하게 된다. 이후 가족의 수가 증가하면서 가족구조와 생활방식을 바람직한 방향으로 재조직하게 되며 가족이 성숙해 감에 따라 부모자녀 관계는 새롭게 발전하며 이러한 과정을 통해 부부관계도 변화하게 된다(김유숙, 2012). 다행히 가족 발달주기를 거치면서 각 단계에서 요구되는 과제를 순조롭게 해결한다면 문제가 없겠지만 가족이 스스로 이러한 변화와 그 시기의 발달과제를 효과적으로 풀어내지 못하는 경우 가족 내 갈등이 심화되고 갈등해결을 위해 도움을 필요로 하게 된다. 그러므로 가족 발달주기는 가족이 처한 문제를 맥락적으로 파악하는 데 있어서 중요한 단서를 제공한다는 점에서 그 의미가 크다고 말할 수 있다.

(2) 주요 가족 발달주기

가족발달은 가족 내의 각 개인의 발달과는 달리 별개의 특수한 작은 집단의 발달로써 일정한 구조와 기능을 가진 전체로서 정해진 발달단계로 진행하는 것을 의미하는데, 가족 발달주기는 일반적으로 결혼으로 새롭게 탄생한 가족이 변화해 가는 과정을 시간적 변천에 따라 구분하게 된다. 역사적으로 가족 발달주기에 대한 연구와 새로운 개념 정립은 지속적으로 이루어져 왔는데 그중 현재 널리 사용되는 가족 발달주기 개념에 가장 큰 영향을 미친 연구자로는 Hill과 Duvall, Carter와 McGoldrick이라고 볼 수 있다.

Carter와 McGoldrick은 가족이 발달주기상의 변화인 발달적 스트레스 요인과 가족 외부에서 오는 환경적 스트레스 요인이 만나는 지점에서 가족 내 스트레스가 확대된다는 체계론적 입장을 주장하였고 이것이 잘 기능하는 가족을 결정하는 중요한 요소로 보았다. 이들의 관점에 근거해서 가족 발달주기의 각 단계를 간단하게 정리해 보면 〈표 6-5〉와 같다.

〈표 6-5〉 가족발달단계와 각 단계별 특성

제1단계 독립된 젊은 성인의 단계 (결혼전기)	• 아직 결혼하지 않은 자녀가 원가족을 떠나 결혼을 하고 자녀를 낳아 자신의 가족을 형성하기 이전까지의 기간이다. • 가족 발달주기 중 가장 개인적인 시기로 문제의 해결을 위해서는 원가족의 특성과 관계를 주의 깊게 살펴야 한다. • 이전 시기인 청소년기의 과제를 어떻게 해결했으며, 자율성과 원가족으로부터 자기분화를 적절하게 이루었는지가 영향을 미칠 수 있다. • 가족 구성자아실현을 위한 적절한 직업의 선택, 동료나 친구들과의 친밀한 관계를 발전시켜 나가면서 일과 경제적인 독립성에 대한 확립이 요구된다.
제2단계 신혼부부 단계 (결혼적응기)	• 가족 발달주기의 전환 중에서 가장 복잡하고 어려운 과정이다. • 서로에 대한 요구에 잘 반응하고 적응하면서 때로는 전적인 배려와 헌신이 필요하기도 하다. • 부부체계라는 하위체계의 형성뿐만 아니라 그들 각자의 원가족과 만나게 되면서 확대가족과의 관계 형성 또한 중요한 과제가 된다. • 새롭게 만들어진 가족을 견고하게 만들고 결혼 만족도를 높이기 위해서 아주 세부적인 사항에 대해서도 함께 협상하면서 새로운 규칙들을 만들어 간다.

제3단계 어린 자녀가 있는 단계 (자녀양육기)	• 영구적인 하위체계인 부모자녀 체계를 만들게 된다. • 자녀의 출생으로 인해 기존의 가족체계에 많은 변화가 야기되는데 부모는 조부모가 되고 부모에게는 자녀의 양육이라는 책임이 부여된다. • 부모는 자녀와의 관계에서 부모로서의 권위와 친밀감을 효과적으로 활용하면서 자녀가 자신을 적절하게 표현할 수 있도록 이끌어야 한다. • 부부가 그동안 유지해 온 역할과 규칙들을 재조정해야 하며 어린 자녀를 중심으로 생활이 재조직되어야 한다. • 양육부담을 둘러싸고 역할갈등이 생기기 쉽고, 양육에 보다 많은 시간을 할애하기 때문에 부부관계의 질이 떨어지는 것을 느끼기도 한다. • 자녀의 성장과 함께 부모로서의 만족감과 안정감이 생기게 되고 부부는 자신들이 가족을 이루었다는 자긍심을 느끼게 된다.
제4단계 청소년기 자녀를 둔 단계 (자녀청소년기)	• 가족 내의 자녀에 대한 규정과 자녀와 관련한 부모역할에 대한 규정을 조정해야 할 시기이다. • 부모는 중년기에 접어들게 되고 자녀는 의존과 자립을 반복하면서 가족체계의 경계를 유연하게 만들며 부부가 서로에게 좀 더 관심을 갖는 계기가 된다. • 사춘기의 위기와 부모의 발달적 스트레스인 중년의 위기가 마주치는데 기능적 가족은 이 위기를 안정적으로 극복하지만 원가족과의 미분화 문제, 경직된 가족신화나 규칙 등은 잠재된 가족의 문제들을 표면화시킬 수도 있다.
제5단계 자녀가 자립하는 단계 (자녀독립기)	• 자녀 수의 감소, 평균 수명의 연장 등 현대사회의 특성상 가족 발달주기가 가장 긴 단계이다. • 맞벌이 부부의 증가와 그에 따른 자녀 양육의 문제로 인해 자녀들이 가족으로부터 떠났음에도 불구하고 부모의 돌봄이 요구된다. • 부모는 일상생활의 중심이었던 자녀가 떠나가면서 슬픔과 상실을 경험하게 된다. • 이 시기 젊은 성인은 자율성을 확립하고 독립된 성인으로서의 역할을 하게 되며 윗세대의 질병이나 죽음을 맞아야 하는 경우도 발생한다.
제6단계 노년기	• 자녀가 분가해서 부부만 남게 되는 것을 시작으로 은퇴 후 생활이나 배우자의 죽음으로 이르는 단계이다. • 이 시기 조부모는 지금까지 획득한 지식과 경험으로 젊은 세대에게 도움을 제공할 수 있으며, 노화와 형제, 배우자의 죽음을 경험하면서 자신의 죽음을 준비해야 하는 때이기도 하다. • 중간세대의 경우 가족 안에서 좀 더 중심적인 역할을 하게 되며, 윗세대의 지식과 경험을 존중하지만 오히려 그들을 돌보게 되는 위치가 된다. • 고립과 고독의 시기가 아닌 휴식과 봉사의 시기가 될 수 있으며, 이성 관계나 성문제, 재취업 등 단순히 질병 없는 건강한 삶을 추구하는 것에서 삶의 질을 향상시키는 것이 중요하게 여겨진다.

2) 가족 발달주기와 발달과제

앞에서도 언급했듯이 가족은 개인의 성장발달과 마찬가지로 각 단계마다 요구되는 과제가 있고 이 과제를 적절하게 성취하면서 다음 단계로 나아가게 된다. 건강한 발달단계를 경험한 가족은 성숙한 가족의 형태를 갖출 뿐 아니라 그 안에 속한 가족구성원들의 성장발달과 안정된 삶에 직접적인 기여를 한다고 볼 수 있다. 그러므로 사회복지사는 가족 발달주기에 대한 이해를 통해 가족과 개인의 문제행동을 사정하고 가족역동을 효과적으로 분석하여 가족을 돕는 데 활용할 수 있어야 한다. 여기서는 Carter와 McGoldrick의 6단계를 바탕으로 가족 발달주기에 따른 발달과제와 각 단계에서 발생할 수 있는 위기와 갈등을 중심으로 살펴보기로 한다.

(1) 제1단계: 소속이 없는 독립된 젊은 성인의 단계(결혼전기)

이 시기는 독립된 젊은 성인 단계로 아직 결혼하지 않은 자녀가 원가족을 떠나 자녀를 낳아 자신의 가족을 형성하기 이전까지의 기간을 말한다. 이 시기는 일종의 전환기로 연구자들이 간과해 왔던 시기이므로 결혼전기를 가족 발달주기에 포함시키는 연구자가 있기도 하지만 가족체계 형성 전이므로 이 단계를 포함시키지 않는 연구자도 있다. 그러나 결혼을 통해 새로운 가족체계가 탄생하기 바로 전인 '소속되지 않은 젊은이' 단계는 이후 전 가족 발달주기를 통해 막대한 영향을 미치는 중요한 시점이라고 할 수 있다. 이러한 독립된 젊은 성인단계에서 일반적으로 자녀인 젊은 성인 또는 부모들은 자신들의 관계가 보다 덜 위계적인 형태로 변해야 하는데 이 같은 요구가 받아들여지지 않으면 갈등이 유발될 수 있다. 또한 가족 내 지위 변화에 대해 부모가 성인자녀에게 의존성을 부추기거나 성인자녀가 계속해서 부모에게 의존하거나 반항하게 된다면 가족으로부터의 단절이나 삼각관계의 양상이 초래될 수 있겠다. 따라서 이 단계에서의 발달과제는 다음과 같다.

① 부모는 지속적으로 자녀와 유대관계를 가지면서 자녀의 분리와 독립을 수용해야 한다. 이때 부모와의 분리를 통하여 독립성과 자아정체성을 발달시키지 못하고

물리적으로만 가족과 분리된 상태에 있다면 직업생활과 가족 외의 대인관계에서 어려움을 겪게 된다.

② 성인자녀의 직업 정체성이나 이성 관계에 대한 모호함과 부모와의 차이점을 받아들여야 한다. 이 시기에는 직업과 결혼에 대한 야망, 그리고 개인적인 자율성이 발달하는 시기로 이성이나 결혼 선택의 문제, 자신의 진로에 대한 문제 등으로 부모와의 사이에서 갈등을 겪게 되는 경우가 발생한다. 그러므로 그 차이를 수용하고 조정하는 작업이 필요하며 자녀들에게는 경제적 독립과 그에 따른 책임감이 요구된다고 할 수 있다.

③ 자녀는 원가족으로부터 벗어나서 타인에 대한 애착을 형성하고 부모와 다른 자녀들의 생활양식의 차이를 받아들일 수 있는 능력이 필요하다.

④ 부모는 남편과 아내로서 자신들이 홀로 남게 될 상황에 처하게 되는데 이때 자녀에게 더 많이 할애했던 시간과 정서적 친밀감을 부부관계로 전환하는 재협상이 필요하다.

Tip. 예를 들어, 결혼을 앞둔 젊은 여성이 연애경험이 없어서 무조건 어머니 마음에 드는 남자를 만나면 된다고 생각했다고 하자. 이 여성은 현재의 남편에게 별다른 감정을 느끼지는 못했지만 어머니의 마음에 들어 결혼을 했고 이후 자신의 불행한 결혼생활은 자신이 삶의 주체가 되기를 회피했던 대가라고 생각하며 결혼을 후회하고 이혼까지도 심각하게 고려하게 되었다. 즉, 이 예는 어머니로부터의 미분화가 결국 자녀의 결혼생활에 장기적인 영향을 미친 것으로 볼 수 있다. 그러므로 이 단계에서 가장 핵심적인 발달과제는 원가족과의 관계를 잘 마무리하고 자기분화를 적절하게 이루는 것이며 이 과정은 문화에 따라 혹은 가족의 상황에 따라 차이가 있을 수 있다. 서구에서는 보다 높은 수준의 개별성을 요구하는 반면, 우리나라의 경우 자녀가 결혼 후에도 자신들의 자녀양육과 직업유지 등의 이유로 부모에게 경제적, 물리적 의존상태를 지속하기도 한다.

(2) 제2단계: 결혼을 통해 새롭게 출발하는 가족(결혼적응기)

이 단계는 신혼부부단계로 원가족과 독립적이면서도 연결된 하나의 하위체계를 형성하게 되고 결혼에 대한 적응이 필요한 시기이다. 결혼 적응이 필요한 영역은 의사소통,

재정문제, 자녀계획, 성문제, 결혼을 통해 확상된 친족관계 등 매우 다양하며, 각자 원가족에서 적응된 가족규칙에 대한 재조정과 부부 사이에서 발생하는 갈등을 지혜롭게 해결하기 위한 노력이 필요한 때이다. 특히 현대사회의 특성상 양성평등에 대한 의식이 높아지고 여성의 사회진출로 인한 맞벌이 부부도 늘어나면서 전통적인 결혼관을 가진 남편과 그렇지 않은 아내 간의 역할갈등도 결혼 적응의 어려움을 야기할 수 있다. 최근 국제결혼이 증가하면서 부부간 문화적 충돌의 가능성이 높아지는 것도 신혼부부시기에 조정이 요구되는 새로운 특성이라고 볼 수 있다.

이 시기 원가족의 구성원들은 결혼하여 독립한 자녀의 독립성을 존중하며 적절한 거리를 갖도록 관계를 재구성해야 하며, 부부가 보다 주의해야 할 것은 각자 발달의 전 단계에서 해결되지 못한 문제가 자신들도 모르는 사이에 신혼생활에서 드러나는 것이다. 예를 들어, 신혼 초 자신의 요구를 일방적으로 주장하고 요구가 받아들여지지 않을 경우 충동적 언행을 반복하여 힘들다고 호소하는 부부가 있다고 하자. 이는 원가족에서 상대방의 욕구에 반응하는 방법을 배우지 못했거나, 원가족과의 균형을 바람직하게 유지하지 못해 부부간의 적절한 경계를 설정할 수 없는 사람들에게서 자주 보이는 문제이다(김유숙, 2012). 그러므로 이 단계에서의 발달과제는 다음과 같다.

① 결혼을 통해 안정적인 가족체계를 만들기 위해서는 부부가 각자 성숙한 상태의 개인으로 만나는 것이 중요하다. 미성숙한 사람은 자신의 감정을 통제하지 못하고 충동적이거나 공격적인 행동으로 반응하거나 자기중심적인 생활패턴을 고수하며 상대방에게 맞추려 하거나 배려하는 태도를 갖지 못한다. 또한 정서적으로도 원가족과 지나치게 밀착되어 있다. 또한 결혼 이후에도 각자 주체성과 개별성을 안정적으로 유지하면서 타인과의 관계에서 유연한 경계를 만들어 가며 친밀감을 유지할 수 있어야 한다. 이와 같이 성인인 두 개인이 만나 한 가족을 이루는 데 있어서 각자의 발달적 성숙이 중요한 과제라고 할 수 있다.

② 결혼은 원가족으로부터 정서적, 신체적, 공간적인 자립이 요구되는 과정이다. 특히 그중에서도 정서적 자립은 매우 중요한데, 배우자를 선택하는 기준 자체가 부모를 대신할 대상을 찾는 것에서 출발한다면 결혼 후 신혼부부의 결합과 성장을

방해할 것이다. 흔히 볼 수 있는 예로, 결혼하고 싶은 이상형이 어떤 사람이냐는 질문에 아빠 같은 사람, 혹은 엄마 같은 사람이라고 답하는 경우가 있다. 자신의 배우자를 부모역할을 대신할 사람으로 착각하고 그러한 역할을 기대한다면 안정적 부부체계 형성에 어려움을 겪을 것이다.

③ 결혼을 통해 독립된 가족체계를 이루기 위해서는 주거, 식생활, 직업을 통한 수입 유지, 가족구성원의 건강과 보호기능 등의 기본적인 요소를 충족시킬 수 있는 능력이 있어야 한다. 아무리 정서적으로 친밀감을 갖고 원가족으로부터 안정적으로 자기분화를 이루었다고 하더라도 당장 수입이 없어 기본적인 의식주 문제에 부딪힌다면 가족의 기능을 유지하기가 어렵게 될 것이다.

최근 결혼에 대한 가치관과 의미가 다양하게 변화하면서 결혼하여 가족을 이루는 형태도 다양해졌다. 또한 자녀가 없는 신혼부부단계에서 이혼을 결정하는 부부도 증가하고 있고 결혼생활에서 자녀가 필수가 아닌 선택 사항이 되고 있다. 그만큼 결혼을 통해 가족을 이루는 것을 매우 쉽고 간단한 과정으로 보고 신중하지 못한 선택을 할 위험성도 높아진다고 볼 수 있다. 특히 이러한 부부의 패턴이 앞으로 이어질 가족 발달주기에 지속적으로 영향을 주고 자녀들의 개인적 발달 과정과도 밀접한 관련이 있음을 알고 보다 성숙한 부부관계의 시작을 위해 노력해야 할 것이다.

(3) 제3단계: 어린 자녀를 가진 단계(자녀양육기)

이 단계는 부부 단일체계로 유지하던 가족체계에서 첫 자녀가 태어나면서 시작되는 시기로 최초로 부모가 되는 것과 맞물리면서 필연적으로 많은 스트레스가 발생하게 된다. Carter와 Mcgoldrick은 어린 자녀의 출현으로 이 시기만큼 핵가족과 확대가족에 가족체계 변화와 도전을 가져오는 시기는 없다고 하였다. 이처럼 이 단계는 부부가 그동안 유지해 온 역할과 규칙들을 재조정해야 하며, 어린 자녀를 중심으로 생활이 재편되어야 하므로 부부가 유지해 오던 익숙한 생활방식의 틀을 바꾸어야 한다는 부담이 작용할 수 있다. 또한 그동안 경험해 본 적이 없었던 자녀양육에 대한 책임과 육아방법에 대한 지식과 정보의 습득이라는 과제도 스트레스로 작용할 수 있다. 자녀가 유아기인 경우에는 부모에게 전적으로 의존해야만 하지만 성장함에 따라 자녀의 자율성을 보장해 주는 경계의 유연성이 요구되는 시기이며, 자녀가 가족에 대한 소속감과 자율성 사이에서 균형을 이룰 수 있도록 이끌어 주어야 한다. 이 시기 발생할 수 있는 가족문제로 아동방임이나 학대, 아동의 정서적 · 발달적 장애, 산후 우울증 등이 있다. 이 단계에서의 발달과제는 다음과 같다.

① 새롭게 요구되는 부모의 역할에 잘 적응해 나가는 것이 필요하다. 자녀의 출생 자체는 결혼생활에서 부부에게 큰 기쁨과 만족을 더해 줄 수 있지만 부모역할을 할 준비가 안 되어 있는 경우 자녀의 양육에 대해 많은 부담을 느끼고 극단적으로 신체적 학대를 행사하는 불행한 상황까지 발생할 수 있다. 또한 자녀가 없는 단계에서는 모든 관심과 시간을 자신이나 배우자에게 할애했다면 전적으로 도움이 필요한 자녀에게 좀 더 집중하는 것이 요구되므로 적절한 부모역할을 위해서 자신의 직장생활이나 기타 생활의 재분배나 조정이 필요하다.

② 어린 자녀를 둔 부모의 경우 자녀에게 지나친 기대와 부담을 주게 되는 경우가 있는데, 자녀가 가족 외에도 또래나 유치원, 학교 등에서 사회적 관계를 형성할 수 있도록 부모자녀체계의 경계를 명확하게 유지하면서 자녀의 건강한 성장을 촉진해야 한다. 부모와 자녀는 친밀감으로 상호 의존성을 유지하면서 부모는 양육능력을 잘 발달시켜야 하며, 자칫 소홀하기 쉬운 부부간 의무와 책임을 잘 유지하면서 친밀감을 교류하는 것 또한 중요한 과제라고 할 수 있겠다.

③ 자녀의 출생과 성장은 부모가 조부모가 되는 변화와 함께 성인자녀의 독립으로 인해 소원해졌던 확대가족과의 관계 회복과 경계의 유연성을 확보해야 한다. 신혼부부단계에서는 부부간 연합하여 결속하는 성향이 더욱 강하지만 자녀가 출생하고 그들을 양육하는 과정에서 각자의 부모에게 새로운 역할과 삶의 전환이 이루어지면서 새로운 가족체계가 형성되는 계기가 된다. 특히 맞벌이 부부의 증가로 자녀의 양육을 조부모가 맡게 되는 경우가 종종 발생하기 때문에 조부모와 손자녀 간의 친밀감 형성이 필요하며 조부모가 자녀양육에 참여하면서 이에 미치는 영향력 또한 간과할 수 없게 된다.

(4) 제4단계: 사춘기에 접어든 청소년 자녀를 둔 단계(자녀청소년기)

이 시기는 자녀가 청소년기가 되면서 부모를 떠나기 시작하고 부모는 중년에 접어들게 되는 때이다. 이 시기는 가족문제가 가장 많이 발생하는데, 자녀의 발달적 변화에 동반해 부모 또한 중년의 위기가 오면서 발달적 위기에 처하기 때문이다. 흥미로운 것은 이 시기의 가족구성원은 부모, 부부, 어린 자녀, 청소년 자녀, 성인이 된 자녀 등 매우 다양하게 구성될 수 있다는 것이다. Carter와 Mcgoldrick은 현대사회에서는 20대 초반까지 교육을 받는 것이 일반적이므로 청소년기가 연장되는 현상이 나타나는데, 이는 과거보다 사춘기가 빨리 찾아오는 반면, 성인기는 늦춰지게 되어 현대사회의 젊은이들은 연장된 청소년기(prolonged adolescence)를 거치는 것이 특징이라고 하였다.

청소년기 자녀를 둔 부모들이 가장 많이 호소하는 문제는 얌전하고 부모 말에 순종하던 아이가 어느 날 갑자기 돌변하여 반항을 하고 제멋대로 행동하며 부모를 무시한다는 것이다. 이런 자녀의 변화에 당황한 부모는 자녀의 변화를 인정하지 못하고 억압하려 들 수도 있다. 그러나 이러한 자녀의 변화는 오히려 자녀가 건강한 성인으로 도약하고 가족 또한 한 단계 더 성장하기 위한 신호임을 알아야 한다. 자녀들이 부모가 잔소리가 많고 자신을 어린아이로 취급한다고 불평하는 것은 부모에게서 자립하고 싶은 욕구와 여전히 부모의 품에서 어린아이로 남아 있고 싶은 심리적 갈등에서 비롯되는 것이며 자녀 또한 부모에게 좋은 아이로 인정받고 싶어 한다는 것을 이해해야 한다. 이 시기에 오히려 부모에게 지나치게 순종적이고 가족구성원 안에서만 맴돌며 가족 외부환경과의 원활한 상호작용을 하지 못하는 자녀가 더욱 문제가 많을 수 있다. 이런 경우 또래와 관계 형성이 어렵고 학교에서 친구들로부터 소외당한다고 느낄 수 있으며 학교 가기를 거부하거나 때로는 비행이나 문제행동을 일으키기도 한다. 따라서 이 시기 부모는 청소년기 자녀의 변화가 너무나 갑작스럽거나 가족체계에 급격한 변화에 대한 불안감으로 무조건 통제하려 하기보다는 자녀가 가족경계 안팎을 자유롭게 드나들면서 부모로부터의 자립을 점차적으로 이루어내고 스스로 책임감과 통제력을 성취할 수 있도록 준비하는 것이 도움이 될 것이다.

이 시기에 찾아오는 또 다른 위기는 부모가 중년기에 접어들면서 나타나는 변화들이다. 중년기는 결혼생활에서 무미건조함을 느끼게 되기 쉽고 그동안 자녀양육과 여러 가지 역할과 활동 등으로 인해 지쳐있는 상태이다. 대부분의 부부는 자신들이 느끼는 권태로움을 극복하는 방법으로 무엇인가에 매달리는 바쁜 생활을 선택하게 된다. 이러한 대처방법은 배우자에게 더욱 소홀하게 되고 상대방을 정신적으로 공격하거나 상처 주는 결말로 이르는 경우가 많고, 극단적으로 외도나 이혼을 선택하는 경우도 발생한다. 그러나 이러한 대처는 결혼생활의 불만이나 고독을 보상해 주기는커녕 오히려 더 큰 심리적 부담과 공허함만을 낳게 된다는 것을 알아야 한다. 이상에서 살펴본 내용을 통해서 이 단계의 발달과제를 제시하면 다음과 같다.

① 가족은 청소년기 자녀의 갑작스러운 행동 변화와 흥미로운 활동을 추구하면서 자신만의 사생활을 갖기를 원하는 욕구에 부응하면서도 다른 가족들을 이러한 소란스러운 행동들로부터 보호하고 각자의 사생활을 지켜 나갈 수 있어야 한다. 간혹 십대 청소년들의 불안정한 상태에 불편함을 느껴 사춘기 자녀의 요구에 모든 가족이 맞춰 주거나 자녀에 의해 가족의 분위기가 지배받는 경우가 발생한다. 이때 다른 가족 성원들의 권리가 침해받는 경우에도 기존의 가족체계가 흔들리는 것을 원치 않아서 묵인하기도 하는데 이는 오히려 청소년 자녀의 건강한 성장발달을 저해하는 부작용을 초래할 수도 있을 것이다.

② 가족 내에서 일어나는 일상생활에 대한 부부와 자녀들의 책임분담이 필요하다. 청소년기의 자녀가 자신의 능력이나 시간적 여유에 따라 집안일에 참여하도록 해야 한다. 이러한 역할분담은 부부 사이에서도 마찬가지이다. 예를 들어, 청소년의 경우 부모가 자신의 사생활이나 개인 공간을 간섭하거나 침범하는 것을 매우 꺼린다. 사춘기가 되면 자녀들이 각자의 방에서 보내는 시간이 많아지고 부모나 다른 가족구성원들과 공간적으로 분리되기를 원하게 된다. 부모는 이런 변화를 자녀가 스스로 자신의 일에 책임을 지고 자주적으로 해내도록 이용할 수 있어야 한다. 또한 이 시기 남편은 가장으로서의 책임을 다하기 위해 자신의 일과 직업에만 매진하는 경우가 많다. 따라서 가정과 자녀들에 대한 중요한 책임은 아내에게 주어지며 급변하는 사춘기 자녀와 다른 자녀들을 돌봐야 하는 아내는 지치게 될 것이다. 이때가 바로 부부가 자신들의 결혼생활을 되돌아보고 부부체계를

더욱 견고하게 만들어서 중년의 권태기와 이혼 위기를 극복할 수 있는 기회로 만들어야 할 때이다. 이 시기 부부는 자녀양육에 대한 책임과 역할을 적절하게 분담하여 자녀의 건강한 자립을 돕고 부부간 친밀감을 성취할 수 있어야 하겠다.

③ 가족체계의 경계를 유연하게 하기 위해서 부모자녀 간 원활한 의사소통 채널을 만들어야 한다. 가족구성원 각자가 자신들의 감정을 솔직하게 표현하고 서로의 얘기를 기꺼이 들어주고, 진심으로 반응하며 수용하는 과정을 지속해야 한다. 바람직한 의사소통을 통해 부모는 자녀가 자신들을 미워하고 무시하는 것이 아니라 여전히 사랑하고 있다는 믿음을 갖게 되고 자녀는 부모가 자신을 못마땅해 하고 싫어하는 것이 아니라 신뢰하고 존중하고 있으며 진심으로 사랑하고 있음을 느끼게 되는 것이다. 또한 이런 과정 안에서 자녀에게 부모의 가치관을 무조건 주입하는 것이 아니라 자녀가 관심과 가치를 두는 것을 통해서 거부감 없이 건전한 윤리와 도덕을 확립하고 유지해 나갈 수 있도록 도울 수 있을 것이다.

④ 부모는 십대 자녀와 부모 모두가 가족체계의 범위에서 활동과 관계의 범위를 좀 더 확장해야 한다. 청소년기 자녀는 다양한 집단에 소속되기를 원하는데 이 시기 여러 가지 단체에 소속되어 활동하는 것은 건강한 성인으로 성장하기 위한 필수조건이라고 할 수 있다. 실제로 이 시기 청소년들은 가족만이 아닌 더 많은 조직에 소속되어 활동하기를 원하며, 안정적인 분위기보다는 새롭고 흥미를 자극하는 길을 끊임없이 추구하는 특성이 있다. 부모 또한 자녀와의 관계와 양육에만 몰입하기보다는 자신의 관심을 가족과 자녀가 아닌 다른 곳으로 나누고 자신들이 자녀에게 더 이상 권위적인 위치에서 통제하는 역할이 아닌 자녀의 관심과 에너지를 공유하고 공감할 수 있는 동등한 개인으로서의 위치에 있음을 느끼게 해야 하겠다.

(5) 제5단계: 자립을 앞둔 성인기 자녀를 둔 단계(자녀독립기)

이 시기는 자녀가 청년기에 진입하면서 가정에 소속되지 않은 성인이 되는 단계로 가족을 떠나 독립된 개인으로서 자율성을 확립하는 때이므로 부모는 자녀와 성인 대 성인의 관계를 정립해야 한다. 특히 자녀에게 자율성을 충분히 보장하는 것과 동시에 정서적인 지원도 충분히 해 주어야 하는 것이 핵심 과제라고 할 수 있다. 이 시기는 가족 구성원들이 가정에 많이 들어오고 또 나간다는 것이 특징인데, 성장한 자녀가 집을 떠나는 것을 시작으로 자녀의 배우자와 자녀들이 새롭게 들어오고 더 나이 든 부모들은 아프거나 죽음을 맞이하기도 하면서 가족의 양적 변화가 자주 발생하게 된다. 이 단계에서 가족은 부모자녀 간 정서적 친밀감을 계속 유지하면서 분리를 이루어야 하는데, 이때 발생할 수 있는 불안감과 상실감을 슬기롭게 극복해야 한다. 또한 분리가 안정적으로 잘 이루어진 후에도 서로 긍정적 관계를 지속하면서 각자 자신의 생활을 독립적으로 잘 수행할 수 있는 능력을 갖추어야 한다. 간혹 어떤 부모의 경우 자녀의 성공적인 자립을 위해서 가정을 떠나자마자 갑자기 모든 지원을 중단하고 자녀가 전적으로 스스로 생활을 책임지기를 기대하는데, 이런 경우 자녀에 따라서는 잘 적응하기도 하지만 준비가 충분히 되지 않은 자녀의 경우 자신감을 상실하고 부모 곁으로 다시 돌아오거나 재차 독립을 시도하지 않으려 하는 등의 퇴행 위험성도 크기 때문에 부모는 자녀의 특성과 준비 수준에 따라 융통성 있는 대처를 해야만 한다. 이 예에서도 알 수 있듯이, 이 시기에 부모나 자녀 모두 불안과 긴장을 순조롭게 넘기고 안정적인 자립을 성취하기 위해서는 사전에 충분한 준비가 필요하겠다.

이 시기 부모들은 그동안 자녀에게 집중된 혹은 자녀와 함께 했던 생활에 익숙해져 있었기 때문에 자녀가 떠난 상황에 새롭게 적응하고 다른 흥밋거리를 찾는 것이 생각만큼 쉽지 않다. 자녀의 경우도 자신이 자라온 익숙하고 편안한 공간을 떠나서 새로운 경험을 하게 될 텐데, 이러한 과정 속에서 부모처럼 무조건적 이해와 사랑을 보여 주지 않는 사회나 배우자의 태도에 당황하게 되고 종종 좌절을 겪게 될 수도 있다.

중년기에 접어든 부모는 이때부터 노부모를 돌보거나 혹은 노부모의 질병으로 인해 심리적, 경제적, 신체적 부담을 안게 된다. 이 시기 중년 부모는 자녀의 독립에 대한 준비나 성인자녀보다 더 어린 자녀를 양육해야 하는 책임 등 해결해야 할 복잡한 문제들을 많이 만나게 되므로 노부모를 돌본다는 것은 많은 부담을 느끼게 할 것이다. 또한 노화의 징후들, 즉 체력저하, 외모의 변화, 호르몬 변화 등으로 오는 결과는 중년기 부모가 해결해야 할 중요한 과제라고 할 수 있다. 이상에서 살펴본 내용을 통해서 이 단계의 발달과제를 제시하면 다음과 같다.

① 부모는 이전 단계까지 더 큰 비중을 두었던 부모와 자녀관계보다는 부부관계에 초점을 두고 부부관계를 재구조화하려는 노력이 필요하다. 즉, 자녀가 가정을 떠나기 전까지는 자녀와의 친밀감을 더 강하게 형성하고 자신들의 시간과 정서적 에너지를 자녀에게 쏟았다면 이 단계부터는 각자의 배우자에게 더 많은 관심을 갖고 많은 시간과 활동을 공유하면서 친밀감을 강화시켜야 할 것이다. 자녀양육으로 바쁜 시간을 보내느라 소원한 부부관계가 잠시 은폐되었던 경우라면 이 시기 황혼이혼과 같은 부부관계의 위기가 수면 위로 떠오르게 될 수도 있다. 부부는 자녀가 떠난 후 여생을 둘만 지내야 하기 때문에 자신들의 관계를 재조명하고 자녀독립이 부부관계의 종말을 예고하지 않도록 노력해야 하겠다.

② 젊은 성인인 자녀는 한 개인으로서 자율성을 확립하고 자신의 인생의 방향을 정하여 계획하는 것이 필요하다. 이 시기 자립의 문제는 단지 부모가 자녀를 성인으로 인정하고 그들의 선택에 자율권을 부여하는 것만을 의미하지는 않는다. 자녀 또한 부모를 자신보다 앞서 인생을 경험하고 지혜로운 어른으로 권위를 인정하고 존경할 수 있어야 한다. 또한 자녀는 부모가 이제 자녀를 위해 희생하고 배려하는 삶이 아닌 자신의 일과 관계에 충실한 자기중심적인 삶을 사는 것에 대해 존중하고 배려할 수 있어야 한다. 따라서 이 시기 부모와 자녀는 각자의 개성과 선택을 서로 존중하면서 서로에게 조력자의 역할을 할 수 있어야 하겠다.

③ 중년기 부모는 노부모의 안정적인 노후생활과 성인자녀의 성공적인 자립을 도와야 하는 과제를 동시에 해결해 나가야 한다. 그러므로 이 시기에는 결혼과 동시에 분리되었던 조부모세대와의 재결합과 친밀감 형성이 요구되는데 조부모의 삶의 지혜와 다양한 경험은 자녀의 분리와 독립을 이루는 데 도움이 될 수 있다. 중년기 부부는 그들의 노부모와 성인자녀의 중간 위치로, 부모로부터 독립하고자 하는 자녀와 자녀와의 유대감을 중요시하는 노부모의 권위의식, 의존적 욕구 사이에서 협공을 당하는 세대이다(김동기, 김은비, 2010). 또한 자신만의 정체성과 나름대로의 인생관을 확립해 나가는 시기의 성인 자녀는 부모의 권위와 전통적 가치에 대해 의문을 제기하며 부모에 대한 비판적 태도를 취하기 시작하기도 하는데, 이때 중년기 부모는 배신감과 실망감을 느끼면서 삶에 대한 회의에 빠질

위험성도 있겠다. 따라서 이 시기 중년의 부모는 조부모세대와 적절하게 연합하여 정신적인 지원을 받는 것 또한 중요한 자원이 될 수 있을 것이다.

④ 중년의 부모는 다가오는 노화와 이에 따른 질병과 죽음의 문제에 직면하고 수용해야 한다. 노화는 인간에게 있어서 필연적인 과정이며 죽음 또한 마찬가지다. 여성의 경우 특히 폐경기라는 신체적 변화와 함께 중년기의 갈등을 격하게 경험하게 되는데, 마치 사춘기 청소년처럼 불안정한 감정 상태와 충동적 언행이 수시로 자신과 가족을 괴롭게 만들 수 있다.

우리는 일반적으로 주름지고 무기력한 상태로 할 일 없이 배회하는 늙은이를 노화의 표상처럼 생각해 왔기 때문에 노화라는 것은 늦출 수 있다면 최대한 지연시키는 것이 좋은 것으로 여겨 왔는데, 이는 현실에 기반을 둔 것이 아닌 자신에 대한 이미지와 미래에 대한 두려움에 기초한 것이라고 볼 수 있다. 그러나 중년기 성인이 정말 두려워해야 하는 것은 신체적, 정신적 노화보다는 심리적 노화라고 할 수 있다. 정신적 노화 과정이 창의력을 상실하게 하거나 새로운 계획을 세울 수 없게 만든다는 증거는 없다. 또한 신체적 노화가 건강의 급격한 감소와 무능력의 직접적 원인이라고 말할 수는 없다(박성만, 2012). 비록 신체적 노화로 힘이 상실되어 간다 하더라도 중년기 이런 현상을 인생의 과정으로 편안하게 받아들이며 자녀들도 부모의 노화를 인정하고 의존욕구를 적절히 수용한다면 성공적인 노년기 가족 단계를 맞을 수 있을 것이다.

(6) 제6단계: 조부모 세대가 되어 인생의 황혼을 맞이하는 가족(노년기)

조부모세대는 지금까지 획득한 지식과 경험으로 젊은 세대에게 도움을 제공하면서 공헌할 수 있는 시기이며, 신체 쇠퇴와 형제, 친구, 배우자의 죽음을 경험하면서 자신의 죽음을 대비해야 하는 때이기도 하다. 즉, 이 시기는 결혼으로 시작된 가족 발달주기가 부부가 노년기가 되면서 마지막 단계로 접어들며, 필연적으로 상실을 경험하게 된다. 최근에는 평균수명이 연장되면서 노년기 단계의 지속기간이 점차 길어지고 있으며, 과거처럼 노년기는 더 이상 고립과 무능력의 시기가 아닌 은퇴 후 휴식과 봉사의 시간이 되고 있다.

모든 가족구성원이 죽음을 인정하고 받아들여야 하는 과제를 안게 되는데, 죽음이 실패이며 인생의 허무한 결말이라고 생각하는 부정적인 태도는 죽음에 대한 공포와 거부를 부추기면서 노년기 가족을 무기력하고 불안하게 만들게 된다. 이는 일상생활에도 반영되어 대인관계를 회피하거나 잘 유지해 오던 사회적 활동의 장애를 초래하게 되는데, 이런 현상이 가족체계 전체의 불균형과 갈등으로 이어질 수 있다. 남성의 경우 직장에서 은퇴하고 더 이상 자신이 사회에서 쓸모가 없다고 느끼게 되는데, 일과 자신의 가치를 동일시하는 남성들의 일반적인 관점에서 은퇴는 상실과 삶에 대한 위기의식을 조장할 수 있으며 경우에 따라서는 가족의 경제적 능력을 저하시켜 다른 가족구성원의 삶에도 영향을 미칠 수 있겠다. 따라서 이 단계는 가족 내에서의 체계 간 위치 조정과 그에 따른 힘의 변화를 적절하게 재협상하고 다양한 상실경험을 어떻게 잘 수용해 가느냐가 중요한 문제라고 볼 수 있다. 앞에서 살펴본 바에 근거해서 이 단계의 발달과제를 제시하면 다음과 같다.

① 부부의 기능을 잘 유지하면서 신체적 약화에 대한 관심을 가지고 새롭게 참여할 수 있는 사회적 역할을 탐색해야 한다. 은퇴 이후 은퇴한 배우자의 가족 내 합류가 중요한 과제가 될 수 있는데 부부는 서로 함께하면서 만족감을 얻을 수 있는 활동에 참여하고 새로운 생활패턴을 수립함으로써 부부관계를 강화시키는 것이 필요하다.

② 가족은 조부모세대의 지금까지의 경험을 존중하고 경험을 통해 얻은 지식을 가족 안으로 수용할 수 있는 여지를 만들고, 조부모가 가족구성원으로서 참여할 수 있도록 지지하는 것이 중요하다. 노년기의 부모가 자녀에게 의존하게 되면 자녀는 불안감으로 인해 자녀는 부모의 의존욕구에 더 민감하게 반응하며 만족시키려 하는데, 이런 대처는 부모를 더욱 의존적이며 무기력하게 만들 수 있다. 그러므로 조부모세대가 손자녀의 예절을 가르치거나, 집안의 중요한 행사나 결정 과정에 참여하는 등 가족 안에서 최대한 그 기능과 역할을 행사할 수 있도록 도울 필요가 있다.

③ 조부모세대는 배우자가 생존하든 아니든 간에 배우자나 자녀에게 지나치게 의존

하는 것보다는 외로움과 고립에서 벗어나기 위해 스스로 노력해야 한다. 이는 노년의 삶에 대한 자신감과 자립심을 강화시키는 데 도움이 되는데, 적당한 건강관리도 이러한 삶을 유지하는 데 도움을 줄 수 있다. 이 시기 배우자의 죽음이나 무기력감으로 우울증에 빠지거나 극단적으로 자살을 선택하는 경우도 있는데, 신체적, 정신적 기능을 잘 유지하기 위한 꾸준한 건강관리와 취미활동이 예방효과를 가져올 수 있다.

④ 조부모세대는 중년기에 접어든 자녀세대가 가족 내 주도권을 가지고 핵심적인 역할을 할 수 있도록 역할과 책임을 넘겨주어야 한다. 이 경우 조부모세대는 중년의 자녀세대에게 의존하는 것과 자녀가 가족 내에서 중심적인 역할을 할 수 있도록 돕는 것 사이의 적절한 균형을 이룰 수 있도록 해야 한다.

⑤ 조부모세대는 은퇴 후에도 주변에서 할 수 있는 일들을 찾고 자신의 가치 있는 삶을 추구하고 사회에 기여할 수 있는 기회를 갖는 것이 필요하다. 일을 찾는 데 있어서 반드시 돈을 벌고 어떤 목적을 이루기 위한 수단이 아닌 자신의 삶에 가치를 부여해 줄 수 있고 생활의 리듬을 유지하며 지속적인 인간관계 형성을 통해 인생의 보람과 즐거움을 얻을 수 있는 것에 더 큰 의미가 있다고 할 수 있다.

3. 가족 스트레스 이론

가족은 전통적으로 가족구성원 개개인이 외부 압력에 의해 스트레스를 받을 때 안식처를 제공해 줄 수 있는 곳이다. 하지만 최근 다양한 스트레스 요인으로 인해 가족구성원뿐만 아니라 가족 전체가 스트레스에 대처하고 그들의 안녕과 복지를 향상시키기 위해 많은 노력을 기울일 필요가 있다. 가족구성원이 경험하는 스트레스는 스트레스 대처방식뿐만 아니라 스트레스에 대한 인식에 따라서도 변화될 수 있다. Boss(1988, 2002, 2006)는 가족 스트레스를 "현상 유지에 대한 압력 또는 긴장"이라고 정의하고 있다. 즉, 가족은 가족체계의 항상성을 유지하기 위해 노력하고 있으며, 가족 스트레스는 항상성을 깨뜨리는 하나의 도전이 될 수 있다. 가족 스트레스는 가족 전체에 부정적인 영향을 미치기도 하지만 가족 전체를 발전시키고 변화시킨다는 측면에서 긍정적인 의미를 내포하기도 한다. 이 장에서는 가족 스트레스를 체계적으로 이론화한 Hill, McCubbin, Patterson 등의 가족 스트레스 이론(family stress theory)에 대해 다룰 것이다. 특히 가족 스트레스 이론의 대표적인 두 가지 모델인 ABCX 모델과 Double ABCX 모델을 중심으로 살펴보고자 한다.

1) 가족 스트레스 이론의 역사

Hill(1949)은 가족이 전쟁 이후 상당한 스트레스를 받고 고통스러워하는 것을 목격한 후, 가족이 어떻게 스트레스를 경험하고 극복하는지를 체계적으로 연구하기 시작했다. 이것은 가족 스트레스 이론의 첫 번째 모델인 ABCX 모델을 개발한 계기가 되었다. ABCX 모델의 기본 전제와 목적은 논리 실증주의(logical Positivism)라고 알려진 과학적 패러다임을 기초로 하고 있다(Capra, 1982; Doherty, 1986). 이후 1960년대와 1970년대에는 가족 스트레스 이론을 구체적으로 이해시키고 이 이론이 왜 유용한지를 논의함으로써 가족 스트레스 이론을 체계화하였다.

지난 20여 년간, 몇몇 학자는 경계 모호성(boundary ambiguity), 피드백 루프(feedback loops), 대처 방식(coping strategies) 등과 같은 개념들을 사용해서 가족 스트레스 이론에 더 체계적으로 접근하기 시작했고, 이를 통해 ABCX 모델의 제한점을 보완하고자 하였다(Boss, 1977, 1987, 1988; McCubbin & Figley, 1983; McCubbin & Patterson, 1982, 1983). 이와 같은 제한점을 고려해서 나타난 모델이 가족 내 스트레스의 변화, 역동성에 초점을 둔 'Double ABCX 모델'이다. 이후 Double ABCX 모델을 확장하고 가족 요구와 능력 간의 균형을 강조한 '가족 스트레스, 조절, 적응의 레질리언스 모델(the resiliency model of family stress, adjustment, and adaptation)'이 개발되었다(McCubbin & McCubbin, 1991).

2) 가족 스트레스 이론의 기본 전제

사회체계 관점(Social Systems Perspective)은 가족 스트레스 이론을 체계화하는 데 기여했다. 사회체계 관점에 따르면 가족은 하위체계(예: 개별 구성원 또는 부부)와 상위체계(예: 지역사회, 문화, 국가 등) 모두의 산물로서 가족 내 항상성을 유지하기 위해 노력하고 있다. 특히 가족구성원 개개인을 강조하는 일반 스트레스 이론과 달리, 가족구성원뿐만 아니라 가족 전체를 강조함으로써 가족구성원 개개인을 단순히 합한 것보다 가족체계는 더 크다고 주장한다(Boss, 2006; Hall & Fagan, 1956). 즉, 가족구성원이 서로 공유하고 있는 기억, 성공, 실패, 관계의 질 등 다양한 측면을 모두 고려해야 된다는 것이다.

또한 사회체계 접근은 개인과 가족을 넘어 가족이 현재 살고 있는 지역사회 및 국가 등도 고려할 필요가 있음을 주장한다. 사회체계 이론에서는 가족이 현재 살아가고 있는 외적 환경을 '에코 시스템(ecosystem)'이라고 부른다. 에코 시스템은 역사적, 문화적, 경제적, 유전적, 발달학적 사건 등으로 구성된다(Boss, 1988, 2002). 따라서 스트레스 사건에 대한 가족의 반응은 특정한 역사적 상황, 문화적 특성, 사회경제적 조건, 유전적 요인, 발달단계 등을 고려해서 통합적으로 살펴보는 것이 중요하다.

사회체계 접근에 근거한 맥락적 차원에서의 기본 전제 이외에 가족 스트레스 이론의 구체적인 전제는 다음과 같다.

- 스트레스는 정상적인 과정이다.
- 스트레스는 항상성을 파괴하고, 대처방식은 항상성을 유지하기 위해 사용된다.
- 개인과 가족이 인지하는 방식에 따라 스트레스원과 자원은 달라질 수 있다.
- 개인과 가족은 스트레스에 적응한다.
- 개인과 가족의 스트레스에 대한 적응은 그들이 인지하는 스트레스 사건의 종류, 상황에 대한 지각, 스트레스에 대처하기 위해 사용하는 자원이나 대처방식 등에 의해 영향을 받는다.

3) 가족 스트레스 이론의 개념들

가족 스트레스 이론에서 주로 사용되는 개념은 스트레스원(또는 스트레스 사건), 자원, 스트레스 인지평가, 대처방식, 위기, 적응 등이다. 이와 같은 주요 개념을 기초로 ABCX 모델에서 출발한 가족 스트레스 이론은 다른 개념들이 추가되면서 Double ABCX 모델, 그리고 가족 레질리언스 모델 등으로 확장되었다. 여기에서는 가족 스트레스 이론의 기본적인 개념들을 간단하게 소개하고, 추가된 개념들은 각각의 모델에서 부연 설명하도록 하겠다.

〈표 6-6〉 가족 스트레스 이론의 기본 개념들

기본 개념		정의
스트레스 사건		• 가족체계에서의 변화를 야기하는 생활사건들
유형	정상적인 스트레스원	• 다수의 사람에게 나타나는 예측 가능하고 기대되는 사건들 (예: 출산, 결혼, 노화 등)
	비정상적인 스트레스원	• 기대되지 않은 생활사건들로부터 나타나는 스트레스 사건들 (예: 이혼, 배우자의 갑작스러운 사망, 복권 당첨 등)
	내적 스트레스 사건	• 가족구성원으로부터 나타난 사건들(예: 자살, 알코올중독 등)
	외적 스트레스 사건	• 가족 밖에 있는 누군가 또는 어떤 것으로부터 나타난 사건들 (예: 지진, 테러, 문화적 차별 등)
	스트레스 사건의 축적	• 가족들이 그들의 스트레스를 바로 처리하지 못할 경우, 스트레스 사건들은 점점 축적된다.
자원		• 스트레스 사건이 일어났을 때, 개인 또는 가족이 그것을 처리하기 위해 다룰 수 있는 자세, 능력, 기술, 자산 등 • 개인적 자원, 가족체계 자원, 사회적 지지 등이 포함
스트레스 인지평가		• 스트레스 사건에 대해 개개인이 지각하고 생각하는 방식
대처방식		• 가족 적응을 위해 혼자 또는 가족 전체가 함께 사용하는 전략 (예: 회피, 제거, 동화 등)
가족 적응		• 가족의 위기 후에 새로운 수준의 균형에 도달하기 위한 가족의 노력 결과

유형	가족 순적응	• 가족이 균형을 회복하는 과정으로서, 가족구성원의 발전과 전체 가족의 항상성을 유지하고자 하는 의지를 촉진하고자 하는 가족의 지속적인 능력을 통해 나타난다.
	가족 부적응	• 가족이 적응을 잘하지 못하는 과정 속에서 나타난다.

4) 가족 스트레스 이론의 두 가지 모델

(1) ABCX 모델

① ABCX 모델의 개요

ABCX 모델(Hill, 1949)은 가족이 스트레스에 대처하는 방법을 포괄적으로 이해하는 데 도움을 준다(Hansen & Hill, 1964). ABCX 모델에서는 스트레스를 가족 내에서 일어날 수 있는 정상적이고 불가피한 것으로 보고, 스트레스가 발생할 경우, 대체로 가족 기능의 균형과 항상성은 무너진다고 본다. ABCX 모델에 따르면, 가족구성원은 스트레스원의 심각성에 대해 본인이 생각하고 느끼는 방식이 있으며, 가족은 가족 내 항상성을 유지하기 위해 대처하고 노력한다. 즉, 외부 스트레스 사건(A: stressors)이 일어날 경우, 그 사건에 대처하기 위해 가족이 가지고 있는 자원(B: resources)과 스트레스원에 대한 가족구성원의 지각(C: perception)이 서로 상호작용하고, 이와 같은 상호작용에 따라 가족 내 위기 또는 정신건강 문제(X: crisis)를 야기할 수 있다고 본다. 따라서 ABCX

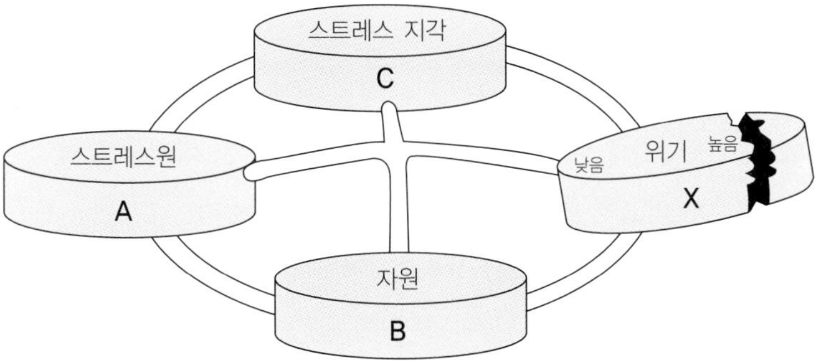

[그림 6-3] ABCX 모델

출처: Hill (1958).

모델은 스트레스원, 자원, 지각이라는 세 가지 주요 요소가 지속적으로 상호작용한다는 점에서 역동적인 것으로 평가하고 있다(McCubbin & McCubbin, 1991). 하지만 몇몇 연구자는 ABCX 모델은 시간에 따른 변화를 고려하지 않는다는 점에서 스트레스에 대한 가족의 변화를 정적으로 해석한다고 비판하기도 한다(McCubbin & Patterson, 1982).

② ABCX 모델의 주요 개념

스트레스원 스트레스원은 가족의 항상성을 무너뜨리는 어떤 사건을 의미한다. 이와 같은 사건들은 가족체계를 긍정적 또는 부정적으로 변화시킨다. 가족구성원이 스트레스 사건을 초기에 제대로 해결하지 못하면, 이는 현재 직면하고 있는 스트레스를 해결하는 데 더 큰 어려움을 가져다 줄 수 있다.

스트레스원은 몇 가지 방식으로 구분된다.

첫째, 정상적인 스트레스원(normative stressors)과 비정상적인 스트레스원(non-normative stressors)으로 구분된다. 정상적인 스트레스원은 출산, 자녀양육 등과 같이 발달주기에 따라 가족들이 일반적으로 직면하는 사건들을 의미한다. 반면, 비정상적인 스트레스원에는 가족에게 일반적으로 일어나지 않는 특정한 도전이나 사건을 의미하는 것으로 자녀의 죽음, 배우자의 조기 사망 등이 포함된다.

둘째, 외적 스트레스원(external stressors)과 내적 스트레스원(internal stressors)으로 구분된다. 외적 스트레스원이라고 불리는 스트레스는 주로 가족 외부에서 일어나며, 이와 같은 스트레스는 가족이 대처하기에 매우 어려운 반면, 외부 세력에 대항하기 위해 가족구성원이 서로 힘을 결집시킴으로써 가족의 단결력을 향상시키는 데 도움을 줄 수 있다. 외적 스트레스원의 예는 자연재해, 이자율의 변화, 여성 또는 소수인종에 대한 편견 등이 있다. 한편, 가족 내부에서 일어나는 스트레스는 내적 스트레스원이라고 부르며, 그 예로 아동의 약물남용, 부모의 이직 등을 들 수 있다.

셋째, 의지적(volitional) 스트레스원과 비의지적(non-volitional) 스트레스원으로 구분된다. 의지적 스트레스원은 가족구성원, 하위체계, 또는 전체 가족이 자발적으로 선택해서 생기는 스트레스를 의미한다. 의지적 스트레스원은 행동을 하지 않아 생기는 부정적 결과를 피하기 위해, 또는 자신의 성장을 위해 선택하는 경우이며, 그 예는 대학진학, 자격증 시험 등이 있다. 한편, 비의지적인 스트레스원은 자신의 의지에 의해 선택하거나 추구하지 않았음에도 불구하고 생기는 스트레스 사건을 의미한다. 이와 같은 비의지적 스트레스원은 개개인 또는 가족의 삶에 부정적인 영향을 미치는 경우가 많다.

넷째, 스트레스원의 지속성에 근거해서 급성 스트레스원(acute stressors)과 만성 스트레스원(chronic stressors)으로 구분된다. 급성 스트레스원은 상대적으로 짧은 기간 일어났다가 사라지는 것으로 감기나 간단한 질병 등이 급성 스트레스원에 속한다. 한편, 만성 스트레스원은 스트레스가 상당 기간 지속되는 경향이 있고, 가족이 해결하기에 훨씬 어렵다. 암, 빈곤 등은 만성 스트레스원의 예이다.

스트레스를 받고 있는 가족이 다른 상황이 일어나기에 앞서 현재의 스트레스를 잘 해결할 수 있다면, 이는 가족기능을 회복하는 데 긍정적인 역할을 할 수 있다. 하지만 대부분의 경우, 현재 처해 있는 스트레스 사건이 제대로 해결되기 전에 또 다른 사건이 연이어 일어나는 경우가 많다. 이런 경우 가족은 누적 스트레스원(pile-up of stressors)을 경험하게 되며, 특히 다양한 스트레스를 동시에 경험할 경우 가족은 상당한 위험에 빠질 수 있다(McCubbin & McCubbin, 1991).

자원 가족이 스트레스 상황에 처해 있을 때, 그들의 사회경제적 지위나 문화적 배경 등을 이용해 문제를 해결하는 경우가 있다. 자원은 개인 또는 가족이 위기 상황을 해결하기 위해 사용 가능한 어떤 것으로 정의한다. 직업이나 자동차와 같은 물질적 자원은 스트레스를 해결하기 위한 중요 자원이 되기도 한다. 또한 재정적 자원은 위기에 처한 가족구성원을 돕기 위해 사용하는 현물이나 서비스 등을 의미한다. 지식 또한 스트레스 상황에서 다양한 정보를 제공해 줄 수 있기 때문에 도움이 되는 자원이다. 유익한 정보를 얻는 방법을 아는 가족구성원은 가족의 매우 큰 자산이다. 위기 상황에서 실제적으로 대처할 수 있는 기술은 중요한 자원이다. 위기 상황이 일어나기 전에 효과적인 대처 기술을 익힌 가족구성원들은 스트레스 상황에서 가족에게 꾸준한 도움을 줄 수 있다(McCubbin & McCubbin, 1991).

또한 위기를 경험하는 개인이나 가족에게 사회적 지지는 매우 중요한 자원이다

(Halvorsen, 1991; Sarason, Sarason, & Pierce, 1990). 가족 간의 지지는 여러 가지 형태를 띤다. 즉, 정서적 지지와 같이 가족 간의 친밀감, 사랑, 정서적 유대 등을 포함하기도 하고, 물질적 지지로서 돈, 교통, 주택, 자녀양육 등과 같은 실제적인 도움을 주기도 한다. 또한 지지는 가족체계의 기능적 강점, 응집력, 헌신, 적응, 영적 가치, 의식 및 전통, 권력 공유, 야외 활동 등과 같은 것을 모두 포함하기도 한다.

스트레스 지각　개인, 하위체계, 가족이 위기 상황을 어떻게 인지하는지는 결과에 상당한 영향을 미친다. 개인이 자신의 과거 어려웠던 경험들을 생각하는 방식은 비관적인 것부터 낙관적인 것에 이르기까지 매우 다양하다. 과거 어려웠던 경험은 현재 상황에 대한 심각성을 인지하는 데 중요한 역할을 한다. 또한 가족이 속해 있는 특정 문화는 위기 상황에서 그들이 생각하고 행동하기 위한 방법을 알려주는 데 많은 도움을 준다. 가족구성원이 스트레스 사건에 대해 상당한 부담을 갖고 있다면, 향후 그것을 해결하기 위한 방법을 찾는 데 많은 어려움에 부딪힐 수 있다. 반면, 가족구성원이 현재의 어려움을 인식하고 스스로 이를 극복하기 위한 방법을 계속 찾는다면, 가족들은 스트레스 사건이 일어나기 전보다 더 향상된 기능과 항상성을 유지할 수 있을 것이다. 스트레스 상황을 성장을 위한 가능성으로서 재해석하는 것은 가족들이 가질 수 있는 최고의 지각이 될 것이다(McCubbin & McCubbin, 1991).

위기　앞에서 언급한 세 가지 변수, 즉 스트레스원, 이용 가능한 자원, 사건에 대한 지각은 서로 상호작용을 통해 위기라는 결과를 창출한다. Hill(1949)은 위기를 "과거의 패턴이 부적절한 모습을 띄거나 상당한 변화가 일어나는 것"이라고 정의했다. 위기가 일어날 경우, 가족은 가족체계의 항상성을 유지하기 위해 지속적으로 상호작용을 하게 된다. ABCX 모델에 따르면, 다른 두 가족이 동일한 스트레스를 경험할지라도, 어떤 가족은 위기 상황에 빠지고, 어떤 가족은 위기 상황에 빠지지 않는다고 보고 있다. 즉, 스트레스원(A), 자원(B), 사건에 대한 지각(C)은 위기 상황에 대한 결과(X)를 결정하는 주요 변수가 된다.

(2) Double ABCX 모델

① Double ABCX 모델의 개요

1981년 McCubbin과 Patterson은 시간의 경과에 따라 가족이 위기에 어떻게 반응하는지 구체적으로 확인하기 위해 ABCX 모델에 몇 가지 요인들을 추가함으로써 ABCX 모델을 수정하였다. 이 과정을 통해 새롭게 탄생한 모델이 Double ABCX 모델이다. Double ABCX 모델에서는 기존의 ABCX 모델에서 사용했던 A(스트레스원), B(자원), C(지각)를 위기 전(precrisis) 단계로 간주하고, 새로 추가한 요인들을 위기 후(postcrisis) 단계로 간주함으로서 시간에 따른 변화를 강조하였다(McCubbin & Patterson, 1983). 따라서 Double ABCX 모델은 정적이기보다는 역동적인 것으로 평가받고 있다. 가족은 다양한 수준의 요구를 충족시키기 위해 여러 가지 능력을 사용하고 이를 통해 가족 내 균형과 항상성을 유지하게 된다. 이와 같이 가족들은 끊임없이 다양한 시도를 한다는 점에서 역동적인 상호작용과 변화의 개념은 중요하다.

어떤 가족은 스트레스 사건에 대처하기에 앞서 아직 해결되지 않은 스트레스로 인해 상당한 부담을 가지는 경우가 있다. Double ABCX 모델에서는 이와 같이 스트레스

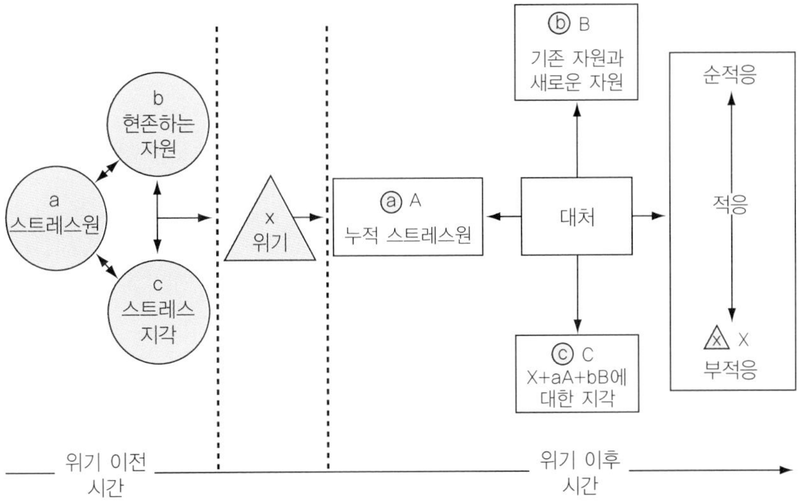

[그림 6-4] Double ABCX 모델

출처: McCubbin & Patterson (1982).

가 제대로 해결되지 않아 축적되는 것을 누적 스트레스원(pile-up stressors)으로 간주하고, 누적 스트레스원으로 인해 가족체계 내에서 스트레스를 해결하는 것은 더 복잡하다고 언급한다. 기존에 있었던 스트레스원을 해결하지 않은 채 다른 새로운 스트레스원이 발생함에 따라, 가족은 다양한 스트레스원, 자원, 그리고 이에 대한 지각을 모두 해결해야 하는 부담을 가지게 된다. 이와 같이 다양하고 복잡한 문제들의 해결 정도에 따라 가족은 새로운 수준의 항상성을 유지하고 균형을 이룰 수도 있으며 그렇지 못할 수도 있다(McCubbin & Patterson, 1983).

② Double ABCX 모델의 주요 개념들

위기 전　Double ABCX 모델의 위기 전 단계는 ABCX 모델에서 보여 주었던 스트레스원, 자원, 지각 등에 대한 변수들을 그대로 포함하고 있다. 특히 ABCX 모델에서는 시간의 변화를 나타내지 않았던 반면, Double ABCX 모델에서는 시간의 변화, 스트레스의 축적을 강조하기 때문에 스트레스원을 초기 스트레스원(initial stressor)이라고 부른다. 또한 자원을 현존하는 자원(existing resource)으로 표기함으로써 위기 전이 아닌 위기 상황에서 그들이 사용할 수 있는 자원임을 구체화시키고 있다. 더불어 자원의 종류를 가족 상황에서 사용 가능한 자원을 넘어서 심리적, 개인적, 사회적 자원뿐만 아니라 지역사회에서 이용 가능한 자원까지 포함시키고 있다.

위기 후　[그림 6-4]에 나타난 것처럼, 위기를 중심으로 오른쪽에 해당하는 부분을 위기 후 단계라고 한다. Double ABCX 모델에서 위기 후 단계에 포함되는 요소들은 누적 스트레스원, 기존 자원과 새로운 자원들, 지각, 대처, 적응 등이 있다.

- 누적 스트레스원(aA: pile-up): Double ABCX 모델에서는 스트레스 상황에 처해 있는 가족들은 대부분 어떤 단일 스트레스원으로 위기 상황이 발생하는 것이 아니라, 주요한 스트레스원이 되는 사건이 발생한 후에 스트레스원이 누적되며, 이것이 곤란을 가중시키고 결국 심각한 상황으로 이어진다고 보고 있다. 가족이 경험하는 누적 스트레스원은 일반적으로 ① 초기 스트레스원, ② 초기 스트레스원

이 계속해서 부담으로 작용함으로써 만성 긴장의 형태로 나타나는 것, ③ 변화, ④ 분리에 대처하기 위한 가족의 노력 결과, ⑤ 가족 및 사회체계에서의 모호함 등에 의해 영향을 받게 된다. 가령, 어려움에 처한 사람들은 돈이나 시간 때문에 지속적으로 많은 부담을 가질 수 있다. 가족 내부에서는 인생주기에 따라 다양한 변화가 지속적으로 일어나며, 가족구성원의 역할 변화나 사회생활을 하는 데 필요한 규제의 부재는 가족구성원들에게 모호함을 야기함으로써 스트레스를 줄 수 있다.

- 기존 자원과 새로운 자원(bB: existing and new resources): Double ABCX 모델에서는 자원의 개념을 가족구성원 개인, 집단으로서의 가족, 지역사회라는 3개의 수준에서 보고 있다. 즉, 개인 자원으로는 가정생활을 영위해 나가는 능력, 자립 능력, 인지 능력을 포함하고, 가족 자원으로는 통합성, 응집성, 유연성, 조직성 등이 포함된다. 지역사회 자원에는 사회적 지지, 의료나 심리 상담, 사회정책 등이 포함된다. 또한 시간 경과에 따라 기존에 사용했던 자원과 스트레스 상황에 따라 새롭게 개발된 자원으로 구분된다. 자원은 가족체계의 목표나 욕구를 달성하는 수단이 되고, 모든 문제해결에 필요한 잠재력을 가진 중요한 요인이다(Deacon & Firebaugh, 1975).
- x, aA, bB에 대한 지각(cC: perception of x+aA+bB): Double ABCX 모델에서, c는 위기를 이끌었던 스트레스원에 대한 지각을 의미한다. 또한 C는 위기, 누적 스트레스원, 그리고 기존 자원과 새로운 자원 등에 대한 가족의 전체적인 지각을 의미한다. 즉, 현재 위기가 어떤지, 지금까지 어떤 위기가 축적되어 있는지, 그것이 심각한지, 위기를 벗어나기 위해 이용 가능한 자원들이 충분히 있는지 등 위기를 극복하기 위해 무엇을 어떻게 해야 할지에 대해 평가하는 것을 말한다. 스트레스 상황에 대한 지각이 긍정적이라면, 가족구성원들은 위기 상황에 잘 대처할 수 있다. 위기 전 단계의 인식과는 달리, 위기 후 단계의 인식은 위기 상황을 재정의하는 경향이 있다.
- 대처(coping): 대처는 스트레스원을 제거하여 현 상황을 해결하기 위한 노력이다. 즉, 가족 내부에 갈등이 있거나 외부 스트레스원으로 가족항상성에 문제가 있을 때 문

제해결을 위해 다양한 개인, 심리, 사회, 물질, 영적 자원을 획득하거나 개발하는 개인 또는 가족의 행동을 의미한다. 일반적으로 대처방식에는 적극적 대처(예: 문제해결과 정보제공 등과 같은 어떤 수단을 통해 직접 스트레스에 직면하고자 하는 노력)와 소극적 대처(예: 문제에 대한 무시, 정서적 회피, 소망적 사고 등) 등이 있다(Moos, Cronkite, Billings, & Finney, 1984).

- 적응(adaptation): Double ABCX 모델의 마지막 변수는 가족 적응력이다. 이것은 크게 순적응과 부적응의 두 가지로 구분된다. 순적응(bonadaptation)은 가족이 그들의 문제를 건강하고 효과적인 방식으로 해결할 때 일어나고, 과거의 가족체계보다 더 긍정적이고 발전적인 모습을 보여 줄 수 있다. 이와 같은 상황에서, 전체 가족은 가족구성원이 발전할 수 있도록 긍정적인 에너지를 제공하고, 새로운 이정표를 향해 순조롭게 움직이면서 가족 전체의 항상성이 유지된다. 하지만 가족이 스트레스원을 제대로 해결하지 못하면 부적응(maladaptation)의 상태로 빠지게 된다. 부적응 상태에서 전체 가족은 향후 나타날지도 모르는 스트레스에 매우 취약하게 되고, 가족 전체뿐만 아니라 가족구성원의 성장 또한 저해된다.

4. 가족 레질리언스 이론

레질리언스(resilience)는 우리나라 말로 탄력 또는 탄력성이라고 해석된다. 인간은 일상생활 속에서 그들의 삶에 영향을 미치는 위기 또는 스트레스 사건을 경험할 수 있다. 위기 상황에서 어떤 사람은 이를 잘 극복하는 반면, 어떤 사람은 위기를 극복하는 데 많은 어려움을 경험하게 된다. 이때 자신에게 일어난 위기 또는 스트레스 상황을 잘 극복하는 것을 종종 레질리언스, 즉 '탄력성이 있다' 또는 '탄력적이다'라고 한다. 레질리언스와 관련된 연구는 초기에는 개인의 관점에서 다루다가 최근에는 범위를 가족까지 확대시켰다. 즉, 가족체계 내에서 어떤 가족은 위기를 잘 다루는 반면, 어떤 가족은 위기를 잘 다루지 못한다는 점에 착안해서 가족 단위로서의 레질리언스가 고려되기 시작했다. 가족 레질리언스 이론에서는 가족이 가지고 있는 결점이나 문제점보다는 그들이 가지고 있는 강점(strengths)과 자원을 강조한다. 이 절에서는 가족 레질리언스 이론을 다루기에 앞서 가족 레질리언스(family resilience)가 의미하는 것이 무엇인지 알아보고, 가족 레질리언스 이론의 대표적인 모델로 알려진 McCubbin과 McCubbin(1991)이 제안한 '가족 스트레스, 조절, 적응의 레질리언스 모델(the resiliency model of family stress, adjustment, and adaptation)'을 중심으로 살펴볼 것이다. 여기에서는 '가족 스트레스, 조절, 적응의 레질리언스 모델'을 간단하게 '가족 레질리언스 모델'로 명명하겠다.

1) 가족 레질리언스의 정의 및 개념

레질리언스라는 개념은 아동과 관련된 심리학 연구에서 처음 사용되었다. 아동 관련 몇몇 연구에서는 어떤 아동이 다양한 가족적, 사회적 문제 등으로 인해 상당한 스트레스에 처해 있음에도 불구하고 이를 잘 극복해서 오히려 위기 전보다 더 좋은 기능을 하는 것을 발견하였고, 이와 같은 아동들에게 레질리언스가 있다고 표현하기 시작하였다(Garmezy, 1991; Masten, 1994; Rutter, 1987; Werner & Smith, 1992). 현재는 심리학뿐만 아니라 다른 학문에서도 이와 같은 레질리언스 개념을 사용하고 있다. 가령, 사회학자인 Antonovsky(1987)는 대형 화재 사건 후에 생존한 사람들에게 레질리언스 기능이 있음을 언급하였고, 역학자인 Cassel(1996)은 어떤 질병에 걸린 후, 그를 회복하게 만들었던 요인이 무엇인지에 대해 더 구체적으로 연구하기 시작하였다. 또한 McCubbin 등(McCubbin, Boss, Wilson, & Lester, 1980; McCubbin & Petterson, 1982)은 전쟁 후 어려움에 처한 군인 가족의 다양한 반응에 착안해서, 군인 가족들이 위기 상황에서 어떻게 적응하는지를 관찰함으로써 레질리언스라는 개념의 이론화에 기여하였다. 이와 같이 공공건강, 의료사회학, 심리학, 가족학 등에서는 레질리언스라는 개념에 관심을 가지기 시작했고, 다음과 같은 질문을 통해 레질리언스를 구체적으로 정의하기 시작하였다. 즉, "어떤 가족은 역경 속에서도 그들의 현 상황을 잘 견디어 내는데, 어떤 가족은 왜 그렇지 못할까? 어떤 이유 때문에 가족들의 조절 및 적응에 차이가 나는 것일까?"와 같은 질문을 통해 레질리언스는 "역경에도 불구하고, 상황을 잘 극복하고 적응해 가는 현상"으로 간주되고 있다(Patterson, 2002).

하지만 이와 같은 레질리언스에 대한 개념 정의에도 불구하고, 실천 분야와 연구 분야에서는 레질리언스를 보는 관점이 다르다. 실천가의 경우, 가족 레질리언스는 어려운 환경 속에서 가족이 이를 성공적으로 관리하고 기능하는 가족의 능력으로 정의하고 있다(Walsh, 1998). 또한 McCubbin과 McCubbin(1988)은 가족 레질리언스를 "위기 상황에서 변화와 적응이라는 상황에 직면해 있을 때 가족의 해체를 막기 위한 가족의 특성 내지 능력"이라고 간주한다. 이와 같은 정의에 따르면, 가족 레질리언스는 가족 강점(family strengths)과 거의 유사한 개념으로 보인다.

한편, 연구자들의 경우 레질리언스를 가족이 가지고 있는 하나의 특성이라기보다는 특정 스트레스 상황에서 나타나는 위험 요인(risk factor)에 대한 보호 요인(protective factor)으로서 위험한 상황을 극복하기 위해 지속적으로 상호작용하는 하나의 과정으로 보고 있다. 여기에서 보호 요인은 위험을 중재하거나 조절하는 데 영향을 줌으로써 좋은 결과를 이끌게 된다는 것이다(Luther et al., 2000). 이러한 관점은 Hill(1958)이 제안한 가족 스트레스의 롤러코스터 모델, 즉 스트레스를 받은 가족들의 기능 수준은 위기 전 단계로 복귀하는 경향이 있다고 언급한 것과 유사하다.

앞에서 언급한 두 가지 관점을 종합해서 정의하면 두 가지 용어로 구분해서 정의할 필요가 있다. 즉, 가족 레질리언시(family resiliency)는 위기 상황을 성공적으로 관리하기 위한 가족체계의 능력이고, 가족 레질리언스(family resilience)는 가족이 위기 또는 역경을 경험한 후, 그 상황을 기능적으로 잘 조절하고 적응해 가는 과정으로 정의할 수 있다(Patterson, 2002).

2) 가족 레질리언스 모델의 개요

McCubbin과 McCubbin(1991)은 ABCX 모델과 Double ABCX 모델을 확장시킴으로써 가족 레질리언스 모델(The Resiliency Model of Family Stress, Adjustment, and Adaptation)을 개발하였다. 가족 레질리언스 모델은 생활사건과 변화에 대한 가족 반응의 두 가지 단계인 조절(adjustment) 단계와 적응(adaptation) 단계에 초점을 두고 있

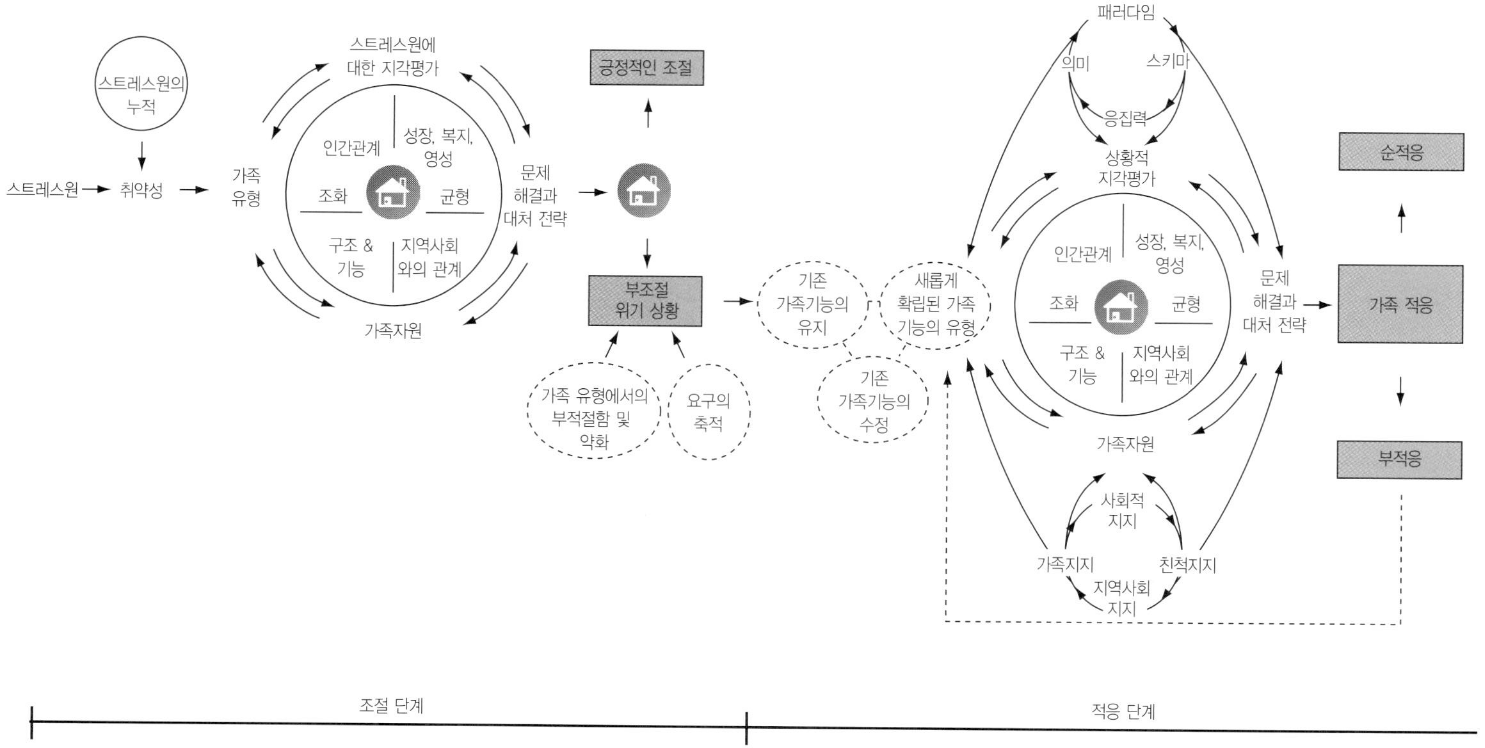

[그림 6-5] 가족 레질리언스 모델

출처: McCubbin & McCubbin (1996), pp. 15, 25.

다. 가족 레질리언스 모델은 가족이 조정 또는 적응 수준에 도달하기 위해서는 가족구성원들에게 현 위기 상황이 무엇인지 서로 상호작용하는 적극성이 필요하고, 이를 통해 가족구성원의 요구 사항과 능력이 균형을 맞추면서 가족체계의 항상성은 유지될 수 있다고 주장한다(Patterson, 1988, 1989, 1993). 특히 가족구성원의 요구(demand)는 정상적인 그리고 비정상적인 스트레스원, 지속적인 가족 긴장, 일상생활에서의 걱정거리 등 다양한 종류의 위험 요인이 될 수 있다. 반면, 가족 능력(capability)은 가족을 보호하는 긍정적인 요소로서 다양한 물질적, 심리사회적 자원 및 대처방식 등을 포함하게 된다. 가족 레질리언스 모델에서 가족 적응은 개인에서 가족, 가족에서 지역사회에 이르기까지 각 체계 간의 화합을 가져오는 가족 노력의 결과물이 된다(McCubbin & McCubbin, 1993).

3) 가족 레질리언스 모델의 주요 개념

(1) 가족 조절 단계

가족 조절(family adjustment)은 상대적으로 심각하지 않은 어떤 특정한 스트레스원을 다루기 위한 가족구성원 간의 노력의 결과로 간주된다. 가족 조절에 영향을 주는 몇 가지 중요한 요인들이 있으며, 이들은 서로 상호작용을 통해 가족 내 문제를 조절하게 된다(McCubbin & McCubbin, 1996).

첫째, 가족체계 내에서 발생한 스트레스원(A: stressor)과 그것의 심각성은 상당기간 가족에게 영향을 주고 축적됨으로써 가족을 취약하게 만든다. 따라서 스트레스원과 가족의 취약성은 서로 상호작용을 하게 된다. 일반적으로 가족의 취약성은 가족이 특정 스트레스에 얼마나 취약한가를 나타낸다. 가족의 취약성은 가족의 발달주기에 따라 다양하기 때문에 특정 가족에게는 스트레스가 되지 않는 사건이 다른 가족에게는 심각한 스트레스를 야기할 수 있다. 가령, 가장의 실직은 자녀가 없는 부부보다 학령기 자녀를 두고 있는 가족에게 더 치명적일 수 있다. 그 이유는 학령기 자녀가 있는 가족의 경우, 가족의 경제적 상황은 자녀양육 및 사회적, 대인관계적 문제와 더 많이 결부되어 있기 때문이다.

둘째, 가족의 취약성(V: Vulnerability)은 기존에 가족이 다양한 상황에서 보여 왔던 가족기능 및 패턴인 가족 유형(T: Established patterns of functioning)과 서로 상호작용을 하게 된다. 즉, 각각의 가족에게는 이미 확립된 기존의 가족기능 패턴이 작용하기 때문에, 가족이 취약한 상황에 빠질 경우 가족기능은 심각한 영향을 받게 된다. 가족 유형은 '가족체계가 전형적으로 인지하고, 작동하고, 행동하는 방식을 설명하고 특징짓는 기본적인 속성'으로서 오랜 시간에 걸쳐 확립됐기 때문에 예측 가능하고 습관적인 패턴을 보인다. McCubbin과 McCubbin(1996)은 이와 같은 가족 유형을 구분하였고, 일단 가족 유형이 정해지면 스트레스 상황에 대한 가족의 반응을 예측할 수 있다고 보았다.

셋째, 스트레스원, 가족의 취약성, 가족 유형 등은 가족이 가지고 있는 다양한 자원들(B: family resources)과 함께 서로 상호작용을 하게 된다. McCubbin과 McCubbin(1996)은 가족 자원을 "스트레스원을 다루고 관리하며, 위기, 불균형, 부조화를 피하기 위해 가족 전체가 노력함으로써 조화와 균형을 유지하고 가족항상성을 촉진시킬 수 있는 가족의 능력"이라고 정의했다. 조절 단계에서 가족 자원은 가족체계에서 변화를 최소화하고 위기를 최대한 피하는 것에 목적을 둔다. 중요한 가족 자원으로는 사회적 지지, 경제적 안정, 응집력, 유연성, 참을성, 공유된 영적 믿음, 개방적 의사소통, 전통, 의식, 조직 등을 포함한다. 또한 가족 자원은 발달주기에 따라 다양하며 문화에 따라 달라질 수 있다.

넷째, 앞과 같은 요인들은 또한 스트레스원에 대한 가족의 지각평가(C: stressor appraisal)와 상호작용을 한다. 즉, 가족이 스트레스원에 대해 어떻게 생각하고 평가하는지는 어려운 상황을 대처하는 데 중요한 요인이 된다.

다섯째, 가족의 지각평가는 가족의 문제해결과 대처(problem solving and coping: PSC) 전략에 영향을 준다. 가족의 문제해결과 대처 전략의 예로는 주변 이웃이나 친구에게 도움을 요청하기, 전문가로부터 자문을 얻기, 긍정적으로 생각하기 등이 있다.

마지막으로, 앞에서 언급한 요인들의 상호작용을 통해 가족은 긍정적인 조절(bonadjustment)을 하기도 하고, 부조절(maladjustment)을 통해 위기에 도달할 수도 있다. 스트레스가 심각하지 않고, 가족이 취약하지도 않으며, 가족의 기능 및 유형이 스트레스 상황에 잘 대처할 수 있는 능력이 있고, 스트레스 상황을 심각하게 받아들이지 않고, 좋은 가족 자원과 좋은 문제해결 및 대처 기술을 가지고 있다면 가족은 위기를 극복하고 긍정적인 적응 상태를 보여 줄 수 있다. 하지만 스트레스가 심각하고 만성적이라면, 가족 부담이 상당히 커서 작은 조절에 의해 쉽게 관리되기는 어렵다. 가족은 이에 대처하기 위해 실질적인 변화가 필요하지만, 이러한 변화가 현재 가족의 상황에 적합하지 않을 수도 있다. 따라서 가족들은 부적응 상태를 경험하게 될 것이고 이는 가족체계의 위기를 야기할 수 있다.

(2) 가족 적응 단계

가족 적응(family adaptation)은 가족이 지속적으로 일어나는 심각한 스트레스원을 어떻게 다루었는지 보여 주는 가족 노력의 결과로 간주한다. 일반적으로 가족들은 가족체계 내의 균형과 조화를 추구하기 위해 노력한다. 변화는 가족체계 내의 불균형 및 부조화를 불가피하게 초래하고, 그와 같은 상황에서 가족들은 에너지가 소진되는 경험을 하게 된다. 가족구성원들은 스트레스를 받는 상황 속에서 가족의 균형과 조화를 촉진하기 위해 노력하는 경향이 있다. 성공적인 적응을 위해서는 다음과 같은 요인이 중요하다.

- 새롭게 확립된 가족기능의 유형(예: 의사소통, 규칙, 경계 등)
- 기존 가족기능 유형의 수정 및 유지(예: 전통, 의식 등)
- 가족체계의 내적 자원과 능력(예: 침착함, 응집력, 존경, 지지 등)
- 가족의 사회적 지지체계(예: 확대가족, 이웃, 교회, 지역사회, 친구 등)
- 가족의 상황에 대한 지각평가

앞에서 언급한 가족 적응에 영향을 주는 요인들은 서로 상호작용을 하게 되고, 이를 통해 가족의 순적응에 도달하기도 하고 부적응에 도달하기도 한다.

가족이 그들의 위기를 극복하고자 하는 의지를 가지고 있을 경우, 가족구성원들은 서로 현재의 위기 상태를 극복하고 상황을 향상시키며, 변화의 과정에 들어가기 위한 다양한 도전을 받아들이게 되며, 결과적으로 균형과 조화에 의해 특성화된 순적응의 수준에 도달하게 된다. 이와 같은 과정을 통해 가족의 구조와 기능, 대인관계, 복지, 영적인 부분뿐만 아니라 지역사회 및 국가 환경 등 다양한 수준에서의 균형과 조화를 이루게 된다.

반면, 스트레스원으로 인해 위기에 처한 가족이 위기를 적절히 극복하지 못할 경우(가령, 위기를 너무 심각하게 인지하거나 가족체계의 변화를 받아들이지 못하는 등), 가족구성원은 가족체계의 불균형과 부조화라는 특성에 쉽게 도달하게 된다. 이와 같은 불균형과 부조화는 스트레스원으로 인해 계속해서 쌓여 있는 가족구성원의 다양한 요구에 의해 악화된다.

4) 가족 스트레스 및 레질리언스 이론의 비교

가족 스트레스 이론에서는 크게 ABCX 모델과 Double ABCX 모델을 소개하였고, 가족 레질리언스 이론에서는 McCubbin과 McCubbin(1991)이 제안한 가족 레질리언스 모델을 소개하였다. 이와 같은 3개의 모델은 스트레스 과정을 설명하기 위해 처음 개발되었고, ABCX 모델을 기점으로 점점 확장했다는 점에서 서로 유사한 모델로 간주되고 있다. 하지만 〈표 6-7〉에서 보여 주는 것처럼, 각각의 모델이 무엇에 초점을 두는지에 따라 상당한 차이점을 보이므로 각 모델의 특징을 정확하게 이해하는 것은 중요하다. 우선, ABCX 모델은 시간의 관점을 고려하지 않은 채 어떻게 스트레스원이 가족을 위험한 상황에 빠뜨리는지 설명하면서 스트레스 지각과 자원에 초점을 두고 있다. Double ABCX 모델에서는 ABCX 모델이 시간에 따른 변화를 고려하지 않았다는 점에 착안해서 위기 전, 위기, 위기 후 단계까지 고려하였고, 이와 더불어 대처방식, 누적 스트레스원, 세 가지 차원의 자원 등의 개념을 추가하였다. 마지막으로 가족 레질리언스 모델에서는 ABCX 모델과 Double ABCX 모델에서 보여 주었던 개념들을 모두 사용하면서 조절과 적응이라는 단계를 통한 가족의 회복, 균형, 조화, 적응에 이르는 과정을 보여 주고 있다.

〈표 6-7〉 ABCX 모델, Double ABCX 모델, 가족 레질리언스 모델 간 비교

	창시자	초점	내용	부가된 개념
ABCX 모델	Hill (1949, 1958)	• 스트레스원 • 스트레스 지각 • 이용 가능한 자원	가족 내 스트레스 사건이 일어날 경우, 가족이 사용할 수 있는 자원과 스트레스원의 심각성에 대해 인지하는 정도는 서로 상호작용하게 된다.	
Double ABCX 모델	McCubbin & Patterson (1982, 1983a, 1983b)	• 위기 전 • 위기 • 위기 후	가족이 위기에 적절하게 대처하지 못할 경우, 이것은 시간의 경과에 따라 축적하게 되고 가족의 위험 및 보호 요인 등을 통해 순적응 및 부적응에 도달하게 된다.	대처방식: 인지적·행동적 전략 모두를 포함함. 누적 스트레스원 개인, 가족, 지역사회 자원
가족 레질리언스 모델	McCubbin & McCubbin (1991)	• 조절 단계 • 적응 단계	가족은 조절 단계를 통해 스트레스원과 위험을 극복하기 위한 노력을 하게 되고, 이를 통해 가족 레질리언스를 얻어 적응의 단계에 이른다. 긍정적인 결과물을 강조한다.	균형과 조화

5. 가족치료 이론

가족치료는 가족을 치료의 단위로 두는 치료로서 가족의 문제를 내담자의 가족이나 관계의 역기능과 관련되어 있는 것으로 본다(송성자, 2000). 1970년대 중반 우리나라에 들어온 가족치료는 가족을 중심으로 하는 우리나라의 문화에 유용한 도구로서, 임상사회복지 현장에서 많이 활용되고 있다. 이 절에서는 다양한 가족치료 이론 중 다세대 가족치료, 경험적 가족치료, 구조적 가족치료, 그리고 해결중심 가족치료를 중심으로 각 가족치료 이론의 주요 개념과 기법에 대해 살펴보고자 한다.

1) 다세대 가족치료

(1) 다세대 가족치료의 이해

Bowen에게 가족이란 하나의 정서적 단위로, 서로 상호작용하는 관계의 연결망이다. 이러한 관계는 각 가족구성원의 사고와 감정, 행동에 매우 큰 영향을 미치며, 따라서 각 개인은 자율적인 심리적 객체라기보다 가족관계체계에 의해 강하게 영향받는 존재(Kerr & Bowen, 2005)이다.

건강한 가족발달을 한 경우 가족구성원은 자기가 잘 분화되어 있고 불안 수준이 낮다. 또한 부부가 각자 자신이 태어난 가정의 가족과 정서적으로 좋은 관계를 맺고 있어야 한다. 자신이 자라난 가정에서 가족과의 자기분화가 이루어지지 않으면 부부 문제로 비화되고 증상을 나타내는 배우자나 자녀에게 투사된다. 이와 같이 과거의 문제는 미래로 전달되는 것이다(Nichols, 2011).

(2) 주요 개념

① 자기분화

자기분화(differentiation of self)는 이성과 감정의 분리를 상징하는 심리내적 자기분화와 의미 있는 타인(원가족)으로부터 자기가 분리되어 기능할 수 있는 대인관계적 자기분화가 있다. 심리내적인 분화 수준이 높은 사람은 사고와 감정이 균형을 이루어 감정적 충동을 참을 수 있는 자제력과 객관성을 가진다. 또한 대인관계적 자기분화 수준이 높은 사람은 타인과 친밀한 관계를 맺지만 융합되지 않고, 자신만의 분명한 입장과 신념에 따라 행동한다(정문자 외, 2012). 하지만 높은 자기분화란 단순히 높은 수준의 독립성과 분리성의 의미가 아니라, 적절한 애착과 연결감, 친밀감의 개념을 내포하고 있다(Kerr & Bowen, 2005).

② 삼각관계

삼각관계(triangles)는 이인관계에서 긴장이 심해질 때 관계 불안을 감소시키기 위해 제삼자를 끌어들여 삼인 체계를 만듦으로써 긴장을 해소하는 정서적 역동방식이다(정문자 외, 2012). 삼각관계는 일시적으로 불안이나 긴장, 스트레스의 감소에 도움을 주기도 하지만 오히려 가족의 정서체계를 더욱 혼란스럽게 하여 여러 가지 증상이 나타난다. 불안이 감소하고 자기분화가 촉진되면, 삼각관계의 정서구조가 2인의 안정된 관계와 1인의 아웃사이더로 회귀하게 되는 **탈삼각화**(detriangulation)가 일어나는데, 가족들이 삼각관계에서 벗어나는 것이 가족치료의 목표이다(정문자 외, 2012).

③ 핵가족 정서체계

대부분 원가족으로부터 학습된 방식으로 타인과 관계를 맺고, 결혼을 선택함으로써 가족의 정서적인 장을 다세대에 걸쳐 반복하는데 이를 **핵가족 정서체계**(nuclear family emotional system)라고 한다(정문자 외, 2012). 결혼한 부부들은 배우자와 유사한 분화 수준과 미분화 수준을 가지는데, 독립적 자기나 분화 수준을 가지고 결혼하지 못한 경우 원가족과의 정서적 연결성이나 미분화 수준을 지니고 결혼을 하게 된다(Papero, 2012). 이는 가족의 높은 불안으로 이어지면서 가족구성원의 신체적 · 정서적 · 사회적 문제가 발생한다. 따라서 현재의 가족 문제를 해결하기 위해서는 개인의 원가족과의 상호작용을 변화시켜야 한다.

④ 가족 투사 과정

가족 투사 과정(family projection process)은 부모 문제가 자녀에게 투사되는 기본 과정(Papero, 2012)으로, 미성숙한 부모가 정서적으로 취약한 자녀를 선택하여 무의식적으로 그들의 불안과 융화를 전수하는 것을 말한다(정문자 외, 2012). 이는 핵가족 정서체계의 미분화로 인한 감정적 불안정을 다루기 위한 것이다. 이때 투사의 대상이 되는 자녀는 정서적 손상을 입게 되고 분화 수준이 낮은 상태로 성장하여 다른 사람에게 의존적인 상태를 보이게 된다.

⑤ 정서적 단절

정서적 단절(emotional cut-off)은 가족 투사 과정에 과도하게 개입된 가족구성원이 이로 인한 불안을 줄이기 위해 원가족과의 접촉을 끊는 행위로 부모와의 미해결된 융화에 대한 과장된 독립성의 표현이다(정문자 외, 2012). 투사의 대상이 된 자녀에게 주로 발생하며 원가족과의 접촉에서 생기는 불안을 줄이기 위해 부모로부터의 격리, 위축 또는 멀리 이주하거나 부모가 중요시하는 것을 부정 혹은 거부한다.

⑥ 다세대 전수 과정

가족 투사 과정이 여러 세대에 걸쳐 반복되면서 각 세대에서 점진적으로 불안과 융합에 취약한 개인이 양산되어 역기능이 야기되는 현상을 **다세대 전수 과정**(multigenerational transmission process)이라 한다(정문자 외, 2012). 다세대 전수 과정은 정서체계에 근간을 두고 있고 한 세대로부터 다음 세대로 계승된 정서, 감정, 그리고 주관적으로 결정된 태도, 가치와 신념을 포함하며, 이는 주로 가족 내에서의 관계를 통해 일어난다(Kerr & Bowen, 2005).

⑦ 형제자매 위치

형제자매 위치(sibling position) 또는 출생순위는 가족의 정서체계 안에서 특정한 역할과 기능을 하며 배우자의 상호작용 역시 원가족에서의 형제자매 위치와 관련이 있다(정문자 외, 2012). 이러한 형제자매 위치는 출생순위와 반드시 일치하지는 않으며, 오히려 가족 내의 기능적 위치와 관련된다.

(3) 치료 목표 및 치료 과정

① 치료 목표

다세대 가족치료에서는 자기 자신과 관계에 대한 학습기회를 제공하고 문제에 대한 책임을 깨닫게 하고자 하며, 가족구성원이 서로 비난하지 않고 가족 문제의 발생에 각자 차지하고 있는 역할을 찾도록 돕는다(Nichols, 2011). 이러한 과정을 통해 가족구성원의 불안은 감소하고 자기분화 수준은 높아지며, 자율성이 조장된다.

② 치료 과정

사회복지사는 가족과의 평온하고 중립적인 관계를 기반으로, 적극적으로 가족을 변화시키거나 가족에게 영향을 줄 수 있는 움직임이나 행동을 거의 하지 않는다. 다만 정보를 모으고, 폭넓은 조망을 유지하고, 정서적 중립을 획득하고 유지하며, 하나의 이론적 관점에 접근하려고 한다(Papero, 2012).

(4) 치료 기법

① 가계도

가계도(genogram)는 최소 3세대에 걸친 복잡한 가족패턴을 한눈에 볼 수 있도록 가족 정보를 도식화한 것이다. 이 도식은 시간의 경과에 따라 증상이 가족 맥락과 연관되어 어떻게 발달되었는지에 대한 가설을 세울 수 있도록 풍부한 자원을 제공해 준다(McGoldrick et al., 2011). 이를 통해 원가족과의 융합이나 미분화, 삼각관계, 핵가족 정서체계, 정서적 단절 등을 발견해 낼 수 있고 여러 세대에 걸친 정서 과정의 역동을 살펴보는 데 유용하다.

② 치료적 삼각관계

두 성인과 사회복지사로 이루어진 삼각관계 내에서의 작업 동안 사회복지사를 삼각화 과정에 끌어들이려는 시도가 있는데, 이때 정서적으로 말려들지 않고 중립을 유지하면 가족체계는 치료적 삼각관계 안에서 다시 평정을 찾아 문제를 해결할 방법을 찾게 된다(정문자 외, 2012).

③ 과정 질문

과정 질문(process question)은 클라이언트의 감정을 가라앉히고 정서적 반응에 의해 유발된 불안을 낮추며 사고를 촉진할 수 있는 기법으로서의 질문은 다세대 가족치료에서 중요한 치료 방법 중 하나이다. 정서보다는 내담자의 사고에 초점을 둔다(정문자 외, 2012).

④ '나의 입장' 기법

'나의 입장(I-position)' 기법은 상대방의 행동을 지적하기보다는 자신이 어떻게 느끼는가를 자기 입장에서 표현함으로써 정서적 충동에 의해 반응하지 않는 방법이다(정문자 외, 2012). 가족구성원들은 사회복지사가 자신의 의견에 맞장구쳐 주거나 어떤 책임감을 갖고 확고히 행동해 주길 강요하기도 한다. 그런 상황에서 사회복지사는 자신을 분명하고 확고하게 정의할 필요가 있다(Papero, 2012).

(5) 사회복지사의 역할

다세대 가족치료에서 사회복지사는 코치의 역할을 하게 된다. 코칭(coaching)이란 두 성인과 사회복지사의 삼각관계에서 사회복지사의 중립적이고 객관적인 지시에 따라 작업하는 치료 기법이다. 이를 통해 사회복지사는 삼각관계에 끌려 들어가지 않으면서 가족 스스로 가족의 정서 과정과 개인의 역할을 이해할 수 있도록 돕는다(정문자 외, 2012).

2) 경험적 가족치료

(1) 경험적 가족치료의 이해

경험적 가족치료는 인간은 내적 자원을 지니고 있고 스스로 선택할 수 있으며 변화할 수 있다는 인간관을 가진다. Maslow나 Rogers와 같은 맥락에서 인간은 힘, 동기, 현실에 대한 내적 느낌을 다룰 수 있고 성장할 수 있다는 믿음이다(Satir et al., 2000). 이러한 인본주의적 믿음에 기초하여 인간의 솔직한 정서가 갖는 지혜를 신뢰하고, 있는 그대로의 그 자신이 되도록 허용될 때, 가장 건강한 상태가 된다고 믿는다. 따라서 건강하고 기능적인 가족 안에서는 개방적이며 자연스럽고 자발적인 경험의 중요성이 강조되고 가족 각 구성원은 있는 그대로의 자기 자신이 되는 자유를 누리게 된다. 반면 이러한 충동이 부정되고 감정이 억압되면 가족에서의 문제가 발생하게 된다.

(2) 주요 개념

① 자아존중감

자아존중감은 자신이 갖고 있는 특질에 대한 자기 평가를 통해 개인이 갖게 되는 하나의 신념으로, 개인의 심리적 상태뿐 아니라 대인관계에도 영향을 미치는 중요한 성격구인이다. 경험적 가족치료의 목적 중 하나는 바로 이러한 자아존중감을 높이는 것이다. 경험적 가족치료는 낮은 자아존중감을 회복시켜 자신의 가치를 인정하고, 자신의 장점과 자원을 발견하고 활용하도록 도와 스스로 문제 상황에 잘 대처할 수 있게 한다(정문자 외, 2012).

② 의사소통 및 대처 유형

경험적 가족치료에서는 사람들이 긴장할 때 드러나는 부정적 의사소통과 대처 유형으로 회유형, 비난형, 초이성형, 산만형의 역기능적 의사소통 유형을 제시한다. 이는 낮은 자존감에 대한 신체적, 정서적, 그리고 언어적 표현으로 자아존중감이 낮고 불균형 상태일 때 주로 나타나는 일종의 생존 유형이다(Satir et al., 2000).

회유형(placating) 자신의 내적 감정이나 생각을 무시하고 타인의 비위에 맞추려는 성향으로 자기, 타인, 상황 중 자기가 무시되는 양상을 보인다. 결과적으로 감정을 억제하게 되며, 위장관 장애나 편두통 등의 신체적 질병이 나타날 수 있다. 예민함과 돌봄이라는 자원을 갖는다.

비난형(blaming) 회유형과는 반대로 타인을 무시하는 양상을 보인다. 타인을 비난하고 통제하며 명령하는 모습을 보이지만, 외적 공격성과는 달리 내적인 소외감을 경험한다. 분노나 적대감, 반사회적 특성과 함께 고혈압과 같은 증상을 나타낼 수 있다. 강한 자기주장이라는 자원을 갖는다.

초이성형(super-reasonable) 자신과 타인은 모두 무시된 채 상황만을 중시하는 의사소통 유형으로 완고하고 냉담해 보이는 모습이지만 쉽게 상처 받고 소외감을 느낀다. 우울증이나 강박증, 공감력 부족 등과 함께 암이나 심장마비와 같은 신체적 질병이 발생할 수도 있다. 지식의 자원을 갖는다.

산만형(irrelevant) 자신과 타인 및 상황 모두를 무시하는 양상을 보이며, 주제나 상황에 맞지 않은 말과 산만한 행동을 보이기 때문에 상담 진행에 있어 가장 어려운 유형이라 할 수 있다. 정서적으로 혼란된 심리 상태를 보이며 신경성 장애, 위장관 장애 등의 질병이 나타날 수 있다. 즐거움과 자발성, 창의성이라는 자원을 갖는다.

일치형(congruent) 회유형, 비난형, 초이성형, 산만형과는 달리 기능적 의사소통을 보이는 유형이다. 내적 감정과 의사소통 내용이 일치하여 자기 감정을 잘 알아차리고 이를 적절하게 표현할 수 있는 능력을 갖고 있기 때문에 진실한 의사소통이 가능하다. 이들은 높은 자기 가치감을 가지며 심리적, 신체적으로 건강하다. 연결됨과 접촉, 높은 자존감의 자원을 갖고 있다. 일치형의 의사소통을 할 수 있도록 도움으로써 자기 가치 수준을 향상시키는 것은 경험적 가족치료의 중요한 치료 목표이다.

③ 가족규칙

가족규칙은 원가족 삼인군에서의 경험을 내면화한 것으로, 비합리적이고 비현실적인 규칙은 낮은 자존감과 개인과 가족의 역기능을 유발하므로 이에 대한 확인과 수정이 필요하다. 또한 지나치게 경직되어 있는 가족규칙을 융통성 있고 독립적으로 받아들일 수 있도록 해야 한다.

(3) 치료 목표 및 치료 과정

① 치료 목표

경험적 가족치료의 궁극적인 목적은 자아존중감을 높이고 자기 인생에 대한 선택권을 스스로 갖도록 하며, 가족규칙을 합리적, 현실적, 인간적으로 만들고 클라이언트의 의사소통 유형을 일치형으로 만드는 것이다(정문자 외, 2012).

Satir(1972)는 가족치료의 목표를 다음과 같이 진술한다(Nichols, 2008에서 재인용).

> "우리는 가족체계 안에서 세 가지 변화를 만들려고 시도한다. 첫째, 각 가족의 구성원들은 일치하고, 완전하고, 정직하게 그 자신과 다른 사람들에 대해 그가 보고, 듣고, 느끼고, 생각하는 것을 다른 이들 앞에서 말할 수 있어야 한다. 둘째, 힘보다는 탐구와 협상에 의한 결정이 이루어지기 위해서는 각 사람의 고유성이 존중되어야 한다. 셋째, 개인 간의 차이점은 반드시 개방적으로 인정되고 성장을 위해 사용되어야 한다."(p. 120)

② 치료 과정

수용적이고 긍정적 분위기 속에서 클라이언트가 안전하고 가치 있게 느끼게 함으로써 변화를 유발할 수 있다. 변화를 원하는 클라이언트는 일련의 단계를 밟게 되며, Satir는 이 과정을 다음의 여섯 단계로 설명하고 있다(Satir et al., 2000).

첫 번째 단계는 정체 상태이다. 구성원들의 삶에 뿌리내려 강력한 생존방식과 신념들이 형성된 일정한 상태가 유지된다. 하지만 이러한 상태가 고통스럽거나 위기에 처하게 될 때, 변화의 필요가 생겨난다.

두 번째 단계는 외부 요인의 도입 단계이다. 변화를 필요로 하는 체계 또는 개인은 체계 밖의 어떤 사람에게 변화의 필요를 말하게 된다. 이전에는 그 체계 안에 없었던 어떤 사람이 개입하게 되며, 이들 외부 사람이 그 체계 내의 각 성원들에게 수용되게 된다.

세 번째 단계는 혼돈 단계이다. 그 체계 또는 개인이 현 상태에서 불균형의 상태로 옮아가기 시작한다. 체계가 예견할 수 없는 방식으로 작동하고 있으며, 가족구성원들은 안전감(security)과 안정감(stability)을 잃게 된다.

네 번째 단계는 통합 단계이다. 새로운 학습이 통합되고, 새로운 상태가 서서히 발전되어 간다. 부모님, 생의 여러 경험들, 우리의 자존감 그리고 미래에 대한 새로운 인식을 수용하게 된다. 많은 생존 방식을 포기하고 새로운 존재 방식을 받아들일 수 있다.

다섯 번째 단계는 실습 단계이다. 새롭게 학습한 것을 실습해 봄으로써 새로운 상태가 강화된다.

여섯 번째 단계는 새로운 상태의 단계이다. 보다 건강한 균형을 이루고 좀 더 충분히 기능적으로 행동할 수 있는 개인, 건강한 관계들이 형성되는 단계이다.

(4) 치료 기법

① 빙산 치료

개인의 내적 과정을 이끌어 내는 은유적 방법으로 활용되는 것이 빙산 기법이다. 표면적으로 드러난 문제행동의 변화에 초점을 두기보다는 감정, 기대, 지각, 열망 등 수면 아래를 탐색함으로써 부적응적인 클라이언트의 경험을 표면화하고 변형하는 것을 목표로 하고 있다. 1차 수준에서의 작업은 감정들과 접촉해서 그것을 수용하고 다른 사람들에게 알게 하며, 이를 다루어 나가는 과정이다. 2차 수준에서의 작업에서 사람들은 지각을 변화시킨 후 자아존중감을 재확인할 필요가 있다. 이러한 작업은 지각과 해석(interpertation), 그리고 자아(self)가 조화를 이루게 한다(Satir et al., 2000).

② 원가족 삼인군 치료

원가족 삼인군 치료(primary triad therapy)의 목적은 기능적인 삼인군의 특성을 갖게 하는 것이다. 역기능적인 원가족 삼인군 가족관계에서 유래된 쟁점을 현재의 상황에서 이해시키고, 이 쟁점을 현재의 삶에 대한 방해물이 아닌 긍정적인 것으로 부각시켜 원가족 삼인군을 치유하는 것이다(정문자 외, 2012). 이러한 과정을 통해 클라이언트가 원가족 삼인군에서 배운 역기능적 대처 방법에 집착하지 않고 가족규칙과 부모의 규제에서 벗어나 개별성을 갖게 된다. 또한 일치형의 의사소통과 높은 자존감을 경험하게 된다.

③ 가계도 작성

가계도를 작성하는 이유는 가족재구성 시에 다루어야 하는 영역을 분명하게 보여주고, 실제 진행 과정까지도 파악할 수 있도록 도와주기 때문이다.

가계도 작성은 네 단계로 이루어진다(Satir et al., 2000). 첫 번째 단계에서는 결혼 시기, 부모의 이름, 생일과 출생지, 현재의 나이 또는 사망 당시의 나이, 종교, 직업, 인종적 배경, 교육 정도, 취미 등 클라이언트의 부모들에 대한 상세한 내용이 요구된다. 두 번째 단계에서는 부모를 묘사하는 세 가지 형용사, 스트레스 받을 때 부모가 보여 주었던 일차적 대처방식, 스트레스 받을 때 부모들이 보여 주었던 이차적 대처방식 등에 대한 내용을 첨가한다. 세 번째 단계에서는 모든 자녀를 첫째 아이부터 순서대로 적고, 각각의 자녀에 대한 첫 번째 단계의 정보와 두 번째 단계의 정보를 추가한다. 마지막으로 네 번째 단계에서 클라이언트는 친조부모, 외조부모 그리고 원가족에 대한 3개의 분리된 가계도를 앞의 3단계에 걸쳐 만든다. 3단계 정보 외에 부모와 조부모의 가족규칙, 가족의 패턴(직업, 질병, 대처방식, 사인 등), 가족의 가치와 신념(교육의 가치, 돈의 가치 등), 가족신화와 비밀, 가족 주제 등이 작성된다.

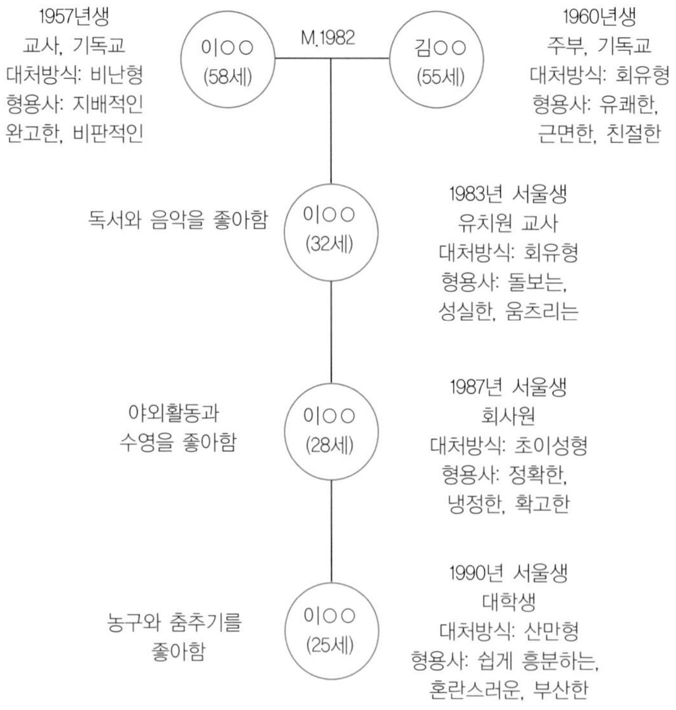

[그림 6-6] 가계도

④ 가족 생활 연대기

생활 연대기(life chronology)는 출생 후부터 현재까지 주요 생활사건을 연대별로 나열한 것을 말한다. 이를 통해 자신의 인생경험을 반추하고 자신에게 영향을 미쳤던 사건을 인식하고 재구성해 볼 수 있다(정문자 외, 2012).

클라이언트의 가장 연로하신 조부모의 출생에서부터 클라이언트가 성년에 도달할 때까지 3세대에 걸쳐 작성한다. 차트는 연대기 순서대로 각 가족구성원의 출생일, 이사, 결혼, 이혼, 죽음, 재결합, 불행한 사건 등 가족의 중요한 사건들과 졸업, 승진과 같은 사건들, 전쟁, 자연재해, 경제적 변동 등 중요한 역사적 사건 날짜 등의 정보를 통합한다(Satir et al., 2000).

⑤ 영향력의 수레바퀴

영향력의 수레바퀴(wheel of influence)는 성장기 동안 우리에게 지적, 정서적, 신체적, 사회적으로 영향을 준 사람이나 사건을 바퀴 모양의 그림으로 만든 것이다. 이를 통해 미처 인식하지 못했거나 인정하고 싶지 않았던 경험과 관계를 재정리해 볼 수 있다(정문자 외, 2012).

클라이언트의 이름을 중앙에 적고 다른 사람들을 수레바퀴처럼 원 주위에 표시한다. 바퀴살의 두께가 두꺼울수록 더 친밀하다는 것을 나타낸다.

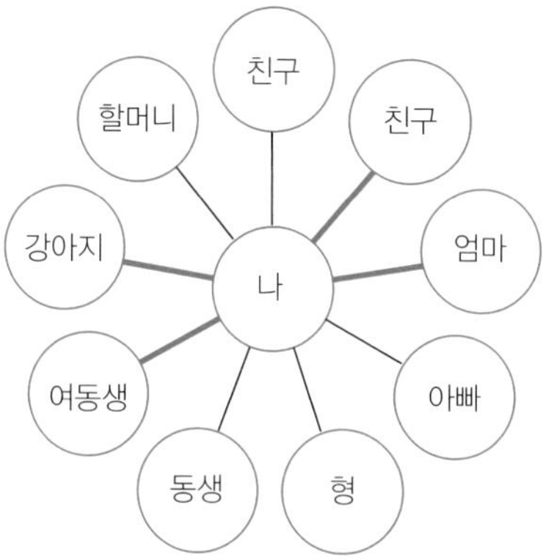

[그림 6-7] 영향력의 수레바퀴

⑥ 가족 조각

가족 조각(family sculpture)이란 어느 시점을 선택하여 그 시점에서의 가족관계, 타인에 대한 느낌과 감정을 동작과 공간을 사용하여 표현하는 비언어적인 기법(정문자 외, 2012)으로 지속적으로 움직이는 상태에 있는 가족들의 상호작용 패턴 및 심리내적 과정을 신체 동작을 통해 외현화하는 것이다(Satir et al., 2000). 이 기법을 통해 가족의 의사소통 유형이나 규칙, 가족 대처 방법 등의 가족역동성이 가시화되고 가족들은 자신들의 역동을 찾아내고, 다른 가족구성원들이 서로를 어떻게 지각하는지 깨달을 수 있다.

⑦ 은유

은유(metaphor) 기법은 사회복지사가 직접적으로 지시하거나 평가하기보다는 간접적이고 비유적인 표현을 사용하는 것이다. 이는 클라이언트의 자아존중감이나 체면을 손상시키지 않기 때문에 덜 위협적이다. Satir는 클라이언트에게 어떤 특별한 의미를 전달하고자 할 때 은유를 사용하였다. 은유를 통해 사회복지사 자신이 의미하려는 것과 그 실제 대상과의 사이에 일정한 공간이 생기는데 그 공간은 클라이언트가 자기 나름대로 해석할 수 있는 여유를 제공한다고 보았다(정문자 외, 2012).

⑧ 명상

명상은 감정과 직관력을 담당하는 뇌의 우반구를 사용할 수 있게 하고 지금-여기에 존재하게 한다. 그뿐 아니라 자신의 내적·외적 자원을 감사히 생각하고 충분히 활용할 수 있게 하며, 새로운 에너지를 갖고 새로운 선택과 가능성을 추구할 수 있도록 함으로써 변화와 성장이 일어나게 한다(정문자 외, 2012).

(5) 사회복지사의 역할

경험적 가족치료에서는 사회복지사의 사람됨과 일치성을 중요하게 여기며, 사회복지사가 유능(competent), 자신감(confident), 그리고 일치(congruent)라는 요소를 가지고 있어야 함을 강조하고 있다(Banmen, 2001, 2002: 정문자 외, 2012에서 재인용).

3) 구조적 가족치료

(1) 구조적 가족치료의 이해

구조적 가족치료에서의 가족은 구성원 간의 상호작용을 지배하는 일정한 행동 유형과 규칙에 따라 구조화된 하나의 체계이다. 가족구조는 끊임없이 변화하고 있는 개방적 사회문화체계로서 개인이 어떻게 상호관계를 맺고 행동하는가를 통제하고 관할한다(Minuchin, 1988).

이러한 가족체계는 몇 가지의 고유한 성질을 갖는다(Minuchin, 1988). 첫째, 구조에 있어서의 변형은 다른 변화의 가능성을 유발하게 될 것이다. 둘째, 가족체계는 구성원의 지지, 규율, 양육, 사회화를 중심으로 구성된 것이다. 따라서 사회복지사는 가족을 교육하거나 사회화하기 위하여 가족에게 합류하는 것이 아니라, 가족이 이러한 과업을 더 잘 수행할 수 있도록 가족 자체의 기능을 수정하고 고치기 위하여 가족에 합류하는 것이다. 셋째, 가족체계는 그 체계를 지속시키고자 하는 성질이 있다. 그러므로 한 번 변화의 효력이 발생하면 가족은 그 변화를 유지한다.

역기능적인 가족은 가족의 규칙이나 역할이 너무 완고함, 세대 간의 경계가 불분명함, 폐쇄적인 의사소통, 가족의 주기 단계에 고착, 강한 통제나 강한 의존성, 한 사람의 희생양, 가족체계의 폐쇄성, 상호 간의 협상과 조정이 어려움, 가족들의 비현실적이며 이상적인 기대나 욕구, 가족 자원의 결핍이나 고립 등의 특징을 가진다. 이에 반해 기능적인 가족은 가족 간의 규칙과 역할이 융통성 있음, 세대 간의 경계가 명확함, 열린 의사소통, 협동성, 가족의 주기 단계에 변화, 자율적인 책임 강조, 적절히 분배된 문제, 개방적 가족체계, 상호 간의 협상과 조정 가능, 가족들의 현실적인 기대나 욕구, 풍부하고 사회관계망적인 가족 자원의 특징을 보여 준다(김혜숙, 2003).

(2) 주요 개념

① 가족구조

가족구조(family structure)는 구조적 가족치료의 핵심적인 개념으로, 가족구성원의 상호작용 방법을 조직하는 눈에 보이지 않는 일련의 기능적 요구로 구성된다(Minuchin, 1988). 이러한 가족구조는 일련의 묵시적 규칙들로 반복적이고 체계화되어 있어 이를 통해 가족의 행동양식을 예측할 수 있다.

② 하위체계

가족을 하나의 체계로 볼 때 가족 안에 세대, 성별, 흥미, 기능에 따라 형성된 더 낮은 체계가 존재하며, 이를 하위체계라 한다. Minuchin은 부부 하위체계, 부모 하위체계, 부모–자녀 하위체계, 형제자매 하위체계 등의 하위체계의 기능을 강조하며, 이러한 하위체계는 각기 고유의 역할과 기능 수행하는 동시에 상보적인 관계를 맺는다(정문자 외, 2012).

③ 경계선

경계선은 가족구성원 개인과 하위체계의 안과 밖을 구분하는 선으로 이를 통해 개인 혹은 하위체계 간 친밀함의 정도와 정보의 상호교환 정도, 문제해결을 위한 상호교류의 정도를 파악할 수 있다(정문자 외, 2012). 가족이 적절하게 기능하기 위해서는 하위체계 간의 명확한 경계로 하위체계 구성원이 과도하게 방해받지 않고 그들의 기능을 수행할 수 있어야 한다. 동시에 하위체계 구성원과 다른 사람들 사이의 접촉 역시 허락되어야 한다(Minuchin, 1988).

④ 위계구조

가족 내 권위와 책임을 바탕으로 가족구성원이 각자 어떠한 위치에 있는가를 말해주는 가족의 기능적 구조가 위계구조(hierarchy)이다(정문자 외, 2012). 효율적인 위계구조를 갖고 가족구성원이 각자 적합한 위치에 있을 때 가족은 적절한 기능을 보여 주게 된다.

(3) 치료 목표 및 치료 과정

① 치료 목표

가족의 문제나 증상은 역기능적 가족구조에서 발생하는 것으로 구조적 가족치료의 목표는 가족을 재구조화하여 가족이 그들의 문제를 해결할 수 있도록 하는 것이다. 이 과정에서 클라이언트의 문제나 증상은 자연스럽게 사라진다고 본다. 가족의 독특성에도 불구하고 가족들은 일반적으로 공통되는 문제가 있고 전형적인 치료 목표가 있다. 일반적으로 가장 중요한 목표는 효과적인 위계질서의 창조이며, 이 외에도 밀착되거나 유리된 가족에 대한 경계선의 강화 또는 유연성을 증가시키는 것 등이 있다(Nichols, 2011). 가족집단의 구조가 변형되면 이에 따라 구성원의 위치가 바뀌며, 그 결과 각 개인의 경험도 변화된다(Minuchin, 1988).

② 치료 과정

구조적 가족치료는 가족의 조직을 변화시키려는 방향으로 진행된다. 이를 위해 첫째, 사회복지사가 가족에 합류하여 지도자의 위치를 확보하고, 둘째, 사회복지사가 가족의 구조를 확인하며, 셋째, 가족구조를 변화(재구조화)시키는 3단계의 치료 과정을 갖는다(정문자 외, 2012).

합류　사회복지사가 가족의 조직과 상호교류 유형을 있는 그대로 수용하고, 가족의 강점을 직접 경험함으로써 가족체계와 관계를 맺게 되는 것을 합류(joining)라 한다. 가족의 성공적인 재구조화는 합류에서 시작된다. 합류는 사회복지사가 가족의 정서체계에 적응하는 것이다. 사회복지사가 가족에 합류하여 가족을 있는 그대로를 존중하고 받아들일 때, 가족이 역기능적인 측면뿐 아니라 기능적인 측면도 가지고 있음을 부각시켜 줄 때, 가족은 편안과 안전을 느끼며 변화 과정에 참여하고자 하는 의지를 갖게 될 가능성이 더 크다.

가족구조 확인　사회복지사가 가족과 합류한 다음에는 하위체계의 기능, 경계선,

위계구조 등의 가족구조를 파악하는 과정이 진행된다. 가족구조는 가족의 상호교류 과정에 대한 사회복지사의 관찰이나 치료실에서 자리에 앉는 위치, 그리고 사회복지사가 가족에게 요청하여 가족의 상호작용을 치료실에서 실제로 행동해 보이는 실연(enactment) 등을 통해 확인된다.

가족의 재구조화　가족의 재구조화는 가족이 내적, 외적 스트레스에 적응할 수 있도록 경계선을 조정하고, 하위체계가 제 기능을 할 수 있도록 돕는 한편, 적절한 위계구조를 확립하도록 하는 것이다.

(4) 치료 기법

① 합류 기법

합류는 가족구성원이나 가족체계에 관련을 맺으려는 사회복지사의 행동을 강조하는 것이며, 합류를 위해 사회복지사는 가족의 조직과 스타일을 받아들이며 그것과 조화를 이루어야 한다(Minuchin, 1988). 합류를 위해 사회복지사는 유지, 추적, 모방 기법을 사용한다(Minuchin, 1988: 정문자 외, 2012에서 재인용).

유지(maintenance)는 가족구조를 지각하고 분석하기 위해 사회복지사가 가족구조를 의도적으로 지지해 주는 기법이다. 가족의 전체 구조뿐 아니라 가족의 하위체계에 대한 적극적인 승인과 지지, 가족구성원 개인의 특성을 있는 그대로 받아들이고 그들의 장점과 가능성을 인정하고 지지하는 것, 특정 가족구성원의 위치를 지지하는 것, 가족이 사용하는 특정 의사소통 패턴이나 표현방식을 있는 그대로 사용하는 것 등이 포함된다.

추적(tracking)은 사회복지사가 가족의 의사소통과 행동의 내용을 따라가고 그것이 계속되도록 격려하는 기법이다. 가족이 말하는 내용을 명확히 하기 위해 질문을 하고, 찬성의 의견을 표현하거나 가족이 말한 내용을 확대시켜 문제의 핵심을 이끌어 내는 등의 작업을 포함한다.

마지막으로 모방(mimesis)은 사회복지사가 가족이 사용하는 언어, 몸짓, 대화 방식 등을 그대로 따라 하는 방법이다. 이를 통해 사회복지사는 가족의 생활방식과 정서 상태에 적응할 수 있게 된다.

② 구조적 지도

가족의 상호작용 구조를 기호로 나타내는 구조적 지도(structural map)는 가족의 상호작용 구조를 간략히 나타냄으로써, 변화 과정을 평가하거나 치료 목표를 설정하는 데 사용된다.

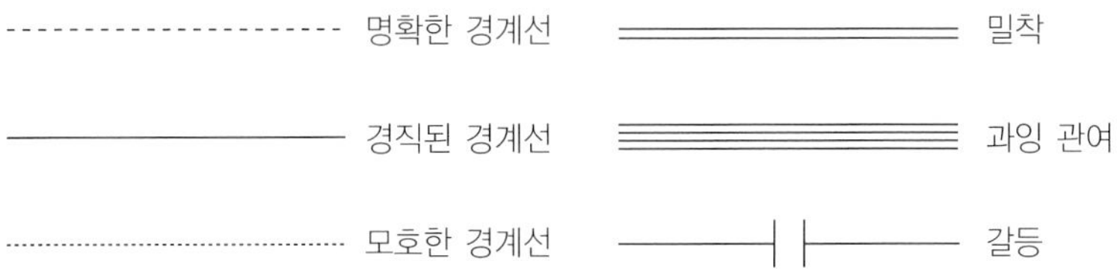

[그림 6-8] 구조적 지도의 기호

③ 가족의 재구조화 기법

재구조화 작업은 가족에게 치료적 변화를 요구하려는 의도로 가족에게 도전하고 맞서는 치료적 개입이다. 재구조화 작업은 치료에서 가장 중요하며 치료 목표를 향한 움직임을 창조하는 극적인 개입으로 긴장고조, 증상활용, 과제부여의 기법 등을 활용한다(Minuchin, 1988).

긴장고조 기법은 사회복지사가 가족의 평소 의사소통 방식을 방해하거나 갈등에 대해 공개적으로 토론하게 하는 등 가족 내의 스트레스를 증가시키는 기법이다. 이를 통해 가족이 지켜 온 평형 상태에서 벗어나 재구조화되도록 도울 수 있다.

증상활용 기법은 가족의 재구조화를 위해 증상을 활용하는 것이다. 증상에 초점 맞추기, 증상을 과장하기, 증상에 무관심하고 새로운 증상으로 이동하기, 증상 재명명하기 등의 전략을 사용할 수 있다.

마지막으로 사회복지사는 가족의 재구조화가 진행되는 과정에서 자연스럽게 이루어질 수 없었던 영역을 지적하고 활성화하기 위해 과제를 부여할 수 있다. 가족이 과제를 수행하게 함으로써 사회복지사는 가족의 재구조화를 도울 수 있고 가족의 구조를 관찰할 수도 있다.

(5) 사회복지사의 역할

가족의 재구조화를 위해 사회복지사는 다음의 역할을 한다(Becvar et al., 2003: 정문자 외, 2012에서 재인용).

- 가족구조의 개념에 대한 지식과 신념을 가진다.
- 가족구조를 나타내는 가족의 상호교류와 그 패턴을 관찰한다.
- 현재의 가족구성원과 가족 환경을 고려하여 이 가족의 이상적인 구조가 무엇인지를 명확히 한다.
- 사회복지사는 지도자의 역할을 맡는 한편, 치료 목표를 달성하기 위해 가족에 합류하고 가족을 수용하며 존중하면서 가족의 상호작용에 적응한다.
- 사회복지사는 가족을 존중하지만 확고한 방법으로 개입함으로써 변화되기를 원하는 바가 치료 시 일어날 수 있도록 돕는다.
- 가족구성원을 지원하고 그들이 치료 시간에 새로운 방법을 시도할 수 있도록 도우며, 그들의 시도와 성공을 인정하고 칭찬한다.

4) 해결중심 단기치료

(1) 해결중심 단기치료의 이해

해결중심 단기가족치료는 문제의 진단과 제거에 초점을 두는 전통적 가족치료 모델과 달리 문제의 원인 파악보다는 클라이언트의 자원을 활용하면서 문제해결 방법에 초점을 둠으로써 치료 목적을 성취하고자 한다(정문자 외, 2012). 문제 중심적 사고는 사람들로 하여금 효과적인 해결책을 인식하지 못하게 하거나, 사람들이 상황에 대해 규정하는 방식과 고집스럽게 취하는 잘못된 행동이 지속되어 문제로 나타나게 만드는 것이다(Nichols, 2011). 해결중심 단기치료에서는 모든 클라이언트가 레질리언스를 갖고 있고 자신의 문제를 해결하는 데 필요한 자원과 힘을 갖고 있으며 자신의 상황에 대한 전문가라고 가정한다.

(2) 주요 개념

다음은 해결중심 단기치료를 적용해 가는 과정에서 사회복지사들이 이해하게 된 클라이언트와 변화의 원리와 가정에 대한 설명이다(Berg & Miller, 1995).

① 정신질환에 반대되는 개념인 정신건강에 대한 강조

클라이언트가 자신들의 문제를 다루는 데 있어서 성공하였던 경험에 일차적인 초점을 두는 것으로 클라이언트의 장점과 자원, 그리고 능력들이 클라이언트의 결함이나 장애에 비해 부각된다. 무엇이 잘못되었고 고착되었나 하는 것보다, 무엇이 잘 되었고 그것을 어떻게 활용하는가를 찾는다.

② 활용

해결중심 단기치료에서는 클라이언트가 바라는 결과를 성취하기 위해, 클라이언트가 이미 지니고 있는 자원, 기술, 지식, 믿음, 동기, 행동, 증상, 사회관계망, 환경, 개인적 특성 등을 활용하고자 한다. 사회복지사는 단지 클라이언트가 자신의 특성에 맞는 해결책을 찾을 수 있도록 도와줄 뿐이다.

③ 탈이론적/비규범적/클라이언트가 결정한 관점

해결중심 단기치료는 각 클라이언트를 독특한 개인으로 인정하여, 인간행동에 대한 가설적 이론의 틀에 인간을 끼워 맞추려 하기보다는 개인의 독특한 욕구를 충족시키고자 한다. 때문에 탈이론적이고 비규범적이며 클라이언트가 결정한 입장을 존중하는 융통성을 가지고 클라이언트의 견해를 수용하고자 한다. 또한 클라이언트의 개별적이고 특별한 불평에 주목하여 개별적인 해결책을 발견하고자 시도한다.

④ 간략화

해결중심 단기치료는 클라이언트의 불평을 심각하고 병리적인 문제의 피상적 표현으로 가정하여 길고 집중적인 치료를 고려하는 대신, 있는 그대로의 불평을 수용하고 가장 단순하고 최소한으로 개입하는 치료를 선택한다. 한 영역에서 생기는 작은 변화는 궁극적으로 다른 많은 영역들에서 심각한 변화를 야기하며(파급효과), 일단 변화가 시작되면 클라이언트를 위한 더 나은 변화들이 일어나게 될 것이다.

⑤ 변화의 불가피함

해결중심 단기치료는 변화가 클라이언트 삶의 일부여서 이를 막을 수 없다는 가정에 기초하고 있다. 치료는 자연스럽게 일어나는 변화를 단지 확인하고 그 변화를 해결책으로 활용하는 작업이라고 볼 수 있다.

⑥ 현재와 미래에 대한 지향

해결중심 단기치료는 과거를 깊이 연구하기보다 클라이언트가 현재와 미래에 적응하는 것을 돕는 데 일차적인 초점을 둔다. 때문에 클라이언트에게 과거의 오랜 기간 동안 문제가 발생하였던 원인에 대해 묻고 이해하기보다는, 클라이언트가 현재 무엇을 하고 있고, 미래에 무엇을 할 것인가 하는 점이 강조된다.

⑦ 협력

협력이란 다른 사람과 함께 일하는 것을 의미한다. 진정으로 협력적인 관계란 클라이언트가 사회복지사에게 협력하여야 할 뿐만 아니라, 사회복지사도 클라이언트에게 협력하여야 하는 것이다.

(3) 치료 목표 및 치료 과정

① 치료 목표

치료의 목표는 가족이 어떻게 구성되어야 하는가가 아니라, 가족이 삶에서 무엇을 다르게 하기를 원하는가에 있다. 따라서 목표는 클라이언트의 용어로 정의되며 이는 가족마다 다르다(Nichols, 2011). 일상생활에서 성공을 경험하기 어려운 클라이언트들은 성공적인 경험과 변화해 나간다는 감정이 절대적으로 필요하며, 따라서 클라이언트가 쉽게 성취할 수 있는 명확한 목표를 통해 클라이언트가 성공을 경험할 수 있도록 해야 한다(Berg & Miller, 1995).

② 치료 과정

해결중심 단기치료의 상담 과정은 첫 회 면담과 그 이후의 면담으로 대별된다(정문자 외, 2006). 첫 회 면담 과정은 다음의 4단계로 이루어진다. 1단계는 라포 형성 및 사회복지사-클라이언트 관계의 사정이다. 2단계는 목표 설정이다. 3단계는 해결 지향적 질문의 제공이다. 변화질문, 예외질문, 기적질문, 척도질문, 대처질문, 관계성질문, 악몽질문 등을 활용하며 그 외에 간접적인 칭찬이나 "그 외에 또 무엇이 있습니까?"라는 질문 등을 던진다. 마지막 4단계는 메시지 작성과 전달로 이루어진다.

2회 상담부터는 첫 상담 이후에 조금이라도 나아지거나 변화된 점에 초점을 두지만, 구체적으로 무엇이 나아졌는지 이끌어 내고(Elicit: E), 나아진 것을 확장시키며(Amplify: A), 이를 강화하고(Reinforce: R), 또다시 나아진 다른 것을 묻는다(Start Again: S).

(4) 치료 기법

① 클라이언트와 사회복지사 간의 관계성 유형에 따른 개입

해결중심치료에서는 클라이언트를 방문형, 불평형, 고객형으로 구분하며, 이에 따른 개입 방법을 설명하고 있다(Berg & Miller, 1995).

방문형　클라이언트가 다른 사람, 즉 배우자나 가족, 고용주 등에 의해 의뢰되었을 때 나타난다. 이런 경우 클라이언트는 자신이 변화해야 할 어떤 이유도 보려 하지 않거나 혹은 치료받아야 할 필요도 거의 없다고 여긴다. 사회복지사는 치료받아야 할 문제가 없는 것 같다는 데에 동의하고, 어떤 다른 것을 다루어야 할 필요가 있다고 여

기면 기꺼이 도와주겠다는 입장을 취한다. 그의 문제에 동정적이기, 칭찬하기, 치료 의뢰자의 요구에 대한 클라이언트의 관점 물어보기를 통해 클라이언트가 원하는 것을 발견함으로써 치료 목적을 설정할 수 있다.

불평형 이들은 불평이나 치료 목표를 자세하게 기술하지만, 자신이 아닌 다른 누군가(상대방)가 변화해야 문제를 해결할 수 있다고 믿는다. 사회복지사는 불평이나 목표를 클라이언트와 함께 탐구하기로 합의하고, 의도적으로 해결책을 가져올 수 있는 새로운 관점을 찾아보도록 유도할 수 있다. 가능한 한 문제에 대한 직접적인 토론을 피하면서 클라이언트가 해결책을 찾도록 도움으로써 치료 목적을 설정하게 된다.

고객형 치료의 중간이나 끝부분에서 클라이언트의 불평이나 치료 목표를 분명히 밝혀냈을 때 맺어지는 관계이다. 클라이언트는 자신이 바로 해결책의 한 부분임을 보게 되고 문제해결을 위해 기꺼이 무엇인가 하려는 의지를 지니게 된다. 이렇게 되면 클라이언트와의 협조를 통해 목적을 설정해 나가는 것이 가능해진다.

② 변화를 위한 다섯 가지 질문

해결중심치료에서는 다음과 같이 다양한 질문을 사용한다(Berg & Miller, 1995).

첫 상담 이전의 변화에 대한 질문 클라이언트에게서 계속적으로 변화가 일어난다는 것을 전제하고 클라이언트가 상담을 예약한 후 현재 이곳에 오기까지 달라진 것이 무엇인지 질문한다.

기적질문 기적질문은 “어느 날 밤, 당신이 잠든 동안에 기적이 일어나서 당신이 치료 면담에 갖고 온 문제가 해결되었다고 상상해 봅시다. 당신은 잠들어 있었기 때문에 기적이 일어났는지를 모릅니다. 당신이 아침에 깨어났을 때 지난 밤 기적이 일어나서 모든 문제가 해결되었다는 것을 어떻게 알 수 있을까요? 당신이 처음 무엇을 보면 기적이 일어났는지를 알 수 있을까요?”라고 묻는다.

예외질문 예외란 문제가 일어나지 않았던 때를 가리키는 것으로, "최근에 문제가 일어나지 않은 때는 언제였습니까?" 또는 더 긍정적인 용어를 사용해서 "언제 바람직한 행동을 하나요?"를 질문한다.

척도질문 사회복지사가 클라이언트에게 정보를 제공하고 변화 과정을 동기화하여 격려하고 강화하기 위한 질문이다.

대처질문 문제와 고통을 계속 호소하고 악화되거나 절망적인 경우의 질문으로 사회복지사는 클라이언트가 위기를 어쨌든 견뎌 내고 더 나빠지지 않게 한 것을 강조한다.

(5) 사회복지사의 역할

해결중심 단기치료는 클라이언트의 문제를 해결하기 위해 클라이언트와 사회복지사가 함께 목표를 세우고 해결책을 구상하며 실행한다. 이 과정에서 사회복지사의 적극적인 역할은 소크라테스의 질문법처럼 클라이언트가 문제를 다른 시각에서 바라보게 하며 클라이언트의 생활에서 문제시되지 않았거나 문제가 해결되는 시점의 예외상황을 발견하도록 돕는 데 있다(정문자 외, 2012).

◈ 참고문헌

김경호(2010). 사회복지실천. 서울: 청목출판사.
김동기, 김은비(2010). 사회적응의 노인심리학. 서울: 학지사.
김유숙(2012). 가족상담. 서울: 학지사.
김유숙(2012). 가족치료(2판). 서울: 학지사.
김유숙, 전영주, 김수연(2003). 가족평가 핸드북. 서울: 학지사.
김종숙(2003). 재혼가족 관계. 서울: 한국문화사.

김혜숙(2003). 가족치료 이론과 기법. 서울: 학지사.

박성만(2012). 중년은 아프다. 서울: 두란노.

송성자(2000). 가족과 가족치료. 경기: 법문사.

신혜섭(2001). 한국에서의 가족치료이론의 적용. 생활과학연구, 제6권, 133-141.

유영주(2004). 새로운 가족학. 서울: 신정.

정문자(2007). 사티어 경험적 가족치료(2판). 서울: 학지사.

정문자, 송성자, 이영분, 김유순, 김은영, 어주경(2006). 해결중심가족치료 사례집. 서울: 학지사.

정문자, 정혜정, 이선혜, 전영주(2012). 가족치료의 이해(2판). 서울: 학지사.

최옥채, 박미은, 서미경, 전석균(2011). 인간행동과 사회환경(4판). 서울: 학지사.

통계청(2013). 1992-2013 인구동향. http://www.kostat.go.kr.

Ahrons, C. R. (1995). *The Good Divorce-keeping your Family together when your marriage comes apart-*. New York: Harper Collins Publishers.

Balswick, J. O. & Balswick, J. K. (1995). *The Dual-Earner Marriage: The Elaborate Balancing Act*. Michigan: Fleming H Revell Co.

Berg, I. K., & Miller, S. D. (1995). 해결중심단기가족치료 (*Working With the Problem Drinker-A Solution Focused Approach*). (가족치료연구모임 역). 서울: 하나의학사.

Bertalanffy, V. (1968). *General system theory*. New York: Braziller.

Boszormenyi-Nagy, I. & Spark, G. (1973). *Invisible Loyalties: Reciprocity in International Family Therapy*. Hagerston: Haper & Row.

Bowen, M. (1978). *Family Therapy in Clinical Practice*. New York: Jason Aronson.

Bradshaw, J. (1990). *Bradshaw on: The Family*. 오제은 역(2006). 가족: 진정한 나를 찾아 떠나는 심리여행. 서울: 학지사.

Chase, N. D. (1999). *Burdened children: Theory, research, and treatment of parentification*. London: Sage publications.

Duvall, E. M.. & Miller, B. C. (1985). *Marriage and Family Development* (6th ed.). New York: Harper & Row.

Goldenberg, I., & Goldenberg, H. (2000). *Family Therapy: An Overview* (5th ed.). California: Brooks & Cole.

Hamner, T. J. & Turner, P. H. (2001). *Parenting in Contemporary Society*. Boston: Allyn & Bacon, Incorporated.

Holtom-Viesel, A., & Allan, S. (2014). A systematic review of the literature on family functioning across all eating disorder diagnoses in comparison to control families. *Clinical Psychology Review, 34*: 29-43.

Jackson, D. D. (1965). Family rules: The marital quid pro quo. *Archives of General Psychiatry, 12*: 589-594.

Jill, M. P., JoAnn, L. R., Preston, A. B., & Thomas, O. B. (2014). Parent Adaptation and Family Functioning in Relation to Narratives of Children With Chronic Illness. *Journal of Pediatric Nursing, 29*: 58-64.

Kerr, M. E., & Bowen, M. (1988). *Family Evaluation*. 남순현, 전영주, 황영훈 역(2005). Bowen의 가족치료이론. 서울: 학지사.

Lawson, D. M. & Prevatt, F., F. (2005). 가족치료 사례집 (*Casebook in Family Therapy*). (박태영, 김현경 역). 서울: 시그마프레스.

Levinson, D. J. (1996). *The Seasons of a Woman's Life*. 김애순 역(2004). 여자가 겪는 인생의 사계절. 서울: 이화여자대학교 출판부.

Levinson, D. J., Darrow, C. N., Klein, E. B., Levinson, M. H., & Mckee, B. (1978). *The Seasons of a Man's Life*. 김애순 역(2003). 남자가 겪는 인생의 사계절. 서울: 이화여자대학교 출판부.

McGoldrick, M. & Carter, B. (1989). *The Changing Family Life Cycle: A Framework for Family Therapy*. 정문자 역(2000). 가족생활주기와 가족치료. 서울: 중앙적성출판사.

McGoldrick, M., Gerson, R., & Petry, S. (2008). *Genograms-Assessment and Intervention-* (3rd ed.). 이영분. 김유숙. 정혜정. 최선령. 박정희 역(2011). 가계도-사정과 개입. 서울: 학지사.

Minuchin, S. (1974). *Families & Family Therapy*. Massachusetts: Harvard University Press.

Minuchin, S. (1988). *Family & Family Therapy*. 이명홍 역. 가족과 가족치료. 서울: 이화여자대학교 출판부.

Minuchin, S., & Fishman, H. C. (1987). *Family therapy techniques*. 김임, 한정옥, 이선미 역. 가족치료의 기법. 서울: 하나의학사.

Nicols, M. P. (2005). *Family Therapy: Concepts and Methods*. 김영애, 김정택, 송성자 역(2011). 가족치료: 개념과 방법. 서울: 시그마프레스.

Papernow, P. L. (1993). *Becoming a Step family: Patterns of Development in Remarried Families*. San Francisco: Jossy-Bass Publishers.

Papero, D. V. (2012). *Bowen Family system Theory*. 남순현 역. 보웬가족치료를 위한 입문서. 서울: 시그마프레스.

Ponzetti, J. J. & Cate, R. (1987). The developmental course of conflict in the marital dissolution process. *Journal of Divorce, 10*: 1-15.

Robinson, M. (1991). *Family Transformation Through Divorce and Remarriage: A systemic approach*. London: Routledge.

Satir, V., Gomori, M., & Geber, J. (1991). *The Satir Model: Family Therapy and Beyond*. 한국 버지니아 사티어 연구회 역(2000). 사티어 모델: 가족치료의 지평을 넘어서. 서울: 김영애 가족치료 연구소.

Stephen A. A., & Dennis A. B. (1989). *Family Myths: Psychotherapy Implications*. Kentucky: Routledge.

Thompson, D. A. (1989). *Counseling and divorce*. 남상인 역(2002). 이혼상담. 서울: 두란노.

Watzlawick, P., Beavin, J. H., & Jackson, D. D. (1967). *Pragmatics of Human Communication*. New York: Norton.

제7장

가족복지 실천 과정

1. 접수 단계

가족복지 실천에서 접수(intake) 단계는 사회복지사가 처음으로 가족과 만나 가족의 어려움을 파악하고 관계를 형성하며 도움을 제공하기 위한 계약을 맺는 시기이다. 실천현장에서는 가족이 직접 사회복지사를 찾아오기도 하지만 대부분은 학교, 교회, 다른 기관의 소개로 오거나 가족구성원 중 한 사람의 손에 이끌려 온다. 즉, 사회복지사에게 의뢰된 많은 가족이 비자발적 클라이언트(involuntary client)이므로 접수 단계에서는 가족에 대한 정보수집을 통해 해결하고자 하는 문제를 명확히 하는 것이 중요할뿐더러 가족구성원과의 관계 형성이 매우 중요한 과업이 된다. 즉, 접수 단계에서 관계 형성이 잘 이루어져야 이후의 사정, 계획, 개입 단계도 순조롭게 진행된다. 다음에서는 접수 단계의 주요 목표를 중심으로 사회복지사의 과업과 역할을 소개하였다.

1) 주요 목표

(1) 욕구(문제)의 명확화

대부분의 가족은 혼돈된 상태에서 사회복지사를 만난다. 이는 가족이 오랫동안 여러 가지 문제와 어려움으로 압도되어 상황을 객관적으로 바라보지 못하기 때문일 수도 있고 실제로 문제가 복합적으로 발생하며 서로 얽혀 있어서 무엇이 더 우선되는 문제인지 파악하기 힘들기 때문일 수도 있다. 예컨대, 빈곤가족의 어려움은 경제적 곤란 단 하나뿐만이 아니라 가족관계, 폭력, 양육, 질병, 중독 등의 문제가 동시다발적으로 발생하여 어디서부터 어떻게 풀어 가야 하는지 모른 채 문제에 압도당한다.

따라서 접수 단계의 주요 목표 중 하나는 가족의 욕구(문제)를 명확히 하고 우선순위를 정하는 것이다. 이때 주의해야 할 것은 가족구성원 중 한 사람의 이야기만 듣기보다, 가능한 한 모든 구성원의 이야기를 들으며 다양한 가족구성원의 입장과 시각에서 문제를 바라봄으로써 사회복지사가 균형을 잡는 것이 중요하다. 대체로 첫 만남에서 가족 전체가 참석하는 경우는 많지 않으므로 참석하지 못한 가족구성원의 경우 전화로 개별 면담 약속을 통해 실천 과정에 관여시키는 것이 중요하며, 이를 첫 만남에서 사회복지사와 직접 접촉한 가족구성원에게도 고지하는 것이 필요하다. 이는 클라이언트를 개별적으로 만나는 사회복지 실천과는 다른 가족복지 실천의 독특한 점이다. 이러한 과정을 통해 사회복지사는 여러 가족구성원의 입장(시각)에서 제시된 문제를 살펴보고, 최종적으로 가족의 욕구(문제)가 무엇인지 확인할 수 있게 된다. 따라서 접수 과정은 한 번에 이루어지기보다 최소 두 차례 이상 가족과 만나는 것이 바람직하다. 이는 한 번의 만남을 통해 욕구(문제)를 너무 빨리 정의하는 실수를 막아 주기도 하는데, 흔히 처음에 제시된 문제가 진짜 문제가 아닐 수 있기 때문이다.

(2) 관계 형성

접수 단계의 또 다른 주요 목표는 가족과의 관계(rapport) 형성이다. 사회복지에서 관계란 단순히 클라이언트에게 도움을 주는 지원적인 관계일 뿐 아니라 전문적 관계를 의미한다. 신뢰로운 전문적 관계가 형성되면 관계 자체가 변화를 가져오는 매개체가 된다. 즉, 사회복지 실천에서 관계란 편하고 따듯한 정서적 분위기에서 클라이언트가 마음을 개방하고 방어의 벽을 풀 수 있으며 이를 통해 사회복지사와 클라이언트가 함께 목적을 향해 협동적인 노력을 하게 된다는 것을 의미한다(최혜지 외, 2013).

이는 개별 클라이언트뿐만 아니라 가족구성원과의 관계 형성에도 마찬가지이다. 욕구(문제)를 확인하는 단계에서도 언급한 바와 같이 가족과의 관계 형성 시 사회복지사는 가족 중에서 소외되는 사람 없이 모든 가족구성원과 관계를 형성하도록 주의한다. 특히 문제에 대한 가족구성원의 시각이 다를 경우 전체 가족뿐만이 아니라 가족구성원과의 개별적인 관계 형성도 중요하다. 하지만 접수 단계에서는 개별 성원과의 관계 형성 시 특정 가족구성원과의 동맹(alliance)이 일어나지 않도록 주의해야 하므로 가족 전체에 대한 사회복지사의 균형 잡힌 시각과 접근이 중요하다. 접수 단계가 지나고 충분한 사정이 이루어진 후 개입 단계에서는 필요할 경우 특정 가족구성원과의 의도적인 동맹이 필요할 수도 있을 것이다.

또 신뢰성 있는 전문적 관계를 형성하기 위해서는 접수 단계에서 사회복지사가 자신의 역할을 가족이 이해하기 쉽고 명확하게 소개하느냐가 중요하다. 사회복지사의 역할에 대해 소개하는 것은 쉽지 않다. 사회복지사는 기관에 소속되어 일하는 경우가 대부분이므로, 자신을 소개할 때는 기관의 이름과 제공할 수 있는 서비스, 사회복지사의 업무에 대해 설명하는 것이 가족이 사회복지사를 이해하기 쉽도록 한다.

접수 단계에서의 견고한 관계 형성은 다음 단계로의 진행 여부를 좌우하는 관건이 되기도 한다. 특히 비자발적 가족이나 가족구성원일 경우 첫 만남에서의 관계 형성이 이후 단계의 지속 여부를 결정짓기도 한다. 무엇보다 관계 형성이 잘 되면 정보수집이 용이하고 이를 통해 가족이 해결하고자 하는 욕구(문제)가 무엇인지에 대한 파악도 용이할 것이다.

(3) 계약

가족의 욕구(문제)가 확인되고, 이에 대해 기관에서 제공할 수 있는 서비스와 자원이 가족에게 도움이 된다고 사회복지사와 가족 모두 동의한다면 계약(contract)을 통해 어떤 방법으로, 언제까지 개입이 이루어질 것인지에 대한 합의가 이루어진다. 공식적인 계약이 필요한 이유는 여러 가지이다. 우선, 계약은 사회복지사와 가족이 만남(실천 과정)에 대한 기대를 명확히 하는 것이며, 그 과정에서 달성해야 할 목표가 무엇인지, 목표를 성취하기 위해 사회복지사와 가족은 각각 무엇을 해야 하는지에 대한 합의를 명시화하는 것이다. 구체적으로 계약은 얼마나 자주 어디서 언제까지 만날 것인가, 사회복지사가 제공할 수 있는 도움(자원, 서비스)은 무엇이 될 것이며 가족은 문제를 해결하기 위해 어떤 노력과 책임이 필요한가 등에 대한 내용을 공식적으로 상호 검토하는 과정이다.

특히 최근 가족복지 기관에서 제공하는 서비스의 다양화로 인해 계약 과정에서 기관의 행정적인 절차가 중요한 경우가 있다. 상담료나 서비스 이용료에 대한 명시(유료, 실비, 무료, 바우처 사업에 의한 지원 등), 비밀보장 및 제한, 구체적인 서비스 내용 등에 대한 정보가 계약에 담길 수 있다.

2) 실천기술

(1) 욕구(문제) 확인을 위한 의사소통

사회복지사를 만나게 되는 가족은 불안감, 초조감, 수치감, 당혹감, 기대감 등 여러 가지 복합적인 감정 상태에 있으며, 자신과 가족의 이야기를 타인과 나누어야 한다는 점에 불편하고 긴장한 상태일 것이다. 따라서 막상 사회복지사를 만나게 되면 여러 가지 이슈가 동시에 쏟아져 나와 분명하게 가족의 이야기를 전개하는 데 어려움이 있으므로 사회복지사는 가족의 욕구(문제)가 무엇인지 파악하기 어렵다. 또한 가족구성원을 함께 만나게 될 경우 가족구성원들이 자신의 입장이나 주장을 동시에 털어놓아 의사소통이 혼란스러워져 면담 진행이 어려운 상황이 전개되기도 한다. 이때 이야기 막대 기법을 활용하여 한 번에 한 사람씩 이야기를 하도록 하고 서로 경청하도록 유도하는 방법을 사용할 수 있다. **이야기 막대**(talking stick) **기법**이란 가족이나 집단 의사소통에서 막대를 잡은 사람이 이야기하도록 허락되는 것으로 모든 구성원이 말할 기회를 갖고 다른 사람이 경청하도록 하는 것이다. 특히 소심하고 말이 적은 사람을 격려하는 데 도움이 되는데, 이야기 막대는 성경이나 가족사진 같은 상징적인 물건이나 볼펜이나 모자 같이 쉽게 구할 수 있는 물건으로 한다(Sheafor et al., 1997). 가족과의 의사소통에서는 가족구성원 중 한 명이 배제되거나 소외되지 않게 골고루 기회를 주는 것이 중요하며 사회복지사는 문제에 대해 가족구성원들이 어떤 시각을 갖고 있는지 파악하여야 한다.

(2) 관계 형성 기술

사회복지사와 가족이 만나는 장소는 개방된 복잡한 사무실이나 복도보다 편안하고 안정된 분위기에서 면담을 진행할 수 있는 따듯하고 조용한 상담실이어야 함은 당연할 것이다. 하지만 실제로는 바쁜 사회복지사들의 경우 가족을 프로그램이 이루어지는 장소나 현관, 복도에서 짧은 순간 만나기도 하며, 가정방문을 통해서 혹은 학교, 관공서 등에서도 마주할 수 있다. 사회복지사는 분주하고 짧은 순간이라도 가족에게 집중하며 진심 어린 관심을 보여 주는 것이 필요하다. **원조 관계**(helping professional)의 본질에 대한 Siporin(1975)의 고전적인 설명은 사회복지사와 가족과의 관계 형성을 위한 기본 지침이자 기술이 된다(최혜지 외, 2013에서 재인용).

첫째, 타인에 대한 따듯함, 친철함, 존중과 진실된 태도가 관심과 배려를 전달할 수 있을 것이며, 무엇보다 사적인 호기심이나 선입견과 편견을 가지고 대하는 것이 아니라 '진심 어린 관심'을 보여 주는 것이 중요하다. 둘째, 헌신과 의무이다. 이는 원조관계에서 가져야 하는 사회복지사의 책임감을 의미하는 것으로서, 복잡한 상황에 인내심을 갖고 가족의 어려움에 공감하며 기꺼이 돕고자 하는 태도이다. 셋째, 가족 상황에 대해 도덕적 판단을 하거나 심판적인 태도를 보이지 않고 현재 감정을 존중해 주며 있는 그대로를 받아들이는 수용의 태도이다. 넷째, 공감으로서 가족에 대해 깊이 이해하는 능력이다. 공감(empathy)은 동정(sympathy)과 다른 것으로 동정의 감정에 매몰되지 않고 자신의 관점을 객관적으로 유지하면서 가족의 감정과 사고를 이해하는 능력이다. 가족의 상황에 대해 민감성을 유지하되 사회복지사로서 객관성을 잃지 않는 전문적 거리를 유지하는 것이 필요하다. 다섯째, 명확한 의사소통기술로서, 이는 가족의 욕구(문제)를 경청하며 반영(reflection)하며 해석할 수 있는 능력이며, 사회복지사로서 가족에게 메시지를 명확하고 쉽게 전달할 수 있는 능력이다. 때로 사회복지사의 개인적 어려움이나 이슈(과로나 질병, 동료 간 갈등 등), 훈련의 부족 등 다양한 상황 때문에 가족과의 면담에 집중이 어렵거나 정보를 정확히 받아들이고 해석하는 기술이 부족하다면 가족은 사회복지사에 대해 신뢰하기가 어려울 것이다. 여섯째, 권위와 권한으로서 사회복지사가 가족 문제해결을 위한 지식과 경험을 갖고 있다는 것, 또 사회복지사가 속한 조직 내에서 어느 정도의 공식 직위를 갖고 있다는 것이 가족에게는 자신을 위해 전문성과 상황 해결 능력을 갖고 있다는 믿음을 줄 수 있다. 이를 위해 공식 기관안내서(브로셔 등), 명함이나 명찰, 사회복지사의 전문성을 보여 주는 자격증 액자 등의 물리적인 요소가 사회복지사의 역할을 낯설어하는 가족과의 관계 형성에 도움이 될 수 있다.

개별적으로 만나는 개인상담과 달리 가족 사회복지 실천에서 관계 형성을 위해 특별히 주의해야 할 점은 가족구성원들이 자신은 문제라고 생각하지 않거나 심지어 상담실에 앉아 있고 싶어 하지도 않는 저항을 보이는 경우이다. 이러한 상황에서 관계 형성 방법은 그러한 가족구성원의 입장을 그대로 수용하고, 그들의 관점을 존중하고 경청하며, 그들의 태도에 대해 지속적인 주의를 기울이는 것이다. 자신이 진정으로 이해되고 수용되었다고 느껴야만 변화에 대한 시도가 가능하다. 이때 사회복지사는 온화함과 전문적인 태도를 균형 있게 갖도록 노력한다. 사교모임에서처럼 말을 많이 하는 것이 다정하고 수용적인 사회복지사를 의미하지 않는다. 가족의 문제와 개별 가족구성원의 관점에 대한 존중 어린 관심이야말로 신뢰감을 형성하는 최선의 방법이다 (Nichols & Schwartz, 2005).

사회복지사와 문화적 배경이 다른 가족에 대해 사회복지가 편견이나 선입견을 갖지 않는 것은 관계 형성의 기본 원칙이 될 것이다. 다문화가족에 대해 문화적 민감성을 가져야 함은 물론이고 빈곤, 이혼, 재혼, 가정폭력, 중독문제 등 다양한 형태와 특성을 가진 가족에 대해 편견이나 선입견 없는 태도가 관계 형성의 시작이므로 사회복지사 자신에 대한 점검이 필요하다.

(3) 계약서 작성하기

한국의 가족복지 실천에서 사회복지사와 가족이 계약서를 작성하는 것은 보편적이지 않다. 실제로 계약은 상호 서명된 문서를 교환하는 것보다는 서비스 내용에 대한 구두(oral) 전달로 이루어지는 경우가 많다. 하지만 계약이란 서비스의 내용 및 방법 등에 대해 사회복지사와 가족이 합의하는 과정으로서 문제해결의 기대 수준을 명확히 하여 잠재적인 오해를 방지하고, 가족의 협력을 최대화하기 위한 동기 증진 등의 여러 목적이 있으므로 가능하면 문서로 계약서를 작성하는 것이 필요하다. 한국 문화에서 가족에게 계약서를 작성하자고 하면 매우 낯설게 느껴질 것이므로 계약서라는 용어보다는 동의서 등의 용어를 사용해도 좋다(최혜지 외, 2013). 또 상담이나 치료라는 용어보다는 교육 참여 동의서, 프로그램 참여 동의서 등으로 작성할 수 있다. 기관에 따라서 계약서의 내용이 다를 수 있겠으나 일반적으로 목표, 목표달성을 위한 방법, 사회복지사와 가족이 해야 할 의무, 비밀보장의 내용 등이 가족이 이해하기 쉬운 말로 포함되어야 할 것이다.

2. 사정 및 계획수립 단계

접수 단계가 지나면 본격적으로 가족에 대해 수집된 정보를 바탕으로 사정(assessment)하고, 개입계획을 수립하는 단계가 이어진다. 사정은 가족이 가지고 오는 욕구(문제)는 물론, 가족에 대한 정확하고 자세한 정보수집(information gathering)에서 시작한다. 이때 정보수집의 관건은 접수 단계에서 맺어진 사회복지사와 가족의 신뢰관계에서 시작됨은 말할 것도 없으므로 가족복지 실천의 전 단계는 모두 연결되어 영향을 미친다. 계획수립은 정확한 사정 결과에 기초하여 구체적인 개입계획을 세우는 것이다. 사실상 성공적이면서 효과적인 가족복지 실천은 정확한 사정에 달려 있으므로 사정 및 계획수립 단계의 중요성은 절대적이다. 다음에서는 사정과 계획수립 부분으로 나누어 각 영역에서 이루어져야 할 주요 목표와 실천기술에 대해 설명하고자 한다.

1) 주요 목표

(1) 정보수집과 사정

가족에 대한 사정은 가족을 하나의 단위(unit)로 보고 가족의 내적, 외적 요인, 양자 간의 상호작용을 파악하기 위해 자료를 수집하고 분석하여 가족에 대한 개입계획을 세우는 일련의 과정이다. 구체적인 가족사정의 목적은 개인이 아닌 가족을 단위로 한 접근이 적절한지, 적절하다면 어떤 유형의 개입이 필요하고 어떤 변화가 요구되는지를 결정하는 것이며, 가족의 변화를 위해 필요한 가족 및 지역사회의 자원이 무엇인지, 가족의 강점은 무엇인지 등을 살펴보는 것이다(권진숙 외, 2006). 가족에 대한 사정은 가족의 욕구(문제)와 관련된 전반적인 정보수집으로부터 시작된다. 즉, 자료수집이 정확한 추론을 위해 객관적이고 주관적인 정보를 얻는 활동인 반면, 사정은 수집된 자료를 바탕으로 문제의 원인을 해석하고 추론하는 지적 활동이다(Timberlake et al., 2002). 여기서 객관적 자료는 주로 가족력(family history)으로서 가족구성원의 연령, 학력, 사회경제적 상태, 거주 상태 등의 인구사회적 특성, 가족의 역할, 가족규칙, 물리적 · 사회적 환경을 의미하며, 주관적 자료는 상황이나 사건에 대한 가족구성원들의 반응과 의미, 생각이나 느낌 등을 말한다(Holman, 1983: 김연옥 외, 2005에서 재인용).

정보수집을 위한 방법은 우선 제시된 욕구(문제)를 중심으로 시작하는 것이 좋다. 이는 가족이 중요하다고 생각하는 것을 먼저 다루게 되므로 문제의 우선순위를 파악하고 진행이 쉽기 때문이다. 제시된 욕구(문제)가 언제부터 시작되었는지, 현재 상황은 어떠한지, 관련된 사람은 누구인지, 누가 가장 어려움을 겪고 있으며 문제해결을 원하고 있는지, 이제까지 문제에 대해 어떻게 대처해 왔는지, 그 과정에서 가족 간의 갈등은 무엇이었는지 등을 살펴본다. 이때 **순환적 질문**(circular questioning) 기술이 매우 유용하게 사용될 수 있다(Nichols & Schwarts, 2005). 순환적 질문은 가족의 상호작용 과정을 탐색하는 데 효과적이다. 예를 들어, 어머니가 제시한 문제에 대해 아버지는 어떻게 생각하는지, 이에 대한 자녀의 반응은 무엇인지 등에 대해 질문함으로써 가족구성원들이 서로 어떻게 관련되어 있는지를 전체적인 시각으로 볼 수 있도록 돕는다.

다음으로 전반적인 가족력에 관한 정보를 수집한다. 우선, 가족과 관련된 인구사회학적 사항은 물론이고 가족 발달주기에 따라 가족을 이해하는 것이 매우 도움이 된다. 즉, 사회복지사가 가족 발달주기에 따른 가족의 특성, 발달과업에 대한 지식과 경험이 충분하다면 가족을 이해하기 용이할뿐더러 해당 가족에 대해 필요한 정보가 무엇인지를 알 수 있을 것이다. 가족 발달주기에 대한 내용은 제6장에서 자세히 다루었으므로 여기서는 생략하도록 한다.

제시된 욕구(문제)와 가족력에 대한 자세한 정보수집이 끝나면 이를 바탕으로 본격적인 사정이 시작된다. 가족사정이 이루어지는 주요 영역을 김연옥 등(2005)은 체계로서의 가족 특성, 가족 발달주기, 가족구성원의 역할, 가족 내 의사소통방식, 가족규칙, 가족의 강점과 자원으로 보았다. 이러한 부분은 가족을 대상으로 일하는 사회복지사가 반드시 고려해야 할 부분으로, 사회복지사는 각각의 개념에 대해 잘 이해하고 있어야 한다.

사정을 위한 또 하나의 방법은 기존에 개발되어 있는 구조화된 사정도구나 척도를 활용하는 것이다. 단, 초보 사회복지사의 경우 기존의 도구를 통해 객관적인 자료와 정확한 사정 결과를 얻는 데 제한이 있을 수 있다. 예컨대, 가계도와 생태도에 대해 충분히 훈련되지 않은 사회복지사는 가계도 작성을 위한 자료수집이 충분하지 않거나 정확하지 않을 수 있다. 또 척도를 사용하는 경우에도 척도의 용어를 이해하기 어렵거나 방어적인 태도를 보이는 가족에게는 측정 결과에 대한 신뢰도가 높지 않을 것이다.

(2) 계획수립

사회복지사는 사정이 어느 정도 마무리되면 사정 결과를 바탕으로 개입계획을 수립하는데, 이때 계획은 목표를 설정하고 이를 달성하기 위한 세부계획을 세우는 것이 사회복지사와 가족의 활동을 단계적으로 추진하고 구조화하는 데 좋다.

목표를 수립하고 목표달성을 위한 구체적인 계획을 세울 때 가장 중요한 것은 가족의 동의이다. 사정 결과, 사회복지사의 시각에서 중요하고 우선적으로 달성해야 할 목표가 가족의 시각에서는 덜 중요하거나 시급하지 않을 수도 있다. 따라서 사회복지사와 가족의 합의에 의한 목표수립이 이루어져야 실행 가능성이 높아진다. 때로 사회복지사가 보는 가족의 문제해결을 위한 목표와 가족의 목표가 상이할 수 있다. 예를 들어, 가정폭력 가족에서 사회복지사는 가족의 폭력문제 해결을 위해서 피해여성의 쉼터 이전이 시급하게 시행되어야 할 목표로 보는 반면, 피해여성의 경우 쉼터 이전보다 가족의 생계를 위해 지금 다니고 있는 직장의 유지가 우선적인 목표가 될 수 있다.

목표는 실행 가능해야 하며 명확하고 측정 가능하며 평가가 가능해야 한다. 부부간의 의사소통에 어려움이 있는 가족의 경우 막연히 '부부간 의사소통을 증진시킨다'가 아니라 '대화시간을 하루 20분 이상 마련한다'가 적절하다. 또한 가능하면 '~하지 않는다'와 같은 금지나 부정의 문장보다는 '~한다. ~을 증진시킨다'와 같이 실행이나 긍정의 표현을 사용한다. 예를 들어, '자녀에게 잔소리하지 않는다. 간섭하지 않는다' 보다는 '~칭찬한다. 격려한다'로 바꾸어 바람직한 행동의 가능성을 높이는 방향으로 한다. 또한 막연하고 추상적인 목표보다 성취 가능한 작은 목표부터 세워 단계적으로 진행해 나갈 수 있도록 하는데 '행복한 결혼생활 하기' '자녀와 관계 회복하기' 등이 아니라 '잔소리하지 않기' '충고하기보다 들어주기' 등으로 한다.

2) 실천기술

(1) 가계도: 가족의 역사와 관계 파악하기

가족을 사정하는 데 기본적이면서도 효과적인 방법이 가계도(genogram, famiy map)를 작성해 보는 것이다. 가계도는 3세대 이상의 가족에 나타나는 가족구성원의 출생, 입양, 결혼, 이혼, 사망, 연령, 학력, 직업, 병력 등의 가족의 기본 정보와 생활 사건, 가족구성원 간의 관계 유형 및 상호작용, 특성을 한눈에 볼 수 있는 가족의 연대기적 역사이다. 가계도는 면담을 통해 사회복지사가 작성할 수도 있고, 가족구성원과 함께 그려 나갈 수도 있다. 숙련된 사회복지사는 20~30분의 짧은 면담만으로도 작성할 수 있겠지만 초보 사회복지사는 생각보다 시간도 오래 걸릴 뿐만 아니라 실제로 정확히 작성하는 것이 쉽지 않다. 다음에서 기본적인 가계도 작성 방법과 고려해야 할 사항을 설명하였다.

첫째, 3세대 가족에 대한 정보를 중심으로 시작한다. 피면담자가 속한 현재 가족부터 외가와 친가의 확대가족, 즉 배우자, 자녀, 형제자매, 부모, 조부모, 친척의 출생, 혼인, 사망 등에 관한 정보를 수집한다. 둘째, 제시된 욕구(문제)를 중심으로 시작한다.

부부관계 문제라면 부부의 혼인시기, 결혼생활, 원가족(family of origin)과의 관계, 의사소통방식이나 상호작용 등에 대한 정보가 필요할 것이다. 셋째, 쉽고 편안하게 대답할 수 있는 질문을 먼저 하고 곤란하거나 저항을 일으킬 수 있는 질문은 관계 형성이 충분히 되었다고 판단할 때까지 기다린다. 예를 들어, 한국 문화에서는 나이, 주소, 종교를 먼저 물어보고 학력이나 직업을 물어보는 게 좋다. 가족관계를 물어볼 때도 커플에게 지레짐작으로 "언제 결혼하셨어요?"라고 하기보다, "두 분이 어떤 관계이신가요?"라고 물어보는 게 현명하다. 넷째, 우리 문화에서 정신장애나 알코올중독 같은 질환에 대해 묻는 것은 조심스럽다. 이때 직접적으로 "가족구성원 중에 정신병(질환)을 앓으신 분이

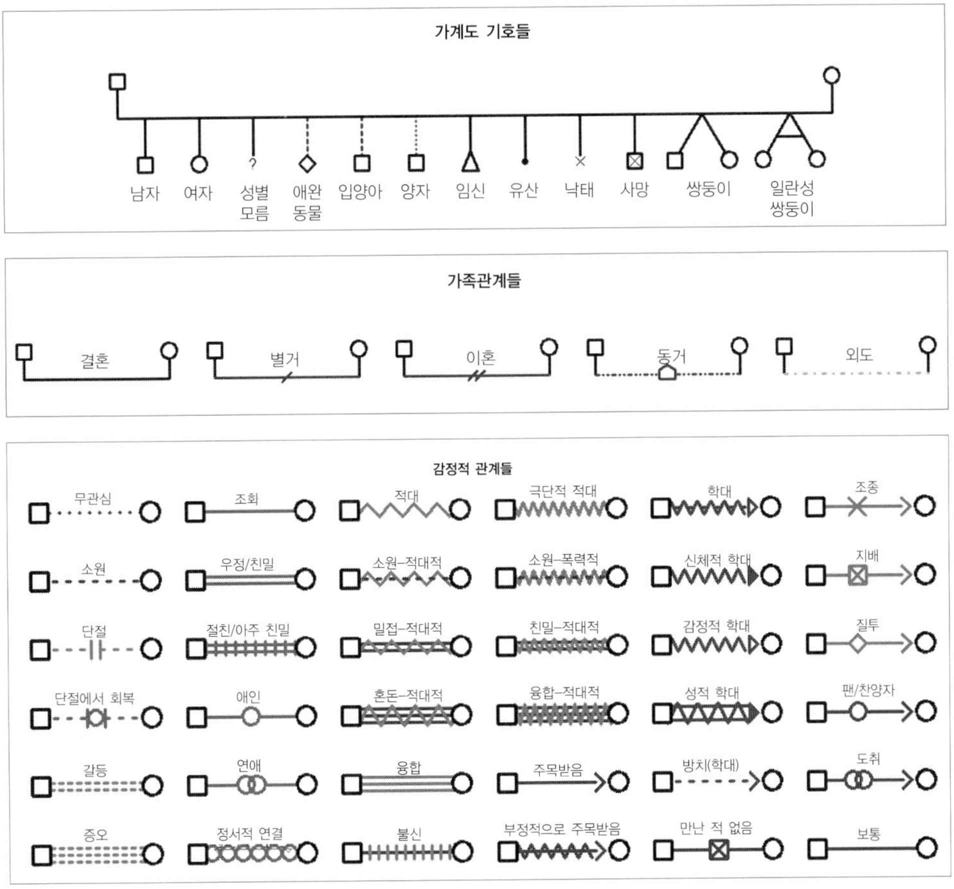

[그림 7-1] 가계도의 기호

있나요?"보다는 "가족 중에 정신적으로 어려움을 겪거나 치료를 받으신 분이 있나요?"라고 질문하는 것이 좋으며 알코올중독 여부에 대해 직접 물어보기보다는 "가족 중에 음주 문제로 어려움을 겪거나 가족의 음주 때문에 고통을 겪은 적이 있나요?"라고 물어볼 때 정확한 정보를 얻을 수 있다.

가계도에서 사용하는 기호와 표현 방법은 [그림 7-1]과 같다.

가계도는 가족에 대한 사정도구이기도 하지만 가족개입의 도구로도 사용할 수 있다. 가계도를 그려 나가는 것 자체가 가족이 자신들의 상황과 문제에 대해 통찰력을 갖도록 돕는다. 가계도를 작성하기 위한 질문은 출생, 결혼, 질병, 사망, 사랑, 갈등, 상실, 단절 등 가족의 핵심 경험들로서 가족의 문제에 대해 통찰력과 해결의 방향성을 찾도록 한다. 가족놀이 가계도는 가계도를 활용한 개입 방법으로 〈표 7-1〉과 같은 절차를 갖는다.

가계도 작성 소프트웨어 프로그램 다운로드 사이트

〈표 7-1〉 가족놀이 가계도의 절차

1단계:	먼저 큰 종이에 가족이 직접 가계도를 그리도록 한다.
2단계:	가족구성원은 각자 인형, 동물, 사물 등에서 가족구성원을 가장 잘 상징하는 모형을 고른다. 모형은 사람이나 동물 모양의 피겨, 미니어처, 작은 액세서리, 잡지의 그림을 활용할 수 있다.
3단계:	사회복지사는 가족구성원에게 모형을 선택한 이유에 대해 질문함으로써 가족관계에 대한 가족구성원 간의 시각을 파악할 수 있다(예: 아버지를 고양이로, 언니를 쥐로 선택한 이유에 대해 언니는 "늘 엄격한 아버지였으니까"라고 대답함).
4단계:	가족구성원이 고른 모형이 서로 다를 때, 사회복지사는 가족관계에 대한 가족구성원의 인식의 차이 및 갈등의 양상을 알 수 있고, 가족 스스로도 파악할 수 있도록 한다.

출처: McGoldrick et al. (2005).

가족놀이 가계도는 가족의 역사와 놀이, 상상, 창조성을 조합함으로써 가족이 구조화된 면담에서 발생할 수 있는 방어와 저항을 낮추고 흥미롭게 가족에 대해 탐색하도록 돕는다. 가족놀이 가계도에서 사용하는 모형(figure)은 무의식적인 감정을 드러내고 가족의 이야기에 직면하도록 함으로써 현재의 변화 필요성을 인식하도록 하는 구체적이면서도 위협적이지 않은 개입의 도구가 된다(McGoldrick et al., 2011).

(2) 생태도: 가족의 강점과 자원 파악하기

가족과 환경과의 관계는 생태도(eco-map)를 통해 알 수 있다. 생태도는 가족과 가족을 둘러싸고 있는 환경 간의 관계를 시각적으로 표현한 것으로 사회복지사는 가족이 환경과 어떻게 상호작용하고 있는지를 한눈에 알 수 있다. 또한 가족과 긍정적(우호적)인 관계를 맺고 있는 체계, 부정적인 관계를 맺고 있는 체계는 무엇이며, 이 체계와의 에너지의 흐름은 어떠한지, 밀착, 긴장 및 갈등 등 관계의 속성은 어떠한지도 알 수 있다. 즉, 생태도는 가족과 상호작용하고 있는 환경을 파악할 수 있는데, 주요 지지자원이 무엇인지, 개별 가족구성원에 따라 환경과의 상호작용이 차이가 있는지도 한눈에 파악할 수 있다. 특히 생태도는 가족의 사회적 지지체계를 알 수 있으므로 가족의 자원이 무엇인지, 충분한지 부족한지, 필요한 자원은 무엇인지 등을 평가할 수 있다.

생태도를 그리는 방법으로는 핵가족을 중심으로 가계도를 가운데 원 안에 그린 후 가족구성원의 간략한 정보를 기입한다. 가운데 원의 외부에 가족과 관계를 맺고 있는 다양한 기관(사회복지기관, 의료기관, 교육기관, 공공기관, 종교기관 등), 친척, 친구, 이웃, 지역사회, 취미활동, 문화활동을 나타내는 작은 원을 그린다. 그 후 가족과 각 환경체계 간의 관계를 선의 형태와 굵기로 표현하고 에너지의 흐름은 화살표로 나타낸다.

[그림 7-2]는 생태도의 예시이다.

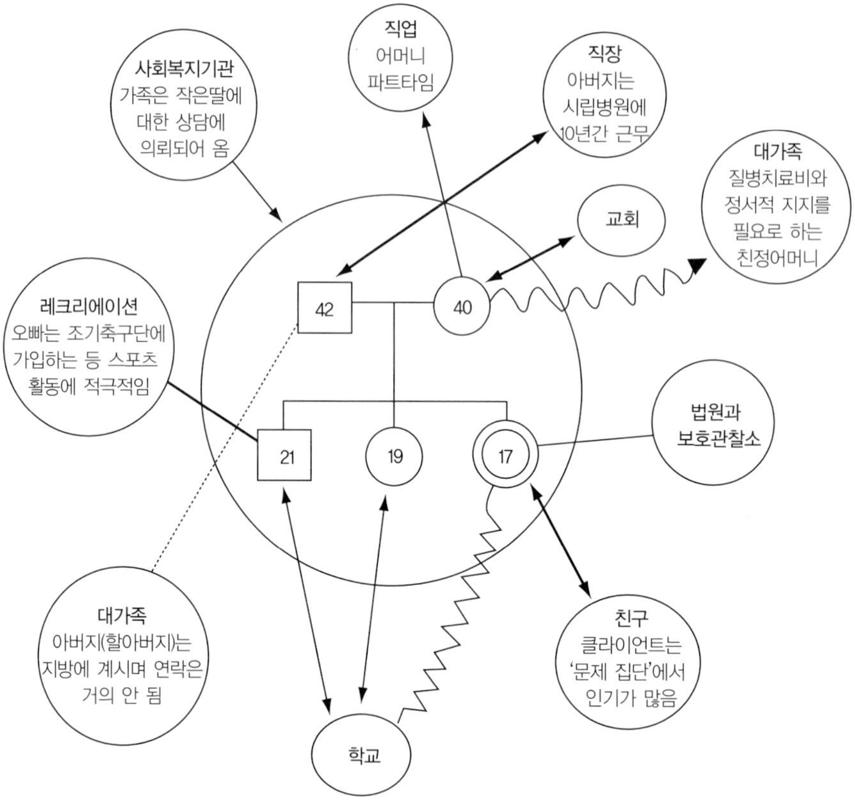

[그림 7-2] 생태도 예시

(3) 측정도구의 활용

가족사정을 위한 다양한 척도들이 개발되어 있다. 가족관계, 가족 응집력, 가족 의사소통, 부모-자녀관계, 원가족관계 등 가족의 현 상황을 파악하는 도구와 함께 가족의 강점과 자원을 살펴보는 가족 레질리언스(family resilience), 가족 지지, 가족 강점 등에 대한 척도도 유용하다. 또한 다양한 가족의 특성을 사정하는 가족관계척도, 가족지지척도, 의사소통척도, McMaster 가족평가척도, 가족 내 특정 문제의 정도를 파악하는 결혼생활만족도척도, 부부적응도척도, 가정폭력(갈등관리)척도, 공동의존척도 등 다양하다. 또한 다양한 유형의 가족의 어려움을 파악하는 척도 등도 이미 개발되어 있으니 사정에 적극 활용하는 것이 좋다. 이와 같은 척도를 이용할 때의 유용한 점은 실제 가족의 문제를 객관적으로 파악할 수 있다는 점, 다른 가족과 비교할 수 있다는 점, 사회복지사의 개입 전후의 변화 상황을 살펴볼 수 있다는 점이다. 가족사정을 위한 척도는 출판된 다양한 척도집을 활용하면 좋다. 〈표 7-2〉에서는 가족 적응성 및 응집성 평가척도(FACES-III)를 소개하였다(Olson et al., 1996: 반포종합사회복지관, 서울대실천사회복지연구회, 2007에서 재인용).

〈표 7-2〉 가족 적응성 및 응집성 평가척도(FACES-III)

1. 우리 가족은 서로 도움을 청한다.
2. 우리 가족은 문제를 해결할 때 자녀의 의견을 따른다.
3. 우리 가족은 각자의 친구를 인정한다.
4. 우리 가족의 자녀들은 집안에서 자녀들이 지켜야 할 규율에 대해 의견을 말할 수 있다.
5. 우리 가족은 가족끼리 하는 일을 좋아한다.
6. 우리 가족은 상황에 따라 리더가 다르다.
7. 우리 가족은 가족 외의 다른 사람보다 우리 가족구성원에게 더 친밀감을 느낀다.
8. 우리 가족은 일의 처리 방법을 때에 따라 여러 가지로 변경한다.
9. 우리 가족은 여가시간을 함께 보내는 것을 좋아한다.
10. 우리 가족은 부모와 자녀가 함께 잘못한 일에 대한 벌칙을 정한다.
11. 우리 가족은 서로 매우 친근감을 느낀다.
12. 우리 집에서는 자녀들이 여러 가지 결정을 한다.
13. 우리 가족은 가족 행사에 가족구성원이 모두 모인다(예: 명절, 제사, 생일).
14. 우리 가족의 규칙은 때에 따라서 변하기도 한다.
15. 우리 가족은 가족으로서 함께 할 수 있는 일을 쉽게 생각해 낸다(예: 취미, 오락활동).
16. 우리 가족은 집안일을 서로 나누어 맡는다.
17. 우리 가족은 중요한 결정을 할 때 서로 상의한다.
18. 우리 가족의 리더가 누구인지 분간하기가 어렵다.
19. 우리 집에서는 가족이 함께 지낸다는 것이 매우 중요하다.
20. 우리 집에서는 누가 집안의 어떤 일들을 하는지 알기 어렵다.

① 거의 그렇지 않다. ② 가끔 그렇다. ③ 때때로 그렇다. ④ 자주 그렇다. ⑤ 거의 그렇다.

3. 개입 단계

접수 단계에서 사회복지사와 가족 사이의 관계를 형성하고, 이를 바탕으로 정보수집 및 사정 단계에서 사정을 통해 가족의 상황을 정확하게 파악한 후, 변화를 위한 목표달성 계획을 실천에 옮기는 것이 개입 단계이다. 개입의 구체적인 실천 방법으로 욕구(문제)의 정도, 유형, 가족의 변화에 대한 동기, 참여 정도 등을 먼저 파악하고 기관에서 제공할 수 있는 서비스를 결정한다.

1) 주요 목표

가족사회복지 실천에서의 개입은 크게 가족을 대상으로 의사소통 방법이나 상호작용하는 유형, 구체적인 행동 변화를 가져오도록 하는 직접 서비스(direct service)와 가족이 변화하거나 회복하는 데 도움이 될 주변 체계나 환경의 개선을 목적으로 하는 간접 서비스(indirect service)로 나눌 수 있다. 대개 사회복지사가 만나는 가족은 직접 서비스와 간접 서비스를 모두 필요로 하는 어려움을 가진 경우가 많다. 예를 들어, 빈곤한 가정폭력 피해여성의 경우 남편과의 의사소통 방법에 대한 교육이나 관계 개선도 중요하지만 경제적으로 도움을 받을 수 있는 사회보장제도에 대해서도 정보제공 및 지원이 필요하다. 치매에 걸린 시어머니를 하루 종일 부양해야 하는 며느리가 부양 부담을 심하게 호소한다면 며느리의 정서적 어려움을 공감하는 것도 중요하지만 가족의 욕구를 파악하여 낮 동안이라도 이용할 수 있는 주간보호센터를 연결해 주는 개입도 고려되어야 한다. 따라서 가족사회복지사는 가족의 욕구(문제)가 무엇인지 정확히 사정하여 필요한 개입을 실시해야 할 것이며, 해당 접근에 따라 개입의 초점, 서비스 내용, 사회복지사의 역할은 달라진다.

개입 단계에서 가족은 사회복지사에게 지나친 기대를 하거나 의존하기도 하고, 반대로 변화에 대한 동기가 없어 협조하지 않거나 저항을 보이는 경우가 있다. 전자의 경우 사회복지사는 기관이 제공할 수 있는 서비스의 범위를 명확히 해야 할 것이며 가족의 협조와 지속적인 노력이 중요함을 인식시켜야 한다. 반대로 가족이 무기력하거나 저항할 경우 가족구성원을 개별로 만나는 것이 효과적일 수 있다. 이때 개별 성원의 욕구와 문제점을 다시 파악하고 가족의 상호작용 과정에서 발생하는 현상인지, 개인의 어려움인지 등 저항의 원인을 살펴봄으로써 해결방안을 찾을 수 있다.

2) 실천기술

가족복지 실천에서도 개인과 집단을 대상으로 사용하는 다양한 사회복지 실천기술이 적용될 수 있다. 구체적인 실천기술을 설명하기에는 지면에 비해 내용이 너무 방대하여 가족의 욕구(문제)에 따라 사용할 수 있는 실천 유형을 크게 다음 네 가지로 구분하였다. 각 방법에는 예시를 두어 독자들의 이해 및 실천 적용력을 높이고자 하였다.

(1) 가족교육

사회복지사의 개입 형태 중 교육은 한국 문화에서 상담이나 치료보다 가족에게 잘 받아들여지고 비교적 가족의 저항이 없는 실천 방법이다. 실제로 국내에서는 정신장애인 가족을 대상으로 하는 가족교육이 활발하다. 가족교육은 퇴원한 조현병 환자의 가족들을 대상으로 질병에 대한 올바른 지식과 대처 방법을 인식하게 하여 환자의 정서적 고통을 덜어 주고 안정을 되찾게 할뿐더러 가족의 제반 보호 능력을 향상시켜 환자의 재발 감소에도 효과적이라고 알려져 있다(Wallace et al., 1992: 설진화, 2004에서 재인용). 가족교육시간에는 정신장애에 대한 설명, 증상에 대한 대처 방법, 약물복용의 중요성 및 모니터링, 가족의 지지와 역할, 재활 프로그램을 소개하고 가족을 지지하는 시간을 갖는다.

뇌졸중이나 치매와 같은 만성질환의 경우도 가족교육을 많이 실시하는데, 질환에 대한 이해와 가족의 정서적 어려움에 대한 내용은 물론이고 구체적으로 간병이나 보조기구를 다루는 방법 등도 배우게 된다. 당뇨병 환자의 가족을 위한 개입에서도 교육이 중요하다. 지속적인 자기관리가 필수적인 당뇨병 치료에서 가족은 식이요법을 지원하고 약물 모니터링을 하는 등 병에 대한 이해가 중요하므로 교육적 접근이 효과적이다. 〈표 7-3〉은 정신장애인가족을 대상으로 하는 심리교육 프로그램으로서 지역사회에서 실시한 단기 가족교육 개입의 예이다.

〈표 7-3〉 단기 가족교육 개입의 예

횟수	제목	내용
1	오리엔테이션	• 모임의 의미 및 목적 설명 • 치료자 및 참가자 자기소개 • 프로그램의 내용 및 일정소개 • 사전 검사 • 모임의 내용 정리
2	조현병의 이해	• 정신질환의 분류 • 조현병의 유형 • 조현병의 원인 및 증상 • 조현병에 대한 오해 • 모임의 내용 정리
3	조현병의 치료와 재활	• 입원치료 • 약물치료 • 정신치료 • 정신사회재활 • 직업재활 • 모임의 내용 정리
4	조현병의 증상과 대처	• 양성증상의 이해 • 음성증상의 이해 • 흔히 경험하는 어려운 상황과 대처 방법 • 재발 경고 증상에 대한 대처 방법 • 모임의 내용 정리
5	조현병 약물 및 일상생활 관리	• 약물의 작용과 부작용에 대한 대처 • 약물의 관리 및 복용 방법 • 재발 방지를 위한 일상생활 관리 (운동, 건강, 외모, 대인관계, 스트레스 등) • 모임의 내용 정리
6	가족의 올바른 역할	• 치료 동반자로서의 가족의 어려움과 중요성 • 가족의 마음가짐 • 「정신건강복지법」 및 관련 협회 소개 • 추후 모임에 대한 토론 • 종결 및 평가

출처: 설진화(2004).

질환에 대한 이해 이외에 구체적인 기술을 전달하는 것도 교육적으로 접근할 수 있다. 대표적으로 의사소통기술을 교육하는 것인데, 경청하는 기술, 공감하는 기술, 메시지를 전달하는 기술은 설명 단계-시연 단계-모니터링 단계-피드백 단계-재시연 단계로 구분하여 연습할 수 있다. 예를 들어, 부모가 사춘기 자녀에게 비난, 강요, 책임전가 등의 말을 하여 싸움이 될 때 '나 전달법(I-message)'의 개념과 구체적인 방법을 설명해 줄 수 있다. 즉, 구체적인 상황을 시연해 보고 동영상 촬영을 하여 자신의 모습을 모니터링하고 피드백을 한 후 바람직한 의사소통 방법을 재시연하는 것이다.

나 전달법의 예시
(YTN 라이프)

(2) 가족치료

가족치료는 가족구성원이 보이는 문제행동을 개인의 문제가 아니라 가족 전체의 맥락에서 발생하는 문제로 보고 가족관계의 변화를 시도하는 방법이다. 흔히 가족의 문제를 관계의 문제가 아닌 한 사람의 문제로 보는 경향이 있다. 예를 들어, 자녀의 일탈행동, 배우자의 외도는 개인의 행동 문제라고 보기 쉽다. 하지만 사회복지사가 전체 가족을 관찰해 보면 모든 가족구성원이 서로 관련되어 있음을 바로 알 수 있다. 잔소리를 하는 엄마는 잔소리를 하는 이유가 아들이 자신을 무시하기 때문이라고 하며, 아들은 엄마가 잔소리를 하기 때문에 무시한다고 할 것이다. 엄마는 무시당하는 것에 좌절감을 느끼고 아들은 끊임없이 간섭당하는 것에 화가 난다. 이와 같이 가족의 문제는 서로 관련되어 있다(Nichols & Schwartz, 2005).

가족치료를 위해서는 체계 이론에 대한 이해가 필수적이다. 가족치료에 대한 전문서적 및 이 책의 제6장에서도 체계 이론과 가족치료의 다양한 모델을 다루고 있다. 가족사정의 결과에 따라 적절한 가족치료 모델이 적용되므로 이에 대한 사회복지사의 가족치료에 대한 훈련도 필수적이다.

(3) 가족 자조집단

자조집단(self-help group)은 유사한 어려움을 겪는 당사자들의 지지모임으로서, 대표적인 가족 자조집단으로는 알코올중독자의 가족 자조집단인 알라넌(Al-Anon)이 있다.

만성질환을 주 대상으로 하는 의료사회복지 영역에서는 자조집단 모델이 만성질환자들의 심리사회적 재활을 위해 활발하게 사용되고 있다. 당뇨병, 암, 신장병, 치매, 조현병 등 다양한 질환에서 환자 자신뿐 아니라 가족이 모여 서로 정보를 교환하고 지지를 제공하는 자조집단이 발전하여 왔으며, 만성질환자의 심리사회적 적응을 돕는 효과적인 실천 방법으로 인식되어 왔다(김진숙, 2005). 또한 아동 및 청소년을 양육하는 부모모임, 치매노인을 부양하는 가족모임, 한부모모임, 자살 유가족 모임 등 개별 가족의 독특한 특성과 어려움을 공유하고 상호지지를 위한 자조집단 모델은 그 적용성이 매우 다양할 것이다.

자조집단은 말 그대로 당사자들의 상호지지 및 정보제공활동을 위한 모임이지만 자조집단의 형성 단계에서는 사회복지사의 지원이 필요하다. 동기가 있는 가족을 발견하고 리더를 세우며 초기에는 이들에게 자조집단의 조직화 과정과 활동에 대한 교육과 자문이 필요하다. 또 만남장소에 대한 물리적 지원 등 필요한 자원을 제공해야 하는 등 자조집단이 정착하는 데까지는 사회복지사의 초기 노력이 중요하다.

서울시자살예방센터에서 운영하는 자살유가족 자조모임

(4) 가족 사례관리

사례관리란 생태체계적 관점을 기반으로 만성적이고 복잡한 문제를 가진 개인 및 가족과 함께 일하면서 기능을 향상시켜 환경 속에서 자신들에게 필요한 서비스와 자원을 스스로 획득하여 사회적 기능을 원활히 수행할 수 있도록 돕는 통합적 접근 방법이다(권진숙 외, 2006). 이 정의에는 사례관리의 대상이 개인 및 가족으로 보이지만 일반적으로 사회복지사가 처음부터 가족 전체를 대상으로 사례관리를 하는 경우는 많지 않다. 보통 사례관리의 시작은 개별 클라이언트에 대한 의뢰로 이루어지는데, 개인에 대한 개입을 위해서는 가족사정 및 가족 전체에 대한 개입이 불가피한 경우가 대부분이므로 자연스럽게 가족 사례관리가 진행된다. 여기에서는 가족을 대상으로 하는 사례관리를 가족 사례관리로 개념화하고 가족 사례관리에 대해 설명하고자 한다.

지역사회복지관에서 알코올중독 가족에게 개입하게 되는 사회복지사를 예를 들어 보자. 사회복지사는 아버지의 알코올중독의 심각성, 입원력, 가족과의 관계, 가족의 대처 방법 등에 대한 다각도의 사정을 할 것이다. 사정 결과를 바탕으로 사회복지사는 알코올중독에 대한 가족상담이나 교육을 실시할 수 있어야 할 것이며, 아버지와 그 밖의 가족구성원의 욕구가 다를 때 이를 조정할 수 있는 능력이 요구되며, 필요시 입원이나 상담을 위해 외부 전문기관에 연결할 수 있어야 할 것이다. 이와 같이 가족 사례관리자에게는 상담자, 교육자, 조정자, 자원연결자 등 다면적 역할이 요구된다.

가족을 대상으로 하는 사례관리에서 가족이 필요로 하는 욕구는 대부분 다면적인 반면, 필요한 자원은 산재되어 있거나 부족한 경우가 많기 때문에 사회복지사는 기관 간 연계를 통한 다양하며 지속적인 사례관리 개입을 해야 한다. 예를 들어, 복지관에 근무하는 사회복지사는 방과후교실에 다니는 아동의 과도한 인터넷 사용과 또래에 대한 공격적 행동 때문에 혼자 자녀를 키우는 어머니를 만나 보니 공장에서 늦게 퇴근하여 자녀를 방임하고 있으며 만성적인 우울증을 앓고 있음을 알게 되었다. 이 가족에게 필요한 사항으로 아동의 정서적·행동적 상태에 대한 파악 및 치료, 아동의 바른 인터넷 사용을 위한 전문기관의 연결, 어머니의 우울증에 대한 진단과 치료를 위한 전문기관에의 의뢰, 양육을 위한 부모역할상담 등 다양한 지역사회 자원과 서비스 제공이 절대적이다. 따라서 가족의 사례관리를 담당해야 하는 사회복지사는 지역사회의 다양한 서비스기관에 대한 최신 정보를 갖고 있어야 하며, 더 중요한 것은 모든 서비스를 한 기관에서 제공할 수 없으므로 기관 간의 원활한 네트워크 활동, 통합사례관리를 위한 활동도 활발히 해야 한다.

4. 종결 단계

가족사회복지 실천에서 종결은 가족과 사회복지사 모두 목표가 달성되었다고 판단하고, 개입기간 동안 발생한 변화가 종결 후에도 유지될 것이라는 믿음이 생길 때 이루어진다. 다음에서는 종결 단계의 목표와 방법에 대해서 설명하였다.

1) 주요 목표

가족복지 실천의 형태에 따라 종결의 시기와 다루어야 할 내용이 달라질 것이다. 공통적으로 종결의 시기는 제시된 문제가 해결되거나 욕구가 충족되었을 때, 가족이 목표를 달성했다고 느낄 때이다. 가족치료와 같은 개입 형태에서 종결의 목표는 그동안 이루어 온 변화를 회고해 보고 작별인사를 하는 데 초점을 둔다. 이 시점에서 종결 이후 가족에게 닥쳐올 도전 때문에 가족의 변화에 일시 후퇴가 올 수 있으며, 앞으로 그러한 도전을 어떻게 다룰 것인지를 표현하도록 하는 것이 필요하다. 예를 들어, "앞으로 문제가 다시 악화될 때 어떻게 할 것입니까?"와 같은 질문이 사용되며, 가족에게 이제까지 잘해 왔으며 가족의 강점과 대처기술을 확인시키고 인정하고 지지해 주는 것이 좋다. 즉, 종결 단계에서 확인해야 할 것은 현재 제시된 문제가 해결되었거나 상당부분 개선되었는가, 가족구성원들은 목표했던 바에 대해 만족하는가, 이제까지 시도했으나 도움이 되지 않았던 것은 무엇이며, 앞으로 유사한 문제가 발생할 때 대처 방법을 알고 있는가 등이다(Nichols & Schwartz, 2005). 가족 사례관리에서 종결은 가족에게 더 이상 외부로부터의 자원이 필요하지 않다고 판단되거나 가족이 외부의 추가적인 도움 없이도 충분히 문제해결 능력이 있고 대처 능력이 있다고 판단했을 때 이루어진다. 하지만 이상과 같이 목표가 달성되었을 때 이외에도 종결이 불가피한 경우가 있는데, 가족이 변화에 대한 동기를 상실하거나 부족할 때, 변화에 대한 저항이 심할 때, 개입의 효과가 없다고 판단했을 때 등이다.

2) 실천기술

(1) 종결 시기 결정 및 종결 단계에서 다루어야 할 내용

가족교육을 실시하는 경우 일반적으로 정해진 회기가 종료되면 자연스럽게 사회복지사의 개입도 종결되는 경우가 많다. 보통 교육 프로그램의 마지막 회기에서는 프로그램에서 다루었던 내용을 요약, 정리하고 가족이 기억해야 하거나 명심해야 할 부분이 검토된다. 가족교육이 집단 형태로 진행되는 경우 사회복지사뿐 아니라 다른 가족들 간의 지지와 피드백도 교환된다. 종결 단계에서 가족이 새롭게 배운 내용이나 기술에 대해 나눔으로써 자신감을 갖게 되고 상황에 대한 대처 능력이 생기며 새로운 네트워크(지지망)를 획득한 것을 인식할 수 있다.

가족상담이나 치료의 경우 종결은 종결 단계 이전에 가족에게 고지된다. 대체로 가족체계의 변화가 발생할 때, 가족 내 새로운 상호작용이 나타날 때, 종결 후에도 가족의 자생적인 힘으로 변화가 유지된다는 믿음이 사회복지사와 가족구성원 모두에게 생길 때 종결이 논의된다. 더불어 종결 시 예상되는 어려움, 난관, 재발되는 문제가 무엇인지를 미리 예상해 보는데, 이는 가족이 무엇을 준비해야 하는지를 인식하도록 한다. 가족의 어려움에 대한 집중적인 상담이나 치료는 사회복지사와의 친밀하면서도 신뢰성 있는 관계에 기반하므로 종결에 앞서 가족은 슬픔, 상실감, 불안감 등을 경험할 수 있다. 가족이 이러한 감정을 경험하는 것은 자연스러운 것이므로 종결 단계에서 사회복지사는 가족이 현재 느끼는 감정을 충분히 표현하도록 돕고 공감해 주도록 한다.

가족 사례관리 과정에서 종결은 생각보다 흔하지 않다. 이는 사례관리의 특성상 복합적인 가족의 욕구(문제)에 개입하므로 단기간에 집중적으로 개입하고 종결하기보다 지속적으로 여러 가지 문제에 대해 하나씩 개입하게 되기 때문이다. 현실적으로 가족 사례관리에서는 우선순위가 되는 문제가 하나씩 해결되고 욕구가 충족될 때 일시적으로 종결하고 다시 욕구(문제)가 발생할 때 개입하는 방식으로 이루어진다. 따라서 가족 사례관리 종결에서 보다 중요한 것은 사회복지사의 도움이 없이도 가족 스스로 상황에 대한 대처 능력이 생겼다는 자신감과 자신의 능력, 강점을 활용하는 능력을 자각하는 것이다.

종결 단계에서는 척도를 사용하여 개입 전보다 개입 후 가족의 변화를 객관적으로 제시해 주는 방법이 있다. 사정 단계에서 사용한 척도를 종결 단계에서 실시해 보면 사전·사후 검사의 점수 비교를 통해 변화의 정도를 파악할 수 있다.

(2) 사후관리 계획 및 방법 결정하기

사회복지사는 가족에게 종결 이후에도 만날 약속을 할 수 있다. 노혜련(1995)은 가족치료를 진행할 때 다음의 사항을 고려하여 사후관리를 할 것을 권고하였다. 사후관리(follow-up)의 목적은, 첫째, 가족이 달성한 변화를 유지하는지를 점검하는 것과 둘째, 종결 이후에는 가족만의 노력으로 상황에 대처해 가야 한다고 인식할 때 발생하는 가족의 불안을 부분적으로 다루어 주는 데 있다. 사후관리는 대개 종결 이후 한 달 정도의 시간을 갖고 이루어지며, 개입 단계에서 이루어졌던 면담보다 짧게 이루어질 수 있다. 종결 이후 새로운 이슈가 발생했을 경우 문제해결을 위한 면담을 진행할 수 있지만 그동안 가족이 잘 지내 온 부분과 문제해결을 위해 가족이 이룬 성취를 확인하며 지지해 주도록 한다.

가족사회복지 실천에서는 다양한 형태로 종결이 이루어지므로 이에 따라 사후관리의 방법과 형태도 달라질 것이다. 예를 들어, 기관에서 제공하는 가족 프로그램이 종결되었을 때, 가족에 대한 개입도 종결되고 이후 정기모임 형태로 사회복지사와 가족과의 사후 모임이 이루어질 것이다. 사후관리의 주요 목적은 변화가 유지되도록 격려하고 가족의 힘을 지지하는 데 있으므로 실제 대면 면담은 물론 정기적인 전화통화, 문자, 이메일로도 가능하다.

◈ 참고문헌

권진숙, 신혜령, 김정진, 김성경, 박지영(2006). 가족복지론. 경기: 공동체.

김연옥, 유채영, 이인정, 최해경(2005). 가족복지론. 경기: 나남출판.

김진숙(2005). 소아암 부모모임 리더들의 자조집단 참여경험. 한국사회복지학, 57(2), 405-434.

노혜련(1995). 말기과정. 이화여대 사회사업학과 편. 가족치료총론. 서울: 동인.

반포종합사회복지관, 서울대 실천사회복지연구회(2007). 실천가와 연구자를 위한 사회복지척도집. 서울: 나눔의집.

설진화(2004). 퇴원한 조현병환자와 가족에 대한 지역사회복지관에서의 단기가족교육 프로그램의 효과. 한국사회복지학, 56(2), 261-283.

정문자, 정혜정, 이선혜, 전영주(2007). 가족치료의 이해. 서울: 학지사.

최혜지, 김경미 정순둘, 박선영, 장수미, 박형원, 배진형, 박화옥, 안준희(2013). 사회복지실천론. 서울: 학지사.

McGoldrick, M., Gerson, R., & Petry, S. (2011). 가계도: 사정과 개입(이영분 외 역). 서울: 학지사.

Nelson, J. (1984). Family Treatment: An Integrative Approach. NJ: Prentice Hall.

Nichols, M., & Schwartz, R. (2005). 가족치료: 개념과 방법(김영애 외 역). 서울: 시그마프레스.

Sheafor, B., Horejsi, C., & Horejsi, G. (1997). 사회복지실천 기법과 지침(서울대 사회복지실천연구회 역). 서울: 나남출판.

제4부

가족복지의 실천 분야

제8장 이혼가족과 재혼가족
제9장 가정폭력가족
제10장 중독가족
제11장 다문화가족
제12장 장애인가족
제13장 정신장애인가족
제14장 만성질환가족
제15장 치매노인가족

제8장
이혼가족과 재혼가족

1. 이혼가족에 대한 이해

최근 들어 우리 사회에서는 가족해체에 따른 이혼이 증가하고 있다. 대부분의 사회에서 이혼의 증가는 산업화와 도시화의 영향이며, 가족 및 이혼에 대한 가치관 변화, 여성의 교육 수준 향상과 사회진출로 인한 경제적 자립, 가족의 기능 약화, 이혼 관련 법 및 제도의 변화 등 사회적 · 환경적 요인도 이혼율과 밀접한 관련이 있다. 이혼이란 부부가 살아 있는 동안에 그들의 법률상(만 18세 이상의 남자와 만 16세 이상의 여자) 부부관계를 당사자의 협의 또는 재판에 의해서 해소시키는 신분행위를 말하며, 혼인으로 인한 인척관계 역시 이혼으로 인하여 종료된다(「민법」 제775조). 따라서 이혼은 부부관계에서 일어나는 여러 가지 문제에서 탈피하기 위한 하나의 방법이며 동시에 부부관계를 해소시킬 방법을 법률상으로 인정하는 제도이다(이영숙, 1999).

이혼의 유형은 협의이혼, 재판이혼, 조정이혼으로 나눌 수 있다. 협의이혼이란 법적으로 부부관계를 유지해 오다가 부부의 자유로운 의사결정으로 서로 이혼하겠다는 의사의 합치에 의하여 이혼의 원인과 동기와는 상관없이 혼인관계를 해소시키는 신분행위이다. 그리고 이혼에 관하여 당사자의 의견이 일치되지 않은 경우에 가정법원의 심리와 재판을 통하게 되는데 이러한 재판상 이혼에는 가정법원이 단순히 이혼으로 분쟁하는 부부 사이에 개입하여 부부가 원만하게 의사를 합치되게 조정하는 조정이혼과, 가정법원의 심리와 재판을 통한 이혼의 소(訴)를 제기하여 법원의 판결로 성립되는 재판이혼이 있다. 부부간에 이혼의 합의가 이루어지지 않거나 재산, 자녀 문제 등으로 대립되어서 해결하기 어려울 때에는 「가사소송법」(제50조)에 의하여 이혼의 소를 청구할 수 있으며, 재판상 이혼을 신청한 경우에 조정전치주의[1]가 적용되므로 먼저 이혼조정을 신청하여야 하며, 조정이 성립되지 않을 때에 소송을 제기할 수 있다(「가사소송법」 제11조).

이혼에 대한 사람들의 관점은 부정적인 측면과 긍정적인 측면으로 나눌 수 있다. 이혼 후에 우울 정도가 더 높아지고 경제적 문제가 더 많아지며, 생활수준이 낮아졌다는 측면과 반대로 이혼 후에 생활만족도와 자존심 등이 증가한 사람이 감소한 사람보다 더 많기에 이혼의 가능성을 주장하는 견해도 있다. 즉, 이혼이 개인의 심리적, 사회적 특성과 이유에 따라 이혼의 과정과 이혼 후의 적응 결과가 다르다는 것이다(방성수, 장보임, 2003). 또한 이혼의 사유에 따라서 사회적으로 이혼의 수용 여부가 달라지는 경향이 있는데, 이혼 사유의 변화는 시대별 현실과 밀접한 관련이 있다. 즉, 이혼은 가족제도 및 사회변동, 개인의 의식 변화 등과 총체적 연관성을 가지고 있다. 1950년대에서 1960년대에는 이혼을 병리적 현상의 하나로 보는 시각이 주를 이루었으나 1970년대에는 이혼에 대하여 덜 비판적이며 이혼을 도덕적인 문제로 보는 사람은 점점 줄어들게 되었다(Reissman, 1990). 그리고 불행한 결혼관계, 스트레스와 갈등으로부터의 해방과 새로운 자기발견의 기회라는 긍정적인 측면이 강조되었다. 2000년도에는 과거의 이혼 원인의 1순위였던 배우자의 부정행위는 줄어든 반면, 성격차이로 인한 이혼이 40.1%, 가족 간 불화가 20.9%로 나타났고 이러한 현상은 경제위기가 회복된 이후에도 지속되고 있다. 2017년도의 이혼 원인 중 성격차이가 차지하는 비율은 43%였으며 경

---

1) 분쟁에 관하여 조정을 먼저 청구하고, 조정이 이루어지지 않은 경우에 비로소 심판을 청구할 수 있다는 원칙으로, 우리나라에서는 가사조정에서 채택하고 있다.

제적 문제는 10%, 배우자 부정과 가정불화는 각각 7%로 나타났다(통계청, 2018). 사실상 부부간의 성격차이는 모호하고 범주화하는 것이 어렵지만, 공정자 등(2005)에 의하면 부부간의 성격 자체의 문제뿐만 아니라 가치관의 차이, 가족문화의 차이, 성격특성에 따른 부조화, 성생활 문제, 경제운용방식의 차이, 의사소통의 문제 등이 성격차이에 포함되는 것으로 설명할 수 있다. 즉, 이혼 당사자와 사회적 인식이 시대적 흐름에 따라 변하고 점차 수용하는 분위기라는 것을 알 수 있다. 하지만 최근 우리나라에서 발생하고 있는 이혼의 현상은 다음과 같은 몇 가지 특징적인 면에서 심각하다고 할 수 있다. ① 지속적인 결혼 감소 추세와 더불어 일어나는 급격한 이혼의 증가, ② 이혼연령의 지속적인 증가, ③ 장기결혼부부의 꾸준한 이혼 증가, ④ 주요 이혼 사유로 대두되는 성격차이, 가족 간 불화, 경제 문제, 배우자 부정, 부부간 학대 문제 등이다(김희성 외, 2009).

2. 이혼가족의 실태와 문제점

1) 이혼가족의 현황

우리나라에서는 1970년대 이후 계속해서 이혼율이 증가되어 오다가 1990년대 말부터 경제위기와 맞물려 이혼율이 급상승하기 시작하였고 사회적으로 위기의식이 심화되었다. 즉, IMF 이전에는 조이혼율이 79,895건(1.7%)으로 비교적 낮은 비율을 보였으나, IMF를 겪은 1999년에는 연간 118,000건으로 증가하였다. 이후로 이혼의 문제점에 대한 인식이 확산되고 숙려기간 도입 등 이혼을 자제하자는 사회적 분위기가 고조되면서 2004년부터 감소세를 보이다가 2010년 이후로는 비슷한 수준을 유지하고 있다([그림 8-1] 참조). 또한 2018년 평균이혼연령은 남자 48.3세, 여자 44.8세로 나타났으며 혼인지속기간 20년 이상 이혼이 전체 이혼의 33.4%로 가장 많고, 다음으로는 5년 미만 이혼이 21.4%를 차지하였다(〈표 8-1〉 참조). 미성년 자녀가 있는 부부의 이혼은 4만 9천 4백 건으로 전체 이혼의 45.4%이며, 지속적인 감소 추세를 보이고 있다([그림 8-2] 참조).

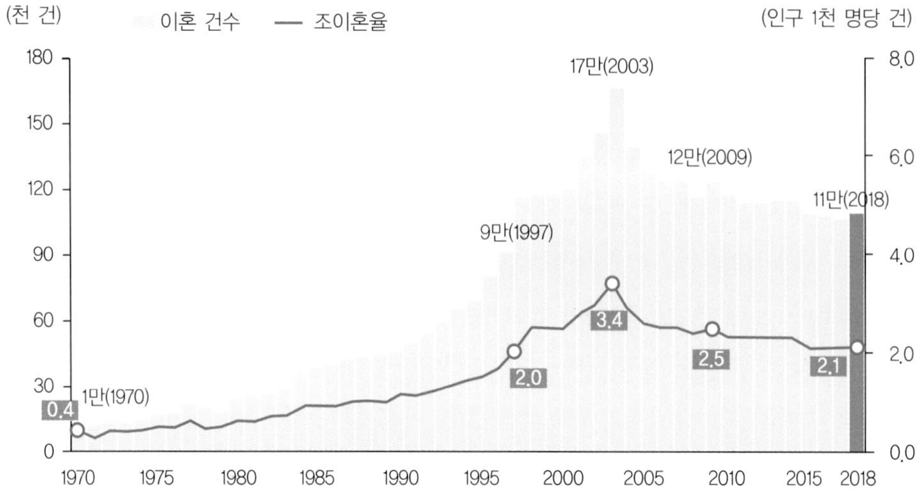

[그림 8-1] 이혼건수 및 조이혼율 추이(1970~2018년)

〈표 8-1〉 혼인지속기간별 이혼건수 및 구성비 추이(1990~2018년)

(단위: 건)

연도	계*	0~4년	5~9년	10~14년	15~19년	20년 이상
1990	45,694	18,053	13,320	8,323	3,630	2,363
1995	68,279	22,272	17,179	14,052	8,974	5,571
2000	119,455	35,047	26,643	22,360	18,342	16,978
2005	128,035	33,144	28,516	23,621	18,887	23,867
2010	116,858	31,528	21,963	18,638	16,906	27,823
2015	109,153	24,666	20,796	14,860	16,205	32,626
2018	108,684	23,209	20,063	15,540	13,545	36,327

* 혼인지속기간 미상 포함

출처: 통계청(2019).

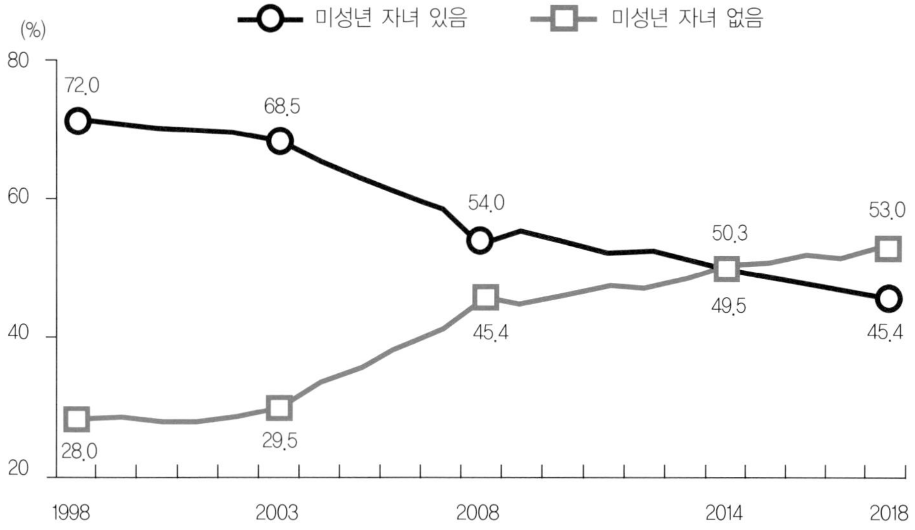

[그림 8-2] 미성년 자녀 유무별 이혼 구성비(1998~2018년)

출처: 통계청(2019).

2) 이혼가족의 문제점

이혼가족은 결혼관계의 법적 종결이라는 사건 이전에 이미 시작되는 다측면적이고 연속적인 과정을 겪게 된다. 이혼에 대한 긍정적인 시각이 증가하고 있음에도 불구하고 실제로 이혼은 배우자의 생존을 전제로 한 혼인관계의 해소이기 때문에 다양한 문제를 수반하며, 이는 스트레스의 정도가 사별 다음의 스트레스 순위에 속할 정도로 높은 수준의 긴장을 유발하는 사건이다(성정현 외, 2009). 또한 그 파급효과는 부모뿐 아니라 자녀에게도 부정적인 영향을 미치게 된다. 부모가 이혼경력이 있는 사람은 그렇지 않은 사람에 비해 그 자신이 이혼할 가능성이 높은데(Keith & Finlay, 1988) 이는 이혼한 부모의 자녀들은 부부문제를 해결하는 데 있어서 이혼이 하나의 해결방법이 될 수 있음을 배우게 되며, 자신의 결혼생활에서 쉽게 이혼을 결심하게 되기 때문이다. 즉, 부모가 이혼한 경력이 있는 여성은 그렇지 않은 여성에 비해 남성을 신뢰하고 의존하는 데 있어서 보다 어려움을 겪으며, 이러한 신뢰감의 부족은 부부관계를 침해할 수 있다(정현숙 등, 2001). 이혼과 관련된 많은 연구에서 일관적으로 발견된 결과 중 하나는 자녀가 없는 사람들의 이혼율이 자녀가 있는 사람들에 비해 높다는 것이다. 이러한 결과는 자녀가 없는 사람들의 결혼생활이 자녀가 있는 사람들의 결혼생활보다 만족도가 낮다는 것을 의미하는 것은 아니지만, 부부관계에 문제가 생겼을 때 자녀 때문에 이혼을 결심하지 못하거나 미루게 됨을 의미한다고 하겠다(오영희, 2012). 이와 같이 이혼은 부부 당사자뿐 아니라 가족 전체에 직간접적으로 영향을 미치는데, 다음은 이혼가족에게서 나타날 수 있는 문제점 및 특성이다.

(1) 심리적, 정서적 변화

이혼은 사람이 살아가는 과정 중 가장 고통스러운 인생사건 중 하나이며, 많은 문제와 갈등을 가져온다. 이혼을 경험한 사람들은 이혼 직후 자기연민, 우울, 자존감 저하, 분노, 죄의식, 외로움과 두려움 등 심리적 안정감을 상실하게 된다(Amato, 2000). 특히 이혼 초기에 경험하는 심리적, 정서적 문제로 부인(denial)을 들 수 있는데, 마치 그 사건이나 그것과 관련된 정서적 고통이 없었던 것처럼 무시하거나 잊어버리려고 하는 형태로 나타나게 된다. 또한 이혼자는 누구나 죄의식을 가지고 있으며, 무엇보다도 자녀에게 부모의 이혼을 경험하게 한 것에 대해서 뿌리 깊은 죄의식을 가지게 된다(성정현, 1998). 이혼한 사람이 그렇지 않은 사람보다 자긍심의 저하, 극심한 분노감, 무기력, 우울증, 사기 저하 등의 심리적, 정서적 반응에 시달리게 된다(Homes & Rahe, 1967). 또한 심리적 안녕감이 더 낮고, 이로 인해서 음주와 흡연의 증가, 불면증의 행동으로 나타나기도 한다. 정신건강 문제로 입원하거나 치료를 받는 확률도 결혼관계를 유지하거나 사별한 사람들에 비해서 이혼을 경험한 사람들이 높은 것으로 보고되고 있다(Price & McKenry, 1988).

무엇보다도 이혼과 관련하여 자녀들이 가장 큰 영향을 받게 되는데 아이들은 떠난 부모를 만나지 못하는 것을 괴로워하고 함께 살고 있는 부모조차 자신을 버릴지도 모른다는 분리불안을 경험하게 된다(정연옥, 2006). 또한 인간관계에서 위축되며 공격성이나 행동의 문제를 표출할 가능성이 높고, 학업성취도, 품행, 자아존중감 등의 심리적 적응과 사회적인 관계에 부정적인 영향을 미칠 수 있다. 이혼이 자녀들에게 미치는 정도는 일반인들이 생각하는 것보다 훨씬 더 오래 지속되며, 보다 어린 연령부터 경험된다(박귀영, 2008).

반면 이혼이 많은 사람에게 긍정적인 결과를 가져온다는 연구 결과도 있다. 이혼한 사람이 결혼한 사람보다 더 높은 수준의 자율성과 개인적 성장을 보고하며 불행감, 디스트레스, 우울, 알코올, 건강문제가 별거 후 2~3년 사이에 크게 감소하게 된다는 것이다. 또한 이혼한 어머니가 이혼 후 자립의 과정을 통해 더욱 강하고 독립적이며 문제해결 과정을 통해 자신의 능력을 깨닫기도 하는 등 긍정적인 측면이 있다는 것이다(손현숙, 2007). 이러한 결과에서는 오히려 이혼한 부모의 자녀들 스스로보다는 사회에서 더 부정적 견해를 가지고 있으며 이러한 편견이 오히려 자녀들에게 문제를 배가시킬 수 있음을 강조한다.

(2) 경제적 변화

이혼가족은 대부분 경제적 어려움에 직면하게 되는데 특히 여성은 이혼 후 기간이나 연령대와 상관없이 주 소득원의 상실로 빈곤화되어 경제적으로 어려움이 많을 수 있다. 특히 전업주부 여성은 이혼 후 생활수준이 급격하게 하락하여 이혼으로 인한 빈곤화를 가져올 수 있다. 이에 비해 남성은 이혼 시 재산분할로 인한 재산의 감소문제, 불규칙한 생활로 인해 수반되는 지출과다문제 등으로 여성들이 겪는 절대적인 빈곤의 문제가 아니라 상대적인 빈곤으로 인한 심리적 갈등 또는 가사활동이나 살림을 직접 해야 하는 어려움이 있다(변화순, 1996). 따라서 이혼가족은 소득계층에서 빈곤층으로의 진입 가능성이 높은 집단에 속하며, 일과 가정을 병행하는 데에서 오는 갈등이 심화된다(김영란, 2006). 이혼가족에서는 과중한 교육비와 자녀 양육에 관한 문제 등을 경험하며 이혼 후 자녀양육 및 교육비, 주거비 등의 문제로 경제적 문제의 영향을 받아 경제활동에 참여하는 여성의 비율이 증가하고 있다. 그러나 여성의 경우 자녀로 인해 정식 일자리를 찾는 것이 어렵고 단순서비스직이나 판매직, 가사 및 간병, 청소용역 등의 일을 하게 되어 이로 인해 더 많은 경제적 어려움을 겪을 수밖에 없게 된다. 따라서 이혼가족이 겪는 어려움은 불안, 우울과 같은 정서적 반응으로 나타날 수 있고 경제적 어려움에 대한 대안으로 재혼을 선택하기도 한다.

(3) 사회적 인식

이혼가정은 경제적 활동, 대인관계, 자녀양육 그리고 독립적인 생활 등 전반적인 부분에서 부정적인 사회적 편견을 받는다. 우리 사회에서는 이혼한 부모를 인생실패자, 인생낙오자, 문제가 있고 부모자격도 없는 사람 등으로 인식하는 경향이 있으며 결과적으로 이혼가정은 가족, 친구, 직장에 영향을 미쳐 관계가 소원해지게 된다(황은숙, 2006). 즉, 이혼을 함으로써 오래 사귄 친구들과의 관계가 변화되거나 사회적 네트워크가 축소되고 사회적 고립 등으로 사회적 지지체계 형성에 어려움을 보일 수 있다. 김혜련(1993)의 연구에서는 이혼자들의 가장 가까운 사람들이 이혼 사실을 승인하지 않는 것으로 나타났는데, 이것은 이혼자로 하여금 혼자인 느낌이 들게 하고 자신의 이혼 결정에 대해서 회의를 느끼게 하는 원인이 된다. 또한 고용, 가사관리, 자녀양육 등 이혼한 사람의 삶이 바쁘기 때문에 사회적 관계망을 만들고 유지할 시간이 거의 없고, 이로 인해 사회적 지지가 감소되는 결과를 가져오고 사회적 관계망이 악화되기도 한다.

부모의 이혼으로 인하여 이혼 자녀들은 역할모델과 상호 협력의 부족, 부모-자녀 관계에서 오는 거리감으로 사회적 재능과 사회성에 직접적이고 부정적인 영향을 받을 수 있다. 이는 부모의 이혼이 발달 과정에 있는 아동들의 정서, 심리에 매우 큰 상처로 작용하여 건강한 발달을 방해하기 때문이다. 반면 결혼가정의 자녀와 이혼가정의 자녀간의 사회적 관계, 즉 사회성에는 차이가 없다는 연구 결과도 있기에 일치된 견해를 보이지는 않는다(정경숙, 1990). 그러나 아직까지 우리 사회에서는 자녀 결혼 시 자녀의 배우자가 이혼가정의 자녀라고 하면 결혼을 꺼리게 되는 경우도 나타나 부모의 이혼이 자녀에게 지속적으로 부정적인 영향을 미치는 경향이 있다고 하겠다(김미숙 외, 2005).

3. 이혼가족에 대한 서비스 현황과 대책

우리나라에서 이혼한 가족에 관련된 법률은 〈표 8-2〉에서와 같이 「민법」 「가사소송

〈표 8-2〉 이혼관련 법률

법령명	내용	관할부처
「건강가정기본법」	이혼예방 및 이혼가정지원	여성가족부
「민법」	이혼절차에 관한 명시	법무부
「가사소송법」	이혼무효 및 취소 소 제기의 절차	법무부
「가족관계의 등록에 관한 법률」	이혼신고 및 이혼의사 확인	행정안정부
「한부모가족지원법」	이혼한 한부모가족 정의 명시	보건복지부

출처: 이진숙, 최원석(2011).

법」「가족관계의 등록에 관한 법률」 등이 있으며, 이혼한 한부모를 위한 사회서비스에 관한 내용은「한부모가족지원법」에서 규정되고 있다.

반면 국내에서는 아직 이혼가족을 위한 서비스가 활성화되지 못하고 있다. 일부 법원에서 미성년 자녀를 둔 이혼부부에게 자녀양육과 관련된 교육이나 숙려기간 동안 가족캠프 등을 진행하기도 하지만 사회복지기관이나 민간단체 등을 중심으로 소수의 프로그램이 제공되고 있는 실정이다. 그나마 대다수 프로그램들이 이혼 적응을 전반적으로 다루면서 그 일부분으로 자녀 문제를 다루거나, 단회적인 서비스 제공에 그치고 있다. 현재 이혼가족에 대한 다각적 측면의 서비스 필요성이 제기되고 있으나 아직 개발이 부족한 상태라 전문가들이 손쉽게 진행할 수 있는 구조화된 프로그램의 필요성이 절실하다(전명희, 2012). 그러므로 이혼 과정에 따른 외국의 이혼가족 지원 사업 유형(〈표 8-3〉 참조)과 국내 이혼가족을 대상으로 시행된 부모교육 프로그램(〈표 8-4〉 참조), 이혼 적응을 위한 사회복지 접근 방법에 대한 방안에 대해서 살펴볼 필요가 있다.

전명희(2012)는 이혼가족 부모역할에 영향을 주는 변인과 한국적 문화 환경에서 자녀의 복리에 영향을 주는 요인들을 파악하여 현재 메릴랜드주에서 법원 명령으로 위탁받아 진행되고 있는 2회기 프로그램인 '마음 치유: 이혼부모교육(Healing Hearts)'의 내용을 기반으로 구성한 단기 프로그램을 소개하였다(〈표 8-4〉 참조).

이 외에도 이혼가족에 대한 사회복지적 접근 방법을 정리해 보자면 이혼 예방과 이혼 과정, 이혼 후의 지원으로 나누어 볼 수 있다. 첫째, 이혼 예방을 위한 접근으로는 결혼에 대한 가족생활 교육과, 부부관계나 가족생활을 원만하게 유지하고 질적 향상을 도울 수 있는 부부관계 강화 프로그램을 확대 실시할 수 있을 것이다. 현재 위기 상태인 부부를 대상으로 이혼 예방을 위한 부부상담 및 치료 및 교육 프로그램도 이혼을 예방하는 데 도움이 될 것이다. 둘째, 이혼 과정상의 사회복지적 접근 방법으로는 이혼 전후 가족상담 또는 중재 서비스를 들 수 있다. 이는 현재 이혼을 고려 중이거나 이혼 절차를 진행 중인 가족을 대상으로 이혼과 관련한 당사자들의 정서적 문제와 의사결정을 돕고 대처 능력과 적응력을 개발하여 개인의 복리와 가족의 행복이 증진되도록 지원하는 상담활동을 의미한다(전영주, 2000; 박지영, 2007). 셋째, 이혼가족의 구성원에게는 보다 다양한 사회복지적 접근 방법이 필요하다. 이혼 후의 당사자는 일시적으로 또는 지속적으로 한부모가족이 되기 때문에 그들을 위한 대책이 중요하며, 아울러 이혼 후의 문제와 적응에 영향을 미치는 요인이 고려되어야 한다. 이를 위해 실질적인 경제적 지원 제도 마련과 자녀양육 교육 및 프로그램, 심리적 지지 프로그램이 필요하겠다.

〈표 8-3〉 이혼 과정에 따른 이혼가족 지원사업 유형

이혼 과정	프로그램
이혼 전	상담/치료
	이혼 전 교육 워크숍
	아버지 교육 워크숍
이혼	중재
	부모교육
	이혼 전 교육 워크숍
	주말 워크숍-교육
	아버지 워크숍
	별거기간 생활보장

이혼 후	성인집단 프로그램(가족생활교육, 부모교육)
	성인자조집단
	자녀집단 프로그램
	자녀자조집단
	이혼적응 프로그램
	이혼가족아동개입 프로그램
	아버지집단
	상담/치료(정서적 개입)
	부모역할감독
	중재
	자녀양육과 구직을 위한 개입
	이혼 후 관계 변화를 위한 개입
	옹호

출처: 김희성 외(2009)에서 재인용.

〈표 8-4〉 이혼가족 부모교육 프로그램

구분	목적	내용
1회기	이혼으로부터의 회복 과정 이해	이혼에 대한 반응 이해하기 / 아동의 애도 과정 / 부모가 어떻게 도울 수 있을까
	자녀의 발달단계에 따른 별거/이혼에 대한 반응	자녀의 연령에 따른 이혼의 반응 / 자녀들이 이혼을 받아들일 수 있도록 돕는 길 / 이혼에 대해 이야기하기
2회기	도움이 되는 양육기술	부모가 할 일과 하지 말아야 할 일 / 부모양육태도 점검 / 바른 행동 길 다지기 / 화 다스리기 / 나 전달법
	자녀를 진정으로 바라보기	자녀의 최대복리 / 정리하기

출처: 전명희(2012).

4. 재혼가족에 대한 이해

우리 사회의 이혼율이 증가하면서 재혼가족이 점차 늘어나고 있다. 재혼가족에 대한 용어 또는 개념 정의는 학자마다 다양한데, 계부모가족, 재결합가족, 혼합가족, 이중 핵가족 등의 용어들로 혼용하여 사용되고 있으며, 가장 복잡한 가족체계 개념 중의 하나이다(김효순, 2005). 현재 미국에서 사용되는 재혼가족(remarried family)이라는 용어는 배우자 한쪽이나 양쪽 모두가 재혼 이상의 결혼으로 자녀가 있거나 없으면서, 하나의 가구를 유지하는 남편과 아내로 구성된 가정으로 정의된다. 그리고 계부모가족(stepfamily)이란 부모의 한쪽이 친부모이며 그 친부모가 재혼하기 전에 출생한 18세 이하의 자녀가 있는 재혼가정을 의미한다(Glick & Lin, 1986). 따라서 계부모가족은 재혼가족의 하위 유형이라고 할 수 있다. 국내에서 재혼이라는 용어는 최근에 사용하기 시작한 현대적인 용어로, 이미 한 번 또는 그 이상 결혼하여 가정을 이룬 남성이나 여성이 다른 배우자와 새롭게 가정을 재구성하는 것을 뜻한다(조옥라, 2000). 따라서 재혼가족은 자녀가 있는 이혼부부가 재혼을 함으로써 새로운 형태의 가족을 이루는 가족을 의미한다.

재혼가족에 대한 유형은 학자마다 다른데, Ihinger-Tallman과 Pasley(1987)는 자녀 유무, 자녀 동거 여부, 자녀와의 관계를 고려하여 복잡성의 수준에 따라 〈표 8-5〉와 같이 아홉 가지 유형으로 구분하였다.

이혼한 사람에게 있어서 재혼은 초혼의 경우보다 인간적으로 성숙되었기 때문에 보다 성공적인 결혼생활을 하기도 하지만 불행히도 어떤 사람들은 또 한 번의 이혼으로 끝을 맺기도 한다. 이에 이혼한 사람이 재혼할 경우 초혼의 경우보다 더 많이 이혼하며 두 사람 모두 이혼 경험이 있을 때의 재혼은 초혼에서 이혼하는 경우의 약 두 배가 된다는 연구조사가 있다(전선영 외, 2011). 이처럼 재혼가족이 새로운 가족 형태에 신속히 적응하고 가족 문제를 예방함으로써 다시 시작하는 결혼생활을 성공적으로 지속하려면 개인적, 사회적 차원의 노력이 필요하다. 재혼가족은 자녀의 유무, 양육 유무에 따라 복잡하고 다양한 유형으로 구분되기도 하는데, 일반적으로 다음과 같은 특성을

〈표 8-5〉 Ihinger-Tallman과 Pasley(1987)의 재혼부부의 9가지 유형

유형	자녀 유무	자녀와 동거 여부	자녀와 재혼부부관계	특징
유형1	부부 양쪽이 무자녀			배우자의 결혼경험을 제외하고는 초혼부부와 유사함
유형2	재혼부부 사이의 출생자녀		부모의 전혼(前婚)이 자녀와 무관함	
유형3	전혼에서 최소 1명의 자녀		자녀의 미성년 여부에 달림	자녀양육과 관련된 문제들이 재혼부부의 일상생활의 일부가 아님
유형4	재혼부부의 자녀와 전혼자녀	전혼 자녀는 동거하지 않음	함께 살지 않는 자녀의 면접권을 갖거나 갖지 않을 수 있음	같이 살지 않는 자녀가 가끔 찾아오는 것을 제외하면 초혼 부부와 유사함
유형5	재혼부부의 자녀는 없고 최소 1명의 전혼 자녀	전혼 자녀는 동거하지 않음	자녀가 방문할 수도 방문하지 않을 수도 있음	자녀가 찾아오는 경우 부부생활의 잠재적 참여자임. 양육권문제가 변하면 유형 6과 유사함
유형6	최소 1명의 전혼 자녀	자녀와 동거		한쪽 배우자만의 자녀가 재혼부부와 거주하는 단순한 유형
유형7	부부 양쪽 모두 전혼 자녀	자녀와 동거		구조의 일면으로 이복형제가 있는 복잡한 유형
유형8	부부양쪽 모두 전혼 자녀와 재혼부부의 자녀	자녀와 동거		형제집단 속에 재혼한 부, 재혼한 모 사이에서 낳은 반이복(異腹), 반이부(異父)형제
유형9	부부 양쪽 모두 전혼 자녀와 재혼부부의 자녀	동거하는 자녀와 동거하지 않는 자녀가 있음		유형 8에서 동거하지 않는 자녀도 있는 가장 복잡한 수준

가진다.

첫째, 재혼가족은 가족 형성기 초기부터 전혼에서의 자녀들을 데리고 혼인을 하는 경우가 많아 계자녀와의 관계 성립에 많은 어려움을 겪고 있다. 둘째, 재혼가족은 부모와 자녀의 유대가 배우자 간의 유대보다 더 오래전부터 이어져 왔으므로 가족 발달주기상의 불일치가 크다. 셋째, 재혼가족은 친부모가 자녀의 현실과 기억 속에 존재해 있으며, 재녀가 재혼부모와 친부모 사이를 오고 감으로써 가족의 경계가 분명하지 않다. 넷째, 전혼이 비교 기준이 되는 경향이 있어서 재혼생활에 영향을 미치게 된다. 다섯째, 재혼가족의 자녀와 배우자는 이전 전혼가족에 대한 죄의식을 느끼며 혼란을 겪기도 한다. 여섯째, 재혼한 남성은 경제적 자원이나 시간, 애정 등을 나눠야 할 때 함께 살고 있지 않는 친자녀에게 배분하고 싶은 욕구와 현재 가족의 욕구를 충족시키는 것 사이에서 갈등을 느낀다. 일곱째, 재혼가족은 사회로부터 부정적 인식이 있고, 긍정적인 지지가 부족하며, 복잡한 친인척 관계에 놓이게 되고, 계부모-계자녀 사이의 법적인 관계도 불분명하다. 사회적인 측면에서도 재혼가족에 대해 초혼가족보다 문제가 많은 비정상적인 가족으로 간주하려는 경향이 있다.

5. 재혼가족의 실태와 문제점

최근 우리 사회에서 가장 특징적인 가족변화로 혼인 형태의 다양화를 들 수 있다. 혼인 유형 중 재혼이 차지하는 비율은 1980년에 5.9%에 불과하던 것이 1995년에 10%대로 증가하고, 2000년대에 와서는 20%대에 진입하였다. 2005년에는 26.5%로, 통계집계 이후 가장 높은 수치를 보인 후 완만하게 감소하다가 2018년 결혼한 전체 부부 중 약 12%가 남녀 모두 재혼인 부부로 나타났다. 남녀 어느 한쪽만이 재혼인 경우까지 모두 합하면 약 23%로 결혼한 5쌍의 신혼부부 중 1쌍은 재혼부부인 셈이다. 또한 평균 재혼연령은 1990년에 남자 39.5세, 여자 34.8세이던 것이 점점 나이가 증가하여 2018년에는 남자 48.91세, 여자 44.61세에 재혼을 하는 것으로 나타났다(〈표 8-6〉 참조). 이는 노인 인구의 이혼 및 재혼이 증가하고 있기 때문인 것으로 분석된다.

하지만 이혼의 아픔을 딛고 새로운 사람을 만나 다시 가정을 이루는 것은 생각보다 어려운 일이다. 재혼 관련 전문가들은 우리나라 재혼 실패율을 60%로 매우 높게 추정하고 있는데(손원제, 2002), 재혼해체를 예방하고 재혼가족의 적응과 기능 향상을 위해 효과적으로 개입하기 위해서는 초혼과는 전적으로 상이한 재혼 고유의 특성에 대한 이해가 절실하다. 따라서 재혼가족이 직면하는 문제의 본질, 재혼 과정의 복잡성과 역동적 특성 등을 조망하는 것이 필요할 것이다.

〈표 8-6〉 평균 재혼 연령 (단위: 세)

	1990	1995	2000	2005	2010	2015	2018
남자	39.5	41.2	42.05	44.10	46.11	47.63	48.91
여자	34.8	35.5	37.45	39.56	41.59	43.46	44.61

6. 재혼가족에 대한 서비스 현황과 대책

재혼가족의 형성 초기에 경험하는 많은 변화와 스트레스에 대해 어떤 재혼가족은 잘 적응하기도 하지만 그렇지 않은 재혼가족의 구성원들은 심각한 적응 문제를 겪게 된다. 따라서 이러한 변화와 스트레스는 재혼가족의 위험 요인이 되기도 하고 적응유연성이 될 수 있다.또한 재혼가족은 원가족 경험뿐만 아니라 전혼에서의 가족관계와 가족구조로 인해 초혼가족에 비해 여러 문제에 노출될 가능성이 크다. 따라서 재혼가족의 특성에 맞는 사회복지적 서비스가 필요한데, 실제 프로그램이 실시되고 있는 사례는 매우 제한적이다. 한국가정법률상담소, 한국가족상담교육연구소, 건강가정 지원센터에서 비정기적으로 재혼가족 대상의 프로그램을 개발 및 수행하고 있지만 지속적이고 전문적으로 수행하고 있지는 못하다(노명숙, 2013). 재혼가족을 위한 프로그램은 재혼가족의 적응을 위한 것으로서 계부모와 계자녀의 역할긴장을 감소시키고 그들의 가족 적응을 향상시키는 것이 목적이 될 수 있을 것이다. 이에 재혼가

재혼자녀 4명 중 1명 "폭력 · 방치 당해"(EBS 뉴스)

족을 위한 포괄적인 지원을 할 수 있는 재혼가족상담과 치료, 재혼을 시작하려는 사람과 가족을 대상으로 하는 교육, 자조집단, 재혼생활 안내 정보와 성공적인 재혼 모델링 제공, 재혼가족캠프 그리고 사회적인 태도의 변화를 포함하는 복합적인 프로그램이 필요할 것이다.

◈ 참고문헌

공정자, 구훈모, 조성숙(2005). 성격차이와 이혼. 한국사회학회 사회학대회 논문집, Vol. 2005, 563-584.

김미숙, 원영희, 이현송, 장혜경(2005). 한국의 이혼실태와 이혼가족 지원정책 연구. 서울: 한국보건사회연구원.

김영란(2006). 새로운 사회적 위험과 여성빈곤 그리고 탈빈곤 정책. 한국사회학, 40(2), 189-226.

김혜련(1993). 여성의 이혼경험을 통해 본 가부장적 결혼연구. 여성학논집, 10, 321-322.

김효순(2005). 재혼가족의 역할긴장이 적응에 미치는 영향에 관한 연구. 성균관대학교 대학원 박사학위논문.

김희성, 나용선, 김충식, 박경아, 곽미영(2009). 건강가정론. 경기: 양서원.

노명숙(2013). 재혼가족을 위한 프로그램 개발의 현황과 과제. 한국산학기술학회, 14(1), 169-175.

박귀영(2008). 가족복지론. 서울: 은혜출판사.

박지영(2007). 이혼중재서비스와 사회복지방안의 탐색. 한국사회복지교육, 3(1), 41-69.

방성수, 장보임(2003). 이혼증가에 대한 사회복지적 접근방법. 복지행정논집, 13(1), 160-175.

변화순(1996). 이혼가족을 위한 대책연구. 서울: 한국여성개발원.

성정현(1998). 성 역할태도와 이혼여성의 적응에 관한 연구. 서울대학교 박사학위논문.

성정현, 여지영, 우국희, 최승희(2009). 가족복지론. 서울: 양서원

손원제(2002). 새엄마, 새아빠를 당당하게. 한겨레 21, 409, 40-42.

손현숙(2007). 이혼여성의 자립과정에서의 갈등과 대응, 숙명여자대학교 석사학위논문.

오영희(2012). 이혼가정의 자녀양육 과정, 중앙대학교 대학원 박사학위논문.

이영숙(1999). 가족문제론. 서울: 학지사.

이진숙, 최원석(2011). 이혼한 한부모의 사회서비스 욕구에 관한 성별 비교분석. 여성학연구,

21(3), 141-171.

전선영, 조금화, 박성석, 강윤경, 박정숙, 이미선, 이영실, 박미정, 권향임, 조미숙, 문영미 (2011). 가족복지론. 서울: 신정.

전영주(2000). 이혼치료. 한국가족치료학회 제26회 학술대회 자료집, 1-8.

정경숙(1990) 결손가족학생의 가정환경 및 성격특성, 연세대학교 석사학위논문.

정연옥(2006). 이혼가정자녀의 부모자녀관계가 심리적 적응에 미치는 영향. 아주대학교 박사학위논문.

정현숙, 유계숙(2001). 가족계, 서울:신정

조옥라(2000). 재혼가족. 여성연구, 7.

통계청(각 연도). 인구통계조사.

통계청(2019). 2018년 혼인, 이혼 통계 보도자료.

황은숙(2006). 이혼가정 부모교육 프로그램의 개발과 활성화 방안. 숙명여자대학교 대학원 박사학위논문.

Amato, P. R. (2000). The Consequences of Divorce for Adults and Children. *Journal of marriage and the family, 62*(4), 1269-1287.

Fisher, N. B. (1994). Exploratory study of how woman changing during Separation/ diverce process. Unpublished doctoral disseration, University of Pennsylvania.

Glick, P. C., & Lin, S. L. (1986). Recent changes in divorce and remarriage. *Journal of Marriage and the Family, 48*(4), 737-747.

Holmes, T. H., & Rahe, R. H. (1967). The social readjustment rating scale. *Journal of Psychosomatic Research, 11*(2), 213-218.

Ihinger-Tallman, M., & Pasley, K. (1987). *How Parents Adjust, in Remarriage*. Newbury, CA: Sage.

Keith, V. M., & Finlay, B. (1988). The impact of parental divorce on children's educational attainment, marital timing, and likelihood of divorce. *Journal of marriage and family, 47*, 693-700.

Price, S. J., & McKenry, P. C. (1988). Divorce. Newbury Park: Sage.

Reissman, C. K. (1990). *Divorce talk: Women and men make sense of personal relationships*. New Brunswick, NJ: Rutgers University Press.

제9장

가정폭력가족

가정폭력은 피해자를 포함한 그 가족 전체에 신체적, 정서적으로 치명적인 피해를 입히며 세대 간에 전이됨으로써 사회 전체에 만연될 수 있다는 점에서 가족문제를 넘어서 심각한 사회문제가 되고 있다. 가정폭력은 피해자와 그 가족의 안전을 위협할 뿐 아니라 삶의 질을 크게 추락시키고 우울, 외상 후 스트레스, 자살사고 등과 같은 다양한 정신건강 문제를 유발시키기도 한다. 그리고 가정폭력을 목격하거나 직접적인 피해경험이 있는 자녀들이 성장하게 되면 또 다른 가정폭력의 행위자, 피해자가 될 수 있어 대물림 현상으로 나타날 수도 있다. 또한 가정폭력의 특성상 대체로 반복적으로 발생하고 점차로 심화되는 경향이 있는데 가정이라는 폐쇄적 공간에서 발생하기 때문에 외부에 잘 알려지지 않은 채 그 피해가 장기화될 수 있다.

가정폭력 관련 법 제정 이전에는 가정폭력 피해 사실이 알려진다고 해도 우리 사회의 문화적 특성상 사적인 문제로 간주되어 왔기 때문에 가정폭력은 오랜 기간 동안 사회적으로 다루어지지 않았다. 1990년대 말 가정폭력으로 인한 살해와 같은 강력 사건들이 언론매체를 통해 알려지면서 우리 사회는 가정폭력을 더 이상 간과할 수 없게 되었다. 이에 따라 1997년에 제정된 「가정폭력범죄의 처벌 등에 관한 특례법」과 「가정폭력 방지 및 피해자 보호에 관한 법률」은 우리 사회가 가정폭력을 더 이상 사적인 문제가 아닌 심각한 범죄행위로 인식하게 되었음을 의미한다. 이러한 법률의 제정과 시행으로 가정폭력 행위자에 대한 법적 제재와 행위교정을 위한 전문적 개입이 이루어졌고 가정폭력 피해자를 보호하기 위한 통합적인 서비스 체계를 마련하는 등 국가적 차원의 개입이 적극적으로 이루어지고 있다. 그러나 가정폭력 관련 법률의 제정이나 제도 및 서비스 마련에도 불구하고 가정폭력을 근절하고 피해자의 인권을 보호하는 데는 여전히 한계가 있는 것으로 보인다.

이 장에서는 가정폭력의 현황과 개념적 기초지식, 이론, 관련 법률과 서비스 현황을 다룰 것이다. 본 장을 통해 예비 사회복지사들은 가정폭력의 특성과 실태를 알게 됨으로써 그 심각성을 이해하고 가정폭력 관련 사회 제반 정책과 법, 서비스를 파악하며, 이를 기반으로 가족복지 차원의 전문적 개입에 대해 살펴볼 수 있다.

1. 가정폭력에 대한 이해

1) 가정폭력의 개념

가정폭력에 대한 법적 정의는 우리나라 「가정폭력범죄의 처벌 등에 관한 특례법」(개정, 2011. 7. 25)에 명시되어 있다. 이 법에 의하면 가정폭력이란 "가정구성원 사이의 신체적, 정신적 또는 재산상 피해를 수반하는 행위"를 말한다. 가정구성원의 범위는 배우자(사실상 혼인관계에 있는 사람을 포함) 또는 배우자였던 사람, 자기 또는 배우자와 직계존비속관계(사실상의 양친자관계를 포함)에 있거나 있었던 사람, 계부모와 자녀의 관계 또는 적모와 서자의 관계에 있거나 있었던 사람, 동거하는 친족관계에 있는 자를 포함한다. 이와 같이 가정폭력의 법적 정의는 포괄적인 개념으로 부부간에 발생하는 폭력뿐 아니라 노인학대, 아동학대를 포함하고 있는데 이 장에서는 주로 '부부간에 이루어지는 폭력'으로 한정하여 다루고자 한다.

가정폭력(family violence)은 배우자폭력(domestic violence), 아내학대(wife-abuse, wife-battering), 아내폭행(wife-assault) 등 다양한 용어로 혼용되고 있다. 보편적으로는 '가정폭력'이라는 용어가 사용되지만 가정폭력에 대한 관점의 차이에 따라 주로 사용하는 용어도 각각 다르다. 폭력의 원인을 가족 내 갈등적인 상호작용에 두는 관점에서는 아내학대라는 용어보다는 '가정폭력'이라는 용어를 사용한다. 이 관점에서는 폭력의 책임이 여성과 남성 모두에게 있다고 전제하고 가족상담이나 가족치료 등 가족체계의 변화를 해결책으로 제시한다.

이와는 달리 여권주의적 관점에서는 남성의 아내에 대한 폭력을 의미하는 '아내학대'라는 용어를 사용한다. 이 관점에서는 폭력의 본질적인 원인이 여성을 억압하고 차별하는 가부장적 사회구조에 있으며, 폭력은 남편이 아내를 통제하는 수단이 된다고 설명한다. 남성은 학대자, 여성은 피학대자로 명확히 구분되며, 여성의 폭력은 남성의 공격에 대한 방어라고 본다. 따라서 그 대안은 남성의 폭력 행위를 제재하는 제도를 마련하고 여성에 대해서는 피해자로서 보호하고 통제로부터의 해방시키는 데 있다고 강조한다.

2) 가정폭력의 유형

가정폭력의 유형은 폭력 행위의 주체나 객체가 누구냐에 따라 구분하기도 하고 폭력의 행위별로 구분하기도 한다. 전자의 경우, 배우자 간 또는 배우자였던 사람 간에 이루어지는 폭력, 부모가 자녀에게 행하는 아동학대, 자녀가 노부모에게 행하는 노인학대로 구분한다. 후자의 경우, 신체적 폭력, 정서적 폭력, 경제적 폭력, 성학대, 방임, 통제 등으로 구분하기도 한다.

〈표 9-1〉은 여성가족부(2010)에서 폭력의 행위별로 부부폭력의 유형을 구분하여 정리한 것이다.

〈표 9-1〉 부부폭력의 유형

부부폭력의 유형	부부폭력의 개별 행위
신체적 폭력	• 배우자에게 물건을 집어던지는 행위 • 배우자의 어깨나 목 등을 꽉 움켜잡는 행위 • 손바닥으로 배우자의 뺨이나 신체를 때리는 행위 • 배우자의 목을 조르는 행위 • 칼이나 흉기 등으로 배우자를 위협하거나 다치게 하는 행위 • 배우자를 혁대나 몽둥이 등으로 때리는 행위 • 배우자를 사정없이 마구 때리는 행위
정서적 폭력	• 배우자에게 모욕적인 이야기를 해서 기분을 상하게 하는 행위 • 배우자를 때리려고 위협하는 행위 • 배우자의 물건을 파손하는 행위
경제적 폭력	• 배우자에게 생활비를 주지 않는 행위 • 배우자의 동의 없이 재산을 임의로 처분하는 행위 • 수입과 지출을 독점하는 행위
성학대	• 배우자가 원치 않음에도 성관계를 강요하는 행위 • 배우자가 원치 않는 형태의 성관계를 강요하는 행위
방임	• 배우자를 무시하거나 배우자에게 무관심하게 대하는 행위 • 배우자가 병원을 가야 할 때에 허락을 받도록 하는 행위
통제	• 배우자의 친구들을 만나지 못하게 하는 행위 • 배우자가 어디에 있는지 항상 알려고 하는 행위 • 배우자가 다른 이성과 이야기를 하면 화를 내는 행위 • 배우자가 다른 이성을 만난다고 의심하는 행위

출처: 여성가족부(2010).

2. 가정폭력의 실태와 문제점

1) 가정폭력현황 및 대응실태

1990년대 후반부터 가정폭력 관련 법 제정과 다양한 지원체계 마련 그리고 가정폭력에 대한 인식제고 등 꾸준한 국가적 차원의 노력으로 지난 6년간 가정폭력 발생율은 소폭 감소 추세를 보였다. 3년마다 실시하는 가정폭력 실태조사(여성가족부, 2010, 2013, 2016)에 의하면 2010년에 53.8%의 부부폭력 발생율을 보였고 2013년 45.5%, 그리고 2016년 41.5%로 점차 감소하는 경향을 보였다. 그러나 가정폭력이 10가정 중에 4가정에서 발생하는 셈이기 때문에 발생빈도는 여전히 심각한 수준에 머물러 있다.

최근의 가정폭력 실태 전국조사 결과(2016)를 2010년, 2013년과 비교해 보면 〈표 9-2〉와 같다. 먼저, 폭력의 유형별로는 그 수치가 현저히 감소하였다. 신체적 폭력 발생률은 2010년의 16.7%, 2013년의 7.3%보다 감소된 3.7%(2016년)으로 나타났고, 정서적 폭력도 2010년의 42.8%, 2013년의 37.2%보다 현저히 감소된 12.5%(2016년)으로 나타났다. 경제적 폭력도 마찬가지로 2010년 10.1%, 2013년 5.3%에 비해 2016년에는 2.5%로 나타났다. 성학대도 2010년, 2013년, 2016년에 각각 10.4%, 5.4%, 2.2%로 감소 추세를 보였다. 2016년 실태조사에서는 기존의 '방임' 대신 '통제'로 변경하여 조사하였는데 그 결과 30.5%(2010), 27.3%(2013)에서 37.7%(2016)로 높은 발생율을 보였다.

〈표 9-2〉 가정폭력 실태조사에 근거한 가정폭력 발생률 변화추이 (단위: %)

구분	부부 폭력률	신체적 폭력			정서적 폭력	경제적 폭력	성학대	방임	통제
		경한 폭력	중한 폭력	전체 신체 폭력					
2016년	41.5	3.6	0.4	3.7	12.5	2.5	2.2	-	37.7
2013년	45.5	7.2	0.6	7.3	37.2	5.3	5.4	27.3	-
2010년	53.8	16.3	3.3	16.7	42.8	10.1	10.4	30.5	-

주 1) 부부 폭력률은 지난 1년 동안 제시된 폭력 중 하나라도 경험한 경우를 의미함. 2013년까지의 폭력률은 신체적 폭력, 정서적 폭력, 경제적 폭력, 성학대 그리고 방임을 포함한 실태이며, 2016년에는 신체적 폭력, 정서적 폭력, 성학대, 통제를 포함한 실태임

2) 2013년도에도 설문을 통해 통제를 측정하였으나 전체 폭력률 추이에는 포함하지 않았음

3) 2016년 가정폭력 실태조사에서는 기존 실태조사에서 방임으로 측정되던 것이 통제로 개념화되어 있음에 주의할 필요가 있음

출처: 여성가족부(2016).

한편, 〈표 9-3〉의 경찰청 자료에 의하면, 2013년부터 2017년까지 가정폭력으로 신고된 건수는 꾸준히 증가하고 있는 것으로 나타났다. 가정폭력 신고현황은 2013년 160,272건에서 2017년 279,082건으로 4년 사이에 급격히 증가하였다. 전체 가정폭력 발생률이 감소함에도 불구하고 가정폭력 신고건수가 증가하고 있다는 것은 가정폭력에 대한 사회적 인식이 점차로 높아져 발생률은 감소하지만 발생한 가정폭력사건에 대한 사회적 개입 요구가 증가하고 있음을 의미한다.

〈표 9-3〉 가정폭력 신고처리 및 사법처리 현황

연도	신고건수(건)	검거건수(건)	검거인원(명)			가정보호 사건송치 인원(명)	재범률(%)
			계	구속	불구속		
2013	160,272	16,785	18,000	262	17,738	1,579	11.8
2014	227,608	17,557	18,666	250	18,416	2,853	11.1
2015	227,630	40,828	47,543	602	46,941	15,714	4.9
2016	264,567	45,619	53,511	503	53,008	19,834	3.8
2017	279,082	38,538	45,264	384	44,880	15,979	6.2

자료: 경찰청 홈페이지.

부부폭력의 피해에 관한 조사 결과에서는 폭력 피해를 입은 배우자가 신체적, 정신적 고통을 경험하는 정도가 여성이 남성에 비해 더 심각한 수준인 것으로 나타났다. 부부폭력의 피해를 경험한 경우, 신체적 상처는 피해여성의 20.0%, 피해남성의 6.3%가 경험하였다. 자신에 대한 실망이나 무력감, 자아상실, 분노, 우울, 불안과 같은 정신적 고통은 여성의 43.4%, 남성의 18.9%가 경험하였다.

부부폭력에 대한 대응 방법에 대해서는 부부폭력이 일어난 당시에 66.6%가 '그냥 있었다'고 응답하였고, '자리를 피하거나 집 밖으로 도망갔다'고 응답한 경우는 24.1%, '함께 폭력을 행사'한 것은 8.1%, '주위에 도움을 요청'한 것은 1.0%의 순으로 나타났다. 주위에 도움을 요청한 적이 있는지를 조사한 결과, 가족이나 친척, 이웃이나 친구 등에 도움을 요청했던 경험이 경찰이나 1366 등의 지원체계를 이용한 경험보다 높은 것으로 조사되었다. 가족이나 친척에게 도움을 요청한 경험은 12.1%, 이웃이나 친구는 10.3%, 경찰은 1.7%, 여성긴급전화 1366은 0.6%, 가정폭력상담소 및 보호시설/쉼터는 0.6%로 나타났다. 경찰에 도움을 요청하지 않은 이유를 조사한 결과, 폭력이 심각하지 않다고 생각해서(41.2%)가 가장 많은 비율로 나타났고 집안일이 알려지는 것이 창피해서(29.6%)가 다음 순으로 나타났다. 가정폭력 피해여성들은 피해의 초기나 경미한 수준의 폭력에는 도움을 구하지 않고 은폐하려 하거나 스스로 해결하려고 하지만 점차로 폭력의 빈도와 강도가 증가할수록 친구나 가족과 같은 일차적인 사회망에 도움을 요청하였고 폭력적인 관계를 끊으려는 결심을 한 후에는 경찰서, 쉼터와 같은 이차적인 사회망의 도움을 요청하는 것으로 나타났다(김주현, 2006).

그러나 피해자들의 강한 대응으로서 경찰신고는 피해자들에게 강력한 보호수단이 되고 있다. 앞서 〈표 9-3〉에서 살펴본 것처럼 실제로 경찰신고 건수는 지속적으로 증가하고 있고 가정폭력 피해자들은 경찰신고 후 남편의 신체적인 폭력이 줄었기 때문에 경찰의 개입이 효과가 있다고 응답한 비율이 38%로 나타났다(장희숙 외, 2001). 그런데 경찰신고 건수가 증가 추세인데 반해 검거건수는 오히려 감소하여 신고건수 대비 검거비율이 13%에 불과한 것과 가정폭력 행위에 대한 처분이 상담치료, 사회봉사와 같은 경한 수준이 40%에 달하는 것은 과연 피해자 보호중심적 대응인가에 대해 의심하게 한다.

2) 가정폭력의 특성에 따른 문제점

(1) 폭력의 순환성

가정폭력은 대체로 최초 발생 이후 그 횟수가 잦아지고 폭력의 정도도 심해지는 등 상습화되는 경향이 있다. 초기에는 밀치고 물건을 던지거나 뺨을 때리는 행위로 시작하는데 반복적으로 발생하고 심화되면서 점차로 생명을 위협하는 도구도 사용하게 된다. 이와 같이 폭력이 재발되고 심화되는 특성은 폭력적인 관계가 지속되는 일련의 과정이 순환되기 때문이다.

Walker(1989)는 폭력이 일정한 주기로 반복적으로 나타나는 과정을 연구한 결과, 긴장이 쌓이는 단계, 폭발 단계, 화해 단계의 과정을 거쳐 폭력이 순환된다는 것을 밝혔다(박미은, 2012에서 재인용).

첫째, 긴장이 쌓이는 단계에서는 부부가 서로 신경질적인 상태가 되거나 말하지 않는 등 평상시와는 다른 행동과 태도를 보인다. 문제를 함께 이야기해 보려 하지만 의논이 되지 않는다. 남편은 무시, 멸시 혹은 비난의 말로 학대하기 시작한다. 예를 들어, 어디 갔다 왔는지, 무엇을 했는지를 따지고 행동을 감시하고 확인한다. 부인은 남편의 공격적인 행동에 대해서 자신이 못나서, 무언가를 잘못해서 그렇게 되었다고 자신을 탓한다. 부인은 '내 잘못'이란 생각 때문에 자신의 노력으로 갈등 상황에서 벗어나야 한다고 믿는다. 이 단계에서 나타나는 부정(denial) 반응으로 부인은 학대의 시작을 인정하지 않고 외적인 환경(일, 스트레스 등)에 원인을 돌린다. 남편의 행동에 대해서 자신을 탓하며, 상황이 더 악화될 것으로 믿지 않는다. 남편도 긴장에 대해서 외적인 것(술, 일, 스트레스 등)을 탓하고 자신의 행동에 대한 책임을 인정하지 않는다.

둘째, 폭발 단계에서는 더 이상 참지 못할 정도까지 긴장이 고조된다. 남편은 이성을 잃고 공격하기 시작한다. 처음에는 밀고 당기는 것으로 시작한다. 뺨 때리기, 머리 잡아당기기, 발로 차고 주먹으로 때리고 결국에는 몽둥이와 칼을 이용해 신체적인 해를 가한다. 부인은 경찰을 부르거나 이웃에 도움을 청하거나 그 상황을 벗어나기도 한다. 어떤 경우에는 남편에 대항해서 싸우기도 한다. 이 단계에서 나타나는 부정 반응으로 부인은 상처를 부정하거나 숨기고 축소한다. 때로는 '나는 상처를 쉽게 받는다'라고 자신을 변명한다. 경찰의 도움이나 의료적인 처치를 요청하지 않는다. 남편의 학대행동에 대해서 술이나 외적인 것에 원인을 돌린다. '그는 술이 취해서 어떤 행동을 했는지 모를 것이다'라고 생각하고 강제적인 성행위에 대해서도 남편이기 때문이라고 생각하면서 문제를 삼지 않는다. 남편도 자신의 행동에 대해서 오히려 부인을 비난하거나 외적인 것에 돌린다. 자신은 상처를 주려 한 것이 아니었고 가르치려 했다고 변명하며, 자신의 행동을 당연시한다.

셋째, 화해 단계에서는 두 사람 모두 상대적으로 조용하고 가라앉는 상태를 경험한다. 남편은 상처를 치료해 주고 보상하려 애쓴다. 남편은 부인이 도망가지 않을까, 자신을 싫어하지 않을까 하는 두려운 마음을 갖기도 한다. 평상시보다 더 부드럽고 열정적으로 사랑해 준다. 다시는 그러지 않겠다고 약속하며, 부인도 그러한 말을 믿고 싶어 한다. 남편은 '당신 없이는 못 산다'는 말로 부인에게 의존하는 태도를 보이고 부인도 '저 사람은 나 없이는 못 산다'라고 동정하면서 폭력을 합리화한다. 이 단계에서 나타나는 부정 반응으로 부인은 상처를 숨기거나 상처 난 부위에 대해서 '원래 약했다, 오래전부터 아파 왔다' 등으로 덮어 버린다. 이러한 반응이 자신을 지키는 방법이라고 생각한다. 남편에 대한 꿈을 버리지 못하고 남편의 노력하겠다는 약속을 믿는다.

(2) 세대 간 전이

폭력의 세대전달은 사회학습 이론(Social Learning Theory)에 의해 설명된다. 사회학습 이론에서는 모든 행위는 모방이나 관찰을 통해 학습된 결과로 본다. 같은 맥락에서 폭력 행동도 관찰을 통해 배운 학습의 산물로 설명한다. 즉, 폭력가정의 자녀들은 부모의 폭력적인 상호작용을 관찰하면서 공격적인 행동을 학습하게 된다는 것이다. 자녀들은 부모가 스트레스와 긴장 상태를 해소하는 방법으로 폭력을 사용하는 것을 목격하면서 성장하게 되고 자신이 이와 유사한 스트레스 상황에 처할 때 부모와 마찬가지로 문제를 해결하는 수단으로 폭력을 선택하고 정당화할 수 있다는 것이다. 이와 같은 방식으로 폭력은 세대 간에 전승됨으로써 폭력의 악순환이 이어지게 된다.

(3) 음주와 폭력의 동시발생

음주와 폭력 발생은 높은 관련성이 있는 것으로 밝혀지고 있다. 특히 음주 상태에서 폭력을 행사하는 경우 상해와 사망과 같이 보다 심각한 결과를 초래하며, 폭력 행동이 더 만성화되고, 폭력횟수도 더 빈번하게 발생하는 등 여러 가지 부정적인 결과를 나타내고 있다(Tjaden & Thoennes, 2000; Graham, 2004: 김주현, 장수미, 2011에서 재인용). 그러나 음주 문제를 가진 가정폭력 행위자들은 폭력 행동을 술의 탓으로 돌리고 자신의 음주 문제는 그리 심각한 것이 아니라고 부정하는 경향이 있어 폭력과 음주에 대한 개입 모두가 어려운 상황이다. 김주현과 장수미(2011)는 음주폭력 피해여성 10명을 대상으로 피해경험을 연구하였는데, 이들은 ① 혼전 음주폭력 몰이해 단계에서 음주폭력을 경험하였으나 인식이 부족했거나 심각성을 간과하였다. ② 음주폭력 피해와 대처 단계에서 음주폭력으로 인한 반복적이고 극단적인 피해로 문제의식이 증가하나, 남편의 음주 관련 문제를 해결해 주면서 음주폭력의 악순환에 갇히게 된다. 한편, 점차로 음주폭력을 다루기 위해 지역사회의 도움체계를 활용하기 시작한다. ③ 음주폭력의 휴지기 단계에서는 배우자와의 폭력적인 관계를 재정립해 나간다. 폭력적인 배우자와의 관계가 회복되지 않는 상태이고, 폭력에 대한 대응력은 어느 정도 생겼으나 음주폭력이 언제든 재발할 것으로 예상하였다. 이 단계의 특징은 이전과는 달리 욕구의 초점이 배우자 중심에서 자신에게로 옮겨졌다는 점이다.

이러한 음주폭력에 대한 사회적 대책은 미미한 수준이다. 현행 「가정폭력범죄의 처벌 등에 관한 특례법」에 의해 행위자에 대한 여덟 가지 유형의 보호처분 판결이 있는데 이 중 음주폭력 행위자의 음주 문제에 대한 전문적인 접근이 가능한 보호처분으로는 의료기관에의 치료위탁, 상담소 등에의 상담위탁 등의 조항이 있으나 실제로 활발하게 적용되고 있지 않다. 따라서 향후 음주 문제와 가정폭력 행위 문제를 통합적으로 고려한 전문적 교정 프로그램을 개발할 필요가 있다.

3) 가정폭력 관련 이론

가정폭력에 관한 이론들은 가정폭력의 발생 원인을 다양한 관점에서 설명하고 있다. 가정폭력을 설명하는 여러 이론적 관점을 분류하면, 가정폭력의 원인을 개인의 정신적, 성격적 결함으로 설명하는 개인 내적 이론, 개인과 사회문화 간의 상호작용이 가정폭력의 발생에 영향을 준다고 설명하는 사회심리 이론, 가부장제와 가족체계에 초점을 둔 사회구조 · 문화의 이론 등이 있다. 모든 가정폭력 현상을 설명하는 절대적인 이론이 있다기보다는 각 이론들은 부분적으로 가정폭력의 원인을 밝히는 데 기여하고 있으며, 사례에 따라 좀 더 적합한 이론이 있을 수 있다. 다음은 가정폭력의 이해를 돕는 각 이론들을 간략하게 정리한 것이다.

(1) 개인 내적 이론

① 정신병리 이론

정신병리 이론은 가정폭력의 근원적인 원인을 선천적인 정신적 결함 또는 후천적인 영향으로 인해 발생하는 정신질환에서 찾는다. 따라서 가정폭력은 정신질환을 가진 자가 자신이 속해 있는 가족구성원들을 대상으로 행하는 폭력 행위로 규정한다. 가정폭력의 직접적인 요인이 될 수 있는 선천적인 정신병질은 자폐증이나 각종 정신 이상 증세 또는 콤플렉스를 들 수 있고, 후천적인 병질은 알코올중독, 도박중독, 마약중독 등을 들 수 있다. 그리고 배우자폭력은 의처증, 의부증, 그리고 편집증 등이 요인으로 작용하는 경우도 있다.

그러나 이 이론은 가정폭력을 개인이 통제할 수 없는 현상으로 파악함으로써 많은 정상적인 남성이 행하는 비정상적인 가정폭력 행위를 적절히 설명하지 못하며 모든 폭력남성이 정신질환자라고 말할 수 없다는 점에서 이론적 한계를 지니고 있다(김광일, 1998).

② 중독 이론 또는 알코올-마약 이론

중독 이론은 술이 폭력의 원인이라고 보는 이론으로, 가정폭력은 음주 후 가정에서 폭력을 행사하는 것을 의미한다. 폭력의 정도는 가해자의 음주량이 증가할수록 점차 심해지는 것으로 나타났으며(윤명숙, 1998), 주제통각검사(Thematic Apperception Test)를 사용했을 때 음주를 많이 할수록 적개심이 증가된다고 보고되었다(Wolfgang, 1982).

그러나 아내를 학대하는 남성들 가운데 알코올중독자가 있지만 그들에게 술을 마시지 못하게 한다고 해서 그들이 아내에 대한 학대행위를 그만두지 않는다는 이론의 한계를 가지고 있다(Pizzy, 1974).

(2) 사회심리 이론

① 사회학습 이론

사회학습 이론(Bandura, 1973)에서 문제행동은 관찰학습을 통해 모델이 하는 행동을 모방함으로써 습득된 결과이다. 이와 같은 맥락에서 폭력 행동은 아동이 성장 과정에서 그들의 부모나 중요한 사람의 행동을 관찰하고 모방하여 행동으로 학습한 결과로 본다. 이 이론에서 가정폭력의 세대 간 전이를 설명하고 있는데, 즉 아동이 성장 시기에 원가족에서 가정폭력에 노출되었거나 직접적인 피해경험이 있었다면 이는 성장 후 폭력 행동과 관련이 있다는 것을 의미한다(Holt & Gillespie, 2008). 김재엽 등(2007)의 연구에서 부부폭력 가해자가 그들의 성장기 때 부모로부터 받은 전체적인 학대 경험률은 75.1%로, 부모로부터 경미하거나 심각한 학대를 경험한 아동학대의 피해자였음을 밝혀 폭력이 세대에 걸쳐 악순환된다는 것을 뒷받침하였다.

② 스트레스 이론

스트레스 이론은 스트레스를 받고 있거나 인격이 부족한 경우 이러한 갈등을 완화시킬 만한 대응책을 강구하지 못했을 때 폭력이 야기되기 쉽다고 설명한다(Martin, 2002). 여기서의 스트레스가 의미하는 것은 수행하는 모든 역할과 활동과 관련된 압박감, 즉 재정 문제, 실직, 질투심, 음주, 임신, 자녀 문제, 상대적인 사회적 지위의 차이 등을 들 수 있다.

③ 가족체계 이론

가족체계 이론에서 가족은 구성원 간의 단순한 합이 아니라 체계로 구성되어 있고 이 체계는 복잡한 상호작용을 하는 것으로 본다. 이 이론에서 가정폭력은 가족체계 내 복잡한 상호작용의 결과로서 체계의 산물로 설명될 수 있기 때문에 가정폭력 행위자에게만 폭력에 대한 책임이 있다고 보지 않고 피해자에게도 책임이 있다고 본다. 이 이론에서는 갈등의 과정과 어떻게 그 문제가 발생되었는가에 관심을 가지며(Giles-Sims, 1983), 폭력의 주기를 안정과 항상성의 개념으로 보고 개인이 폭력에 머무르거나 벗어나는 움직임을 파악하는 것이 특징이다(Gelles, 1993).

그러나 가정폭력의 상승 및 유지, 폭력의 환류 과정을 강조하면서 여성의 대응방식에만 초점을 두기 때문에 폭력 행위에 대한 책임이 모호해진다는 점, 가정 내 폭력 문제의 중요한 변수인 성적 불평등을 고려하지 않는다는 점, 폭력의 원인을 거시적인 차원, 즉 사회구조적인 맥락에서 설명할 수 없어 문제의 해결책을 개인의 책임으로 돌리는 점은 이론적 한계로 지적될 수 있다.

(3) 사회구조·문화 이론

① 자원 이론

자원 이론에서는 개인이 소유한 자원이 충분하지 않거나 부족할 때 자신을 충족시키기 위한 자원으로 폭력을 사용한다고 설명한다. 자원을 많이 가질수록 폭력을 사용하는 횟수가 적으며, 경제적 수준, 사회적 지위, 대인관계기술 등과 같은 자원이 불충분할 경우에 폭력이나 위협 등 강압적인 방법을 사용하는 것으로 보았다(Goode, 1971). 사회경제적 수준이 낮은 남성이 물질적 자원이나 친척들과의 결속력과 같은 조직적 자원이 충분하지 않다고 인식하면, 가족 내에서 주도적인 위치를 확보하기 위한 자원으로 폭력을 사용할 가능성이 높았다(Gelles, 1993).

여성의 경우에는 자원의 부족이 폭력적인 결혼관계를 유지하는 데 기여하는 것으로 설명되고 있다. 현실적으로 경제력이나 직업, 학력, 용모 등을 고루 갖춘 여성은 남편의 폭력 허용도가 낮게 나타나는 반면, 자원이 부족한 여성은 폭력 허용도가 높게 나타났는데, 여성은 자원이 부족하면 부족할수록 폭력을 감수하고서라도 남편에게 벗어나지 못하고 의존하였다(김정옥, 1999).

② 여성주의 이론

여성주의 이론은 가정폭력을 가부장적인 사회구조와 이데올로기 측면에서 설명한다. 이 이론에 의하면 남성의 여성폭력은 개인적이거나 가정적인 문제가 아니며, 역사적으로 그리고 문화적으로 존재해 온 남성지배 체계를 드러내는 것이며(Dobash & Dobash, 1979), 가정 내에서 전통적 성역할을 고수하는 남성이 통치와 복종구조가 흔들린다고 느낄 때 폭력을 사용한다고 보았다(Yllo & Strauss, 1992).

그러나 여성주의 접근이 실제적으로 법 제도 마련과 여성에 대한 의식고양 등 거시적이고 사회구조적인 변화에 기여한 바는 있으나, 심각한 폭력 행위만 부각시켜 초점을 둔다는 점, 최근 동성가족에게서 나타나는 가정폭력 현상을 명쾌하게 설명하지 못한 점, 폭력의 원인을 단선적으로 해석하여 부부간에 복잡한 상호작용을 다루지 못한다는 점, 실제적으로 필요한 미시적인 지원에서의 구체적인 개입기술을 언급하고 있지 못한 점은 여성주의 접근의 한계로 지적될 수 있다.

3. 가정폭력가족에 대한 서비스 현황과 대책

1) 가정폭력에 대한 사회복지 정책 및 서비스

우리 사회는 가정폭력 행위를 법과 제도를 통해 명백한 범죄행위로 규정하여 행위자를 처벌하고 피해자를 보호하고 있다. 가정폭력이 발생한 가족에 대해 개입하는 사회복지사는 무엇보다도 피해자를 보호하기 위해 가정폭력과 관련된 법적인 내용과 절차, 피해여성을 위한 사회적 서비스를 파악해야 하며, 가정폭력의 특징에 따른 민감한 사항에 대한 사전 이해가 있어야 한다. 가정폭력 문제의 특성상 가정폭력의 행위자와 피해자는 가족이라는 친밀한 관계에 소속되어 있고 거주지를 공유하고 있기 때문에 폭력의 재발을 방지하기 위해 여러 가지 어려움이 따르게 된다. 따라서 사회복지사는 가정폭력 행위자에 대한 법적 조치를 하는 과정에서 피해자에 대한 안전 확보, 행위자의 처벌에 따른 피해자의 경제적 및 정서적 폭력 피해와 같은 2차 피해, 행위자와 피해자 간 폭력적인 관계 단절을 위한 복잡한 과정, 폭력재발 위험에 대한 대처 등을 염두에 두어야 한다. 여기에서는 가정폭력 관련 법, 제도, 서비스를 살펴봄으로써 현재 폭력가정에 대한 사회적 개입과 지원이 어떻게 이루어지는지 파악하고자 한다.

(1) 가정폭력 관련 법

가정폭력을 범죄행위로 인정하고 사회문제로 적극적으로 다루게 된 것은 1997년에 「가정폭력특례법」(「가정폭력범죄의 처벌 등에 관한 특례법」)과 「가정폭력방지법」(「가정폭력 방지 및 피해자 보호 등에 관한 법률」)이 제정되면서부터이다. 「가정폭력특례법」이 제정되면서 이전의 형사법과는 달리 행위자의 전과표시가 남지 않는 등의 경한 처벌을 내리게 되어 피해자들이 배우자의 전과가 기록으로 남는 것에 대한 부담을 낮추고 폭력에 대응하고 자신을 보호하기 위한 수단으로 사용하게 되었다.

① 가정폭력범죄의 처벌 등에 관한 특례법과 사건처리 절차

「가정폭력특례법」은 가정폭력범죄의 형사처벌 절차에 관한 특례를 정하고 가정폭력범죄를 범한 사람에 대하여 환경의 조정과 성행의 교정을 위한 보호처분을 함으로써 가정폭력범죄로 파괴된 가정의 평화와 안정을 회복하고 건강한 가정을 가꾸며 피해자와 가족구성원의 인권을 보호함을 목적으로 한다. 이 법은 1997년 제정 이래 수차례 개정되었다. 최근 주요 변경 내용으로는 2007년에 상담조건부 기소유예 제도(검찰)를 두도록 개정되었고 2011년에 긴급임시조치(경찰)와 피해자 보호명령 제도(법원) 등이 도입되었다. 2012년에는 보호처분 상습위반자, 피해자 보호명령, 임시보호명령 상습미이행자에 대한 처벌이 신설되었고 신고의무자가 추가되었으며 신고의무 위반 시 처벌규정이 마련되었다. 2017년에는 가정폭력 피해자의 명시적인 반대의견이 없는 한 상담원, 기관장 등은 즉시 신고하도록 명시하여 관련 종사자들의 신고의무를 강화하였다. 이 법은 제1장 총칙, 제2장 가정보호사건, 제3장 피해자 보호명령, 제4장 민사처리에 관한 특례, 제5장 벌칙으로 구성되어 있다.

가정폭력 피해자는 가정폭력사건이 발생하면 공식적으로 도움을 요청할 수 있는데, 즉 여성긴급전화 1366에 전화하여 도움을 청하거나 가정폭력상담소, 보호시설을 이용할 수 있고 경찰에 신고할 수 있다. 경찰신고가 이루어지면 가정폭력 행위자에 대해서 「가정폭력특례법」에 근거하여 [그림 9-1]과 같이 처리 절차를 밟게 된다.

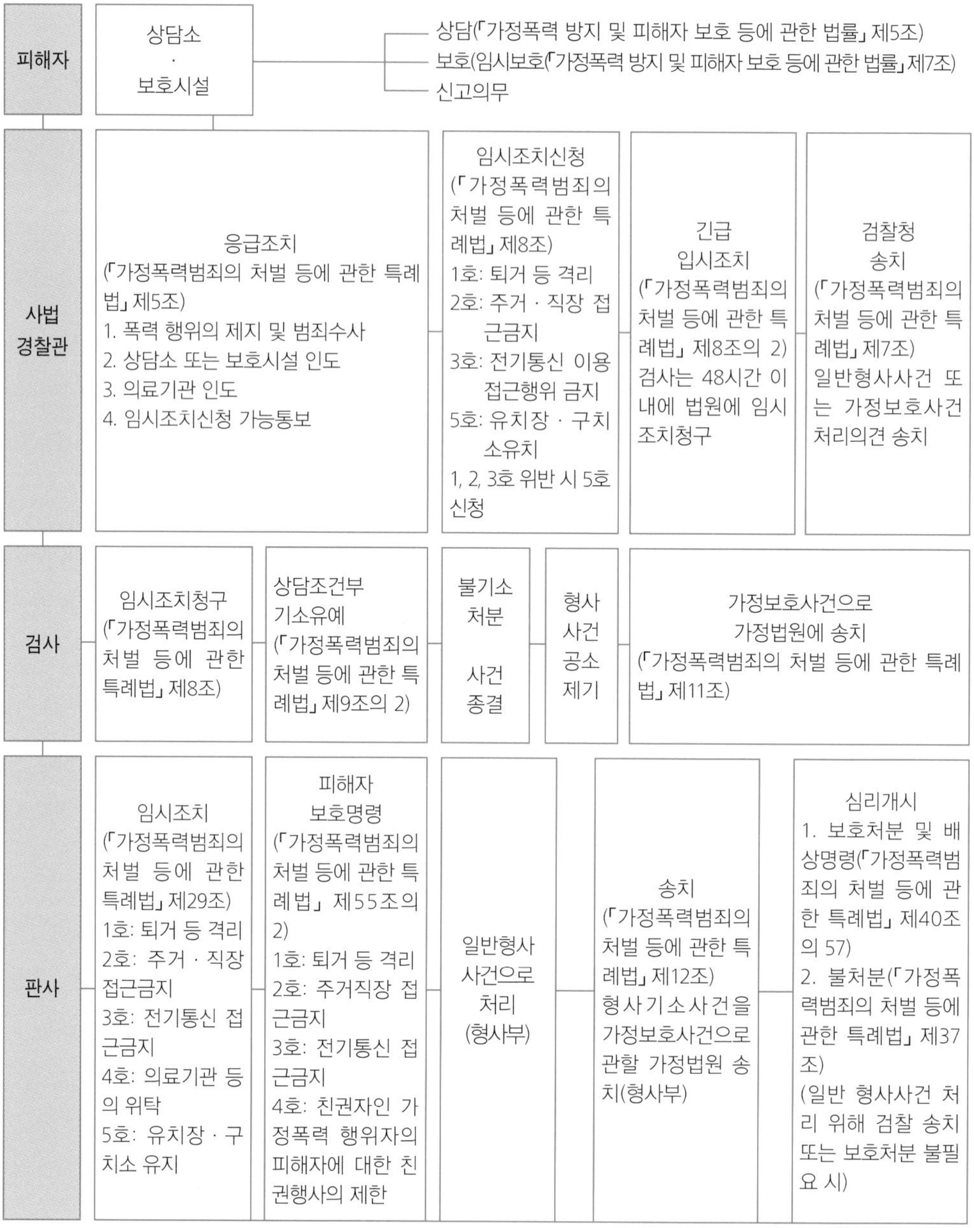

[그림 9-1] 가정폭력사건 처리 흐름도

출처: 김석돈(2010), p. 54를 참조하고 2011년도에 변경된 정책을 반영하여 재구성함.

1 경찰단계

가정폭력사건 처리 과정에서 경찰(사법경찰관)은 현장에 출동하여 ① 폭력 행위 제지, ② 행위자, 피해자의 분리 및 범죄수사, ③ 피해자의 가정폭력 관련 상담소 또는 보호시설 인도, ④ 긴급치료가 필요한 경우 피해자의 의료기관 인도, ⑤ 폭력 행위 재발 시 임시조치 신청 가능함을 통보하는 등의 응급조치를 취해야 하고 사건을 신속히 수사하여 검사에게 송치하여야 한다.

- 경찰의 긴급임시조치(2011년 개정): 개정 이전에는 경찰이 임시조치를 신청하고 검사가 가정법원에 청구하는 긴 시간이 소요되는 과정이었기 때문에 가정폭력이 발생한 신고 당시 경찰의 직권으로 행할 수 있는 강제적인 조치가 없었다. 이를 개정하여 범죄의 재발 우려가 있고 긴급을 요하여 법원의 임시조치 결정을 기다릴 수 없을 때 경찰의 직권 또는 피해자의 신청에 의해 긴급임시조치를 취할 수 있게 되었다. 그 내용은 ① 피해자 또는 가정구성원의 주거 또는 점유하는 방실로부터의 퇴거 등 격리, ② 피해자 또는 가정구성원의 주거, 직장 등에서 100미터 이내의 접근금지, ③ 피해자 또는 가정구성원에 대한 전기통신을 이용한 접근금지를 말한다. 이때 즉시 검사에게 임시조치를 신청하고 검사는 긴급임시조치를 한 때부터 48시간 내 법원에 임시조치를 청구하여야 한다.

2 검찰단계

검찰(검사)은 사건을 송치받아 수사에 착수하는데, 사건을 불기소하거나 검사의 직권 또는 경찰의 신청에 의해 앞서 설명한 임시조치를 청구할 수 있다. 사건의 성질, 동기 및 결과, 행위자의 성행 등을 고려하여 사건에 대해 상담조건부 기소유예처분을 내릴 수 있으며 법원으로 이관할 때는 가정보호사건 또는 형사사건으로 처리하게 되는데 이때 피해자의 의사를 존중하여야 한다.

- 검찰의 상담조건부 기소유예제도(2007년 개정): 이 제도는 가정폭력 행위자의 성행교정을 위하여 필요하다고 인정되는 경우에 행위자를 전문상담소 등에서 일정 기

간 동안 상담을 받게 하면서 기소유예처분을 하는 것을 말한다. 이 제도의 도입 배경은 ① 가정폭력사건의 처리 방법을 다양화하고, ② 가정보호사건 송치 제도의 한계를 보완[1]하며, ③ 가정폭력 피해자를 보호한다는 정책목표를 가지고 있지만, 실제 이 제도가 피해자 보호를 위한 직접적인 정책 수단을 갖고 있지 않다는 점, 무엇보다 행위자에 대한 위험성 평가가 이루어지지 않아 적합하지 않은 대상자가 선정될 우려가 있고 상담 불성실 이행자에 대한 관리체계가 미흡하다(국회입법조사처, 2013)는 점 등이 문제로 지적되었다. 결국 이 제도는 행위자에게 면죄부를 주는(정춘숙, 2013) 격이며, 이 제도보다는 기존의 보호처분이 신체적 폭력 감소 효과가 더 높다(장희숙, 2012)는 점을 들어 폐지론이 주장되었다.

3 법원단계

법원(판사)에서는 검찰이 요청한 임시조치를 결정할 수 있고, 보호처분을 결정하게 되는데 ① 행위자가 피해자에게 접근하는 행위의 제한, ② 행위자가 피해자 또는 가정구성원에게 전기통신을 이용하여 접근하는 행위의 제한, ③ 친권자인 행위자의 피해자에 대한 친권행사의 제한, ④ 보호관찰 등에 관한 법률에 의한 사회봉사, 수강명령, 보호관찰, ⑤ 보호시설에의 감호위탁, ⑥ 의료기관에의 치료위탁, ⑦ 상담소 등으로의 상담위탁의 처분 중 한 가지 이상 병과할 수 있다. 보호처분의 경우 6개월을 초과할 수 없고 사회봉사, 수강명령의 시간은 200시간을 각각 초과할 수 없다. 또한 필요한 경우, 보호처분의 종류와 기간을 1회에 한해 변경할 수 있고, 가정보호사건으로 처리하는 것이 적당하지 않을 경우 불처분 결정을 할 수 있다.

- 법원의 피해자 보호명령(2011년 개정): 피해자 또는 그 법정대리인의 청구에 따라 법원의 결정으로 가정폭력 행위자에게 피해자 또는 가정구성원의 주거 또는 점유하는 방실로부터의 퇴거 등 격리, 피해자 또는 가정구성원의 주거, 직장 등에서 100미터 이내의 접근금지, 피해자 또는 가족구성원에 대한 「전기통신기본법」의

1) 가정법원에서 가정폭력 행위자에 대한 상담위탁처분이 내려지기까지의 시간단축에 영향을 미친다.

전기통신을 이용한 접근금지, 친권자인 가정폭력 행위자의 피해자에 대한 친권 행사 제한의 어느 하나에 해당하는 피해자 보호명령을 할 수 있다. 그 기간은 6개월을 초과할 수 없으나 직권, 피해자, 법적대리인의 청구에 따른 결정으로 2개월 단위(2년까지)로 연장할 수 있다. 피해자 보호명령의 청구가 있을 때 결정되기 전까지 피해자 보호를 위해 필요하다면 임시보호명령에 의해 보호받을 수 있다.

② 가정폭력 방지 및 피해자 보호 등에 관한 법률

「가정폭력방지법」은 1997년에 가정폭력을 예방하고 가정폭력의 피해자를 보호·지원함을 목적으로(2006년 전문개정) 제정되었다. 주요 개정 내용으로는 2014년에는 가정폭력예방교육 실시 결과에 대한 점검 및 교육이행 수단을 강화하는 등 예방교육을 내실화하고 경찰의 현장출입 및 조사가 강화되도록 개정되었다. 2017년에는 제5조 4항에 상담소를 외국인, 장애인 등 대상별로 특화하여 운영하도록 개정하였고 2018년에는 제7조의 2, 제2항에 단기보호시설을 이용할 때 보호기간연장을 각 3개월 범위에서 2차례 연장할 수 있도록 하였다.

이 법은 국가와 지방자치단체의 책무에 대해 다음과 같이 명시하고 있다. 국가와 지방자치단체는 ① 가정폭력에 관한 신고체제의 구축 및 운영, ② 가정폭력의 예방과 방지를 위한 조사, 연구, 교육 및 홍보, ③ 피해자를 위한 보호시설의 설치, 운영 및 그 밖에 피해자에 대한 지원 서비스의 제공, ④ 피해자의 보호와 지원을 원활히 하기 위한 관련 기관 간의 협력체계의 구축 및 운영, ⑤ 가정폭력의 예방, 방지 및 피해자의 보호, 지원을 위한 관계법령의 정비와 각종 정책의 수립, 시행 및 평가의 조치를 취하여야 한다. 또한 이와 같은 책무를 다하기 위해 ⑥ 예산상의 조치를 취하고, ⑦ 담당기구와 공무원을 두어야 한다.

또한 여성가족부장관은 3년마다 가정폭력 실태조사를 하고, 초·중등교육 학교의 가정폭력예방교육이 의무화되었으며 피해자의 동반아동에 대한 주소지 외 지역의 취학을 지원하도록 되어 있다. 그 밖에 상담소와 보호시설의 설치운영과 업무에 대해 명시되어 있다.

(2) 가정폭력 피해자에 대한 지원 서비스[2)]

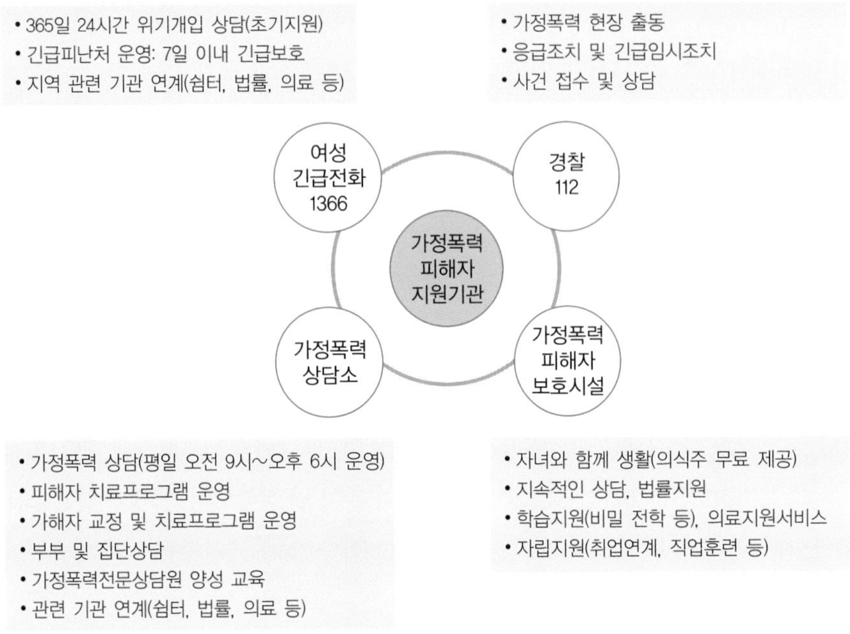

[그림 9-2] 가정폭력 피해자 보호 지원 시스템

출처: 여성가족부 홈페이지.

가정폭력은 생존이 위협받을 정도로 위험한 사건도 종종 발생하여 긴박하게 도움을 필요로 하는 위기개입이 요청될 수 있다. 또한 가정폭력 피해로 인해 의료, 상담, 생활 지원, 법적 지원 등 통합적인 서비스를 필요로 할 수 있다. 이에 대해 국가는 「가정폭력방지법」에 의해 가정폭력 피해자 보호 및 지원 시스템을 마련하고 있다. 긴급한 상황에 도움을 청할 수 있는 여성긴급전화 1366, 폭력 행위자로부터 피해자를 긴급 보호 조치 할 수 있는 경찰 112, 피해자의 보호와 상담 서비스를 제공하는 가정폭력상담소와 가정폭력 피해자 보호시설(쉼터)이 운영되고 있다. 여기에서 제공되는 상담, 의료, 법률, 수사지원 등 필요한 서비스는 피해자들이 원스톱으로 이용할 수 있도록 하기 위

2) 여성가족부 홈페이지(www.mogef.go.kr) 정책안내, 인권보호, 가정폭력방지 주요사업안내를 중심으로 작성하였다.

해 가정폭력상담소와 가정폭력 피해자 보호시설(쉼터)은 물론, 경찰, 의료기관, 무료법률구조기관 등 관계 기관들이 긴밀하게 연계되어 있다.

① 여성긴급전화 1366

여성긴급전화 1366은 가정폭력, 성폭력 피해여성들을 대상으로 전화상담, 내방상담, 쉼터 안내, 지역사회의 다양한 서비스 연계 등을 제공하는 긴급전화이다. 여성긴급전화는「가정폭력방지법」제4조 1항에 근거하여 1998년 1월부터 운영되기 시작하여 전국 16개 시, 도 단위로 1개소씩(단, 서울, 경기 1개소 추가) 총 18개소(2018년)가 설치 · 운영되고 있다. 가정폭력 · 성폭력 · 성매매 등으로 긴급한 구조 · 보호 또는 상담을 필요로 하는 여성들이 언제라도 전화로 피해상담을 받을 수 있도록 하는 것이 목적이다. 전국적으로 통일된 국번 없는 특수전화 1366을 365일 24시간 운영하여 긴급 상황에 처한 피해자를 가정폭력상담소, 가정폭력보호시설, 112, 119 등으로 즉시 조치될 수 있도록 한다. 이주여성 피해자를 대상으로는 1577-1366을 24시간 운영하고 있으며 통역 서비스를 이용할 수도 있다. 가정폭력 피해자를 위한 모든 지원은 이주여성 가정폭력 피해자에게도 동일하게 지원한다.

② 가정폭력상담소

가정폭력상담소는 가정폭력을 예방하고 가정폭력 피해자를 보호함으로써 건전한 가정유지 및 가정해체를 방지하는 것을 목적으로 한다. 전국에 통합상담소 46개소를 포함하여 총 203개소(2018년 12월 기준)의 가정폭력상담소를 설치 · 운영하고 있다. 상담소는 1366으로부터 의뢰되거나 경찰관서로부터 인도받은 피해자를 상담하는 역할을 한다. 가정폭력 피해자를 대상으로 심리적 안정을 위한 전문가 상담, 심리치료, 집단상담, 심신회복캠프 등의 치료 · 회복 프로그램을 실시하여 치유를 통한 자존감 회복 및 온전한 사회인으로의 복귀를 도모한다. 행위자를 대상으로 하는 가해자 교정 및 치료 프로그램을 실시하고 예방 및 교육을 위한 프로그램을 진행한다.

이와 같은 상담 및 교육뿐만 아니라 가정폭력으로 인해 정상적인 가정생활 및 사회생활이 어렵거나 기타 긴급 보호가 필요한 피해자에 대해 임시보호[3]하고, 필요에 따라 의료기관 또는 가정폭력 피해자 보호시설로 인도하게 된다. 또한 행위자에 대한 고발 등과 같은 법률적 자문을 얻기 위해 대한변호사협회, 지방변호사회, 대한법률구조공단 등에 협조와 지원을 요청하기도 한다. 그 밖의 주요 업무로서 가정폭력 예방 및 방지에 관한 홍보, 가정폭력 및 피해에 관한 조사 · 연구 등을 시행하도록 규정되어 있다.

③ 가정폭력보호시설

가정폭력보호시설은 「가정폭력방지법」에 근거하여 국가 또는 지방자치단체, 사회복지법인, 기타 비영리법인에서 운영하고 있다. 전국에 가정폭력보호시설 66개소(2018년 기준)가 운영되고 있으며 이 중 일반시설은 46개소, 가족보호시설은 20개소이다. 주요 업무는 다음과 같다. 첫째, 가정폭력 피해자를 일시보호하면서 가정폭력 피해자의 신체적 · 정신적 안정 및 가정 복귀를 돕는 것이다. 이를 위해 가정폭력상담소와 마찬가지로 피해여성과 동반아동을 위한 치료 · 회복 프로그램을 실시한다. 둘째, 수사기관의 조사 및 법원의 증인신문에 동행하기도 한다. 셋째, 법률구조기관 등에 필요한 협조와 지원을 요청할 수 있다. 넷째, 피해여성들을 대상으로 자립자활교육을 시행하고 취업정보를 제공한다. 다섯째, 가정폭력에 따른 아동의 취학지원 서비스 등 가정폭력 피해자에 대한 포괄적인 지원 서비스를 제공한다.

보호시설 유형은 장기쉼터, 단기쉼터, 임시보호로 구분되며, 특히 10세 이상 남아를 동반한 가정폭력 피해자를 위한 보호시설은 별도로 운영되고 있다. 보호기간은 단기보호시설은 6개월 이내이며, 시장 · 군수 · 구청장의 승인을 받아 각 3개월 범위 내에서 2차례 연장이 가능하다. 장기외국인 · 장애인 보호시설은 2년 이내이다.

④ 그 밖의 지원 서비스

의료지원 사업 「가정폭력방지법」 제18조, 시행령 제6조, 시행규칙 제17조에 근거하여 가정폭력 피해자 중 정신적 · 신체적 피해로 치료보호가 있어야 하는 자에 대

---

3) 임시보호는 3일 이내이며, 필요한 경우 7일까지 연장이 가능하다.

해 치료비를 지원하도록 되어 있다. 치료보호의 범위는 ① 보건에 관한 상담 및 지도, ② 신체적 · 정신적 피해에 대한 치료, ③ 임산부의 심리적 안정을 위한 각종 치료 프로그램의 시행 등 정신치료, ④ 임산부 및 태아 보호를 위한 검사 및 치료, ⑤ 가정폭력 피해자 가정의 신생아에 관한 의료지원이다.

치료비의 지원은 다음과 같이 이루어진다. 가정폭력 행위자가 일체 치료비용을 부담하는 것이 원칙이다. 따라서 시 · 군 · 구청장은 가정폭력 행위자를 대신하여 치료보호비용을 지급한 후, 행위자에 대하여 구상권을 행사할 수 있다. 다만, ① 피해자가 보호시설 입소 중에 치료를 받은 경우, ② 행위자가 국민기초생활보장수급권자이거나 「장애인복지법」 제32조에 의하여 등록된 장애인인 경우, ③ 연간 피해자 1인 의료비 지원총액이 50만 원 이하인 경우에는 구상권 행사 대상에서 제외된다.

주거지원 사업 주거지원 사업은 「가정폭력방지법」 제4조 제1항의 3호에 근거하여 가정폭력 피해여성의 자립을 지원하고 사회적응 여건을 조성하고자 폭력 피해여성과 그 가족들이 공동으로 생활할 수 있는 주거공간을 제공한다. 사업 내용은 한국토지주택공사가 '주거복지 사업'으로 매입한 임대주택(다세대, 다가구) 중 일부를 별도 물량으로 확보하여, 가정폭력 피해여성과 그 가족들이 공동생활가정(그룹홈) 형태로 생활할 수 있도록 저가에 임대하고 있으며, 1개의 운영기관에 임대주택 10호 내외로 배정하고 운영기관별로 자립도우미 1인을 배치하여 입주자 상담 및 직업훈련, 취업알선 등 자활을 지원한다.

유관기관의 서비스 가정폭력 피해자에 대한 무료법률구조사업은 여성가족부 지원으로, 대한법률구조공단 전국 13개 지부 및 40개 출장소(2018), 한국가정법률상담소 본부 및 전국 27개 지부(2017)에서 시행되고 있다. 법률구조 사업의 내용은 가정폭력 피해여성에 대한 무료법률상담 및 무료 민사 · 가사 소송대리, 형사무료변호, 법률계몽 사업 등이다.

기타 피해자의 주소지가 행위자에게 노출되지 않도록 특정 대상자에 한해 피해자의 주민등록을 열람 또는 등초본을 교부하는 것을 제한할 수 있다. 이를 위해 피해자 거주지(읍면동)에 신고서를 접수하고 열람 및 교부 제한 대상자를 행위자, 행위자의 직계가족, 행위자 직계혈족의 배우자로 지정할 수 있다. 만약 주민등록번호 유출로 생명, 신체, 재산에 피해를 입거나 입을 우려가 있다면 인정되는 경우 주민등록번호 변경위원회를 통해 주민등록번호 변경도 가능하다.

(3) 가정폭력 행위자에 대한 교정적 개입

가정폭력 가해자들의 폭력 행위 교정을 목적으로 실시되는 가정폭력 가해자 교정·치료 프로그램은 그 대상을 ① 검찰의 상담조건부 기소유예자, ② 법원의 상담위탁 처분을 받고 의뢰된 가정폭력 행위자, ③ 상담소에서 상담 과정 중 권유받은 가정폭력 행위자 중에서 교정·치료 프로그램에 참가 동의서를 제출한 자로 정하고, 개별상담, 부부상담, 가족상담, 집단상담, 부부집단상담, 부부캠프, 정신과치료 등의 프로그램을 실시하여 가정폭력의 성행을 교정·치료함으로써 가정폭력의 재발을 방지하고 건강한 가족관계를 확립하도록 지원한다.

프로그램은 어떤 이론을 기반으로 하는가에 따라 그 내용이 달라질 수 있다. 특정 이론을 중심으로 기획하기도 하고 여권주의 이론, 인지행동 이론, 상호작용 이론 등 다양한 이론을 절충적으로 활용하기도 한다. 이 중 인지행동 이론은 신체적 폭력 감소에 효과가 있다고 이미 입증된바, 가장 보편적으로 사용되고 있다. 주로 가정폭력의 원인, 가정폭력과 관련된 잘못된 신념을 다루는 부분과 교육적인 개입이 필요한 부분에서는 여권주의 이론과 인지행동 이론을 활용한다. 실제 행위상의 교정적 개입을 수행할 때는 인지행동 이론을 기반으로 하기도 한다. 폭력의 감소가 현저하여 피해자의 안전이 확보될 때 비로소 부부체계를 단위로 한 개입이 이루어지는데 이때 상호작용 이론을 적용하기도 한다. 앞에서 관련 이론영역에서 기술한 대로 상호작용 이론은 폭력이라는 갈등사건의 책임을 부부 모두에게 두고 쌍방의 변화를 요구하기 때문에 피해를 입은 배우자의 안전이 확보되었을 때 적용하는 것을 원칙으로 한다.

2) 가정폭력 피해경험 및 폭력에서 벗어나는 과정

폭력이 발생하는 가족을 돕기 위해서는 가정폭력 발생에 대한 심층적인 이해가 필요하다. 부부폭력은 남편에 의한 아내학대, 아내에 의한 남편폭력, 상호폭력으로 구분되기도 하는데 그중에서 남편에 의한 아내학대가 가정폭력 발생에서도 가장 많은 비율을 차지하는바, 피해경험과 관련된 연구들도 주로 여성을 대상으로 이루어졌다. 따라서 이 장에서는 피해여성의 경험을 살펴봄으로써 폭력이 발생하는 가족에 대한 이해를 돕고자 한다.

(1) 가정폭력 및 음주폭력의 피해경험

가정폭력 피해여성은 안팎으로 폐허가 된 삶을 살면서 점차로 심각한 피해를 자각하는 것으로 보인다. 그들은 신체적인 피해뿐 아니라 힘의 통제 메커니즘 속에서 내적 존재에 대한 손상, 자아의 죽음을 경험한다. 여기에 빈곤과 같은 일상적인 고통까지 겹쳐 결국 신체 및 정신질환에 시달리게 되고 무기력해지며 이로 인해 원가족, 자녀의 양육 및 출산에 대한 이차적인 피해를 자각하게 된다. 남편의 반복된 화해행동과 폭력 재발로 인해 피해자는 기대와 좌절을 반복하면서 지쳐 가고 결국 벗어나기로 결단하지만 사회의 부정적 인식, 관계에 대한 미련, 의지할 곳이 없는 것이 장애가 된다. 그러나 가정폭력에 대한 인식이 증가하고 다시 살 힘이 생겨나면서 자구책을 마련해 간다. 폭력에서 벗어나기 위해서는 결혼관계를 유지하면서 남편의 폭력 행위가 중단되거나 결혼관계를 중단해야만 한다(김주현, 2006).

그런데 음주를 동반한 폭력은 좀 더 심각한 피해를 보이는 것으로 나타났다. 음주폭력 피해 현상은 생명을 위협할 정도로 극단적인 형태로 나타났기 때문에 참여자들은 추가 음주로 인해 더 위험한 폭력 상황을 예방하기 위해 점점 수동적인 대처를 취하게 되었고 남편의 음주폭력으로 인해 벌어진 사건들을 뒷수습하였다. 음주폭력 피해 초기에는 음주를 동반한 폭력 행위가 술 때문에 발생하는 것이고 음주폭력 행위를 하는 모습은 남편의 진짜 모습은 아니라는 믿음을 가지고 살았다. 그러나 반복되는 음주폭력으로 불안, 공포, 소진을 경험하면서 피폐한 삶을 경험하게 된다. 폭력 피해에 대처하는 동시에 음주 문제의 해결사 역할을 하면서 음주폭력의 악순환에 갇히게 된다. 초기에는 가족 중심으로 문제해결을 시도하지만 점차 지역사회로 넓혀 음주폭력 문제를 다루게 된다(김주현, 장수미, 2011).

(2) 가정폭력에서 벗어나는 과정

사회복지현장에서는 피해여성이 왜 폭력가정으로 다시 되돌아가는가가 여전히 해결되지 않는 질문이었다. 피해여성이 폭력적인 관계에 머물러 있는 이유는 폭력의 순환성으로 설명되기도 하였다. 또 다른 관점에서는 가정폭력에 반복적으로 노출되는 경우, 피해여성에게 학습된 무기력 현상이 나타나게 되고 그 결과로 폭력적인 가정에 계속 머물러 있는 것을 선택하게 된다고 하였다. 그러나 최근 일부 연구들에서 가정폭력으로부터 벗어나는 사례(폭력적인 관계가 단절된 사례나 폭력 행위가 중단된 사례 포함)들을 다루고 있어 성공적인 폭력단절의 과정에도 관심을 두게 되었다. 김주현(2006)의 연구에서는 폭력 피해 상황에 머물러 있지 않고 가정폭력에서 벗어나는 과정은 ① 가정폭력 인식과 대처 단계, ② 폭력단절 결단과 행동 단계, ③ 폭력 없는 삶 다시 짓기 단계, ④ 생존확보 단계의 4단계로 파악되었다.

① 가정폭력 인식과 대처 단계

반복적인 가정폭력 피해로 고통이 일상화되면서 자신을 비롯한 가족 전체가 겪는 피해의 심각성을 인식하게 된다. 이때 피해여성들은 남편의 폭력 행위를 변화시키고자 다양한 대처 방법을 강구하고 시도하기도 한다. 폭력적인 관계를 단절하고자 노력하지만 부정적 사회인식과 주변의 반대로 이혼은 생각에 그치고 남편의 폭력 행위를 중단시킬 수 있다는 기대를 갖고 꾸준히 대처하면서 폭력 행위의 변화 가능성을 타진해 나가는 단계이다.

② 폭력단절 결단과 행동 단계

지속되는 폭력재발로 기대와 좌절이 반복된다. 결국 폭력 행위의 변화 가능성이 없다는 판단하에 이혼을 통해 폭력에서 벗어나겠다는 결단을 하고 외부 자원망을 활용하면서 벗어나기 위한 준비를 하는 시기이다. 결단의 순간은 오랜 이혼 결심의 누적으로 이루어지지만 부정적 사회인식을 지속적으로 염두에 두거나 남편과의 관계에 대한 미련이 남는 경우, 혹은 가정폭력에 대한 인지도가 낮은 경우 폭력적인 생활은 장기화되기도 한다. 최후 폭력을 통해 벗어날 기회를 잡거나 재차 폭력 행위 변화 가능성을 타진하여 결혼관계 중단 또는 지속을 두고 결정을 내리게 되는 단계이다. 이때 결혼관계 중단을 결정한 경우, 주변 자원을 활용하여 이혼을 성취하게 된다.

③ 폭력 없는 삶 다시 짓기 단계

결혼관계 지속 또는 중단에 대한 선택에 따라 이혼 후 자립하는 삶과 폭력 없는 가정으로 복귀하는 삶을 다시 시작하게 된다. 적극적으로 외부 자원을 찾고 도움을 받으며, 자신과 가족들의 폭력 피해를 복구해 나간다. 이혼 후에도, 혹은 남편과 함께 살면서 폭력이 재발하지 않도록 예방하며, 새 삶에 몰입하는 전략을 수행한다. 이혼 후 자립하는 과제와 폭력 없는 가정을 유지하는 과제를 적극적으로 수행하는 시기이다.

④ 생존확보 단계

폭력 피해에서 완전히 벗어나는 시기이다. 이전 단계에서 전략을 잘 수행한 경우, 자신이 폭력을 단절시킬 능력이 있다고 확신한다. 피해 이전의 모습을 되찾고, 고통을 통해 성장했음을 경험한다. 배우자 혹은 전 배우자 간 폭력적인 관계가 아닌 힘의 균형을 이루어 나가는 단계이다.

◈ 참고문헌

국회입법조사처(2013). 가정폭력범죄의 처벌 등에 관한 특례법상 가정폭력 행위자 대상 상담조건부 기소유예제도의 입법영향분석. 현안보고서 vol. 223. 입법영향분석 시리즈 2013-7.

김광일(1998). '아내구타의 허상과 실상' 가정폭력: 그 실상과 대책. 서울: 탐구당.

김석돈(2010). 가정폭력사건에 관한 초기 대응 강화 및 피해자 안전 확보를 위한 제도 개선 방향. 가정폭력 피해자 보호명령 제도 도입을 위한 정책 토론회, 한국여성 정책연구원.

김재엽, 이지현, 정윤경(2007). 부부폭력 가해자의 성장기학대경험이 자녀학대에 미치는 영향-부모역할만족도를 중심으로. 사회복지연구, 35, 291-312.

김재엽, 최재성, Clifton R. Emery, 김동구, 박상언, 정윤경, 이정은(2010). 2010년 가정폭력 실태조사. 여성가족부.

김정옥(1999). 아내 구타가 생활의 질에 미치는 영향. 효성여자대학교 한국여성문제연구소.

김주현(2006). 가정폭력 피해여성이 폭력에서 벗어나는 과정에 관한 근거이론 연구. 이화여자대학교 대학원 박사학위논문.

김주현, 장수미(2011). 가정폭력과 음주문제의 동시발생: 피해여성의 경험은 무엇인가? 한국사회복지학, 63(2), 291-317.

박미은(2012). 폭력 및 학대. 한국정신보건사회복지사협회 편. 정신보건사회복지의 이론과 실제. 경기: 양서원.

송아영(2017), 가정폭력현황과 과제, 보건복지포럼.

여성가족부(2010). 가정폭력 실태조사 연구.

여성가족부(2013). 가정폭력 실태조사 연구.

여성가족부(2016). 가정폭력 실태조사 연구.

윤명숙(1998). 알코올중독과 아내학대에 관한 연구 이화여자대학교 대학원 석사학위논문.

장수미, 김주현(2005). 가정폭력 피해여성의 경찰 신고경험에 관한 연구. 한국가족사회복지학회, 16, 127-160.

장희숙(2012). 가정폭력 가해자 상담프로그램의 효과: 상담조건부 기소유예 처분과 상담위탁 보호처분의 비교. 사회복지연구, 43(4), 63-90.

장희숙, 허남순, 김유순(2001). 구타당하는 아내들의 대응방식에 영향을 미치는 변인. 한국가족복지학회, 7, 231-254.

정춘숙(2013). 2013! 가정폭력의 현황과 과제. 복지동향, 175, 19-27.

여성가족부 홈페이지(www.mogef.go.kr)

Bandura, A. (1973). *Aggression: A Social Learning Perspective*. Englewood Cliffs, NJ: Prentice Hall.

Bograd, M., & Yllo, K. (1990). Feminist Perspectives on Wife Abuse: An Introduction. Newbury Park, CA: Sage.

Dobash, R. E., & Dobash, R. P. (1979). Violence against theory. *Journal of gerontology, 30,* 584-594.

Gelles, R. J. (1993). *Trough a Sociological Lens: Social Structure and Family Violence*. Newsburt park, CA: Sage publication.

Giles-Sims (1983). Through a sociological lens: Social structure and family violence. In R. J. Gelles, R. J. Gelles, and K. R. Losek (Eds.), *Current Controversieson Family Violence* (pp. 17-19). Newbury Park, CA: Sage.

Goode, W. J. (1971). Force and violence in family. *Journal of marriage and the family, 33*, 624-636.

Holt, J. L., & Gillespie, W. (2008). Intergenerational Transmission of Violence Threatened Egoism, and Reciprocity: A Test of Multiple Psychosocial Factors Affecting Intimate Partner Violence. *American journal of criminal justice, 33*(2), 252-266.

Martin, G. L. (2002). 가정폭력과 학대(김연 역). 서울: 두란노.

Pizzy, E. (1974). *Scream Quiety or the Neighbors Will Hear*. London: If Books.

Wolfgang, M. E., & Ferracuti, F. (1982). *The Subculture of Violence*. CA: Sage.

Yllo, K. A. (1983). *Using a Feminist Approach in Quantitative Rearserch: A Case Study, The Dark Side of Families*. CA: sage.

Yllo, K. A., & Strauss, M. A. (1992). Partrichy and Violence Against Wives: The Impact of Structural and Normative Factors. In M. A. Strauss and R. J. Gelles (Eds.), *Physical Violence in American Families*. New Brunswick, NJ: Transaction.

제10장 중독가족

세계화 및 개인화의 흐름 속에서 후기 근대의 진행과 함께 가족은 비혼가구의 증가와 자녀 수의 감소, 독신자 수와 재혼가족 및 한부모가족의 증가 등 구조상의 급격한 변화를 경험하고 있다. 특히 1990년대 후반 경제 위기 이후 가족해체적 징후가 확산되면서 가족의 변화에 대한 사회적 관심이 증폭되었다(백진아, 2009). 가족의 해체는 여러 사회문제를 야기하고 있고, 그러므로 가족변화의 결과 혹은 원인 중에 하나로 심각한 사회문제가 되고 있는 '중독' 문제를 살펴볼 필요가 있다. 중독은 매우 사회적이며 또한 정치적이다. 중독이 사회적이라 함은 중독의 내용에 따라서 지원 정책이 세워지기도 하고[1] 또한 중독이 정치적이라 함은 정치적인 이해관계에 따라서 중독적 환경이 조성되기 때문이다(예: 강원랜드 카지노, 바다이야기 게임).

중독은 한 개인으로 국한되는 질병이 아니다. 중독자의 가족은 만성질환가족과 유사한 고통을 겪는다. 중독자에 대한 사회적 낙인이 당사자뿐만 아니라 가족에게도 찍히고 그 낙인의 고통 강도가 매우 강하고 지속적이다. 그러므로 이 장에서는 중독가족

1) 알코올의 경우 사회적 압력에 의해 기업의 사회적 책임이라는 명분하에 기금을 조성하여 알코올 예방, 치료 사업에 쓰는 경우가 있다.

이 겪는 경험에 대한 이해를 돕고 적절한 사회 복지적 개입을 고려하고자 한다.

1. 중독가족에 대한 이해

가족구성원은 내적 및 외적인 다양한 도전에도 불구하고 그 테두리를 지키려는 노력을 보인다. 이 장에서는 가족구성원 중에 중독의 문제가 있는 가족을 '중독가족'으로 명명하고자 한다. 그러므로 여기서 중독가족을 중독자와 정서적 가까운 연관(connections)을 맺고 있는 개인들을 가족으로 정의한다.

1) 중독

중독은 정신의학적 용어가 아니라 일상적인 용어이다. 사회복지 실천현장에서 흔히 듣고 쓰는 용어인 '중독'이라는 단어를 이 장에서는 사용하도록 한다. **의존**(dependence)이 정신의학적 용어라면 '중독'은 일반인들이 사용하는 용어이다. DSM-5는 **중독(의존)**을 **물질사용장애**(Substance Use Disorder)로 표현하여 개인이 물질 사용으로 인한 부정적인 문제들에도 불구하고 물질을 사용하여 인지적, 행위적 및 신체적으로 드러난 증상들의 집합체(cluster)로 구분하였다. 행동중독인 경우 **과몰입**이라는 단어를 쓰기도 하지만 어떠한 단어를 쓰든 간에 중요한 것은 부정적인 결과를 가져옴에도 불구하고 집착하고 사용에 있어서 통제 가능하지 않을 때 중독이라는 용어를 쓴다는 점이다.

2) 중독가족의 상황

중독가족은 오랫동안 사회적 낙인의 대상이었고, 공공 정책으로부터 외면되었고, 중독 전문가들로부터 오해를 받아 왔다. 중독자들의 부모, 배우자, 자녀들은 자신들의 삶에 지대한 영향을 미치는 중독 문제로 인해 침묵의 문과 비밀의 벽 뒤에서 고통받고 있다. 설사 가족구성원이 용기를 내어서 전문가들에게 중독가족으로서 겪는 경험을 드러내어도 대개 도움을 요청하는 가족들을 병리적으로 진단하려는 경향이 있다. 많은 전문가들은 중독가족을 중독의 원인 혹은 회복을 저해하는 매개체(agents)로 인식하지, 가족이 지극히 혼돈스럽고 파괴적인 중독이라는 질병이 야기한 '비정상적인 상황'에 나름 '정상적으로' 적응하려고 노력한 것으로 보지 않았다. 그렇기 때문에 가족을 회복의 자원으로 깊게 인정하는 데 인색했다. 이는 중독가족의 경험과 그들의 상황에 충분히 주의를 기울이지 않았기 때문이다(White & Savage, 2005).

3) 중독의 양상

(1) 감정 질병

중독은 감정조절의 장애를 특징으로 한다. 중독 상태가 진행이 되면 두뇌 호르몬 분비의 불균형으로 감정의 표현이 부적절하거나 부재하게 된다. 알코올을 예로 들면, 초기 음주 시에는 기분을 고양시키기 위해서 마시지만 중독 상황이 진행되면 '정상'으로 느끼기 위해 음주하게 된다.

(2) 가족 질병

두 가지 이유로 가족 질병이라고 불리기도 한다. 첫째, 가족이 정서, 신체 및 사회적으로 가장 긴밀한 연대관계를 맺고 있기에 중독으로 인한 영향 역시 가장 직접적으로 받기 때문이다. 둘째, 중독자 개인만 질병을 갖고 있는 것이 아니라 중독자와 함께 가족이 중독 과정을 겪으면서 가족 역시 역기능적인 역할과 정서적 억압 속에서 수치심과 불안, 우울 등을 겪으며 심신의 질병을 갖게 될 수 있다.

중독이라는 것이 가족에게 일률적으로 영향을 미친다고 볼 수는 없다. 각 가족의 상황 및 가족구조에 따라 미치는 영향이 상이하다. 다양한 가족구조에 따라서 다양한 이슈가 드러날 수 있다.

중독가족은 대개 다음과 같은 문제에 노출되어 있다.

- 정서적, 신체적 및 성적 학대
- 방임, 과보호, 완벽주의
- 우울, 자살
- 각종 중독(물질 및 행위 중독)

알코올은 가장 일반적으로 사용되는 합법 약물이다. 알코올 사용장애로 인해 고통받는 개인 및 가족은 대단히 많다. 음주의 이유는 매우 다양하다. 자신이 적극적으로 파괴적인 행위를 하지 않았다거나 여전히 활동적으로 혹은 사회적으로 기능하고 있기 때문에 자신은 문제가 없다고 '부정(denial)'하는 태도를 견지하게 한다. 음주 자체가 문제가 되지는 않지만 음주행위가 가족의 안전 및 안정, 소속감, 자존감 및 정서적 성장에 방해가 될 때 문제가 된다.

2. 중독가족의 대처 양상

개인이 하루아침에 중독자가 되는 것이 아니라 중독의 여러 단계를 지나는 것처럼, 중독자 가족들 역시 중독자와 유사한 단계를 거치게 된다. 중독자는 나름대로 자신의 중독 문제를 해결하고자 노력하며 그러한 노력이 실패할 때마다 중독자 가족은 '수치심'을 느낀다. 이러한 수치심을 해결하기 위해 다양한 방법으로 중독자의 행위를 조정하려고 노력하다가 무력감을 느끼게 된다.

1) 가족의 항상성 유지 노력

가족체계는 항상성을 유지하려는 경향이 있다. 그렇기 때문에 가족은 '변화'에 어느 정도 저항하면서 변화한다. 중독가족 역시 중독으로 인한 가족체계의 변화에 저항하지만 서서히 무력감과 좌절 및 무능감을 갖게 된다. 이러한 가족의 항상성 유지 노력은 또한 중독자가 회복하는 경우에도 가족체계의 항상성을 유지하는 양상 때문에 회복에 저항하는 모습처럼 보일 때도 있다.

2) 표면적 언행과 실제의 의미 차이

중독가족은 가족의 자원이나 주의가 한 사람(중독자)에 집중되어 다른 가족구성원의 욕구를 적절히 충족시키지 못한다. 중독가족은 공고한 가족규칙과 역할을 통해 가면과 위장으로 살아가도록 한다. 언행이 표리부동한 상호작용을 하는 중독가정에서 성장한 성인아이(adult child)는 성장 · 발달단계에서 적절한 가족지지 및 양육을 받기 어려웠기 때문에 정서적 발달에 영향을 받는다. 성인아이가 보이는 행동, 신념 및 성격적 특질은 다음과 같다(Woititz, 1990).

- 정상가족기능이 어떤 것으로 구성되어 있는지를 모르기 때문에 부적절하고 받아들일 수 없는 행동에도 높은 내성을 갖고 있다.
- 사람들을 신뢰하기가 어렵다.
- 자신을 가차 없이 판단하고 자신의 욕구를 간과한다.
- 자신에 대해 지나치게 진지하고 휴식이나 즐거움을 가지려 할 때 죄책감을 느낀다.
- 인정 욕구가 강하여 끊임없이 승인을 구한다.
- 자신의 감정을 느끼거나 표현하는 게 어렵다.
- 분노하는 사람이나 개인적 비판을 극도로 두려워한다.
- 상황이나 관계를 통제하려는 노력을 하며 자신이 통제할 수 없는 변화에 과도하게 반응한다.
- 종종 무력감과 덫에 걸렸다는 느낌과 희생자가 된 것 같은 느낌을 갖는다.
- 타인이나 상황에 대해 불필요한 책임감을 갖고 상황이 잘못되면 자신을 탓한다.
- 자신이 동정하거나 구할 수 있을 것 같은 사람들과 관계를 맺는다.
- 버림받는 고통을 피하기 위해 온갖 노력을 다한다.
- 계획을 마무리하는 데 문제가 있고 충동적이고 거짓말을 한다.

- 흥분이나 위기에 중독되기 쉽다.

이 세상에 이상적인 가족은 존재하지 않기 때문에 우리들은 앞에서 언급한 경향을 어느 정도는 갖고 있다. 하지만 역기능에 초기 노출이 트라우마 수준이 되면 이러한 증상은 강력하게 자주 드러나게 된다.

〈표 10-1〉 표면적 언행과 역기능적 신념

표면적 언행	역기능적 신념
남들 보기에 좋아야 한다.	사실이 아닐지라도 남들 보기에 좋으면 모든 게 괜찮다.
괜히 일을 만들지 마라.	실패할 게 뻔하니 시도할 필요 없다.
보지 마라.	문제를 안 보면 문제가 없어질 수도 있다.
내가 행동하는 대로 하지 말고 내 말대로 하라.	말과 행동이 다를 수 있다(달라도 된다).
그냥 상황에 따르라.	역기능적인 행동에 절대 의문을 가져서는 안 된다.
너의 욕구가 우리의 욕구보다 중요하지 않다.	자신의 욕구를 생각하면 이기적인 것이다.

3) 중독가족의 역할

중독가족의 일상생활은 예기치 않은 사건이나 경험으로 인해 끊임없이 방해받는다. 말로 묘사되는 것과 자신이 보고 느끼는 것에 큰 격차를 보일 때 중독가족은 현실을 부정하기 시작한다. 중독자가 자신의 문제를 '부정'하듯이 중독가족 역시 가족생활의 질서를 세우기 위해 현실을 부정하거나 조종하려고 한다. 자신의 중독 행위를 조절할 수 없는 것이 중독자의 특징이라고 한다면 중독가족 역시 삶을 통제할 수 없는 것이 특징이다(Cermak, 1986). 중독가족은 비록 혼돈스러울지라도 항상성을 유지하여 안정을 누리기 위해서 가족 내에 일정한 역할을 맡게 강요된다. 맡겨진 역할이 견고하여 각자 개성의 즉흥적 표현을 막을 때 주어진 역할은 역기능적인 것이 된다. 이처럼 자녀들은 역기능적인 환경에 적응하기 위해 스스로 혹은 강요된 역할들을 수행함으로써 가짜

정체성이 형성된다.

- 영웅: 영웅(hero)은 외부에서 보기에 자신의 가족을 중독가족이 아니라 정상가족으로 보이도록 하는 역할을 한다. 뛰어난 문제해결 능력을 보이기도 하고 완벽하게 업무를 수행하여 가족 내 중독 문제가 주목받지 않도록 하는 역할을 한다. 이 역할을 맡은 사람은 자신보다는 타인의 가치와 꿈을 내재화하여 가족 내에 위치를 유지하고자 한다. 자신을 열지 못하고 다른 사람들이 가까이 오는 것을 허용하지 않는다.
- 희생양: 희생양(scapegoat)은 다른 사람들에게 가족의 문제를 일으키는 사람으로 여겨지는 역할을 한다. 중독자로 향하는 시선을 자신에게 돌려서 실제 문제가 드러나지 않게 하는 것이다. 그러므로 희생양은 가족 내에 문제아로 취급된다. 희생양의 문제행동은 다른 가족구성원이 상대적으로 나아 보이게 한다. 희생양은 무의식적으로 가족 내에 드러내지 못한 문제를 행위로 드러낸다. 가족이 희생양에 초점을 기울일 때 해결이 필요한 진짜 이슈들에 주의를 기울이는 것이 중단될 수 있기 때문이다. 그러므로 이러한 역할을 하는 사람을 '구조 희생 제물'로서 희생양이라 부른다.
- 실종아: 실종아(lost child) 역시 행위를 한다. 실종아는 사라져서 아무런 문제를 일으키지 않는 것을 지향한다. 그러므로 실종아들은 눈에는 보이지만 그들의 존재는 누구에게도 아무런 중요성을 갖지 않는다. 실종아의 특징은 부모에게 어떤 요구도 하지 않고 자신만의 세계로 철수하는 것이다.
- 귀염둥이: 귀염둥이(mascot)는 가족 내에서 스트레스 상황을 희극적으로 완화시킨다. 그러므로 가족으로 하여금 실제 문제에 집중하지 못하도록 하는 경향이 있다. 귀염둥이는 어떤 일에도 진지하지 않고 농담으로 넘기려 한다. 하지만 그들의 웃음은 눈물이고, 자학적이며 음울한 유머를 사용한다. 영웅과 다른 점은 문제해결에 집중하는 것이 아니라 회피하는 데 집중한다는 것이다.

가족체계 내에서 결과적으로 중독 상태를 유지하도록 하는 부정적 역할을 다음과 같이 구분하였다. 이러한 역할은 각 가족구성원들에게는 자신이 스스로 맡은 것일 수 있고, 떠맡겨진 것일 수 있다.

- 조장자: 조장자(enabler)는 대부분 중독자의 배우자가 그 역할을 한다고 보지만 현대 한국 사회에서는 만혼, 이혼 등으로 결혼생활을 하지 않고 있는 사람들에게 부모 혹은 형제자매들이 이 역할을 맡을 수 있다. 조장자의 목적은 외부에 모든 것이 괜찮은 것처럼 보이는 것이다.
- 행위자: 행위자(doer)는 가족 내에서 일을 수행하는 사람이다. 책임감이 높고 스스로 자임한 역할이기 때문에 과도하게 성숙하고 지나치게 스트레스의 상황에 놓이게 된다. 가족구성원 모든 사람들의 정서적 안녕에 책임감을 느끼고, 그렇기 때문에 어떠한 대가를 지불해서라도 가족 내의 평화를 가져오려는 중재자이다. 이러한 행위자를 돌보미(caretaker)라고도 하는데 이들은 자신의 욕구보다는 타인, 특히 중독자의 욕구에 집중한다. 중독자가 자신의 행위에 대해 책임지는 것을 대신해서 책임지고 위기를 모면하도록 하기 때문에 '구조자(rescuer)'라고 부르기도 한다.
- 조종자: 조종자(manipulator)는 가족을 통제하는 사람이다. 자신이 원하는 것은 어떠한 수단을 써서라도 가지려는 사람이다.
- 비판자: 비판자는 부정적이고 잘못된 점만을 찾으려 하고 비꼼과 놀림을 무기로 가족 내에 힘을 얻으려 한다.
- 엄마의 왕자/아빠의 공주: 부모의 정서적 욕구를 만족시켜야 하는 희생자들이 된다. 부부간의 문제를 자녀에게 이야기함으로써 어린이에게 성인 역할을 감당하게 하는 것이다.

4) 공동의존

'공동의존(co-dependency)'이라는 용어는 본래 알코올중독자의 배우자를 묘사할 때 쓰였으나, 종종 행동 및 심리적 문제를 갖고 있는 사람과 관계를 갖고 있는 사람을 묘사하는 용어가 되었다. 이 용어는 전통적으로 여성이 가져야 된다고 기대되는 특질인 '공감'과 '자기희생'을 통한 '돌봄'이라는 행위를 병리화했다는 비난을 받고 있기도 하다.

중독가족 중에는 공동의존 양상을 보이기도 한다. 공동의존은 타인의 문제에 지나치게 관여하여 자신의 욕구나 원함을 채우지 못할 지경에 이른 상태를 의미한다. 공동의존은 중독자와 관계를 맺어 자신의 삶을 수습할 수 없는 상태(unmanageable)로 행동 패턴은 다음과 같다.[2)]

- 중독자가 스스로 돌볼 수 없다고 믿기 때문에 조종한다.
- 낮은 자존감을 갖고 자신의 감정을 부정하는 경향이 있다.
- 거절과 분노를 회피하기 위해 스스로의 가치관을 위배하고, 과도하게 불평한다.
- 예민한 태도로 반응하고 방해, 문제 혹은 실망에 과민하게 반응한다.
- 충성받기에 적절하지 않은 사람들에게 지속적으로 충성한다.

공동의존의 유형 중에서 배우자의 공동의존 유형을 다음과 같이 구분할 수 있다(고병인, 2003).

- 순교자: 모든 것이 자신의 잘못이라고 믿고, 헌신과 희생으로 문제를 해결하려고 한다.
- 박해자: 순교자 유형의 반대로서 타인의 잘못을 탓하는 데 주력한다.
- 공모자: 알코올중독자가 단주를 유지하려는 것을 계속적으로 방해한다.
- 술친구: 중독자들과 좋은 관계를 유지하기 위해 함께 음주한다.
- 냉담한 공동의존자: 중독자를 돕는 것 자체를 포기해 버리고 감정적으로 무감각한 상태가 된다.

---

2) Foundational Docs of Co-Dependents Anonymoous(www.coda.org) 참조.

중독가족에서 배우자의 역할은 회복에 있어서 매우 중요하다. 배우자의 공동의존 유형을 앞과 같이 구분한 이유는 각 유형별로 가족 개입 접근이 달라야 하기 때문이다.

5) 중독가족의 경계

중독가족은 극단적인 경계(boundaries)를 채택한다. 경계가 너무 촘촘하고 밀착되어 차이와 다름을 허용하지 않고 서로에 대해 과도한 책임감을 갖고 급기야 정체성까지 잃어버리는 경우이다. 이러한 가족은 자녀들이 독립하는 것을 원치 않으며 각자의 재능을 추구하며 미래를 준비하는 것을 원치 않는다. 이런 가족구성원은 결혼하면 관계를 위해 자신을 포기해야 한다고 믿는다. 또 다른 극단의 가족관계는 친밀감이 거의 없고 정서적인 나눔과 연대감도 거의 없다. 이러한 가족은 이웃이나 지역사회에서 고립되기 쉽다.

6) 중독가족의 규칙

가족의 규칙(rules) 또한 경계와 마찬가지로 극단적이다. 중독가족 내 규칙은 중독을 중심으로 언어적 및 비언어적으로 경직된 규칙만이 존재한다. 또 다른 극단은 가족 내에 규칙이 전혀 없는 것으로 자녀들은 나름대로의 양육방식을 고안하여 자기 스스로를 양육해야 한다.

중독가족이 갖고 있는 불건강한 규칙은 다음과 같다(Wegscheider-Cruse, 1981).

- 중독자가 음주(마약, 도박 등)를 하는 것이 가족 내에 가장 중요한 사안이다.
- 중독이 가족이 갖고 있는 문제의 원인이 아니다. 가족으로 하여금 문제의 근원이 다른 곳에 있다고 믿게 하는 것이 희생양의 역할이다.
- 어떤 일이, 혹은 사람이 가족을 중독자로 만들었다. 중독자 그 사람의 책임이 아니다.

- 어떤 대가를 치르더라도 현상유지를 해야 한다.
- 현재 가족이 겪는 것을 그 어느 누구에게도, 즉 가족 내에서 이야기하거나 외부에게 발설해서는 안 된다.
- 가족 어느 누구도 자신이 현재 느끼는 감정을 말하지 않는다.

7) 중독가족의 상호작용 패턴

각 가족마다 고유성이 있지만 중독가족에 흔히 보이는 상호작용 패턴은 다음과 같다(Reilly, 1992).

(1) 부정적 기류

가족구성원 사이에 일어나는 어떠한 의사소통도 부정적이고 불평과 비난의 형태로 이루어지며, 불쾌한 표현으로 이루어진다. 긍정적 행위로 주목받지 못한다. 주의를 끌 수 있는 유일한 방법은 위기를 발생시키는 것이다. 이러한 부정적 기류(negativism)는 중독을 강화하는 데 일조한다.

(2) 일관성 없는 양육 태도

규칙은 자주 바뀌고, 규칙이 지켜지는지 여부를 확인하지도 않는다. 가족구조가 부적절하여 자녀들이 옳고 그름의 경계를 이해하는 데 혼란스럽다. 한계를 알지 못하기 때문에 부모의 반응이 어떨지 알 수 없고 그렇기 때문에 적절한 행동을 조정하는 법을 배우지 못한다. 이러한 일관성 없는 양육 태도(parental inconsistency)는 자녀들에게 혼돈을 야기한다.

(3) 부정

명백한 증거가 있음에도 문제가 없다고 부정(denial)한다.

(4) 부적절한 분노 표현

정서적으로 박탈된 가정에서 성장하면 분노를 표현하기를 두려워하여 억압된 분노를 표현하는 방법으로 약물을 사용하기도 한다.

(5) 자가 치료

심각한 불안이나 우울로 인해 견디기 힘든 사고나 감정을 다루기 위해 약물을 사용하기도 한다.

(6) 비현실적인 기대

자녀를 향한 부모의 기대가 비현실적이면, 자녀들은 자신들에게 더 이상 기대를 하지 못하도록 행동하거나 자신이 어떠한 노력을 하더라도 그 결과가 부모에게는 충분치 못할 것이라고 생각하지만 과도하게 성취 지향적일 수도 있다. 또 한편으로는 모든 고통을 농담으로 가볍게 던져 버리거나, 현실로부터 도피해 버린다. 부모의 기대가 지나치게 낮아서 자녀들이 성장하면서 실패할 것이라는 말을 듣고 성장한 경우 부모의 말에 부응하게 행동한다.

3. 중독가족 치료

중독가족이 '중독 치료'에 대한 일반적으로 갖는 오해는 다음과 같다. 한편으로는 치료를 받으면 즉시 병이 나아진다는 기대를 갖는 것과 또 다른 한편으로는 중독에서 회복하는 것이 긴 여정이고 재발이 잦기 때문에 '치료'가 가능하다는 것을 전혀 믿지 않는 것이다.

중독가족은 자신도 '치료'가 필요하다는 것을 인식해야 한다. 치료를 받기 위해서는 가족 내에 존재하는 중독에 대한 '침묵'을 깨고 타인에게 문제를 드러내 놓아야 한다.

중독가족으로서 살아내기 위해서 가족들이 채택했던 태도와 행동양식이 회복에 걸림돌이 될 수도 있다는 것을 가족들이 인지하게 돕는 것은 쉽지 않은 과업이다. 왜냐하면 가족들은 나름대로 최선을 다해 자신이 처한 혼돈스러운 상황 속에서 여러 가지를 희생하고, 상황을 수습하거나 개선하려는 노력을 하였기 때문에, 자신들의 문제 대처 방식이 비난받거나 불건강하다고 진단받을지도 모른다는 생각이 든다면 전문가의 도움을 받는 것을 주저할 수 있기 때문이다. 이러한 이유로 가족이 외부의 도움을 받기를 주저하게 될 때 가족 내의 중독 문제는 더욱 악화된다.

대부분의 중독 치료 서비스는 중독된 사람에게 집중되어 그 가족들이 받을 수 있는 서비스는 상대적으로 적다. 중독을 치료하는 기관들에서의 가족교육은 매우 중요하다. 가족교육의 핵심은 가족들로 하여금 자신들이 중독자의 중독 원인이 아니라는 것, 중독자의 중독 상태를 호전시키고자 하는 노력의 일환으로서 '통제'하려는 행위를 중단하는 것, 그리고 중독으로부터의 회복은 완치가 아니라 일시 멈춤(arrest)이므로 지속적인 회복 노력을 해야 한다는 것을 이해시키는 것이다. 이러한 가족교육을 통해 가족들은 중독이 자신의 탓일지도 모른다는 죄책감과 수치감에서 벗어나고, 중독의 조장자라는 오명을 벗고, 회복의 자원으로서 역할을 수행할 수 있다.

1) 자조집단

(1) 자조집단의 이해

중독가족들에게는 '자조집단'의 존재를 아는 것이 매우 중요하다. 알코올중독자들 스스로의 회복을 위한 영적 집단인 A.A.(Alcoholics Anonymous)와 알코올중독자들의 가족 및 중요한 타인들의 모임인 알라넌(Al-Anon)은 12단계 프로그램으로 그 이후에 마약, 도박 및 기타 여러 중독 및 문제 자조집단의 모체가 되었다. A.A.의 12단계는 다음과 같다.

- 1단계: 우리는 알코올에 무력했으며, 우리의 삶을 수습할 수 없게 되었다는 것을 시인했다.
- 2단계: 우리보다 위대하신 힘이 우리를 본 정신으로 돌아오게 해 주실 수 있다는 것을 믿게 되었다.

- 3단계: 우리가 이해하게 된 대로, 그 신(神)의 돌보심에 우리의 의지와 생명을 맡기기로 결정했다.
- 4단계: 두려움 없이 우리 자신에 대한 도덕적 검토를 했다.
- 5단계: 우리의 잘못에 대한 정확한 본질을 신과 자신에게, 그리고 다른 어떤 사람에게 시인했다.
- 6단계: 신께서 이러한 모든 성격상 결점을 제거해 주시도록 완전히 준비했다.
- 7단계: 신께서 우리의 단점을 없게 해 주시기를 겸손하게 간청했다.
- 8단계: 우리가 해를 끼친 모든 사람의 명단을 만들어서 그들 모두에게 기꺼이 보상할 용의를 갖게 되었다.
- 9단계: 어느 누구에게도 해가 되지 않는 한, 할 수 있는 데까지 어디서나 그들에게 직접 보상했다.
- 10단계: 인격적인 검토를 계속하여 잘못이 있을 때마다 즉시 시인했다.
- 11단계: 기도와 명상을 통해서 우리가 이해하게 된 대로의 신과 의식적인 접촉을 증진하려고 노력했다. 그리고 우리를 위한 그의 뜻만 알도록 해 주시며, 그것을 이행할 수 있는 힘을 주시도록 간청했다.
- 12단계: 이런 단계들의 결과, 우리는 영적으로 각성되었고, 알코올중독자들에게 이 메시지를 전하려고 노력했으며, 우리 일상의 모든 면에서도 이러한 원칙을 실천하려고 했다.

(2) 자조집단의 목적

① 정보교류

정보교류는 자조집단의 가장 기본적인 목적이라고 할 수 있다. 자조집단을 통해서 교류되는 정보는 크게 두 가지 차원으로 나누어 볼 수 있는데, 첫째, 문제나 상황 자체에 대하여 다른 성원들로부터 다양한 정보를 얻을 수 있다. 둘째, 서비스의 선택에 관련된 정보를 쉽게 얻을 수 있다. 또 어디에서 어떤 서비스를 이용할 수 있는가에 대한 정보를 얻을 수 있다. 그리고 어떤 전문직으로부터 어떤 도움을 받을 수 있는가에 대한 정보도 얻을 수 있다.

② 상호지지

자조집단은 집단 과정에서 평등한 관계를 통하여 상호 간의 개인적인 친밀성을 높이기 때문에, 집단 속에서 이루어지는 상호지지의 효과는 전문적인 관계에서 이루어지는 지지보다 더욱 효과가 크다.

③ 권익옹호

자조집단 경험을 통하여 성장을 경험한 사람들은 이러한 경험을 통하여 본인 스스로의 권리를 옹호하는 활동을 함과 동시에 비슷한 상황에 있는 다른 사람들의 권리에 대해서도 적극적인 옹호활동을 하는 경향이 있다. 권익옹호활동은 사회복지사 등의 전문가에 의해서 수행되기도 하지만 이런 전문적인 옹호활동은 정보나 과학적 논리에 근거한 힘에 근거를 두고 있다. 따라서 이러한 권익옹호활동은 평등한 관계에서 진행되는 데에 어려움이 따른다. 반면에 자조집단 경험을 통한 권익옹호활동은 동일한 상황에 있는 사람에 대한 대등한 입장에서의 옹호활동이기 때문에 보다 효과적일 수 있다.

(3) 알라넌

A.A. 회원들이 중독으로부터의 회복이라는 목적을 갖고 모임에 참석하는 것과 마찬가지로, 알라넌(Al-Anon) 회원들 역시 다음과 같은 목적을 이루기 위해 모임에 참석하여 활동한다.

- 가정에서 A.A.에 대한 이해와 협력을 하기 위해
- A.A. 구성원과 함께 영적인 성장을 이루고 12단계에 맞추어 살아가기 위해
- 새로운 A.A. 구성원의 가족들을 환영하고 위로를 하기 위해

(4) 자조집단을 향한 의문과 그 해답

- **왜 중독자가 되었는가:** 가족들은 자조집단에 다니면서 자신이 중독의 원인(cause)이 아니고, 자신이 타인의 중독을 고칠(cure) 수 없고, 타인의 행동을 통제(control)해서는 안 된다는 것을 알게 된다. 가족원이 중독된 원인이 자신이 아니므로 죄책감을 덜어 주고, 중독에서 완치될 수 없으므로 비현실적인 기대를 접게 되고, 통제 행위를 하지 않으므로 상호작용이 보다 긍정적이고 이러한 이해를 통한 태도 변화를 통해 회복에 지지적일 수 있다.
- **왜 바로 끊지 못하는가:** 가족들은 중독이 의지력과 상관없는 재발 가능한 두뇌의 질병이라는 사실을 알게 되면서 중독자 본인이 마음만 먹으면 끊을 수 있다는 환상을 버리게 되고 지속적으로 회복을 위한 노력을 기울여야만 한다는 것을 이해하게 된다.
- **왜 끊었는데도 지속적으로 자조모임에 나가는가:** 단주가 이루어진 이후에도 지속적으로 자조모임에 나갈 때 흔히 듣는 말이다. 자조모임은 12단계의 내용에서도 알 수 있듯이 영적인 삶을 살도록 돕는 모임이다. 도움을 주고받음으로써 파괴된 인간관계가 새롭게 형성되는 곳이기도 하다.

2) 중독가족의 회복

중독가족의 회복은 중독자의 회복과 시기적으로 같지 않을 수 있다. 중독자가 회복의 길에 들어서도 가족의 회복이 시작되지 않을 수도 있고 또한 중독자가 회복하지 않고 있다고 해도 가족의 회복이 선행될 수도 있다.

중독자의 가족은 자신들만이 중독으로부터 고통을 당하는 것이 아니라는 보편성을 인식하게 되면서 위안을 받지만 또 한편으로는 자기 가족의 고유성을 존중받고 싶어한다. 이처럼 가족의 고유성과 보편성을 함께 아우르는 사회복지적 접근이 중독가족의 문제를 돕는 데 필요하다.

중독가족을 위한 프로그램이 병원이나 치료 세팅에 존재한다. 일반적으로 중독가족을 위한 프로그램은 중독자에게 초점을 둔 프로그램으로서 중독의 이해, 건강한 의사소통, 스트레스 관리 등으로 이루어져 있다. 중독가족은 가족이 회복의 길에 있을 때라도 '불확실함이 확실한' 여정을 가야 한다. 재발이 잦은 것이 중독의 특징이기 때문에 재발에 대처하는 법을 배우고 중독자의 회복 여부와는 상관없이 자신의 회복을 시작하여야 한다. 이러한 여정을 돕는 가족 프로그램이 필요하다.

◈ 참고문헌

고병인(2003). 중독자 가정의 가족 치료. 서울: 학지사.

백진아(2009). 한국의 가족변화: 가부장성의 지속과 변동. 현상과 인식, 33(1/2), 204-224.

Black, C. (1982). *It Will Never Happen to Me!* Denver, CO: M.A.C. Printing and Publishing.

Brown, S. (1994). What is the family recovery process? *The addiction letter, 10*(10), 1, 4.

Brown, S. (1995). Adult children of alcoholics: The history of a social movement and its impact on clinical theory and practice. In M. Galanter (Ed.), *Recent Developments 25 in Alcoholism. Volume 9: Children of alcoholics* (pp. 267-285). New York: Plenum Press.

Brown, S., & Lewis, V. (2002). *The Alcoholic Family in Recovery: A Developmental Model.* New York: Guilford Press.

Center for Substance Abuse Treatment. Substance Abuse Treatment and Family Therapy, A Treatment Improvement Protocol TIP 39, U.S. Department of Health and Human Services, SAMHSA.

Cermak, T. (1986). *Diagnosing and Treating Co-Dependence.* Minneapolis, MN: Johnson Institute.

Co-Dependents Anonymous. Patterns and Characteristics of Codependence. Phoenix AZ: Co-Dependents Anonymous, 1998, http://www.coda.org

Kasl, C. (1992). *Many Roads, One Journey.* New York: Harper Perennial.

Reilly, D. M. (1992). Drug-abusing families: Intrafamilial dynamics and brief triphasic treatment. In E. Kaufman and P. Kaufman (Eds.), *Family Therapy of Drug and Alcohol Abuse* (2nd ed., pp. 105-119). Boston: Allyn and Bacon.

Wegscheider-Cruse, S. (1981). *Another Chance: Hope and Health for the Alcoholic Family*. Palo Alto: Science and Behavior Books.

White, W., & Savage, B. (2005). All in the Family, Addiction, Recovery, Advocacy. *Alcoholism treatment quarterly, 23*(4), 3-37.

Woititz, J. G. (1990). Adult Children of Alcoholics, Health Communication, Inc.

제11장
다문화가족

1. 다문화가족에 대한 이해

1) 다문화가족의 정의

교통수단의 발달과 함께 세계화(Globalization) 현상은 한 국가에서 다른 국가나 지역으로 인구 이동을 수월하게 만들었다. 이렇게 용이해진 초국가적인 인구의 이동으로 인해 이주민들이 증가함에 따라 2007년에는 한국 거주 외국인 100만 명 시대로, 2017년에는 200만 명 시대로 접어들었고 곧 300만 명 시대가 다가오고 있다(법무부, 2019a). 지난 10년 동안 한국 사회도 이주 외국인 노동자, 결혼이민자와 다문화가정의 자녀, 북한이탈주민, 다국적 기업에 근무하는 외국인, 해외 투자가, 외국인 유학생, 영어교육을 위한 원어민 교사의 급증 등 국제 인구의 유입으로 인구 구성이 점차 다양해지고 있다. 2007년 말 국내거주 외국인의 수가 한국 전체 인구의 2%였는데 2018년에는 4.57%로 인구 구성에 있어서 다양화를 가져왔다. 이제는 240여만 명의 외국인이 한국에 체류하면서, 단일민족과 문화 중심의 허상에서 벗어나 한국 사회도 다인종 · 다민족 · 다문화사회로 변화되고 있다는 인식이 확산되고 있다(법무부, 2019a).

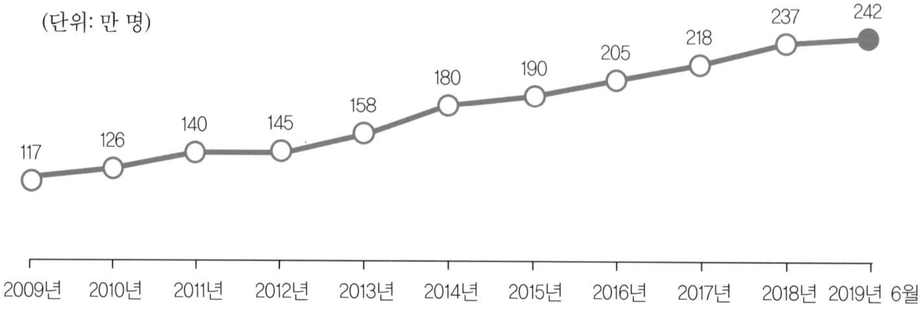

[그림 11-1] 체류외국인 증감추이

출처: 법무부(2019a).

한국에 유입되는 대표적인 이주민 집단으로는 크게 '이주노동자' '결혼이민자' '북한이탈주민' 세 가지로 나누어 볼 수 있다. 이주노동자는 계약이 만료되면 고국으로 돌아가는 한시적으로 머무는 집단이고, 결혼이민자와 북한이탈주민, 이 두 집단은 정주하게 되는 집단이다. 특히 이 중 한국에 영구적으로 정착하여 가족을 이루고 자녀를 양육하게 되는 결혼이민자는 다문화가족 중 가장 높은 비율을 차지하고 있어 이들을 중심으로 알아보고자 한다.

'다문화가족'이라 함은 「다문화가족지원법」[1]에 따라 넓은 의미로는 외국인 이주노동자, 결혼이민자, 다문화가족 자녀, 재외동포, 북한이탈주민을 모두 포함하고, 좁은 의미로는 한국인과 외국인이 결혼하여 구성한 가족을 의미한다. 이 장에서는 국제결혼을 통해서 한국인이 다른 국적의 상대를 만나 결합하여 이룬 가족을 '다문화가족'이라고 칭하고자 한다.

1) 2008년 3월21일에 법률 제8937호로 제정되어 2008년 9월 22일부터 다문화가족의 안정적인 생활을 위하여 시행된 법이다.

2) 다문화가족의 유형

다문화가족의 유형을 넓은 의미로 보면, 그 구성은 한국인과 외국인이 결혼한 국제결혼을 한 가정, 외국인 근로자, 유학생, 북한이탈주민 등으로 이루어진다고 볼 수 있으며 이를 정리해 보면 〈표 11-1〉과 같다.

〈표 11-1〉 다문화 가족의 유형

체류형태	가족의 유형	가족구성원
장기 체류 (국적취득)	결혼이민자 가족	한국인 남편과 외국인 부인
		한국인 부인과 외국인 남편
	북한이탈주민 가족	북한/제3국에서 결혼 후 이주(북한 출신, 타국 출신)
		한국에서 결혼 (한국인, 외국인)
임시 체류	외국인 근로자 가족	다양한 이주노동자 가족
	기타 유형의 가족	다국적 기업인 가족, 외국인 강사, 유학생 등 가족

「다문화가족지원법」 제2조에 따르면 다음과 같은 조항에 해당하는 사람을 '다문화가족'이라고 할 수 있다.

가. 「재한외국인 처우 기본법」 제2조 제3호의 결혼이민자와 「국적법」 제2조부터 제4조까지의 규정에 따라 대한민국 국적을 취득한 자로 이루어진 가족
나. 「국적법」 제3조 및 제4조에 따라 대한민국 국적을 취득한 자와 같은 법 제2조부터 제4조까지의 규정에 따라 대한민국 국적을 취득한 자로 이루어진 가족

2011년 「다문화가족지원법」 개정으로 결혼이민자 가구뿐 아니라, 일반 귀화자 가구도 다문화가족으로 지원 정책의 대상에 포함되기 시작했다. 그러나 아직도 '다문화가족'이라고 하면 한국인이 타국 출신인 배우자와 국제결혼을 한 경우와 그들의 자녀를 말하는 경우가 많으며, 그중에서도 다수를 차지하는 한국인 남편과 외국인 처와 그 가

족을 일컫는 경우를 흔히 볼 수 있다.

3) 다문화가족의 구성

1990년 이후 결혼한 다문화가족 가구를 분석한 결과, 2009년 실태조사에서는 부부와 자녀만으로 이루어진 다문화가족은 36.7%였다. 2018년도의 조사에서는 전체 다문화가족 가운데 결혼이민자·귀화자 등 부부와 자녀만으로 이루어진 가족이 37.0%로, 부부만으로 이루어진 가족은 17%, 본인만 있는 가구의 경우도 14.4%로 나타났다. 이런 조사 결과는 다문화가족의 구성이 확대가족에서 '핵가족화'되어 가는 추세를 보여주고 있다. 다문화 가족의 가구구성은 〈표 11-2〉와 같이 나타났다.

〈표 11-2〉 다문화가구의 가구구성 (단위: %, 가구)

		본인 + 자녀	배우자 + 자녀	본인	부부 + 자녀 + 배우자 부모 형제	부부 + 자녀 + 본인 부모 형제	부부 + 배우자 부모 형제	부부 + 배우자 부모 형제	부부 + 자녀	부부	기타	합계
전체		6.8	5.4	14.4	7.7	2.9	1.4	0.3	34.0	17.0	10.3	100.0
가구 유형	결혼이민자	6.9	5.6	11.1	8.5	3.2	1.5	0.3	36.5	18.4	7.9	100.0
	기타귀화자	6.0	3.8	33.9	2.7	1.4	0.3	0.3	18.9	8.5	24.2	100.0

출처: 여성가족부(2019).

4) 다문화적응과 관련 이론

이주민의 문화적응에 관련된 이론으로 동화주의에 기반한 '용광로 이론', 다문화주의에 기반한 '샐러드 볼 이론', 그리고 주류문화와 모국문화 간 적응의 정도에 따라 네 가지 유형으로 나누어진 '문화적응 이론'에 대해 간략하게 살펴보고자 한다.

(1) 용광로 이론

다문화사회를 이야기할 때 언급되는 '인종의 용광로'란 용어는 18세기부터 사용되었지만, 1908년 영국의 유대계 극작가인 Israel Zangwill(1864~1926)이 쓴 희곡 '용광로(Melting Pot)'가 대성공을 이루면서 빈번하게 사용되기 시작했다. 이 연극은 1903년 러시아의 유대인 학살사건에서 가족을 잃은 청년이 미국으로 이주하여 정착하는 이야기로 유럽의 여러 민족이 미국이란 공동체의 일원으로 재탄생한다는 내용을 담았다. 동화주의에 기반한 '용광로 이론(Melting Pot Theory)'은 이민 온 다양한 소수집단의 고유한 문화와 주류사회의 문화 안에서 서로에게 영향을 주어 새로운 문화가 나타난다는 것을 의미한다(위키백과, 2019). 예를 들어, 금, 은, 구리 등을 용광로에 넣으면 다른 새로운 물질이 생겨나듯이 서로 다른 문화가 섞이면 새로운 문화가 탄생하게 되는 것이다. 미국이라는 사회를 하나의 거대한 '용광로'로 보고 이민자들이 미국사회에 정착하게 되는 과정에서 백인주류문화에 용해되어 '미국인'이라는 새로운 정체성을 가지게 된다는 것이다.

그러나 현실적으로는 이주해 온 소수민족의 다양한 문화가 용광로에 녹여져 문화적 다양성이 고루 반영된 새로운 문화가 창출되는 것이 아니라 소수문화가 백인의 주류문화에 녹여져 동화되는 것이었다. 이 동화주의에 기반한 용광로 이론에 따라 미국은 '미국화(Americanization) 정책'을 펴면서 이주민들이 영어를 공부하고 법질서를 준수하면서 미국 시민권을 취득하는 등 미국 사회에 통합시키기 위한 목표를 제시하였다. 이주민들은 주류사회가 다수를 차지하는 커다란 용광로에 섞여서 출신국별 고유성을 상실하고 주류사회의 단일한 정체성을 가진 국민이 되고 국가는 이주민들이 주류사회의 언어와 문화에 적응할 수 있도록 도와주는 것이다(조원탁 외, 2012).

그러므로 '민권운동(Civil Rights Movement)'[2]이 일어난 이후 1960년대에 백인 문화를

---

2) 1955년 12월 1일 앨라바마 몽고메리에 사는 로자 파크스(Rosa Parks)라는 흑인여성이 버스 안에서 흑인전용 칸으로 옮기기를 거부했다는 이유로 체포되자 흑인들은 이것에 항의해 하루 동안 이 지역의 버스 이용을 거부했다. 마틴루터 킹(Martin Luther King, Jr.)은 이 항의에 참여한 사람들과 흑인교회의 세력을 통합하여 대중적인 저항운동으로 만드는 데 성공했다. 1964년 의회는 인종, 피부색, 종교, 국적에 기초한 차별을 철폐하기 위한 '민권법(Civil Rights Act)'을 통과시켰다. 1966년 4월 킹 목사가 암살된 후 지도층의 분열로 민권운동은 붕괴되었다(브리태니커 온라인 코리아, 2019).

중심으로 미국인의 정체성을 강조한 용광로 이론은 미국 사회의 유색인종, 소수자 집단에 대한 편견, 차별, 갈등을 지속하는 데 기여했다는 비판을 받기 시작하였다. 결국 이주민의 동화는 이들에 대한 편견과 차별을 지속하게 되는 요인이 될 수 있다는 것이다. 미국으로 온 이주민들에게 미국인이라는 정체성을 수용해야 하는 것을 당연하다고 인식하게 했듯이 코리안 드림(Korean Dream)을 가지고 한국에 온 대부분의 이주민들에게도 한국 사회에 동화되어서 한국인으로 거듭나는 것이 강요되어 왔다.

(2) 샐러드 볼 이론

백인 중심의 주류사회로 동화를 추구하는 용광로 이론과는 달리 문화다원주의(cultural pluralism)에 입각한 '**샐러드 볼 이론**(Salad Bowl Theory)'은 이주민들이 각자 고유 언어와 문화, 정체성을 유지하면서도 주류사회에 기여할 수 있다는 것이다. 샐러드 볼에 여러 가지 야채, 채소들이 모여 하나의 샐러드를 만들어 내듯이 문화의 다양성과 다원성을 인정하면서 사회통합을 추구한다는 것이다(위키백과, 2019). 이는 주류사회의 존재를 인정하지 않고 다양한 문화가 독립적으로 평등하게 공존되어야 함을 강조하며, 소수민족의 문화를 지원하는 정책이다. 이러한 샐러드 볼 이론이 현재 다문화사회의 목표로 부상하고 있다.

샐러드 볼 이론으로 설명하는 **다문화주의**(Multiculturalism)라는 단어는 1971년 캐나다 연방정부가 동화정책을 대신하여 소수집단과 이민자 집단의 문화적, 문화적 정체성의 유지와 보존을 인정하고 수용하는 정책을 수립하면서 사용되었다. 미국에서는 1989년이 되어서야 Wallstreet Journal에 '다문화주의'란 단어가 등장하였고 그 사용빈도가 현저하게 높아진 것은 1990년대 이후이다(곽준혁, 2007). 이 이론은 '모자이크 이론(Mosaic Theory)'이라고 부르기도 하며 넓게 해석하면 20세기 동안 주류 문화로 군림해 온 서구 문화와 백인 문화 중심에서 벗어나 비서구, 소수 인종 문화도 동등하게 존중하며 공존할 것을 주장하는 입장이다.

또한 각기 다른 악기와 여러 사람이 어울려 하나의 아름다운 음악을 만들어 내는 오케스트라 협연도 마찬가지로 본다. 오케스트라를 이루는 각 악기들도 각각 고유의 소리를 내지만 아름다운 화음을 이루어 내는 것처럼 각 인종과 민족이 서로의 이익과 협조를 통합하여 조화를 이루면서 다원화 사회를 형성할 수 있다는 이론이다(최현미 외, 2010). 한국적인 상황을 고려한 이론으로 각각의 재료가 어우러진 '비빔밥 이론'을 제시하기도 하였다(김범수 외, 2007). 예를 들어, 한국에서 어릴 때 이민을 간 경우, 미국의 주류사회에 동화되어 영어만 쓰는 게 아니라 한국계 미국인(Korean-American)으로서의 정체성을 유지하여 이중 언어와 이중 문화권(bi-culture)을 형성하며 미국 사회에 진출하는 것이 바람직하다고 보는 것이다.

이주민과 소수집단이 나아가야 할 방향에 대하여 이상적인 모델을 제시해 주고 있으나 현실적으로 가능한가에 대한 문제점을 제시하고 있다. 문화적응을 좀 더 사회문화적, 심리적 관점 등에서 이해해야 하며, 다른 문화에 접근할 수 있는 기회의 정도가 사회구조적 이유로 제한될 수 있다는 것을 알아야 한다(최현미 외, 2010). 그러므로 동화주의에 기반한 관주도형 정책을 펴오던 한국 사회도 이제는 다양해지는 이주민들의 문화에 대한 인정과 공존의 수용이 가능한 다문화사회로 발전해야 할 것이다.

(3) 문화적응 이론

'문화적응(acculturation)'이란 문화가 다른 두 사회 집단이 비교적 장시간에 걸쳐 직접적으로 접촉한 결과로 어느 한쪽 또는 양쪽 성원들의 문화에 변화가 일어나는 현상이다. J. W. Berry는 문화적응의 상태를 두 가지 차원의 네 가지 결과로 범주화하였다. 구체적으로 새로운 사회에 정착하는 이주민들은 문화적응의 과정에서 두 가지 주요한 문제에 직면하게 되는데, 이는 첫째, 자신의 문화적 가치와 특성을 유지할 것인가 아닌가의 문제와, 둘째, 주류사회와 관계를 유지할 것인가 아닌가의 문제이다(Berry, 1997).

이 두 가지 질문에 대한 긍정적 혹은 부정적 대답에 따라 Berry(1997)는 '문화적응 모델(Acculturation model)'에서 네 가지의 문화적응 유형을 제시했다. 이주민이 정착사회에 참여하는 정도와 이주민 모국의 문화와 정체성 유지의 정도에 따라 '동화(assimilation)' '분리(segregation)' '주변화(marginalization)' '통합(integration)'의 네 가지로 구분된다. Berry의 문화적응 모델을 정리하면 〈표 11-3〉과 같다.

〈표 11-3〉 Berry의 문화적응 모델

차원2	차원1	모국의 문화적 정체성과 특성을 유지할 것인가?	
		그렇다	아니다
주류사회와 관계를 유지할 것인가?	그렇다	통합(integration)	동화(assimilation)
	아니다	분리(segregation)	주변화(marginalization)

출처: Berry (1997).

문화적응의 유형을 살펴보면, '동화'는 이주민 모국의 고유한 문화와 정체성을 포기하고 새로이 정착한 주류사회와만 상호관계를 유지하는 것이다. 이주민들은 자신의 고유한 정체성을 상실하고 주류사회에 흡수되어 주류문화의 일부가 되는 경우이다. 이런 유형에 속하는 사람들은 외형적으로는 사회에 잘 적응한 듯 보이지만 급격한 문화의 변화로 인해 정체성에 혼란을 가져오기도 한다.

'분리'는 이주민 자신이 그동안 생활해 온 문화를 고수하고자 하면서 주류사회와의 상호작용은 거부할 때 나타나는 유형이다. 이런 유형에 속한 이주민들은 새로운 사회환경에 적응하지 못하고 거부하며 자신들의 문화만을 지키는 보수성향을 지님으로써 주변 환경과 분리된 삶을 살게 된다. 미국의 코리아타운, 차이나타운에서는 영어를 굳이 쓰지 않고도 별 불편함 없이 생활할 수 있는 경우를 예로 들 수 있다. 한국에서도 서초구 반포동의 '프랑스 서래마을', 이태원 이슬람사원 주변의 '이슬람 마을', 서대문구 연희동 화교학교 주변의 '리틀 차이나타운', 안산시 원곡본동의 '국경 없는 거리'와 같이 이주민들이 집중적으로 거주하는 지역을 형성하고 있다. 이런 특정지역에 같은 민족이나 국가 출신들이 모여 살면서 자신들의 문화적 특성을 지키고자 하는 성향이 나타나고 있다.

'주변화'는 이주민 자신의 고유한 문화와 정체성도 부정하고 주류사회와의 상호작용도 거부하는 것으로 가장 문제시되는 경우라고 볼 수 있다. 이 경우에는 어느 문화에도 충분히 적응하지 못하여 어느 한쪽의 사회에서도 소속감을 느끼지 못하게 되고 두 문화권의 주변에서 머물게 된다.

마지막으로 '통합'은 이주민들이 정착하게 되는 주류사회에 적극적으로 참여하면서 자신의 고유한 문화적 특성과 정체성을 유지하는 경우로 가장 적절한 형태의 적응으로 보았다. 이 유형에 속한 이주민들은 무조건 주류사회의 문화를 추종하거나 수용하지 않고 균형적인 시각에서 자신의 문화와 주류문화, 양쪽 문화의 장점들을 통합하려고 시도한다.

이주민들의 문화적응 전략에 대한 연구 결과, 이주민들이 선호하는 적응의 형태는 '통합'이나 '이중 문화 유지'인 것으로 나타났고, 양쪽 문화 모두를 거부하는 '주변화'가 가장 부적응적인 태도로 나타나는 문화적응이라고 지적한다(Berry, 1997; Lum, 2005, 2007; Sue, 2006). 새로운 사회에 도착한 이주민들은 자신의 선택에 따라 문화적응 과정의 네 가지 태도 중 하나를 선택하게 된다. 이 모델은 각 유형별 특징을 명확하게 인식할 수 있으며 이주민들은 현재 자신의 상태가 어느 유형에 속하는지 파악하기 쉽다.

2. 다문화가족의 실태와 문제점

1) 다문화가족의 실태

다문화가족에 대한 통계는 「다문화가족지원법」 제4조[3]에 의해 2009년부터 실시되고 있으며 2012년 2차 조사부터는 2011년 「다문화가족지원법」 개정에 따라 새롭게 정책대상에 포함된 귀화자 등을 포함하여 조사 대상을 확대하였다. 현재 통계청이 집계하고 있는 전국의 다문화가구 수는 31만 9천 가구로 전체 가구원 수는 96만 4천 명으로 추정된다(통계청, 2018). '2018년 전국 다문화가족 실태조사'[4] 결과에서 결혼이민자 · 귀화자의 분포를 살펴보면, 성별로는 여성 82.7%, 남성 17.3%로 여성이 월등히 많고, 결혼이민자(혼인귀화자 포함)가 85.2%, 기타귀화자가 14.8%이다. 이들이 살고 있는 지역은 경기 28.7%, 서울 20.4%, 인천 6.5% 등 서울과 수도권 지역 분포비율이

3) 제4조(실태조사 등) ① 여성가족부장관은 다문화가족 현황 및 실태를 파악하고 다문화 족지원을 위한 정책수립에 활용하기 위해 3년마다 다문화가족에 대한 실태조사를 실시하고 그 결과를 공표해야 한다.

4) 전국의 다문화가족 25,053가구 표본/ 조사 완료가구 17,550가구(응답률 70.1%).
결혼이민자 · 귀화자 총 17,073명/ 배우자 총 15,016명/만 9~24세 자녀 총 7,095명.

55.6%로 17만 가구가 넘어서 수도권 집중 현상이 뚜렷하게 나타났다.

결혼이민자 · 귀화자 등의 연령 분포를 살펴보면, 29세 이하는 19.7%, 30대 35.1%, 40대 23.7%, 50대 15%, 60세 이상 6.5%로 2015년에 비해 29세 이하 연령층은 감소하고 30대 연령층은 증가하였다. 이는 2015년의 조사 당시 20대 후반 연령층에 있던 결혼이민자 · 귀화자가 30대 연령층에 진입하는 한편, 지난 3년간 20대 연령층의 결혼이주, 귀화는 예전보다 감소하면서 29세 이하 연령층이 차지하는 비중은 감소한 것으로 나타났다. 이들의 국내체류기간 분포를 보면, 10~15년 미만 33.0%, 15년 이상 27.6%로 전체 결혼이민자 · 귀화자 가운데 60.6%가 10년 이상 국내에 거주하고 있다. 10년 이상 거주자의 비율이 증가하여 결혼이민자 · 귀화자의 국내체류 장기화 현상이 두드러진 것으로 나타난다.

결혼이민자와 귀화자의 혼인 상태는 '배우자 있음'이 73.5%로 가장 높고, '이혼 · 별거' 16.4%, '배우자 사망' 4.8%, 그리고 '미혼'이 5.2%로 나타난다. 혼인 상태는 연령, 국내 거주기간에 따라 크게 달라진다. 유배우 비율은 20대와 30대의 경우 약 80%에 이르지만 40대 연령층에서는 75.5%, 50대 58.6%, 60세 이상은 45.0%로 감소하고 있다. 배우자와 사별한 사람의 비율은 20대 0.8%이지만 60세 이상 26.3%로 증가하며, 이혼 · 별거자 비율도 20대 6.1%, 30대 11.5%, 40대 19.7%, 50대 31.3%, 60세 이상 28.1%로 연령이 높아질수록 증가한다. 결혼이민자와 귀화자의 한국 체류기간이 길어지고 연령도 점차 고령화됨에 따라 유배우 비율이 낮아지는 반면 사별, 이혼 · 별거 비율이 높아지고 있다.

이들의 향후 국적, 영주권 취득 의향을 질문한 결과, 기타귀화자를 제외하고 전체의 46.0%가 한국 국적을 가지고 있다고 응답했다. 현재 한국 국적이 없는 경우, 국적 취득 의향이 있는 이들이 58.5%, '영주권만 받겠다'는 응답은 12.7%이다. 이 외에 국적이나 영주권 모두 받을 '계획이 없다'는 응답이 17.9%, '모르겠다'는 응답이 11%이다. 2015년과 비교하면 국적 취득 의향이 있는 결혼이민자는 3.7%p 증가한 반면, 영주권만 받겠다는 이들은 8.5%p 감소했다. 이러한 결과는 국적 취득에 대한 관심이 증가하는 동시에 국적이나 영주권 취득에 무관심도 증가하여 이들 사이에서도 관심의 차이가 커진 것으로 보인다.

또한 결혼이민자 · 귀화자 등의 배우자의 연령별로 보면, 40대(44.0%)가 가장 많고, 그 다음 50대(27.6%)로 40대와 50대의 중장년층이 71.6%에 이르며 30대(17.5%), 60대 이상(8.9%), 20대(2.0%) 순이다. 이들의 학력은 배우자의 교육수준은 고졸(50.2%)이 절반 수준에 이르며, 대졸 이상(29.6%), 중졸 이하(20.1%) 순으로 고졸 이상 학력자 비율이 79.8%로 나타났다.

다문화가구의 평균 자녀의 수는 0.95명으로 전체 다문화가족 중 자녀가 없는 가구는 36.7%로 가장 많고, 자녀가 1명인 가구 36.5%, 2명 22.5%, 3명 이상 4.3%의 순을 보이고 있다. 다문화가족 자녀는 총 264,733명으로 추정되었으며, 이 중 외국 거주 및 성장한 자녀는 전체 자녀의 11.9%, 이 중 주로 외국에서 성장한 자녀는 5.2%, 국내에서만 성장한 자녀는 88.1%으로 나타났다.

2) 다문화가족의 당면 문제

(1) 문화적 부적응

'문화적응'은 원칙적으로는 중립적인 용어로서 상호작용을 하는 두 집단 모두에 해당되나, 실제적으로는 어느 한 집단이 다른 집단에 비하여 더 많은 변화를 겪는 경우가 대부분이다(Berry, 1997). 한국의 경우 아직도 모국과 다양한 방식으로 관계를 유지하면서 한국의 생활방식, 사회적 습관 등을 통합하기보다는 한국 사회의 문화에 동화, 흡수되기를 강요당한다는 것이다(강나영, 2009). 현재 한국에서는 정책적으로 이주민에게 한국의 문화를 전수하면서 이주민 자신의 모국 문화는 등한시하게 해 문화적응을 강요하는 경향이 있다.

이런 경향은 특히 여성 결혼이민자의 경우 더 심각하게 나타난다. 한국어 학습, 한국음식 조리법의 학습, 한국의 역사와 문화 이해, 한국의 주류사회로의 진입을 위한 교육을 통해 이주자의 동화를 지향하는 형태로 나타난다(여중철, 2010). 또한 한국의 가부장주의에 기초한 가족체계는 외국인 배우자가 여성일 경우 가족생활과 사회생활에서도 성차별적인 역할기대와 적응에 대한 부담을 가지게 된다(정기선, 한지은, 2009). 한국의 며느리, 한국의 어머니로 통합되어 살아가는 동화를 중심으로 한 정책이 정부 주도하에 이루어지고 있는 것이다(오경석 외, 2007).

2018년 여성가족부의 통계에 따르면, 결혼이민자 · 귀화자와 함께 살면서 문화적 차이를 느낀 적이 있는 배우자는 55.9%였고, 차이를 느낀 적이 없다는 경우는 44.1%였다. 성별로는 여성(39.5%)보다 남성(67.9%)들이 부부간 문화적 차이를 느끼지 않는다고 응답했다. 출신국적도 문화적응의 정도에 영향을 미쳤는데, 캄보디아(75.9%), 필리핀(72%), 베트남(71.3%), 태국(71.1%) 출신의 결혼이민자 · 귀화자와 함께 사는 배우자는 문화적 차이를 많이 느끼는 것으로 나타났다. 상대적으로 동북아시아 출신인 중국(한국계), 대만 · 홍콩, 중국 출신의 결혼이민자 · 귀화자와 함께 사는 배우자는 문화적 차이를 덜 느꼈다. 또한 결혼이민자 · 귀화자의 배우자가 문화적 차이를 가장 많이 느끼는 부분은 '식습관'(50.7%), '자녀양육방식'(28.2%), '가족행사 등 가족의례'(28.0%)의 순으로 나타났다.

〈표 11-4〉 지난 1년간 결혼이민자 · 귀화자의 부부간 문화적 차이 정도 (단위: %, 명, 점, 4점 만점)

		전혀 느낀 적 없다	가끔 느꼈다	자주 느꼈다	매우 자주 느꼈다	합계	평균
전체		44.1	44.5	9.1	2.4	100.0	1.70
		90,721	91,566	18,667	4,932	205,887	
가구유형	결혼이민자	39.6	22.3	16.7	8.6	100.0	1.73
	기타귀화자	33.3	17.7	13.1	8.2	100.0	1.33
성별	여성	39.5	47.8	10.1	2.7	100.0	1.76
	남성	67.9	27.3	3.8	1.0	100.0	1.38

출처: 여성가족부(2019).

(2) 이혼 문제

다문화가족의 결혼기간이 장기화되어 가면서 2000년대 중반 이후 이들 부부의 이혼도 증가해 왔다. 외국인 배우자가 한국 국적을 취득한 후 이혼을 하게 되면 일반가정의 이혼 건수로 집계되기 때문에 실제로 이혼하는 경우는 통계보다 높을 수도 있다. 2018년 조사 결과, 이혼 및 별거 사유를 전체적으로 살펴보면 '성격 차이'(52.0%)로 응답한 사람이 가장 많다. 그 다음은 '경제적 문제'(12.6%), '학대 · 폭력'(8.6%), '외도 등 애정문제'(8.4%) 등의 순이다. 특히 지난 2015년 조사에 비해 학대 · 폭력 때문에 이혼이나 별거에 이르렀다는 응답이 3% 증가한 것은 주목할 만하다. 최근 뉴스에 보도되고 가정폭력에 대한 보고된 사례들도 이를 반영하고 있다. 한국생활 초기에 '배우자 가족과의 갈등' '학대와 폭력' 때문에 이혼 · 별거에 이르는 결혼이민자 · 귀화자의 비율이 높고 체류기간이 10년 이상으로 길어질수록 '성격 차이'가 이혼 · 별거의 이유라는 응답이 높아지고 있다. 다문화가족의 결혼생활 기간이 길어지면서 이혼 · 별거의 이유도 한국의 일반가족과 유사해지고 있음을 보여 주고 있다.

〈표 11-5〉 2018년 결혼이민자 · 귀화자 등의 이혼 · 별거 이유 (단위: %)

구분	외도	성격 차이	배우자 가족과의 갈등	경제적 무능력	학대와 폭력	음주와 도박	심각한 정신장애	배우자 가출	기타
2018년	8.4	52	7.0	12.6	8.6	7.0	0.9	2.9	0.7

출처: 여성가족부(2019).

(3) 사회적 편견 및 차별

순혈주의와 단일민족주의의 우월의식 속에서 살아오다가 불과 몇 년 사이에 외국인의 숫자가 증가하였다고 하여 다문화를 수용한다는 것은 어려운 일이다. 외국인과 다문화에 거부감을 갖는 이유는 결혼중개업체들의 불법행위, 국제결혼을 악용해 한국에 이주하려는 외국 여성들의 비도덕적인 행동, 후진국 국민으로 낮게 평가하는 경향 등을 들 수 있다(박미은 외, 2012).

전국 다문화가족 실태조사(2018)에서 한국에서 생활하면서 '외국 출신'이라는 이유로 차별이나 무시를 당한 적이 있는지를 결혼이민자 · 귀화자 등에게 질문한 결과, 30.9%가 '있다'고 응답하였다. 이런 결과는 한국 사회가 아직 외국인에 대한 인식이 부정적임을 보여 주었다. 출신 국적별로는 동남아시아 기타(37.0%), 남부아시아(36.9%), 필리핀(36.0%), 태국(35.7%)이 높게 나타났으며, 반면 대만, 홍콩(20.8%), 일본(23.5%) 출신은 사회적으로 차별을 경험했다는 응답이 낮게 나타나서 한국보다 사회경제적 수준이 낮은 나라에서 온 사람들을 더 차별하는 경향이 있었다. 이런 저개발국가에 대한 문화적 편견은 한국 사회 적응을 어렵게 한다(권진숙 외, 2006).

〈표 11-6〉 2018년도 결혼이민자 · 귀화자 등의 장소별 차별 경험 (단위: 점, 4점 만점)

구분	직장 · 일터	상점, 음식점, 은행 등	거리나 동네	공공기관	학교나 보육시설
전체 평균	1.87	1.53	1.50	1.27	1.36

출처: 여성가족부(2019).

사회적 공간별로 차별 경험을 살펴보면, '직장 · 일터'에서 지난 1년간 (가끔+자주+매우 자주) 차별 받은 적이 있는 이들이 76.9%에 달해 직장 · 일터에서의 차별 경험이 다른 공간에 비해 빈도가 높다. 이는 다문화가족의 구성원들의 고용이 확대되어 직업을 가지고 외부활동을 하면서 직장 내에서의 차별 대우에 노출될 가능성이 커지고 있기 때문이며 이에 대한 고려가 필요하다. 이에 비해, '집' 19.1%, '공공기관' 21.4%의 응답자가 차별받은 경험이 있다고 나타나고 있는데 다른 공간에 비해서는 적은 편이나, 약 20%가 지난 1년간 집이나 공공기관에서 '외국 출신'이라는 이유로 차별받은 경험이 있다는 것은 주목할 만한 부분이다.

(4) 경제적 어려움

다문화가족 배우자의 대부분은 모국에서의 경제적 어려움에서 벗어나고자 한국인과 국제결혼을 하지만 한국 정착 후 경제적으로 어려움에 처하게 되는 경우도 많다. 결혼이민자 · 귀화자의 경제활동 참가율은 69.5%, 비경제활동 인구비율은 30.5%이다. 여성결혼이민자 · 귀화자의 고용률은 62.5%, 남성 결혼이민자 · 귀화자의 고용률은 85.3%로 일반 여성, 일반 남성에 비해 각각 9.7%, 11.6% 높은 수준이다. 취업한 결혼이민자 · 귀화자 가운데 27.9%는 단순노무 종사자로 국민 일반(13.0%)에 비해 단순노무 종사자 비율이 14.9% 더 높게 나타났다. 남성 결혼이민자 · 귀화자(18.5%)와 일반 남성의 전문직 종사자 비율(18.9%)은 큰 차이가 없는데 반해, 여성 결혼이민자 · 귀화자의 전문직 종사자 비율(8.4%)은 일반 여성(23.2%)에 비해 월등히 낮은 상황이다.

취업 중인 결혼이민자 · 귀화자의 임금수준을 보면, 월평균 150~200만 원 미만이 25.3%, 100~150만 원 미만이 22.3%로 47.6%가 100~200만 원의 임금을 받는 것으로 나타났다. 임금이 200~300만 원인 이들은 20.0%, 300만 원 이상인 이들은 8.9%이다. 결혼이민자 · 귀화자는 월평균 임금 200만 원 미만 층이 월등히 많은 반면, 200만 원 이상은 적어 경제적으로 어려움을 겪고 있다. 교육수준별로는 200만 원 이상 임금층은 대졸 이상 학력층이 가장 많은데 비해, 100~200만 원 미만 소득층은 중졸 학력층, 50~100만 원 미만 소득층은 초등 졸업 이하 학력층이 가장 많아 교육수준이 높을수록, 250만 원 이상 소득층은 15년 이상 체류자가 가장 많아 전반적으로 체류기간이 길어질수록 소득수준이 상대적으로 높은 경향을 보였다. 그럼에도 불구하고 주관적 경제생활은 실제 가구소득보다 높은 것으로 나타났는데 이는 결혼이민자가 한국의 경제생활 수준을 잘 모르거나 본국의 경제생활 수준을 고려했기 때문일 수 있다.

〈표 11-7〉 2018 결혼이민자 · 귀화자 등의 종사상 지위 (단위: %, 명)

체류 기간	상용 근로자	임시 근로자	일용 근로자	고용원 있는 자영업자	고용원 없는 자영업자	무급가족 종사자	합계
10~15년	40.7	22.2	19.2	3.2	8.2	6.5	100.0
15년 이상	44.2	16.1	20.7	5.3	9.4	4.4	100.0

출처: 여성가족부(2019).

(5) 다문화가족 자녀의 문제

다문화가족이 증가함에 따라 다문화가족 자녀의 수도 증가하고 있고, 이들이 성장하면서 이들에 대한 문제도 점차 다양화될 것임을 고려해야 한다. 2018년 다문화가족 실태조사에 의하면, 다문화가구의 평균 자녀 수는 0.95명이며, 평균 연령은 8.3세이다. 학령 전기에 해당하는 6세 미만 자녀의 비율이 39.0%, 초등학령기에 해당하는 만 6~11세 자녀의 비율이 38.2%, 중학교 학령기인 12~14세 자녀의 비율이 8.6%, 고등학교 학령기에 해당하는 15~17세 비율은 5.8%, 성인 연령층인 18세 이상의 비율이 8.3%를 차지한다. 가구유형별로 살펴보면, 결혼이민자 가구의 평균 자녀 연령은 8.1세, 기타귀화자는 10.2세로 결혼이민자 가구의 자녀 연령이 상대적으로 낮게 나타났다.

전체 학생의 취학률과 다문화가족 자녀의 취학률을 비교해 보면, 초등학교 98.1%, 중학교 92.8%, 고등학교 87.9%, 고등교육기관 49.6%이다. 이를 2018년 국민전체 취학률과 비교해 보면, 초등학교 취학률은 0.7%p 높은 데 반해, 중학교(5.1%p)와 고등학교(4.5%p) 취학률은 국민 전체에 비해 낮았다. 특히 고등교육기관에서의 취학률 격차는 18.0%p로 격차가 심화되어, 점차 자라면서 학교취학률이 낮아지는 것을 알 수 있다. 한국의 대학진학률이 70%인 것을 고려해 볼 때 고등교육에 대한 낮은 취학률은 노동시장에서의 취약함으로 이어질 가능성이 높으므로 그 원인과 대안에 신경을 써야 할 것이다.

다문화가족 자녀의 평일 저녁식사 후 활동을 보면, 다문화가족 자녀는 '집에서 TV · 비디오 보기'(42.2%), '게임, 문자 등 휴대폰하기'(41.3%), '집에서 인터넷(게임 포함)'(28.3%), '집에서 공부, 숙제'(25.6%)를 주로 하며, '그냥 쉬거나 잠자기'(14.5%), '학원, 과외'(11.1%), '학교에서 자율학습'(3.7%)을 하는 등 상대적으로 학업 관련 활동이 저조한 것으로 나타났다. 그러므로 다문화가족 자녀들이 스스로 학업을 주도할 수 있는 능력을 증진시킬 수 있는 멘토링과 학습코칭 등 학습 관련 지원이 필요하다.

또한 이들도 학교에서 따돌림 등 학교폭력에 시달리고 있으며 부모세대와 마찬가지로 차별과 편견으로 어려움을 겪고 있는 것으로 나타났다. 다문화가족 자녀의 학교폭력 피해율은 8.2%이며, 15년도 조사의 5.0%보다 3.2% 증가했고 2012년 조사 결과 8.7%와 비슷한 수준이다. 남자 청소년(8.4%)이 여자 청소년(8.0%)보다 피해율이 높고, 외국에서 거주한 경험이 있는 자녀가 5.2%로 가장 낮고, 국내에서 성장한 자녀(8.5%)

〈표 11-8〉 다문화가정 자녀의 연령 분포 (단위: %, 명, 세)

		6세 미만	6~8세	9~11세	12~14세	15~17세	18~24세	25세 이상	합계	평균
전체		39.0	21.9	16.3	8.6	5.8	4.9	3.4	100.0	8.32
		103,372	57,889	43,248	22,787	15,469	13,020	8,948	264,733	8.32
가구 유형	결혼이민자	39.6	22.3	16.7	8.6	5.3	4.2	3.2	100.0	8.13
	기타귀화자	33.3	17.7	13.1	8.2	10.8	11.9	5.0	100.0	10.21

출처: 여성가족부(2019).

와 외국에서 주로 성장한 자녀(8.6%)는 비슷한 피해를 경험하고 있었다. 연령이 낮을수록 피해율이 높은데, 특히 초등학교 고학년인 만 9~11세 경우, 학교폭력 피해율이 9.9%에 이른 후 점차 낮아져 18세 이상은 4.6%로 낮아지고 있어 초등학교 단계에서 학교폭력 방지를 위한 노력이 각별히 필요하다.

'다문화가족 자녀'라는 이유만으로 사회적으로 차별을 당한 경험이 있다고 답한 자녀는 9.2%로 나타났으며 2015년 다문화가족 실태조사 6.9%에 비해 2.3% 증가했다. 차별하는 대상으로는 '친구(학급동료 포함)'(64%)가 가장 많아 다문화가족 자녀의 교우관계에 대한 관심과 지도가 요청된다.

3. 다문화가족에 대한 서비스 현황과 대책

1) 서비스 현황

(1) 사회통합 프로그램

법무부는 2009년 4월 이민자가 한국 사회의 구성원으로 적응 · 자립하는 데 필수적인 기본 소양을 체계적으로 지원하기 위하여 한국어와 한국 사회 이해교육 과정으로 구성된 '**사회통합 프로그램**(Korea Immigraton & Intergration Program: KIIP)'을 도입하였다. 사회통합프로그램 도입 첫해인 2009년에는 사회통합프로그램 운영기관이 20개에 불과하였으나 2018년 309개로 증가하였으며, 참여자 수도 2009년 1,331명에서 매년 급증하여 2018년에는 50,639명에 도달했다. 2019년 기준 도입 10년 만에 126개국 이민자가 54만 명을 넘어섰다. 초기에는 참여자의 유형도 결혼이민자가 대부분이었으나 외국인 근로자와 유학생 등으로 다양해지고 있다(출입국외국인정책본부 보도자료, 2019. 5. 10.).

법무부는 2018년 2월 12일부터 5단계의 강의를 인터넷을 통해 집에서도 학습할 수 있도록 개선하였다. 임신부나 장애인처럼 거동이 불편하거나 학습기관이 먼 거리에 있는 경우 참석이 용이하지 못했고, 결석을 한 경우 보충학습 과정이 없었기 때문에 이런 불편을 해소하고자 동영상으로 제작하여 반복학습이 가능하게 하였다(법무부, 2018).

(2) 이민자 조기적응 프로그램

법무부는 결혼이민자, 외국국적동포, 중도입국 외국인 자녀, 외국인유학생 등 장기 체류하고자 하는 외국인의 조기적응을 지원하기 위하여 대한민국 기초법 · 제도 안내 및 사회적응 정보를 제공하는 이민자 조기적응프로그램을 2015년부터 본격 시행하였다. 이민자의 다양한 체류유형에 맞게 일반적인 사회적응 정보 외에 미래진로, 부부교육, 인권보호, 대한민국 구성원 되기 등 특화된 정보를 제공하고 있으며 2018년 기준 230개 민간기관에서 운영하고 있고 조기적응프로그램 참여자 수는 79,656명이다. 강의는 한국어 포함 총 13개 언어(중국어, 베트남어, 영어, 러시아어, 몽골어, 타갈로그어, 일본어, 캄보디아어, 태국어, 인도네시아어, 프랑스어, 네팔어)로 제공되고 있다. 이 프로그램을 이수했을 때 결혼이민자가 외국인등록 시 체류기간 2년을 부여하고, 사회통합프로그램에 참여 시 교육이수시간 2시간 공제의 혜택을 받게 된다(법무부, 2019).

(3) 다문화가족 지원센터 서비스

다문화가족 지원센터는 「다문화가족지원법」(2008) 제12조 제1항(다문화가족 지원센터의 지정 등)에 근거를 두고 설립되었다. 다문화가족 지원센터의 설치 목적은 '다문화가족의 안정적인 정착 및 가족생활의 지원'이다. 다문화가족 지원센터에서는 ① 다문화가족을 위한 교육 · 상담 등 지원사업, ② 결혼이민자 등에 대한 한국어교육, ③ 다문화가족 지원 서비스 정보제공 및 홍보, ④ 다문화가족 지원 관련 기관 · 단체와의 서비스 연계, ⑤ 일자리에 관한 정보제공 및 일자리의 알선, ⑥ 다문화가족을 위한 통역 · 번역 지원사업, ⑦ 그 밖에 다문화가족 지원을 위하여 필요한 사업을 실시하고 있다.

그동안 '다문화' '다문화가족'이라는 단어를 사용한 단체 및 기관이 우후죽순처럼 생겨나는 경향이 있었는데 2013년 개정된 「다문화가족지원법」에 의하면, 지원센터가 아니면 다문화가족 지원센터 또는 이와 유사한 명칭을 사용하지 못하게 되었다. 2014년 여성가족부는 가족 서비스 전달체계를 일원화하고 지원사업을 효율적으로 추진한다는 취지에서 건강가정지원센터와 다문화가족 지원센터 통합시범사업을 3월부터 시작하였다. 10개 지역에서 운영한 결과를 토대로 통합적 가족센터의 모델을 정립하여 2017년 전국 건강가정 · 다문화지원센터는 101개소가 있다(여성가족부, 2019).

2) 다문화가족을 위한 지원 대책

(1) '가족 중심'의 서비스로 개편 및 확장

다문화가족에 대한 정책수립 및 서비스 수행을 고려할 때 이제까지는 결혼이주여성 중심으로 이들의 한국 적응에 초점을 맞추어 이루어져 왔다. 현재 시행되고 있는 프로그램들은 결혼이민자들을 위한 한글교육이나 문화체험 등이 주를 이루고 있다(박미은 외, 2012). 그러나 이제는 여성 결혼이민자 중심에서 벗어나 다문화가족 중심으로 대상이 확장될 필요가 있다. 사각지대에서 지원을 제대로 받지 못하는 결혼이민자의 배우자나 이들의 확대가족 구성원을 포괄한 접근이 요구된다. 구체적으로는 남성 배우자를 위한 자조모임, 결혼준비 교육 실시를 고려해 볼 수 있으며, 부부 및 가족 단위 통합 프로그램 및 관련 정책을 개발하고 실시할 필요가 있을 것이다. 또한 지역의 특성을 고려하여 일회성이 아닌 가족관계의 강화와 삶의 질을 향상시키는 데 기여할 수 있는 다문화가족 프로그램의 다양화가 요구되며 중복되는 서비스를 개선해야 할 것이다(한광훈, 김금희, 2011).

(2) 문화적 역량을 갖춘 전문사례관리의 강화

다문화가족을 지원하기 위해서는 이들을 효과적으로 관리할 수 있는 문화적 역량을 갖춘 다문화 전문인력의 양성이 시급하다. 2013년부터 '건강가정진흥원'에서 실시하고 있는 사례관리 사업은 다문화가족을 보다 통합적으로 지원하고자 한다는 점에서 매우 긍정적인 시도이다(김이선, 2014). 점차 다문화가족의 유형도 다양해지고 있어 다문화가족에 대한 통합적 사례관리가 보다 강화될 필요가 있다. 다문화가족을 지원하는 서비스와 프로그램은 증가하고 있지만 이들을 관리할 수 있는 전문인력은 아직 부족한 실정이다. 다문화가족의 어려움은 문화적 차이, 결혼동기의 특수성, 사회적 편견, 경제 및 자녀양육 문제 등 다차원적 접근이 필요한 문제이므로, 실무자의 문화적 역량강화와 더불어 복합적 가족 문제를 다루고 지원할 수 있는 역량 있는 사례관리자의 훈련과 양성이 필요하다. 그리고 지속적으로 체계적인 재교육과 보수교육을 통해 전문인력의 문화적 역량을 향상시켜야 한다(정문경 외, 2012).

(3) 다문화 이해교육의 실시 및 강화

한국인을 대상으로 한 다문화사회에 대한 이해교육이 실시되고 강화되어 다문화사회의 시민으로 살아갈 수 있도록 준비해야 한다. 실제로 다문화가족 지원센터에서는 다문화사회에 대한 이해를 돕기 위하여 다양한 교육을 실시하고 있다. 이를 한층 더 강화하여 한국인과 외국인 간의 문화적인 갈등을 해소하고, 쌍방 간 소통의 기회를 학교, 직장 등에서 제공해야 한다. 한국인으로 살아갈 이들 삶의 만족과 적응에서 무엇보다 중요한 것은 한국의 가족과 이웃 및 지역사회가 이들의 문화를 얼마나 이해하고 수용하는가에 달려 있기 때문이다.

다문화가족은 농촌총각의 혼인 문제 및 저출산 고령화 현상에 대한 문제해결의 대안일 뿐만 아니라 이들 출신국과의 가교 역할을 수행하며 사회통합에 있어서도 중요한 존재이다. 이제 이들은 한국에 온 손님이 아니라 함께 살면서 공동의 미래를 도모할 '신입' 국민이 되고 있다. 이들은 배척이 아니라 배려와 격려, 지원과 포용의 대상이 되어야 한다.

(4) 거주 외국인 및 외국계 한국인을 위한 체계 구축

결혼이민자 · 귀화자 등에 대한 차별이 2018년 다문화가족 실태조사에서 30.9%로 나타난 것은 한국 사회의 다문화 인식 제고를 위한 정부의 각종 정책의 실효성에 의문을 제기하는 것이다. 지금까지 정부는 교육과 홍보를 통해 한국 사회의 다문화 인식을 제고하고, 결혼이민자 · 귀화자 등 다문화가족에 대한 차별을 예방하고자 노력해 왔다. 그러나 이 같은 노력만으로는 단일민족 의식이 공고한 한국 사회 전반의 인식을 깨뜨리기 어렵다는 점을 여론조사 결과가 여실히 보여 주고 있다(정해숙, 2013). 따라서 다문화 인식 이해교육과 함께 결혼이민자 · 귀화자 등 다문화가족에 대한 차별 금지 및 권리 옹호를 법제화하는 제도적 접근이 이루어져야 할 것이다(이종복 외, 2012).

또한「다문화가족지원법」개정에 따라 2011년부터 포함된 일반 귀화자 등의 신규 조사 대상 집단에 대한 추가분석을 통해 이들의 현황과 특성을 파악하고, 지원 요구를 분석하여 정책 개발에 반영하기 위한 작업도 필요할 것이다.

외국계 한국인들이 이 땅에 뿌리내리도록 돕는 것은 외국인에 대한 특혜나 한국인에 대한 역차별이 결코 아니다. 이는 한국이란 공동체의 이익을 위한 일이다. 이들이 종교 · 문화 · 언어의 차이로 인해 정착에 어려움을 겪지 않도록 충분한 교육과 지원, 그리고 사회적 격려가 필요하다. 이들이 한국 사회에서 대한민국의 국민으로서 자립하고 어우러져 살아갈 수 있게 발전되어 갈 때 한국은 다양성이 인정되는 다문화사회가 될 것이다.

◈ 참고문헌

강나영(2009). 결혼이민여성의 한국어 학습과 언어 사회화. 한국문화인류학, 42(1), 221-260.

곽준혁(2007). 미국에서의 다문화주의. 민족연구, 30, 126-139.

권진숙, 신혜령, 김정진, 김성경, 박지영(2006). 가족복지론. 경기: 공동체.

김범수, 서은주, 손병돈, 정재훈, 조석연, 최현미, 신승연, 최승희(2007). 다문화사회복지론. 경기: 양서원.

김영식(2013). 한국의 다문화가족 지원정책 현황과 개선방안: 결혼이민자 가족을 중심으로. 한남대학교 행정대학원 사회복지학과 석사학위논문.

김이선(2014). 다문화가족 정책의 사각지대 발생 양상과 정책 대응 방안 다문화가족 지원정책 사각지대 대상자를 위한 지원방안: 남성 및 자녀를 중심으로. 제15차 다문화가족포럼, 여성가족부.

박미은, 신희정, 이혜경, 이미림(2012). 가족복지론. 경기: 공동체.

법무부(2019a). 출입국 · 외국인 정책 통계 월보. 2019. 6.

법무부(2019b). 출입국외국인정책본부 보도자료. 2019. 5. 10.

여성가족부(2019). 2018년 전국 다문화가족 실태조사. 다문화가족 정책과.

여중철(2010). 다문화가족의 형성과 문화적 적응. 민족문화논총, 44, 351-388.

오경석, 김희정, 이선옥, 박흥순, 정진헌, 정혜실, 양영자, 오현선, 류성환, 이희수, 강희복

(2007). 한국에서의 다문화주의: 현실과 쟁점. 경기: 한울.
이종복, 이성순, 김재열, 김현희, 정명희, 홍은미, 이형진, 조윤희(2012). 다문화사회의 이해와 복지. 경기: 양서원.
정기선, 한지은(2009). 국제결혼 이민자의 적응과 정신건강. 한국인구학, 32(2), 87-114.
정문경, 조성식, 문란영, 오종희(2012). 다문화가정폭력 전문상담원 양성교육 프로그램 개입 효과. 21세기 사회복지연구, 9(1), 143-168.
정해숙(2013). 제2차 전국 다문화가족 실태조사에 나타난 다문화가족의 변화와 과제 제2차 전국다문화가족 실태조사 분석을 통한 변화된 다문화가족 진단 및 정책과제 도출. 제14차 다문화가족포럼, 여성가족부.
조원탁, 박순희, 서선희, 안효자, 송기법, 이형하(2012). 다문화사회의 이해와 실천. 경기: 양서원.
최재인(2009). 미국 다문화주의의 역사적 배경. 이주사학회 1(Nov, 2009). 75-96.
최현미, 이혜경, 신은주, 최승희, 김연희, 송성실(2010). 다문화가족복지론. 경기: 양서원.
한광훈, 김금희(2011). 다문화가족 지원센터의 문화적응 프로그램 연구: 인천 남구 문화 가족 지원센터를 중심으로. 다문화교육, 2(2), 83-104.
브리태니커 온라인 코리아 홈페이지(http://www.britannica.co.kr, 2014)
위키백과 한국어 홈페이지(http://ko.wikipedia.org), 영문 홈페이지(http://en.wikipedia.org)
여성가족부 홈페이지(http://www.mogef.go.kr)
법무부 출입국 외국인정책본부 홈페이지(http://www.immigration.go.kr)
통계청 홈페이지(http://www.kostat.go.kr)

Berry, J. W. (1997). Immigration, Acculturation, and Adaptation. *Applied psychology: An international review, 46*(1), 4-68.
Lum, D. (2005). *Cultural Competence, Practical Stages, and Client Systems: A Case Study Approach*. Belmont, CA: Thompson Brooks/Cole.
Lum, D. (2007). *Culturally Competent Practice: A Framework for Understanding Diverse Groups and Justice Issues*. Belmont, CA: Thompson Brooks/Cole.
Sue, D. W. (2006). *Multicultural Social Work Practice*. Hoboken, NJ: John Wiley & Sons, Inc.

제12장
장애인가족

1. 장애인가족에 대한 이해

한 가정에 예기치 못한 장애인이 발생한다는 것은 그 가족에게 커다란 위기가 될 수 있다. 이 위기는 가족의 안정감과 균형감을 깨지게 만들면서 가족구성원 모두를 공황 상태에 빠지게 한다. 그 가족이 첫 자녀이거나 한 가정의 가장일 경우 상황은 더욱 심각해질 수 있다. 그만큼 가정 내의 장애인 발생은 매우 심각한 심리적 붕괴 현상을 일으킬 수 있는 중대한 사건임과 동시에 평생을 두고 가족 발달주기 안에서 새롭게 적응해야 할 일이 된다. 장애를 가진 가족구성원과 함께하는 가족들은 일상 속에서 점차 소극적인 대인관계를 형성하게 되고 수치심과 자존감의 저하를 가지며, 심한 경우에는 만성적인 스트레스, 우울, 무기력감 등을 경험하게 된다(Bosch, 1996; Singer & Powers, 1993). 이러한 위기 상황 속에서 관련 전문가나 기관의 도움은 가족의 심리적 위기를 극복하거나 가족 적응력을 높일 수 있는 데 매우 중요한 매개체 역할을 한다. 과거에는 장애인에 대한 사회복지 서비스를 제공하면서, 가족은 장애인의 재활을 돕는 대상으로만 이해되어 왔다. 그러나 최근 가족들의 부양 부담에 대한 관심과 가족해체의 예방, 그리고 자연스러운 환경 속에서 장애아동의 적절한 사회기술 습득에 대한 중요성이 확인되면서, 가족 중심 서비스의 필요성이 어느 때보다 증가되고 장애인가족에 대한 올바른 이해가 요구되고 있다. 가족 중심 서비스에 대한 개념 정의에서 가족을 장애인의 일차적 서비스 제공자로 정의할 경우, 일차적 서비스 제공자로서 갖게 되는 부모의 과도한 스트레스가 존재한다. 부모는 일차적 서비스 제공자의 역할과 양육자로서의 부모의 역할을 구분짓는 데 어려움을 가진다.

많은 전문가들이 장애인가족이 가지고 있는 문제들을 '장애인가족의 특징'이라는 하나의 범주화된 특징으로만 묶어서 보고하고 있다. 그러나 장애인가족에게뿐만 아니라 모든 유형의 가족에게는 '전형적으로 보이는 가족특징'이라는 것이 있을 수 없다. 이는 장애인가족을 일률적인 모습으로만 이해하게 되는 오류를 발생시킨다. 따라서 이런 한계점을 인식하면서 장애인가족이 처하게 되는 상황에 따라 다양한 역동에 대한 이해가 요구된다. 특히 장애인의 생애주기, 장애 유형, 그리고 장애 발생 원인에 따라 가족이 처할 수 있는 상황과 다양한 역동성을 이해할 수 있는 관점이 필요하다.

1) 장애인가족 이해에 필요한 관점

장애인가족의 다양성을 이해하기 위해서는 장애인의 생애주기에 따라 가족의 반응과 태도가 달라질 수 있는 생애주기적 관점, 선천적 장애와 중도장애에 따른 관점, 장애의 유형에 따른 관점 등이 요구된다.

(1) 생애주기적 관점

가족구성원 중 한 사람이 장애를 가지게 되는 시점이 생애주기의 어떤 단계에 와 있느냐에 따라 심리적 반응과 처하게 되는 어려움이 각기 다를 수 있다. 따라서 생애주기에 따른 장애인가족의 입장을 고려해야 한다. 생애주기별 장애인 현황을 알 수 있는 연령별 등록장애인 수는 〈표 12-1〉과 같다.

〈표 12-1〉 연령별 등록장애인 수 (단위: 명, %)

구분	전체	~9세	10~19세	20~29세	30~39세	40~49세	50~59세	60~69세	70~79세	80세~
전체	2,585,876 (100.0)	29,209 (1.1)	60.859 (2.4)	94.796 (3.7)	135.881 (5.3)	266.308 (10.3)	492.771 (19.1)	570.215 (22.1)	573.031 (22.2)	362.806 (14.0)

출처: 보건복지부(2018).

① 영유아기

가족구성원의 장애가 영유아기 때 발생되는 경우, Kübler-Ross(1969: O'Shea et al., 2006에서 재인용)는 [그림 12-1]과 같은 가족들의 심리적 반응 단계를 거치게 된다고 하였다.

[그림 12-1] 영유아기 발생 시 가족들의 심리적 반응

Kübler-Ross는 영유아기에 있는 자녀에게 신체적 장애가 발생하면, 초기에 부모들은 큰 충격과 함께 잘못된 진단일 것이라는 불신과 부정의 심리 반응을 보이게 된다고 하였다. 이와 더불어 자신에게만 왜 이런 일이 벌어지는지에 대한 분노와 자녀의 장애 진단에 대한 지속적인 부정 반응을 보인다. 시간이 지남에 따라 자녀의 장애를 해결할 수 있는 방법을 찾기 위해 현실과 타협을 하게 되지만 곧 완치되거나 정상적인 신체 상태로 자녀가 돌아올 수 없음에 대해 우울과 좌절을 경험하게 된다. 하지만 궁극적으로는 자녀의 장애를 인정하면서 마음으로 받아들이는 수용 단계에 이르게 된다는 것이다.

따라서 장애인가족의 장애 발생에 대한 애도 과정에서 나타나는 슬픔 단계에 따라서 전문적인 가족 지원이 따라야 한다. 이에 대해 Kübler-Ross는 〈표 12-2〉와 같은 가족 지원 방법을 제시하고 있다.

〈표 12-2〉 심리적 반응의 특성과 전문적 지원을 위한 제안(Kübler-Ross Cycle)

심리적 반응 단계	전문가 지원
충격, 불신, 부정(shock, disbelief, & denial) • 죄책감 혹은 수치심을 경험할 수 있다. • 장애가 있음을 부정하려고 할 수 있다. • 의료진단을 받으러 여러 병원을 전전할 수 있다. • 진단을 수용하거나 필요한 지원의 제공을 완전히 거부할 수 있다.	• 수용하는 태도로 경청하라. • 가족들이 감정을 표현하도록 격려하라. • 가족들에게 그 감정이 자연스러운 것임을 확신시켜라. • 아이와 관련하여 가족들이 공유할 수 있는 강점을 찾아라. • 가족들이 준비가 되었을 때 필요한 자원과 서비스를 제공하라.
분노와 분개(anger & resentment) • 도움을 주려는 이들(배우자, 전문가, 가족)에게 화를 낼 수 있다. • 비장애아를 키우는 친구들에게 분개할 수 있다. • 진단의 정확성에 대해 전문가와 논쟁을 벌이려 할 수 있다.	• 사려 깊은 경청의 태도를 취하라. • 가족들의 분노와 분개를 표현·표출할 수 있도록 격려하라. • 가족들의 '느낌'에 대해서는 논쟁하지 마라. • 공격적인 말에 방어하지 마라.
타협(bargaining) • 장애가 없어질 수만 있다면 무엇이든 하려는 믿음을 갖는다. • 신과 협상하려고 한다('장애를 사라지게 해 준다면 무엇이든 하겠다').	• 적극적인 경청을 하라. • 지지를 보여라. • 전문적인 견해를 부모들에게 강요하지 마라. • 비평을 삼가라.
우울과 좌절(depression & discouragement) • 현실을 수용하기 시작하고 기대했던 아이를 잃어버렸음에 대해 슬퍼하게 된다. • 아이의 잠재력을 볼 수 없고 단지 아이의 결함만을 보려 할지 모른다.	• 적극적이고 반영적인 경청을 하라. • 부모지원집단과 같은 자원을 제안하라. • 우울증이 만성적으로 나타난다면 상담을 받을 수 있도록 의논하라. • 아이의 강점에 대해 지속적으로 의논하라.
수용(acceptance) • 아이의 요구에 초점을 맞추는 대신 아이의 강점을 보기 시작한다. • 아이의 삶을 향상시키기 위해 긍정적이고 주도적인 입장을 견지한다.	• 경청을 계속하라. • 진보에 대해 격려하라. • 아이의 강점에 대해 지속적으로 강조하라. • 가족에게 사례관리 역할을 양도하기 시작하라. • 가족들의 역량강화를 위해 지원하라.

출처: O'Shea et al. (2006), p. 163.

이 시기의 돌봄 과정에서 가족들이 겪을 수 있는 어려움으로는 일반아동의 부모와 다르게 장애아동의 부모는 아기의 탄생과 더불어 의료진을 찾고, 건강관리를 하며, 아이의 발달과 더불어 부가적인 책임감을 가지게 된다는 것이다. 따라서 발생되는 불안을 해소하기 위해 전문가에 대한 의존도가 높아지게 된다. 또한 자녀가 정규교육 과정에 들어가기 전까지는 전문가들에 의해 나름 가족 중심 서비스를 받던 가족은 어린이집이나 유치원에 자녀가 들어가게 되면 아동 중심의 운영방식에 당황하기도 한다. 자녀의 돌봄 과정 안에서 부모들은 자신들이 계획한 삶이 장애자녀를 중심으로 돌아가기 때문에 부모 이외의 다른 가족구성원의 삶을 장애인인 자녀를 중심으로 조정해야 하는 어려움을 겪기도 한다. 이 시기의 부모들이 전문가에게 가장 많이 하는 질문은 어떻게 하면 자녀의 장애를 알 수 있을지와 가장 유용한 서비스가 무엇인지에 대한 것이다. 또한 주변 사람들에게 자신의 자녀에 대해 어떻게 설명할 수 있을지와 자신이 경험하고 있는 감정들이 정상적인 것인지에 대해 종종 묻게 된다.

② 학령기(초등학교)

어떤 부모들은 초등학교에 입학하기 전까지도 자녀의 장애진단을 믿지 못하고 여전히 재진단을 위한 평가를 받기 위해 관련 기관을 찾아다니기도 한다. 이는 아동의 조기개입 서비스를 받을 수 있는 기회를 상실하게 되는 것으로 부모가 자녀의 장애를 수용하게 될 때 자신의 행동이 조기재활을 위한 귀중한 시간을 흘려버리게 했다는 죄책감을 가지게 할 수 있다. 이 과정에서 가족은 종종 자신이 만났던 수많은 진단자들에 대한 부정적인 경험과 각기 다른 의견들에 회의감을 갖게 되는 경험을 하게 되는데, 이런 회의적 경험은 장애아동의 교육과 재활을 위해 개입하게 되는 또 다른 전문가와의 관계에서 개방적 태도를 유지하는 데 중요한 방해 요소가 될 수 있다(O'Shea et al., 2006).

장애아동을 돌보는 과정이 점차 길어지면서 가족들은 자신의 삶이 점점 고립됨을 느끼고, 이런 감정을 느끼게 되는 초기에는 자신을 사회로부터 고립시키게 만드는 장애아동에 대한 양가감정을 느끼기도 한다. 비장애형제의 경우 장애를 가진 형제와의 관계 형성에 여러 가지 어려움을 겪게 된다. 부모들이 장애형제에 대해 상대적으로 과도하게 몰입하고 있어, 자신들의 욕구 표현을 억압하게 된다. 부모는 장애자녀에게 상대적으로 많은 양육 부담을 느끼면서 장애가 없는 비장애형제에게 스스로 독립적으로 일상생활을 관리시키기 위한 보다 엄격하고 차별적인 기대를 가짐에 따라 많은 심리적 압박을 느낀다(Preechawong et al., 2007).

가족은 장애아동의 양육과 보호를 위해 일상을 일정표에 따라 움직이는 구조화된 계획 안에서만 활동하게 되고 사소한 일상의 변화(외식)에도 많은 난관과 어려움에 봉착하게 된다. 특히 발달장애 문제를 가진 장애아동의 경우 가족은 상당히 자주 아동의 공격적인 행동을 다루게 되고 이에 대한 피로감을 자주 호소한다. 학령기의 부모들이 가장 많이 하는 질문은 지체되는 학업적 성과를 향상시킬 수 있는 방법과 재활을 위해 사용되는 여러 가지 방법에 대한 회의적인 의문들과 관련된 내용들이다. 이와 더불어 특수학교를 다니고 있지 않은 장애아동이 초등학교를 무사히 졸업하고 중학교에 진학할 수 있을지에 대한 걱정과, 같은 반 친구들과 주변 사람들에게 자신의 아이에 대한 장애를 어떻게 설명할지에 대한 내용들이 포함된다.

③ 청소년기(중 · 고등학교)

가족은 더 이상 부모에게 절대적으로 의존하지 않는 장애청소년을 점차적으로 분리시키고 독립시키는 것에 대한 불안을 느낀다. 자녀를 독립시키는 과정에서 부모들은 스스로의 불안하고 두려운 상황에 대한 정서적 통제 정도에 따라 다른 대처를 하게 된다. 또한 자녀의 미래에 대한 욕구와 대인관계 능력, 그리고 가정과 사회에서의 자녀의 적응 정도에 따라 장애자녀의 독립에 대한 대처가 다를 수 있다(김성천 외, 2009).

장애청소년은 일상 속에서 장애로 인한 또래로부터의 고립과 거절에 대한 대처 스트레스와 자신의 장애가 영구적일 것이라는 점에 대해 정체감의 혼란을 느끼게 되면서 가족들에게 심리적으로 불안정한 모습을 보이게 되고 이를 적절하게 대처할 수 없는 가족은 높은 수준의 정서적 스트레스를 경험하게 된다(Singer & Powers, 1993). 이와 더불어 청소년기에 나타나게 되는 신체적 변화와 더불어 성적인 문제의 출현은 가족의 어려움을 더욱 가중시킨다. 고등학교의 특수학교 과정이 끝나게 되는 장애청소년이 갖는 대학진학과 미래의 직업계획에 대한 현실적인 한계와 미래에 대한 불안감은 장애인가족을 더욱 힘들게 만든다. 이 시기의 부모가 가장 많이 하는 질문은 자신의 아이가 대학에 진학할 수 있을지에 대한 불안과 진로와 관련된 내용들이다. 부모는 장애청소년의 지원체계가 부족한 현실 속에서 미래의 독립생활에 대한 양가감정을 표현한다.

④ 성인기

성인장애인의 낮은 취업률은 가족의 부양 부담을 더욱 가중시킨다. 특히 성인장애인의 제한된 사회적 경험은 고등학교 졸업 후 사회적 고립을 더욱 촉진시켜 가족과 함께하는 시간이 상대적으로 늘어나게 한다. 이에 대한 성인장애인 가족의 감정은 거부와 부정에서 수용, 강렬한 미움에서 강렬한 사랑, 완벽한 무시에서 과잉보호까지 매우 다양하게 나타날 수 있다. 가족은 슬픔과 절망도 경험하지만 기쁨과 감사도 경험하는 양가적인 감정 상태를 보인다.

성인장애인을 둔 부모의 경우 자녀가 자신들의 사후에 어디서 살 것인지에 대한 불안을 느낀다. 따라서 가족은 가정 내외의 일시보호, 생활관리, 후견인에 대한 정보, 재정계획, 모든 가족구성원과 함께할 수 있는 가족상담을 요청하게 된다. 특히 가족상담을 통해 비장애형제가 장애형제에 대한 미래계획에 참여할 수 있기를 바란다. 하지만 현실적으로 비장애형제들은 최소화된 참여만을 하게 되는데 이유는 비장애형제에게 부담을 주는 것에 대해 부모들의 갈등에 의한 양가감정 때문이다.

이 시기에 장애인가족이 가장 많이 하는 질문은 장애자녀에 대한 학교 졸업 후 진로에 대한 것과 부모인 자신들이 죽은 후 장애자녀의 안전한 생활과 후견인 문제 등 미래의 불안과 관련된 내용들이다. 또한 자신의 처지와 비슷한 사람들과 함께할 수 있는 기회에 대한 문의를 통해, 장애인 자녀의 부정적인 현실과 이로 인해 가족들이 겪게 되는 상황에서 발생되는 정서적 문제를 함께 공유하고자 하는 욕구 등을 나타내기도 한다(O'Shea et al., 2006).

(2) 선천적 장애와 중도장애에 따른 관점

선천적 장애와 중도장애에 따른 가족들의 심리적 반응과 주관적 인식에는 차이가 존재할 수 있다. 선천적 장애인은 비장애인으로 살아온 경험이 없으나 중도장애인(후천적 장애인)은 비장애인으로 살아온 경험을 가지고 있고, 이에 대한 가족의 기억이 있다. 따라서 선천적 장애인가족은 자녀가 어릴 때 대부분 심리적 적응 과정을 겪고 자신의 역할에 대한 자신만의 지침을 가지고 있지만, 중도장애인가족의 경우에는 가족구성원 중 한 사람의 갑작스러운 신체적, 정서적 손상과 지금까지 유지해 왔던 독립성의 상실로 인해 가족 모두가 새로운 적응 과정을 겪게 되고 이에 따라 자신의 역할에 대한 혼란을 느끼게 된다. 또한 선천적 장애는 출생과 더불어 영유아기의 낮은 연령에서 주로 시작되지만, 중도장애는 후천적 질병이나 사고 등에 의해 발생되는 경우가 많아 활동이 가장 왕성한 청·장년층에서 주로 발생된다는 사실이 가족의 적응을 더욱 어렵게 할 수 있다. 중도장애인의 현황을 살펴보기 위한 장애 발생 원인은 〈표 12-3〉과 같다.

〈표 12-3〉 장애 발생 원인 (단위: 명, %)

구분	선천적 원인	출산 시 원인	후천적 원인			원인 불명	계
			소계	질환	사고		
2017년	5.1	1.4	88.1	56.0	32.1	5.4	100.0

출처: 보건복지부, 한국보건사회연구원(2018).

① 중도장애인의 심리사회적 과정과 가족의 반응

중도장애인 중 특히 성인장애인은 장애에 대한 수용과 새로운 장애인으로의 정체성 정립이 요구된다. 장애의 수용은 장애를 무가치하지 않은 것으로 받아들이면서 다른 사람들이 만든 삶의 기준이 아닌 자신만의 독특한 생활양식을 만들어 나가는 과정이라 할 수 있다. 성인 중도장애인의 장애 수용에 영향을 미치는 요인으로는 종교생활, 가족관계, 자아존중감 등이며 이 중 특히 자아존중감이 가장 강력한 변인으로 나타났으며, 이는 종교생활과 가족관계를 긍정적으로 지각하고 자아존중감이 높을수록 성인 중도장애인의 장애 수용 정도가 높았다(손연숙 외, 2009). 장애인의 정체성은 장애인 개인의 신념에 의해 형성되지만 가족의 믿음이 새로운 장애인으로의 삶에 대한 신념을 만드는 데 가장 중요한 역할을 하게 된다.

중도장애인의 심리적 특성(손연숙 외, 2009)은 다음과 같다. 첫째, 부정으로, 장애에 대한 최초의 심리적 반응으로 현실을 받아들이지 못하는 것으로 부정이 장기화되게 되면 재활노력에 문제가 될 수 있다. 둘째, 퇴행으로, 감정조절 능력이 약화되면서 생각이나 행동이 어린 시절로 되돌아가는 것처럼 정서가 불안해지는 것이다. 자신의 환경이나 재활참여에 수동적인 태도를 보이게 된다. 셋째, 분노로, 두려움을 없애려는 심리적 반응으로 불행을 거부하고 화를 낸다. 공격성은 장애의 기간이 조금 지난 후에 나타나는데 소극적인 공격행동으로 표현되기도 한다. 이러한 행동에 가족들은 심한 무기력감과 죄책감을 느끼게 된다. 넷째, 불안으로, 자신의 장애를 하나의 위험 상황으로 받아들이는 심리 상태로 다른 사람으로부터 인정받지 못할 것에 대한 두려움과 죄책감을 갖게 된다. 일상 속에서 대인관계가 축소되면서 사람들과의 피드백이 줄어들게 되고 더욱 위축된 감정이 불안감을 가중한다. 다섯째, 우울로, 장애로 인한 상실감을 현실로 느낄 때 생기며 단순히 슬픈 감정에서 중증의 우울증으로 진행될 수 있고 최악의 경우 자살시도 등의 문제를 보일 수 있다. 가족은 중도장애인의 우울이 장기화되면서 자살에 대한 걱정과 두려움을 가지게 된다. 이때 가족은 '그들은 ~가 될 수 없다' '그들은 ~를 할 수 없다' '그들은 우리와 ~를 같이 할 수 없다' 등의 편견을 갖게 되고 이런 편견은 중도장애인의 사회참여를 막는 심리적 장애가 되기도 한다.

② 중도장애인가족의 스트레스

중도장애인가족이 겪게 되는 부양 부담감은 신체적 손상으로 인해 발생되는 가족 간병의 문제로부터 출발한다. 간병으로 인한 과중한 보호 부담과 그에 대한 스트레스가 가족 전체의 위기로 확산될 수 있다. 특히 중도장애인이 가장인 경우 경제적 역할을 맡고 있는 가장이 더 이상 역할을 할 수 없게 되었을 때 가족의 위기는 더욱 심각해진다. 또한 중도장애인이 된 가장은 배우자와 자녀와의 관계에서 정서적 부담을 갖게 되고, 가족관계에 문제가 생기는 경우 자신의 장애 때문이라는 생각에 죄책감과 분노가 자신의 내면으로 억압되거나 가족에게 투사되어 표현될 수 있다(손연숙, 2011).

중도장애인가족은 병원에서 중도장애인인 가족구성원이 퇴원하게 되면 지역사회에 있는 재활기관이나 관련 복지기관에서 사회복지 서비스를 받게 된다. 그러나 자신이 살고 있는 지역에 관련된 기관이 없거나 접근성의 문제로 서비스를 받지 못하는 경우, 재활치료나 훈련에 어려움을 겪게 되고 이동의 어려움으로 사회참여가 제한되고 가정에서만 상주하게 됨에 따라 중도장애인에 대한 가족의 부양 부담이 가중된다. 중도장애인가족은 과중한 부양 부담으로 인해 스트레스와 소진의 문제를 가지게 되고 장기적으로 가족해체의 위기를 겪기도 한다.

(3) 장애 유형의 관점

지적장애와 같이 선천적인 원인에 의한 장애 발생 유형의 경우는 생애주기에 따른 가족들의 심리사회적 적응 과정을 경험하게 된다. 그러나 다른 장애 유형의 경우 장애로 인한 손상이 다르고, 후천적인 원인으로 장애가 발생될 경우 가족들이 겪게 되는 스트레스와 어려움은 다를 수 있다. 예를 들어, 청각장애인의 경우 건청인 자신의 가족들과 원활한 의사소통을 할 수 없음으로 인해 가족과의 상호작용에서 다른 장애 유형과 상이한 어려움을 경험할 수 있다. 그럼에도 장애인복지 서비스를 제공하는 기관의 경우 대부분이 다양한 유형의 사회복지 서비스가 제공되는 것이 아니라 지적장애나 발달장애를 위한 프로그램에 상당부분 치우쳐 있다. 2013년 서울복지재단에서 조사한 서울시 장애인복지 관련기관의 장애 유형별 가족 지원 프로그램의 분포를 살펴보면 전체의 47.7%가 지적장애인가족을 위한 프로그램인 것으로 나타났다. 장애 유형별 등록장애인 현황을 살펴보면 〈표 12-4〉와 같다.

〈표 12-4〉 장애 유형별 등록장애인 수 (단위: 명, %)

구분	지체	뇌병변	시각	청각	언어	지적	자폐성	정신
등록 수	1,238,532	253,083	252,957	342,582	20,744	206,917	26,703	102,140
비율	47.9	9.8	9.8	13.2	0.8	8.0	1.0	3.9

출처: 보건복지부(2018).

① 청각장애인과 가족 스트레스

청각장애인은 전체 장애인의 13.2%인 342,582명으로, 발생의 주된 원인은 질환이나 사고 등의 후천적 이유가 91.2%를 차지하고 있다(김성희 외, 2012). 이는 청각장애인가족의 구성이 청각장애부모를 둔 건청 자녀이거나 건청 부모를 둔 청각장애자녀로 구성된 경우가 대부분임을 의미한다. 청각장애자녀를 둔 부모들의 경우 자녀의 어린 시절부터 구화에 대한 교육으로 소진된다. 건청 아이들과 어울리기 위해 다른 부모들보다 일찍 학부형이 되는 청각장애부모는 장애아가 2세부터 이미 구화학습에 몰두하면서 이와 관련된 많은 생활에 관여하게 되면서 자신만을 위한 삶을 잃어버린다. 어떤 경우에는 이 과정에서 청각장애자녀가 부모에게 지나치게 의존적 성향을 가지게 되기도 한다. 부모가 청각장애자녀의 구화학습에 몰두하면서 건청인 형제들은 부모에게 차별대우를 받는다고 생각하고 상대적으로 더 많은 양보를 요구받게 되면서 타협이 어려운 장애형제와의 관계에서 많은 스트레스를 받기도 한다.

청각장애를 가진 부모의 경우에는 건청 자녀들이 자연스럽게 수화를 배우게 되지만 건청 부모이면서 청각장애자녀를 가진 경우에는 부모에 의해 의사소통 방법이 결정되고 상당수의 부모가 음성언어를 이용한 구화나 필담 등을 사용하고 수화는 사용하고 있지 않다(김경진, 2004). 이는 부모와 자녀 간에 의사소통 수준의 정도를 낮추어 상호 간의 의미 있는 깊은 대화가 이루어지기 어렵다. 이로 인해 부모-자녀 간의 심리적 관계에도 영향을 미치게 되어 상호 간의 이해 부족이 생길 수 있고, 더 나아가 농문화에 대한 이해 부족을 초래할 수도 있다. 다른 친척들과도 의사소통 문제로 거의 접촉이 없는 경우가 많아 친척 간의 왕래나 집안행사에서 고립되기도 한다. 청각장애를 가진 부모의 경우에는 건청 자녀의 음성언어 습득을 위해 친척에게 맡겨 양육하기도 하는데 이는 건청 자녀들에게 어린 시절부터 부모와의 분리 경험을 갖게 만든다(오인혜, 정은희, 2011).

② 지적장애인과 가족 스트레스

지적장애인은 전체 장애인의 8.0%인 206,917명으로, 주된 장애 발생 원인은 선천적이거나 출산 시의 원인이 41.2%, 원인불명인 경우가 37.8%였으나 대부분 영유아기에 장애가 나타난다(김성희 외, 2012). 이는 영유아기 때부터 부모가 지적장애인인 자녀를 양육해야 하는 부담을 갖게 된다는 것을 의미한다.

지적장애인의 경우 장애의 특성상 장기간에 걸친 보호 부담이 가족의 극심한 피로와 갈등을 유발시킨다. 가족의 돌봄 과정이 장기화될수록 스트레스에 대한 대처 능력은 약화되고 종종 우울증으로 진단되기도 한다. 가족의 스트레스는 가족기능상의 문제로 이어지면서 가족의 여가 기능과 정서적 기능의 어려움을 갖게 한다. 장애인에 대한 장기간의 가족부양으로 가족의 여가 기능을 활용할 수 있는 기회가 제한되는 경우가 많으며, 가족부양으로 인한 가족 전체의 긴장과 스트레스는 정서적 기능의 필요성에도 불구하고 표현되지 못해 스트레스를 가중시키게 된다(Preechawong et al., 2007). 이와 더불어 장애자녀 출생에 따른 죄책감과 수치심 등의 극단적인 감정을 느끼면서 만성적인 슬픔과 좌절감에 빠져들기도 한다.

또한 가족은 장기간의 보호자 역할로 인해, 개인적인 시간을 가질 여유가 부족하게 되고 결국 가족의 원만한 사회참여나 사회적 관계를 만드는 데 어려움을 갖게 된다. 이로 인한 사회적 고립 현상은 자녀의 장애와 자신의 고립을 동일시하는 부정적인 경향을 띠는 경우도 있다. 부모들은 사후에 지적장애인 자녀의 보호와 미래 삶에 대한 불안감을 느끼면서 지속되는 보호비용을 지출하게 되고 이로 인한 경제적 어려움을 겪기도 한다.

성인이 된 지적장애인의 부모는 장기간에 걸친 교육과 훈련이 기대에 미치지 못하게 되면서 포기와 절망, 그리고 무기력감을 느끼게 되고 장애자녀에 대한 미래의 극심한 불안감을 갖게 된다(Singer & Powers, 1993). 또한 동시에 자녀를 독립시켜야 하는 연령이 되면 부모들은 독립에 대한 필요성을 느끼지만, 자신만의 편의에 의한 결정이 아닌지에 대한 양가감정을 갖게 되고 이로 인한 죄의식과 자기비난에 종종 시달리기도 한다. 경우에 따라서는, 예를 들어 비장애자녀가 결혼을 하게 될 경우 지적장애인 형제를 공개하는 것에 대한 갈등에 시달리기도 한다.

③ 시각장애인과 가족 스트레스

시각장애인은 전체 장애인의 9.8% 정도인 252,957명으로, 90% 이상이 재가 시각장애인인 것으로 나타나고 있다. 이는 대다수의 시각장애인이 가족의 테두리 안에서 원가족의 도움을 받고 살고 있거나 가정을 이루고 자녀들과 함께 생활하고 있음을 의미한다. 시각장애인이 겪는 어려움 중 가장 큰 것이 보행의 어려움으로 외출 시 보행에 가족들이 동반하는 경우가 많다. 이는 가족구성원 중 누군가는 자신의 생활을 하는 데 시간적 제약을 받게 되고 부담으로 느낄 수 있다는 것이다. 또한 시간적 부담은 신체적 피로로 연결되어 심리적 부담으로까지 이어질 수도 있다.

시각장애인가족의 경우에는 다른 장애와 다르게 장애 자체로 인한 스트레스보다는 사회・물리적 환경(경제적 수준, 사회적 인식, 도로 및 교통편의시설) 등에 더 많은 스트레스를 받는다.

④ 척수장애인과 가족 스트레스

국내의 척수장애인에 대한 통계는 정확하지 못하다. 대부분의 통계가 지체장애인에 척수장애인을 포함하고 있기 때문이다. 현재 대략 약 8만 명으로 추산되고(한국척수장애인협회, 2018), 매년 2,000명 정도 새롭게 발생한다(한국보건사회연구원, 2011). 척수장애인은 질환이나 사고 등의 이유로 중도장애인이 되는 경우가 대부분이다.

중도장애인이 된 척수장애인은 누군가의 도움을 받아야 한다는 당황스러움과 '가족에게 짐이 되는 존재'라는 생각으로 사회적 접촉이나 관계를 스스로 차단하는 경우가 많다. 이와 더불어 발생되는 일상의 스트레스는 이혼, 가족과의 접촉 거부 등을 유발시켜 가족에게 극심한 혼란과 고통을 겪게 한다. 2018년 척수장애인협회에서 조사한 내용에 따르면, 이혼 상태에 있는 척수장애인의 78%가 장애를 입은 직후에 이혼한 것으로 나타났다.

특히 척수장애인이 기혼자의 경우 부부관계에서의 성적 능력의 상실, 자녀와의 관계 변화, 가장으로서의 경제적 역할 변화 등의 어려움을 겪게 된다. 척수장애인의 경우 심리적 극복 과정에서 가족의 지지적 역할이 가장 중요한 요인으로 밝혀졌다. 그러나 가족 역시 장애 수용 과정에서 심한 무기력감과 우울을 경험하기도 한다. 가족은 장애 수용 과정을 겪으면서 종종 중도장애인이 된 가족구성원의 장애를 수용하지 못하거나, 장애에 대한 잘못된 인식을 갖기도 한다. 장애에 대한 수용 문제는 척수장애가 된 가족구성원의 독립을 막거나 재활에 많은 어려움을 초래할 수 있는(박세화, 2012) 부작용이 생길 수도 있다.

2. 장애인가족의 현황과 장애인가족 지원을 위한 관련 법령

1) 장애인가족 가구 현황

(1) 장애인가족 가구원 수 현황

장애인가구의 가구원 수별 분포를 살펴보면, 2017년 기준으로 2인 가구(32.9%), 1인 가구(24.3%), 3인 가구(19.4%), 4인 가구(17.1%) 순이며, 평균 가구원 수는 2.46명으로 나타났다. 연도별 변화추이를 보면, 4인 이상 가구는 2006년 21.6%에서 2017년 14.1%로 지속적으로 감소하는 반면, 1인 이하 가구는 2005년 11.0%, 2011년 17.4%, 2017년 24.3%로 꾸준히 증가하고 있는 것으로 나타났다.

또한 장애인가구의 평균 가구원 수는 2005년 3.1명에서 2011년 2.78명, 2017년 2.46명으로 지속적으로 감소하는 것으로 나타났다. 전체 가구에서도 가구원 수의 감소 추세

〈표 12-5〉 전국 가구원 수별 가구 분포 및 평균 가구원 수 (단위: %)

구분	2005년		2011년		2017년	
	전체 가구	장애인 가구	전체 가구	장애인 가구	전체 가구	장애인 가구
전체	100.0	100.0	100.0	100.0	100.	100.0
1인 가구	20.0	11.0	19.8	17.4	26.1	24.3
2인 가구	22.2	29.8	26.0	33.2	24.4	32.9
3인 가구	20.9	22.4	21.0	20.4	21.8	19.4
4인 가구	27.0	21.6	25.3	17.1	21.3	14.1
5인 가구	7.7	10.0	6.1	7.9	5.1	6.1
6인 가구	1.7	3.7	1.4	2.9	1.0	2.5
7인 가구	0.6	1.4	0.4	1.0	0.2	0.7
평균 가구원 수	2.9	3.1	2.78	2.78	2.50	2.46

출처: 고용노동부(2012); 보건복지부, 한국보건사회연구원(2018).

가 동일하게 나타나고 있으나, 장애인가구의 가구원 수 감소 폭이 전체 가구의 가구원 수 감소 폭보다 다소 큰 것으로 나타났다.

(2) 장애인가족의 가구 구성 현황

장애인가족의 가구 구성은 2017년 기준으로 부부와 미혼자녀로 구성된 가구(38.1%), 장애인 1인 가구(28.2%), 부부로 구성된 가구(18.8%) 순으로 나타났으며, 2005년과 2011년에서도 비해 1인 가구가 크게 증가하고 부부로 구성된 가구는 다소 감소한 것을 알 수 있다.

연도별 변화추이를 살펴보면, 장애인 1인 가구의 비율이 2005년 11.0%에서 2011년

〈표 12-6〉 전국 장애인가족의 가구 구성 (단위: 명, %)

구분	2005년	2011년	2017년
1인 가구	11.0	17.4	28.2
부부	22.4	24.1	18.8
부부 + 미혼자녀	33.4	29.5	38.1
부부 + 기혼자녀	0.6	0.2	0.2
편부 + 미혼자녀	2.1	2.7	1.5
편모 + 미혼자녀	6.1	7.2	6.7
부부 + 양친	0.1	0.2	0.0
부부 + 한부모	2.3	1.7	0.7
부부+자녀+부부의 형제자매	0.6	0.7	0.2
조부모 + 손자녀	1.6	1.2	0.5
기타 2세대	2.7	2.2	0.8
부부+자녀(미혼 · 기혼) + 양친	2.7	2.0	0.4
부부+자녀(미혼 · 기혼) + 한부모	7.5	5.3	1.7
기타 3세대 및 4세대 이상	5.5	4.6	1.5
비혈연 가구	0.4	0.2	0.2

출처: 고용노동부(2012); 보건복지부, 한국보건사회연구원(2018).

14.8%, 2017년 28.2%로 다른 가구 구성에 비해 비교적 큰 폭으로 증가하고 있는 경향이 있으며, 2인 이상이 함께 생활하고 있는 장애인가족 유형의 비중이 2005년 대략 90% 수준에서 2017년 대략 70% 수준으로 낮아졌으나 여전히 높은 비중을 차지하고 있다.

2) 장애인가족 지원을 위한 관련 법령

장애인가족 지원과 직접적으로 관련된 법령은 크게 다섯 가지로 나눌 수 있다. 대부분 해당 법(령)의 목적에 따라 장애 대상자의 문제 중심으로 정책개발이 이루어져 있어 장애인가족에 대한 정책 및 서비스는 한계를 보인다. 가족 지원과 관련된 내용을 중심으로 파악해 보고자 한다.

(1) 장애인복지법

「장애인복지법」은 장애인의 복지증진을 목적으로 하고 있으며, 장애인가족 지원에 대한 서비스보다는 당사자 중심의 정책 수행이 기본 토대가 된다. 장애인가족을 위한 지원으로 장애여성의 임신과 출산 과정에서 산전·산후 조리를 돕는 도우미 파견 이외에는 특별한 지원이 없는 것을 볼 수 있다.

> 第37조(산후조리도우미 지원 등) ① 국가 및 지방자치단체는 임산부인 여성장애인과 신생아의 건강관리를 위하여 경제적 부담 능력 등을 감안하여 여성장애인의 가정을 방문하여 산전·사후 조리를 돕는 도우미(이하 '산후조리도우미'라 한다)를 지원할 수 있다.
> ② 국가 및 지방자치단체는 제1항의 규정에 따른 산후조리도우미 지원 사업에 대하여 보건복지부령이 정하는 바에 따라 정기적으로 모니터링(산후조리도우미 지원 사업의 실효성 등을 확보하기 위한 정기적인 점검활동을 말한다)을 실시하여야 한다.
> ③ 산후조리도우미 지원의 기준 및 방법 등에 관하여 필요한 사항은 대통령령으로 정한다.

(2) 장애인 등에 대한 특수교육법 및 시행령

「장애인 등에 대한 특수교육법」에는 특수교육 관련 서비스에서 특수교육대상자의 교육을 효율적으로 실시하기 위하여 필요한 인적·물적 자원을 제공하는 서비스로 가족 지원이 포함되어 있다. 이 또한 특수교육대상자의 서비스를 위한 보조적인 의미로 볼 수 있고 서비스의 주체는 교육감으로 명시되어 있다. 다만, 가족상담이나 가족 지원에 대해 제공하여야 한다는 당위성은 부여하고, 시행령에는 지역사회 지원체계(건강가정 지원센터)와의 연계에 대해서도 구체적으로 명시하고 있다.

제2조(정의) 이 법에서 사용하는 용어의 정의는 다음과 같다.
'특수교육'이란 특수교육대상자의 교육적 요구를 충족시키기 위하여 특성에 적합한 교육 과정 및 제2호에 따른 특수교육 관련 서비스 제공을 통하여 이루어지는 교육을 말한다.
'특수교육 관련 서비스'란 특수교육대상자의 교육을 효율적으로 실시하기 위하여 필요한 인적·물적 자원을 제공하는 서비스로서 상담지원·가족 지원·치료지원·보조인력지원·보조공학기기지원·학습보조기기지원·통학지원 및 정보접근 지원 등을 말한다.

제28조(특수교육 관련 서비스) ① 교육감은 특수교육대상자와 그 가족에 대하여 가족상담 등 가족 지원을 제공하여야 한다.

제23조(가족 지원) ① 법 제28조 제1항에 따른 가족 지원은 가족상담, 양육 상담, 보호자 교육, 가족 지원 프로그램 운영 등의 방법으로 한다.
② 제1항에 따른 가족 지원은 「건강가정기본법」 제35조에 따른 건강가정 지원센터, 「장애인복지법」 제58조에 따른 장애인복지시설 등과 연계하여 할 수 있다.

(3) 한부모가족지원법

「한부모가족지원법」에서는 가족 지원 서비스가 별도의 조항으로 구분되어 있다. 한부모가족 중 장애인이 있을 경우 부양에 대한 서비스를 제공하도록 하고 있다. 가족중심 관점으로 접근하고 있으나 특수교육법보다는 구체적이지 못한 것을 알 수 있다.

제17조(가족 지원 서비스) 국가나 지방자치단체는 한부모가족에게 다음 각 호의 가족 지원 서비스를 제공하도록 노력하여야 한다. <개정 2011.4.12.>

1. 아동의 양육 및 교육 서비스
2. 장애인, 노인, 만성질환자 등의 부양서비스

(4) 장애인활동 지원에 관한 법률

「장애인활동 지원에 관한 법률」에서는 제1조에서 활동지원법의 목적을 장애인가족의 부담을 줄이는 것으로 하고 있다. 더불어 국가와 지방자치단체의 책무를 명확하게 하고 있다. 이 법의 현상적 목적은 가족의 부담을 줄이는 것이지만, 본질적으로는 장애인에 대한 서비스로, 가족을 직접 지원하는 서비스는 해당되지 않는다. 이런 점에서 가족 지원 서비스로 분류하기는 힘들다.

제1조(목적) 이 법은 신체적 · 정신적 장애 등의 사유로 혼자서 일상생활과 사회생활을 하기 어려운 장애인에게 제공하는 활동지원급여에 관한 사항을 규정하여 장애인의 자립생활을 지원하고 그 가족의 부담을 줄임으로써 장애인의 삶의 질을 높이는 것을 목적으로 한다.

제3조(국가와 지방자치단체의 책무) ① 국가와 지방자치단체는 적절한 활동지원급여를 제공하여 장애인이 일상생활과 사회생활을 원활히 할 수 있도록 시책을 마련하여야 한다.

② 국가와 지방자치단체는 활동지원 사업이 장애인의 자립생활을 지원하고 그 가족의 부담을 줄일 수 있도록 매년 필요한 재원을 조달하여야 한다.

(5) 건강가정기본법

「건강가정기본법」에 의하면, 전체 가족에 대한 지원을 명시하고 있으며 보편적 가족교육, 가족상담, 문화여가활동 등 다양한 서비스를 제공하도록 하고 있다. 이는 가족을 지원하는 서비스 측면에서는 의미가 있다고 볼 수 있으나 장애인가족의 특성을 고려한 서비스를 제공하는 데는 제한점이 있는 것으로 평가된다.

장애인 및 가족에 대한 지원이 명시된 법률은 존재하나 장애인가족의 가족체계 유지와 삶의 질 향상을 목적으로 장애인가족만을 대상으로 하는 법적 제도는 미비한 것으로 분석되었다. 보다 광의적/거시적인 차원에서 장애인가족에 대한 관점에서의 법률을 마련하고 그에 대한 정책이 개발, 시행되도록 해야 할 것이다.

제21조(가정에 대한 지원) ① 국가 및 지방자치단체는 가정이 원활한 기능을 수행하도록 지원하여야 한다.

② 제1항의 규정에 의하여 지원하여야 할 사항은 다음 각 호와 같다.

1. 가족구성원의 정신적 · 신체적 건강지원
2. 소득보장 등 경제생활의 안정
3. 안정된 주거생활
4. 태아검진 및 출산 · 양육의 지원
5. 직장과 가정의 양립
6. 음란물 · 유흥가 · 폭력 등 유해환경으로부터의 보호
7. 가정폭력으로부터의 보호
8. 가정 친화적 사회분위기의 조성
9. 그 밖에 건강한 가정의 기능을 강화 · 지원할 수 있는 관련 사항

③ 국가 및 지방자치단체는 취업여성의 임신 · 출산 · 수유와 관련된 모성보호 및 부성 보호를 위한 유급휴가시책이 환산되도록 노력하여야 한다.

④ 국가 및 지방자치단체는 한부모가족, 노인단독가정, 장애인가정, 미혼모가정, 공동생활가정, 자활공동체 등 사회적 보호를 필요로 하는 가정에 대하여 적극적으로 지원하여야 한다.

(6) 발달장애인 권리보장 및 지원에 관한 법률

「발달장애인 권리보장 및 지원에 관한 법률」에 의하면 발달장애인을 보호하고 양육하는 데 필요한 가족 지원을 명시하고 있다. 발달장애인지원센터를 설립하여 보호자인 가족에게 정보제공과 교육을 실시하고 필요한 상담이나 휴식지원을 하도록 한다. 그러나 2017년 7월 제정된 법은 가족 지원을 위한 서비스를 직접 수행하는 발달장애인지원센터의 설립이 전국적으로 아직 미비한 상황이며, 한정적 예산은 전 생애주기에 걸쳐 과도한 부양 부담을 지고 있는 가족 지원에 어려움이 있는 것으로 평가되고 있다.

제4장 발달장애인 가족 및 보호자 지원

제30조(보호자에 대한 정보제공과 교육) ① 국가와 지방자치단체는 발달장애인의 보호자가 발달장애인을 적절하게 보호 및 양육하는 데 필요한 정보를 제공하거나 관련 교육을 할 수 있다.

② 제1항에 따라 제공하는 정보와 교육의 내용과 방법 등에 필요한 사항은 보건복지부령으로 정한다.

③ 국가와 지방자치단체는 예산의 범위에서 제1항에 따른 정보제공과 교육실시에 필요한 경비의 전부 또는 일부를 지원할 수 있다.

제31조(보호자에 대한 상담지원) ① 국가와 지방자치단체는 발달장애인과 동거하는 보호자에게 전문적인 심리상담 서비스를 제공할 수 있다.

② 제1항에 따라 제공하는 심리상담 서비스의 내용과 방법 등에 필요한 사항은 보건복지부령으로 정한다.

③ 국가와 지방자치단체는 예산의 범위에서 제1항에 따른 심리상담 서비스에 필요한 경비의 전부 또는 일부를 지원할 수 있다.

제32조(휴식지원 등) ① 국가와 지방자치단체는 발달장애인 가족의 일상적인 양육부담을 경감하고 보호자의 정상적인 사회활동을 돕기 위하여 돌봄 및 일시적 휴식 지원 서비스를 제공할 수 있다.

② 국가와 지방자치단체는 발달장애인의 형제 · 자매로서 발달장애인이 아닌 아동 및 청소년이 건전하게 성장할 수 있도록 이들의 정서발달과 심리적 부담 해소 등을 위한 프로그램 운영을 지원할 수 있다.

③ 제1항 및 제2항에 따른 지원을 제공할 때에는 발달장애인 가족의 경제적 능력 등을 고려하여 지원할 대상 및 내용을 결정할 수 있다.

④ 제1항 및 제2항에 따른 지원의 대상 · 기준 및 방법 등에 필요한 사항은 보건복지부령으로 정한다.

3. 장애인가족 지원의 변화와 대책

1) 장애인가족 지원 서비스의 개념 정의와 패러다임 변화

(1) 가족 지원의 개념

가족 지원은 가족 중의 특정한 개인에게 초점을 맞추어 지원하거나 그의 욕구와 기능의 달성을 위해 보조적인 차원에서 가족을 지원하는 것이 아니라 한 가족 안에 있는 모든 가족구성원의 욕구와 기능을 지원하는 서비스를 의미한다. 이러한 가족 지원의 개념 근거는 우선 먼저 '한 단위로서의 가족 전체(Family as a whole)'에 초점을 두게 되는 가족체계적인 특성에서 기인한다. 가족체계적인 특성은 가족구성원들이 서로 영향을 주고받으면서 상호의존적인 특성을 지닌다는 것을 의미한다. 이 특성에 의하면, 가족 중 한 개인에게 문제가 발생하면 가족구성원 모두에게 그 영향이 미치게 되고 상호의존을 통해 구성된 가족의 안정을 유지해 주던 가족 내의 항상성에 변화가 발생하고, 이 변화는 환류라는 가족 내에 흐르는 에너지를 통해 순환적으로 진행되면서 영향을 미친다는 것이다. 두 번째 근거는 '환경 속의 인간'이라는 생태체계적인 관점이다. 한 개인이나 가족은 그를 둘러싼 환경과의 상호작용을 통해 적응과 부적응의 문제가 초래되고 이를 통해 환경을 수정 · 보완하려는 활동들이 생겨나게 된다. 이에 가족구성원으로서 장애인과 가족의 문제는 한 개인이나 그 가족만의 문제가 아닌 그 가족을 둘러싼 환경 속에서 문제점과 해결책을 찾아야 한다는 것을 의미한다.

(2) 장애인가족 지원 서비스의 패러다임 변화

가족체계적인 특성과 생태체계적인 관점에서 규정된 가족 지원 개념을 토대로 최근 우리나라의 장애인가족 지원 서비스의 패러다임은 공급자 중심에서 이용자 중심으로, 장애인 한 개인 중심에서 가족 중심으로 가장 크게 변화가 일어나고 있다. 이와 연관된 내용은 다음과 같다.

첫째로 통합적 서비스의 제공이다. 한 가족체계의 기능을 강화하기 위해 그들의 욕구와 기능에 맞는 서비스를 통합적으로 제공하는 것은 당연한 일이다. 통합적인 서비스를 지원하기 위해서는 가족의 주요 환경인 지역사회가 그들에게 효율적인 지지체계로서 역할과 기능을 하고 있는가가 매우 중요하다. 현재 우리나라의 장애인가족 지원 서비스는 한 가족을 지원하기 위한 각 기관 간의 포괄적이고 통합적인 서비스 연계 형태를 취하고 있지 못하고, 각 기관별로 자신들의 상황이나 가치에 맞는 프로그램과 사업들을 실시하고 있다. 따라서 프로그램의 중복 문제나 분절적인 서비스 전달체계의 문제(김성천 외, 2009)는 지속적으로 해결되어야 할 사항으로 지적되어 왔다. 가족 지원은 기존의 장애인에 초점을 두던 것에서 나아가 통합적인 차원에서 가족구성원을 지지하는 새로운 사고방식으로, 전문가의 판단에 의한 욕구가 아닌 가족의 욕구를 중심으로 사정하고, 가족이 가지고 있는 강점과 자원을 최대한 활용하여 가족 스스로가 서비스에 대한 통제력을 갖도록 함으로써 가족의 통합성과 역량을 강화하는 것이라 할 수 있다(오혜경, 정소영, 2003).

둘째로 개별화된 가족 지원이다. 공급자 중심에서 이용자 중심이 되기 위해서는 이용자인 가족의 욕구사정을 통한 가족 지원이 가장 보편적인 방법이다. 그럼에도 장애인가족이 가장 먼저 복지 서비스를 받기 위해 접촉하는 공적기관에서는 가족사정에 근거한 욕구사정을 실시하지 못하고 있다. 따라서 가족에 맞는 개별화된 가족 지원은 매우 요원한 일이 될 수밖에 없는 실정에 있다. 미국의 경우 장애인가족이 발생되면 그 가족에 맞는 개별화된 가족 지원 계획(Individualized Family Service Plan: IFSP)을 세우도록 규정하고 있다. 결국 공급자 중심의 가족 지원 정책으로부터 장애인과 가족을 위해 개별화된 가족 지원 계획을 강조하는 이용자 중심으로 변화되면서, 장애인과 그 가족이 겪는 복합적인 문제와 요구의 해결책으로 사례관리 중요성이 강조되고 있다(김성천 외, 2009).

셋째로 아직 우리나라에서는 실시하고 있지 못한 조기 가족 지원의 실시이다. 조기 가족 지원 프로그램을 실시하고 있는 주요 나라로는 영국과 미국이 있다. 영국의 경우에는 '**조기지원 프로그램**(Early Support Program)'이라는 이름으로 장애아동 및 가족들에게 보다 통합적(coordinated)이고, 가족 중심적(family-focused)인 서비스 제공을 목적으로 2004년부터 잉글랜드와 웨일즈 지역에서 그 체계가 구축되어 실시되고 있다. 이

프로그램은 0~3세까지의 영유아 장애아동 및 그 가족을 대상으로 하고 있으며, 중심 내용은 조기개입(early intervention)을 통한 장애아동의 발달을 도모하는 것과 장애아동 가족의 대처 능력(coping)을 고양시키는 것에 있다. 또한 장애아동의 상태 및 다양한 서비스 이용 내용을 하나의 파일로 묶어, 관련 서비스 제공자들 간에 공유하도록 하고 있다. 이 프로그램은 장애아동의 특별한 필요를 충족시키기 위해 다양한 서비스들을 연계하고, 서비스 제공자 및 전문가들 간의 팀워크를 도모하는 데 그 강조점을 두고 있다. 또한 미국의 조기 가족 지원은 주로 특수교육 분야의 과정에 어떻게 가족을 참여시킬 것인가를 중심으로 논의가 시작되었다가 점차적으로 장애아동에 대한 재활 서비스 제공 과정에서 가족중심 실천의 원칙을 강조하는 경향으로 발전하였다. 구체적으로 살펴보면, 0~2세 영아에게는 유아특수교육을 중심으로, 3~5세 유아에게는 가족의 욕구 중심으로 관련 서비스를 제공하고 있으며, 장애아동 가족이 가지고 있는 우선적인 관심사를 파악하기 위해 가족진단(family assessment)을 실시하고 이를 통해 개별화된 가족 지원계획을 세우고 있다.

넷째, 보건과 복지체계의 연계이다. 이것은 통합적 지원과도 연관된 것으로 장애인가족이 장애가 발생하였을 때 가장 먼저, 그리고 많이 찾는 곳이 의료기관인 보건체계로, 초기 개입을 위한 창구역할로서 보건체계를 활용하고 이를 통해 복지체계의 서비스에 진입할 수 있도록 만든다는 것이다. 그러나 우리나라의 서비스 전달체계는 보건과 복지가 분할되어 있고 원활한 상호 연계체계를 구축할 수 있는 제도적 장치가 마련되어 있지 못하다. 반면, 외국의 경우 보건-복지체계가 연계되어 서비스가 제공되고 있다. 영국의 경우는 지역별 의료보건체계가 지역 단위의 사회 서비스국과 연계될 수 있도록 제도적 장치가 마련되어 있어 보건체계에서 발견되는 장애인가족의 어려움을 각 지역 사회 서비스국에 자연스럽게 의뢰할 수 있는 시스템이 구축되어 있다. 미국의 경우도 각 지역의 소아과병원과 장애아동 및 가족 지원센터와 직접적으로 연계 시스템을 갖추고 있어 장애인가족에 대한 조기지원이 가능하도록 서비스 전달체계가 구축되어 있다. 호주의 경우에는 좀 더 독특한 서비스 전달체계를 가지고 있는데, 센터 링크라는 시스템으로 장애인가족이 접촉하게 되면 이곳에서 통합적으로 필요한 서비스에 연계하거나 관리하는 형태를 띠고 있다.

2) 장애인가족 지원 서비스 향상을 위한 대책

(1) 장애인 중심의 지원에서 장애인가족 관점으로 변화와 지원 확대

장애인 중심의 지원 정책이나 서비스로 인해 가족 관점의 서비스가 활발하게 지원되지 못하는 실정이다. 특히 가족구성원 개개인 혹은 가족체계가 지원의 대상이 되어야 한다는 인식을 하지 못하고 공급자인 보건, 복지 전문가들도 장애 발생부터 재활 과정 전반에 대한 가족의 어려움에 대해서는 구체적이고 계획적으로 개입하지 못하고 있다. 이는 서울시에 소재하고 있는 장애인복지 관련 기관 전체 193개 기관에서 가족 프로그램을 실시하는 경우는 94개소로 48.7%에 그치고 있다는 연구 결과로도 알 수 있다. 또한 관련 법 내용 분석에서도 살펴볼 수 있었다.

미국의 경우 발달장애인가족 지원 정책을 통해 장애인을 중심으로 한 경우와 가족을 중심으로 한 경우에 따라 지원 서비스가 달라질 수 있음을 〈표 12-7〉과 같이 제시하고 있다.

〈표 12-7〉 가족 지원 서비스 내용

장애인을 중심으로 한 가족 지원 프로그램	가족을 중심으로 한 가족 지원 프로그램
• 진단과 사정(diagnosis and assessment)	• 정보제공과 연계(information and referral)
• 치료 서비스(therapeutic services)	• 서비스 조율(service coordination)
• 의료/치과 서비스(medical/dental services)	• 단기휴식과 보호(temporary relief/respite)
• 자택간병(home health care)	• 가족상담(family counseling)
• 레크리에이션의 기회(recreational opportunity)	• 부모/형제교육(parent/sibling education)
• 장애인 편의를 고려한 의복 및 음식(special clothing and diets)	• 주간보호 또는 가족구성원에 의한 보호(day or family member care)
• 교통 수단(transportation)	• 재정적 보조(financial assistance)
• 보조기구(adaptive equipment)	• 미래 재정계획(future financial planning)
• 주거 개선과 충분한 건강보험(housing adaptations and adequate health insurance)	• 상호지지집단과 주거환경 개조(mutual support groups and housing modifications)

출처: Terrill (2007).

(2) 보건의료 서비스와 복지 서비스 체계와의 연계

장애 발생 시 대부분 가족들은 의료체계에서 진단과 치료를 위한 서비스를 주로 제공받게 된다. 그러나 의료 서비스를 받고 난 후 다음 단계의 서비스를 받을 수 있는 복지 서비스 체계로의 의뢰나 전환을 위한 어떤 시스템도 가지고 있지 못한 우리의 현실 속에서, 장애인가족이 통합적인 서비스를 제공받는 데는 한계가 있다.

따라서 가족들이 최초로 공식적인 보건복지 서비스의 진입체계가 될 수 있는 의료 현장에서 장애인가족을 위한 다양한 정보제공의 역할이 무엇보다도 중요할 수 있다. 특히 의료진들의 장애에 대한 적절한 인식과 초기 장애 발생에서 오는 가족체계의 혼란과 심리적, 정서적, 사회적 스트레스나 부담에 대해 가족입장에서 필요한 서비스를 제공하는 것은 가족의 장애 발생에 대한 대처에 매우 중요한 영향을 미치는 요인이 된다. 현재의 상황에서 의료진에게 진단이나 치료 중심 시스템은 가족들에게 필요한 장애 진단 이후에 복지 정책에 대한 안내와 정보제공 등에 대한 한계를 가질 수밖에 없다. 한계점을 해결하기 위해서는 의료적 관점에서 벗어나 가족 관점에서 찾아오는 장애인과 장애인가족에 대한 서비스를 개발하고, 복지 서비스 체계와의 연계를 통해 가족이 자신들이 고군분투하면서 정보를 찾고, 가족체계가 해체 위험에 처하지 않도록 지속적이고 접근 가능한 보건복지 시스템을 만들어 가는 것이 필요할 것으로 보인다.

(3) 다양한 가족 특성을 고려한 가족 지원 프로그램의 개발

2013년 서울복지재단에서 서울 소재 장애인가족 관련 기관의 프로그램을 조사한 결과에 따르면, 가족 지원 프로그램은 가족전문 심리상담이나 가족캠프, 부모교육 그리고 문화여가활동 등을 중심으로 실시되고 있는 것으로 나타났다. 또한 가족 지원 서비스의 주요 대상으로는 아동 및 학령기 대상의 장애인을 가족으로 둔 경우가 전체의 77.3%로 대부분을 차지하고 있으며, 영 · 유아나 성인 또는 노인 세대가 있는 장애인가족의 경우 매우 미비한 수준으로 나타났다. 장애 유형에 있어서도 지적장애나 발달장애와 관련된 가족 지원 프로그램이 전체 장애 유형 중 52.3%로 과반수를 넘기고 있어 상대적으로 다른 장애 유형의 가족 지원 서비스나 프로그램이 매우 제한적임을 알 수 있다. 물론 일부 복지기관들은 장애인가족의 특성에 맞는 프로그램을 진행하고 있기는 하지만 향후 지속적으로 다양한 생애주기와 장애 유형별 가족의 특성에 맞는 다양한 가족 지원 프로그램의 개발과 실행이 요구된다.

(4) 가족 지원 프로그램 제공을 위한 전문 인력 및 지원의 부재

가족 지원 프로그램을 제공하기 위해 전문 인력을 두고, 체계적으로 서비스를 전달하는 기관이 필요하다. 전문 인력과 예산의 확보를 통한 보다 질적인 가족 지원 프로그램의 개발은 무엇보다 장애인가족의 프로그램 참여 동기를 강화할 수 있으며, 실질적인 도움 제공에 가장 중요한 요인이다. 그러나 현재 우리의 현실은 예산 부족과 사회복지사들의 업무 과다의 문제와 더불어 심리적 지원을 위한 전문 상담인력의 부족 등이 장애인가족의 심리적, 정서적 지원에 필요한 전문적인 프로그램 개발에 어려움을 갖게 한다. 따라서 가족 관점으로의 전환을 통한 가족지원 예산 배정에서부터 보다 전문적이고 실질적인 프로그램 개발을 위한 전문 인력 양성까지의 노력이 필요하다. 전문 인력 양성에는 프로그램 기획 단계부터 실행까지의 각 단계에 대한 훈련 과정이 요구되며, 향후 가족 지원 프로그램 수행을 위한 지역사회 체계에서의 관심과 지원도 병행해야 한다.

◈ 참고문헌

고용노동부(2012). 장애인통계.

김경진(2004). 청각장애 대학생의 문화실태 연구. 언어치료연구, 13(4), 23-39.

김성천, 권오형, 최복천, 심석순, 신현욱(2009). 가족중심의 장애아동 통합지원 체계구축연구. 서울: 한국장애인개발원.

김성희, 권선진, 강동욱, 노승현, 이민경, 이송희(2012). 수요자 중심 장애인복지정책 개발을 위한 연구: 2011년 장애인 사회조사 심층분석. 한국보건사회연구원 연구보고서 2012-40.

박세화(2012). 척수손상장애인의 장애수용과정의 경험. 한양대학교 임상간호정보대학원 석사학위논문.

보건복지부(2018). 2018 등록장애인현황.

보건복지부, 한국보건사회연구원(2018). 2017 장애인 실태조사.
서울복지재단(2013). 장애발생에 따른 서비스전달체계에 관한 연구보고서.
손연숙, 허홍무, 박영숙(2009). 중도장애인과 가족. 서울: 범론사.
손연숙(2011). 중도장애인가족의 부양부담감 결정요인에 관한 연구. 서울기독대학교 대학원 박사학위논문.
오인혜, 정은희(2011). 청각장애인 가족 유형에 따른 청소년 자녀의 경험 분석. 특수아동교육연구, 13(3), 409-435.
오혜경, 정소영(2003). 영유아기 장애아동의 양육부담과 가족 지원. 서울: 신정.
한국척수장애인협회(2018). 2018 척수장애인 욕구실태조사보고서.

Bosch, L. A. (1996). Needs of Parents of Young Children with Developmental Delay: Implications for Social Work Practice. *Famillies in society: The Journal of Contemporary Human Services, 65*, 477-480.
Kübler-Ross, E. (1969). *On Death and Dying*. New York: Macmillan.
O'Shea, D. J., O'Shea, L. J., Algozzine, R., & Hammitte, D. J. (2006). 장애인 가족 지원(박지연, 김은숙, 김정연, 김주혜, 나수현, 윤선아, 이금진, 이명희, 전혜연 역). 서울: 학지사.
Preechawong, S., Zauszniewski, J. A., Heinzer, M. M., Musil, C. M., Kercsmar, C., & Aswinanonh, R. (2007). Relationships of family functioning, self-esteem, and resourceful coping of Thaiadolescents with asthma. *Issues Mental Nurs, 28*(1), 21-36.
Singer, George H. S., & Powers, L. E. (1993). *Families, Disability, and Empowerment: Active Coping Skills and Strategies for Family Interventions*. Paul H. Brookes Publishing Co.
Terrill, C. F. (2007). 미국 발달장애인가족 지원 정책. 2007 파리장애아포럼 자료집.

제13장
정신장애인가족

정신건강이 '삶의 질'에 미치는 영향은 누구나 공감하는 시대의 관심사이다. 현대사회의 급속한 변화와 발전은 정신건강에 대한 관심을 증가시키고, 스트레스, 우울, 자살 등 다양한 정신건강상의 문제를 사회화시킨다. 정신장애는 사회구성원 일부의 문제가 아니라 전체 사회가 함께 관심을 기울여야 할 국가적 · 사회적 이슈가 되고 있다.

특히 '커뮤니티 케어(community care)'를 중심으로 지역사회 중심의 보건복지서비스 체계에 대한 사회적 관심과 투자가 확산되면서 정신장애인가족의 돌봄 부담과 이에 대한 지원체계에 대한 요구도 높아지고 있다. 따라서 이 장에서는 정신장애인가족이 경험하는 실제적 어려움과 관련한 정책 및 서비스 현황을 파악하고 이를 통해 정신장애인가족에 대한 깊이 있는 이해 및 가족복지실천을 위한 개입의 기반을 마련하고자 한다.

1. 정신장애인가족에 대한 이해

1) 정신장애와 정신장애인가족의 정의

정신장애는 일반적으로 정신질환과 유사하게 사용되는 용어이나 정신질환과 달리 질병 자체의 활발한 진행 외에도 질병으로 인한 기능의 파손, 사회적 기능 회복의 어려움 등을 포함한다(문인숙, 양옥경, 1991). 그러나 정신질환의 진행 과정을 볼 때 질환과 장애의 경계가 분명하지 않고, 시대사회적 맥락에 따라 달라지므로 보다 복잡하고 다차원적 해석이 요구된다.

정신장애나 정신질환을 정의하고 있는 법률로는「정신건강증진 및 정신질환자 복지서비스 지원에 관한 법률」(약칭: 정신건강복지법)[1]과「장애인복지법」이 있다.「정신건강복지법」에서는 정신질환자에 대한 정의를 '망상, 환각, 사고(思考)나 기분의 장애 등으로 인하여 독립적으로 일상생활을 영위하는 데 중대한 제약이 있는 사람을 말한다'고 규정하고 있다. 이 같은 정의는 개정 이전의「정신보건법」에서 '정신병(기질적 정신병 포함), 인격장애, 알코올 및 약물중독, 기타 비정신병적 정신장애'로 규정한 것과 비교하여 정신병적 증상으로 인하여 현실검증력이 손상되고 일상생활의 제약을 경험하는 대상으로 제한한 것이다. 즉, 의료적, 진단적 범주가 아닌 증상과 장애를 중심으로 정신질환을 정의하고 의료적 접근 대신 기능적, 사회적 측면의 개입이 필요함을 시사한다. 정신질환과 정신장애의 개념을 혼용하여 쓰고 있지만 실제 정신장애의 개념은 '장애'의 개념에 더 가깝고, 의료적 치료만이 아닌 사회적 지원과 개입이 필요한 대상 범주로 인식되고 있다.

---

1) 1995년 제정된「정신보건법」은 정신건강의 증진과 예방, 정신장애인의 치료 및 사회복귀 등을 지원하는 기본 법률로 기능하였다. 그러나 그동안 15차례 이상 개정이 이루어지면서 전면개정에 대한 시대사회적 요청이 잇따랐고, 이에 2016년「정신건강증진 및 정신질환자 복지서비스 지원에 관한 법률」(약칭:「정신건강복지법」)로 전면개정되었다. 개정된 법률은 이전 법률과 비교해 비자의입원 요건과 절차를 대폭 강화하는 등 정신장애인의 인권보호를 위한 강제입원제도를 개선하고, 국민 정신건강의 증진, 복지서비스 등을 강화하는 내용으로 2017년 5월 30일부터 시행되고 있다.

1999년 개정된 「장애인복지법」에서는 장애의 범주를 확대해 정신장애를 포함하였다. 제2조에서 "장애인이란 신체적, 정신적 장애로 오랫동안 일상생활이나 사회생활에서 상당한 제약을 받는 자"로 규정하고 있다. 더불어 「장애인복지법 시행령」의 관련 규정에서 "정신장애인이란 지속적인 정신분열병, 양극성 정동장애, 반복성 우울장애에 따른 감정조절, 행동, 사고 기능 및 능력의 장애로 인하여 일상생활에 상당한 제약을 받는 사람"으로 정의하고 있다.

따라서 정신장애인을 정의할 때, 단순히 정신질환의 증상과 기능에 따른 장애에만 초점을 두지 않고 정신장애인의 생활조건이나 환경 등 사회재활적 측면의 접근이 필요하다(김문근, 김이영, 2008). 즉, 정신장애의 특성상 다른 신체질환과 달리 정신질환의 증상 발병에서 시작해 진행 과정과 회복에 이르는 장기적 경과 과정을 경험하게 되고, 그 과정에서 나타나는 증상의 특성과 경과가 독특하다. 또한 사회적 낙인과 편견으로 야기되는 심리사회적 부담도 큰 만큼 질환과 의료적 측면의 접근뿐 아니라 장애와 사회적 맥락에 대한 이해 역시 동시에 요구된다. 정신질환의 회복과 기능재활 외에 사회통합과 삶의 질 향상을 위한 통합적 접근이 요구되는 대상으로 고려하여야 할 것이다.

한편 정신장애인가족은 일반적으로 가족구성원 중 일부가 정신장애인인 경우를 말한다. 대개 만성적 경과를 겪게 되는 정신장애의 경우 성인 자녀가 정신장애인인 경우가 많지만, 최근 정신장애인의 결혼과 출산, 양육에 대한 욕구가 다양하게 표출되면서 정신장애가 있는 배우자와 부모로 구성된 정신장애인가족까지 다양한 유형을 포함하고 있다.

2) 정신장애인가족에 대한 관점

정신장애인가족을 어떻게 보고, 어떠한 역할을 부여할 것인가는 정신건강 현장에서 오랫동안 논의되어 온 이슈이다. 정신장애인가족은 정신장애인의 일차적 보호제공자이면서 정신장애의 원인제공자, 치료자, 전문가 등 다양하게 인식되어 왔다. 특히 가족의 역할이 정신질환의 증상과 치료, 재활에 밀접하게 관련되어 있는 만큼 정신장애인가족에 대한 관점은 이후 정신장애의 문제를 해결하고 관련 문제의 대처 전략을 수립하는 데에 주요한 영향을 미친다.

(1) 병리적 관점

1950년대 이후 가족치료의 등장과 가족체계 이론이 확대되면서 가족은 정신장애의 주요 원인제공자로 인식되었다. 가족치료 이론가를 중심으로 부모의 양육 과정 혹은 부모의 부부관계, 상호작용의 문제 등은 정신장애의 주요한 원인으로 지목되었다. Fromm-Reichman(1948)이 주장한 '정신분열병을 일으키는 어머니(schizophrenogenic mother)', Bateson 등(1956)의 '이중구속(double bind)' 등이 대표적 예이다(서진환, 김용석, 2000에서 재인용).

'정신분열병을 일으키는 어머니'는 정신분열병을 발병시키는 전형적인 어머니상으로 자녀와의 관계에서 온정과 정서적 반응이 부족하고, 자녀에게 거부적인 특성을 나타낸다. 이러한 관계에서 자란 자녀는 심리사회적 발달과업을 적절히 수행하지 못하고 정신질환이 발병하기 쉽다. '이중구속'은 일반적으로 정신분열병 가족체계 안에서 대표적으로 나타나는 의사소통 방식으로 언어적, 비언어적 의사소통에 있어 갈등적이고 모순적 메시지가 동시에 제공된다. '이중구속' 메시지에 지속적으로 노출될 경우 아동들은 혼란에 빠지고, 정신분열병적 행동을 보이기 쉽다는 것이다(Atkinson & Coia, 1995).

이러한 관점에서 가족의 부적절한 의사소통과 구성원 간 갈등이 정신질환의 발병과 발달에 책임이 있는 만큼 정신질환의 치료에 있어 가족의 의사소통과 상호작용의 개선 등을 중요하게 지적하였다. 가족을 정신장애의 원인으로 보는 병리적 관점은 정신질환의 잘못을 가족의 책임으로 비난하는 결과를 낳게 되어 가족의 부담과 사회적 편견을 심화시킨다. 가족들은 '확인되지 않은 환자(unidentified patient)'로 취급되면서 부모로서의 부적절함에만 초점을 두는 전문가들에 의해 끊임없이 소외되고 죄책감을 경험하게 된다(Bernheim, 1982; Collind et al., 1990: 서진환, 김용석, 2000에서 재인용).

한편 병리적 관점은 가족과 같이 일하는 전문가에게도 부정적 영향을 미치게 된다(Marsh, 1992; Terklsen, 1983: 서미경, 2007에서 재인용).

첫째, 전문가들이 병리적 이론을 지지할 경우 가족을 정신장애의 원인으로 비난하게 되고 결과적으로 치료에 참여시키지 않게 되며 협력적 관계 형성이 어렵다.

둘째, 가족 역시 자신들을 원인으로 보는 시각 때문에 치료자들을 회피하고 적절한 대처를 하지 못한 채 정신장애인과 부적응적 관계를 지속하게 된다. 이는 치료에 역기능적으로 작용하여 악순환을 초래한다.

셋째, 병리적 관점들이 대부분 가족을 원인으로 보면서도 치료대상을 정신장애인 개인에게 한정시키고 있어 가족의 변화 노력은 부족한 편이다. 따라서 가족의 욕구 충족과 정보 공유가 이루어지기 어렵다.

결국 병리적 관점은 정신질환의 치료와 재활 과정에서 가족들을 소외시키고 전문가와 가족 간 협력적 관계를 방해함으로써 정신장애인의 사회복귀와 회복을 힘들게 하는 결과를 낳는다.

(2) 반응적 관점

1950년대 후반 이후 정신장애를 생물학적 특성으로 이해하는 관점이 등장하였다. 이에 정신장애의 원인이 부적절한 양육방식이나 역기능적 의사소통에서 비롯되었다는 기존의 병리적 관점은 점차 약화되었다. 정신질환의 경과 과정에서 부정적인 영향을 주는 가족 요인이 가족 고유의 특성이라기보다는 가족구성원의 정신장애로 인한 스트레스에 대한 반응행동이라는 관점이 대두되었다. 즉, 가족의 역기능은 정신장애에 대처하는 과정에서 발생하는 비정상적 반응이라는 인식이 등장하였다(서미경, 2007; 서진환, 김용석, 2000).

대표적인 반응적 관점으로 스트레스 취약성 이론이나 감정표출 등을 통해 정신장애의 원인과 경과 과정을 설명하는 이론들이 있다.

스트레스 취약성 이론은 정신장애와 관련하여 소인을 가지고 있는 사람이 심리사회적 혹은 환경적 스트레스에 노출되었을 때 정신장애가 발생할 수 있다는 것이다. 스트레스를 받는다고 해서 모든 사람이 정신장애가 발생하는 것은 아니며 특정 소인 혹은 유전적 취약성이 스트레스와 결합되어 정신질환을 발생시킨다는 것이다(서미경, 2007). 한편, 감정표출(expressed emotion) 이론은 탈시설화 정책의 영향으로 나타났다. 이는 가족과의 관계에서 나타나는 감정적 관여가 정신장애의 증상, 특히 재발 가능성에 주요한 영향을 미치는 데 초점을 두는 이론이다. Brown 등(Brown et al., 1962, 1966)은 가족들이 환자들에게 비난적 표현, 적개심의 표현, 지나친 정서적 간섭을 하는 정도를 평가하여 감정표출 정도를 점수화하고 재발률과의 관계를 연구한 결과, 높은 수준의 감정표출이 재발률과 유의미한 관계가 있음을 밝혀냈다. 이러한 연구 결과를 통해 가족의 수용 정도가 낮고 스트레스가 높을수록 재발의 위험이 높아진다고 보고하였고, 결국 가족은 질병 발생의 원인이 아니라 질병 과정에서 재발의 요인이 될 수 있다는 점이 새롭게 인식되었다(Fallon, Boyd, & McGill, 1984에서 재인용).

이처럼 정신장애의 원인으로 인식되었던 가족의 문제는 오히려 정신장애의 결과로 인식하는 반응적 관점은 가족을 더 이상 정신장애의 원인제공자로 간주하지 않고, 일차적 보호제공자임을 강조한다. 또한 지역사회 복귀를 통해 가족과 함께 거주하는 것만으로 정신장애인의 재활과 회복이 가능한 것은 아님을 강조하였다. 정신장애인가족이 정신장애의 치료와 재발에 일차적인 개입과 기능을 수행할 수 있는 중요한 역할을 수행해야 하는 것이다. 따라서 이러한 관점을 기반으로 가족을 대상으로 스트레스 대처 훈련 및 교육, 정서적 지지의 제공을 목적으로 하는 가족 교육과 개입 등이 다양하게 요구되었다.

(3) 강점 관점

최근 정신건강현장은 정신장애의 치료뿐 아니라 정신질환의 예방, 조기발견, 치료적 개입, 사회복귀를 포함하여 전 국민의 정신건강증진을 목표로 변화하고 있다. 동시에 정신건강 정책이 입원치료 및 시설 중심에서 '커뮤니티 케어(community care)' 중심으로 전환되면서 정신장애인을 돌보는 가족의 역할이 재인식되고 강조되고 있다. 가족은 최초의 진단자이면서 치료경로를 선택하는 사람이며, 환자를 보호하고 간호하는 사람이다. 또한 환자의 정서적, 경제적 지원자로 중요한 역할을 담당한다. 정신질환을 치료하는 과정에서 치료에 대하여 지지적이고 협조적인 가족들의 태도는 병식이 없는 환자를 계속 치료에 참여시키는 데 큰 힘이 되고, 환자의 동기가 약하여 치료나 재활과정에서 중도탈락하는 것을 방지해 줄 수 있다. 가족의 지지와 협력은 정신장애인이 지역사회 내에서의 적응하고 통합적 기능을 수행할 수 있도록 한다.

이에 정신장애인가족을 바라보는 관점 역시 긍정적이고 강점 지향적 시각으로 변화하고 있다. 강점 관점은 문제 자체에 대한 관심보다 해결점을 발견하고 강점을 강화하는 데 초점을 둔다. 인간은 누구나 내부에 힘을 가지고 있고, 이를 성장시키고 발전할 수 있는 능력이 있음을 전제로 한다(Saleeby, 2006). 즉, 정신장애인가족이 지닌 자원과 역량, 잠재력을 중시하면서 정신장애인의 지역사회 통합에 있어 가족을 중요한 자원으로 인식하는 것이다. 강점 관점을 통해 정신장애인의 재활과 회복 과정에서 가족은 정신장애인을 가장 잘 아는 전문가로 인식되고, 변화와 성장의 잠재력을 가지고 있어 정신장애인의 회복과 재활에 가장 중요한 역할을 담당한다. 일차적 치료제공자이면서 회복과 재활을 돕는 중요한 치료의 파트너가 되는 것이다. 따라서 정신건강현장의 전문가들은 가족과의 협력적 관계를 바탕으로 기존의 능력과 자원을 강조하고 복원함으로써 사회복귀를 촉진시켜 나가고자 하는 것이다.

그러나 강점 관점의 확산에도 불구하고 우리나라 정신건강현장의 실천과 수련교육 등에 여전히 병리적 관점이 영향력을 발휘하고 있다(이경아, 하경희, 2012). 그간의 강점 지향적 실천과 관련된 성찰과 성과가 지속적으로 제시되고 있는 만큼 이러한 성과를 더욱 확산해 나가면서 단순히 관점의 변화에만 머무는 것이 아니라 실천적 측면의 강점 역량을 강화시켜 나가야 할 것이다. 서비스 제공자와 전문가로서의 역할과 권한을 클라이언트와 그 가족이 함께 수행해 나갈 수 있도록 하는 역량강화모델을 실천하고 정신장애인뿐 아니라 정신장애인가족 당사자의 욕구에 기반한 서비스 및 정책을 적극적으로 확대해 나가야 할 것이다.

2. 정신장애인가족의 실태와 문제점

1) 정신장애인 현황

정신건강의 문제가 점차 광범위하게 확산되면서 국가사회적 부담이 증가하고 있다. 2017년 대국민 정신건강 지식 및 태도 조사에 따르면 우리나라 성인의 65%가 지난

1년간 정신건강의 문제를 경험하였다고 응답하였으며, 지난 1년간 경험한 정신건강의 문제가 5개 이상이라고 응답한 경우도 성인 전체의 20% 이상을 차지하고 있다(국립정신건강센터, 2017)

2016년 정신역학조사에 따르면 지난 1년 동안 국내에 거주하면서 정신질환을 앓고 있는 사람은 287만 명이었으며 일생 동안 정신질환 유병률은 25.4%에 이른다[2] (〈표 13-1〉 참고). 이는 국민 4명 중 한 명은 평생 동안 한 번 이상의 정신질환을 경험하고 있다는 의미이다. 성별로는 남성이 28.8%, 여성이 21.9%로 나타났다. 주요 정신질환군별 평생유병률은 알코올 사용장애 12.2%, 불안장애 9.3%, 니코틴 사용장애 6.0%, 기분장애 5.3%(주요우울장애 5.0%), 조현병 스펙트럼장애 0.5%, 약물 사용장애 0.2% 순으로 나타났으며, 성별로는 남성은 알코올 사용장애, 여성은 불안장애가 가장 높게 나타났다. 성별 특성을 고려할 때 조현병 스펙트럼 장애의 경우 전체 유병률 0.5%에서 남녀 간 차이는 크게 나타나지 않았으나(남성 0.5%, 여성 0.4%), 주요우울장애를 포함하는 기분장애의 평생유병률 5.3% 중 여성이 7.2%, 남성은 3.3%로 여성의 비중이 상대적으로 높게 나타났다. 불안장애의 경우에도 전체 9.3%의 유병률 가운데 남성 6.7%, 여성 11.7%로 여성의 유병률이 높게 나타났다(보건복지부, 삼성서울병원, 2017). 우울증의 경우 자살의 주요 원인으로 주목받고 있어 우울증으로 인한 개인적 고통뿐 아니라 사회적 비용 부담에 대한 관심이 요구된다.

그러나 우리나라 국민의 정신건강에 대한 인식 수준은 선진국에 비해 낮은 편이다. 정신질환에 대한 사회적 편견이나 서비스 접근의 제한 등으로 정신질환의 치료와 대처에 소극적이고, 주변의 시선을 의식하며 치료 시기를 놓치는 경우도 많다. 국내 일반 성인 중에서 정신건강 문제로 관련 전문가와 상의한 적이 있는 경우는 전체의 9.6%이다. 실제 정신질환 진단을 받은 사람 중 정신건강의학과 전문의를 방문한 비율은 16.6% 수준이었다. 이는 2011년 15.3%보다 다소 증가하였으나, 미국(39.2%)이나 호주(34.9%) 등의 선진국에 비하면 여전히 낮은 수준이다(보건복지부, 2014).

---

2) 2001년, 2006년에는 만 18~64세를, 2011년에는 만 18~74세를 조사대상으로 하였다. 한편, 2016년 조사는 만 18세 이상 전체를 조사대상으로 하였지만, 비교를 위해 만 18~64세까지의 유병률을 기준으로 하였다.

〈표 13-1〉 18~64세 정신장애 평생유병률 비교

진단	2001년	2006년	2011년	2016년 (64세 이하)	2016년 (전체)
	유병률(S.E.) (%)	유병률(S.E.) (%)	유병률(S.E.) (%)	유병률(S.E.) (%)	유병률(S.E.) (%)
알코올사용장애	15.9(0.5)	16.2(1.2)	14.0(1.0)	13.4(0.7)	12.2(0.6)
알코올 의존	8.1(0.4)	7.0(0.9)	5.6(0.6)	5.0(0.5)	4.5(0.4)
알코올 남용	7.8(0.4)	9.2(0.5)	8.5(0.8)	8.4(0.6)	7.7(0.5)
조현병 스펙트럼 장애	1.1(0.1)	0.5(0.1)	0.6(0.2)	0.5(0.1)	0.5(0.1)
조현병 및 관련장애	0.2(0.1)	0.1(0.1)	0.2(0.1)	0.2(0.1)	0.2(0.1)
단기정신병적 장애	0.8(0.1)	0.30.1)	0.4(0.2)	0.3(0.1)	0.3(0.1)
기분장애	4.6(0.3)	6.2(0.6)	7.5(0.7)	5.4(0.4)	5.3(0.4)
주요우울장애	4.0(0.3)	5.6(0.5)	6.7(0.7)	5.1(0.4)	5.0(0.4)
기분부전장애	0.5(0.1)	0.5(0.1)	0.7(0.2)	1.3(0.2)	1.3(0.2)
양극성장애	0.2(0.1)	0.3(0.1)	0.2(0.1)	0.2(0.1)	0.1(0.1)
불안장애	8.8(0.4)	6.9(0.5)	8.7(0.8)	9.5(0.5)	9.3(0.5)
강박장애	0.8(0.1)	0.6(0.1)	0.8(0.2)	0.7(0.2)	0.6(0.1)
외상후스트레스장애	1.6(0.2)	1.2(0.2)	1.6(0.4)	1.4(0.2)	1.5(0.2)
공황장애	0.3(0.1)	0.2(0.1)	0.2(0.1)	0.4(0.1)	0.5(0.1)
광장공포증	0.3(0.1)	0.2(0.1)	0.4(0.2)	0.7(0.2)	0.7(0.2)
사회공포증	0.3(0.1)	0.5(0.2)	0.5(0.2)	1.8(0.3)	1.6(0.2)
범불안장애	2.2(0.2)	1.6(0.1)	1.9(0.4)	2.3(0.3)	2.4(0.3)
특정공포증	4.8(0.3)	3.8(0.4)	5.4(0.6)	5.9(0.4)	5.6(0.4)
모든 정신장애	29.9(0.6)	26.7(1.8)	27.4(1.3)	26.6(0.9)	25.4(0.8)
니코틴 사용장애 제외 모든정신장애	25.3(0.6)	23.2(1.6)	24.5(1.2)	24.2(0.9)	23.1(0.7)
니코틴, 알코올사용장애 제외 모든 정신장애	12.7(0.4)	12.1(1.0)	14.4(1.0)	13.5(0.6)	13.2(0.6)

출처: 보건복지부, 삼성서울병원(2017), p. 34.

한편 2017년 장애인 실태조사(보건복지부, 한국보건사회연구원, 2018)에 따르면 정신질환자 중 「장애인복지법」에 근거해 정신장애로 등록한 인구는 2017년 기준으로 약 11만여 명에 불과하다. 이는 1년 유병률을 기준으로 할 때 정신질환 환자들 중 약 3.48%만이 등록한 것이다. 정신질환자의 지난 1년과 앞으로의 1년 동안 노동력을 기준으로 하여 중증정신질환을 평가하는 미국 사회보장국의 보고에 따르면 2016년 미국 성인인구의 약 1.45%가 노동능력을 상실한 등록 정신장애인으로 판단되며, 이를 기준으로 우리나라에 적용하면 2016년 중증정신질환자는 약 54만 명에 이를 것으로 추정된다(국가인권위원회, 2018). 우리나라의 정신장애인 등록은 장애인 범주에 포함되는 다른 유형의 장애인에 비해 낮은 수치일 뿐 아니라 집중적 서비스가 필요한 중증정신질환자 규모를 고려할 때 더욱 심각한 수치이다.

이러한 상황은 정신장애인의 증가라는 양적 측면의 심각성뿐 아니라 서비스가 필요한 정신장애인의 상당수가 각종 사회적 지원에서 소외되고 있으며, 관련된 사회적 인식의 부재로 인하여 공식적 지원체계 개발이 부족하고, 서비스와 욕구 간의 연결이 충분하지 못함을 보여 준다. 지역사회에 거주하는 정신장애인 대부분이 고립된 상황에 있으며, 정신장애인을 위한 주거, 고용 및 직업생활, 평생교육과 문화활동 등 복지지원과 관련한 체계적이고 종합적 정책이 부재한 현실이다(보건복지부, 2017).

이러한 상황에서 지역사회에 거주하는 정신장애인들의 지원과 보호는 대부분 가족들의 몫이 된다. 정신건강복지센터와 정신사회재활시설 등 지역사회 기반 서비스 기관에 등록되어 지원을 받고 있다 하더라도 가족은 여전히 이들 정신장애인의 전적인 혹은 보조적인 보호자가 될 수밖에 없다. 따라서 정신장애인을 일상적으로 보살피고 도움을 제공해야 하는 일차적 지지체계로서 가족의 부담과 역할 긴장은 더욱 높아질 수밖에 없다.

2) 정신장애인가족유형별 특성 및 문제

정신장애인가족의 특성을 이해하는 데는 하나의 단위로서 가족 전체가 경험하는 상호작용의 특성을 파악할 필요가 있다. 가족의 개념과 범위는 시대사회적 가치와 문화에 따라 변화하면서 특정한 구성원을 기준으로 정신장애인가족을 제한하기는 어렵다. 그러나 현실적으로 주요 보호의무자로서의 가족이 부모인지, 형제인지에 따라 정신장애인에 대한 이해와 요구는 다를 수밖에 없다(양옥경, 2006). 이에 전통적으로 정신장애인의 보호와 지원을 담당해 온 가족구성원을 중심으로 가족의 유형을 구분하고 이들 유형별로 경험하는 부담과 관련 욕구들을 살펴본다.

(1) 정신장애인의 부모

2017년 장애인실태조사에 따르면 장애인의 일상생활을 도와주는 사람은 배우자(39.4%), 부모(21.1%), 자녀 (16.6%) 순으로 나타났다. 그러나 정신장애인의 경우 배우자(13.7%)보다 부모(49.7%)의 비중이 훨씬 높았고, 형제자매(13.7%), 자녀(3.4%) 순으로 나타났다. 우리나라의 경우 부모, 특히 어머니 대부분이 정신장애인 자녀에 대한 죄책감으로 인한 정신적 부담뿐 아니라 적절한 서비스 시설의 부족으로 인해 돌봄에 대한 실제적 부담에 시달리고 있다(양옥경, 1995).

정신장애의 발생 시기를 연령별로 살펴보면 전반적으로 20대에 발생한 경우가 35.5%, 10대에 발생한 경우가 23.3%, 30대에 발생한 경우가 21.0%, 40대에 발생한 경우가 10.4%의 순이었다(보건복지부, 한국보건사회연구원, 2018). 따라서 성인기에 접어드는 정신장애인 자녀의 보호와 지원은 대부분 노년기로 진입하는 부모세대의 몫이 된다. 일반적으로 생애발달주기에서 성인기는 결혼과 직업정체성을 확립하고 사회로의 진입을 시도하는 시기이다. 그러나 정신질환의 발병은 결혼과 직업을 통해 획득할 수 있는 사회적 역할 수행의 기회를 일찍이 차단한다. 또한 정신장애의 특성상 만성화 경향을 보이면서 부모세대는 점차 노년기로 진입하고, 노년기에 경험하는 신체적 약화와 사회경제적 고립은 자녀의 정신질환으로 인해 더욱 강화된다.

특히 다른 신체적 장애와 비교했을 때 정신장애인 부모가 겪는 보호 부담은 사회적 낙인과 만성화 과정에서 경과를 예측할 수 없는 정신질환의 특성에 따라 더욱 크다. 정상인 부모와 정신장애인 부모의 정신건강 상태를 비교한 연구(김윤희 외, 2009)에서 정신장애인 부모는 정상인 부모에 비해 우울, 불안 및 정신증적 증상이 더 많이 나타났고, 가족기능상의 결속력과 적응력 등이 더 낮게 나타난 것으로 확인되었다. 즉, 정신장애인 부모는 정서적, 경제적, 사회적 측면의 다양한 어려움을 경험할 뿐 아니라 이러한 과중한 스트레스는 다시 정신장애인의 돌봄 부담과 보호체계의 약화를 야기함에 따라 가족 전체의 역기능과 악순환을 지속시키게 된다.

(2) 정신장애인의 형제자매

정신장애인의 형제자매는 정신장애인의 삶에 중요한 영향을 미친다. 의학의 발달과 삶의 질 향상에 따라 만성정신장애인의 수명이 연장되면서 동시대를 살아가는 형제자매의 역할은 더욱 중요해지고 있다(최명민, 권자영, 2012). 형제자매는 부모가 질병이나 사망 등으로 보호자로서의 역할을 더 이상 수행할 수 없을 경우 현실적인 대안이 되기도 한다. 대부분의 정신장애인이 결혼하지 않고 독신을 유지하는 경우가 많기 때문에 주된 보호자인 부모의 사망 이후 보호와 책임을 맡아 줄 일차적 지지집단은 형제자매가 될 수밖에 없는 것이다.

정신장애인가족으로서 경험하는 형제자매의 심리사회적 부담과 고통은 다른 가족 구성원과 크게 다르지 않다. 다만, 정신장애인가족체계 안에서 정신질환의 발병과 경과 과정을 지켜보면서 죄책감, 상실감, 수치심, 분노 등 동일세대만이 경험할 수 있는 심리적 고통이 발생한다(정보경, 윤명숙, 2013). 정신장애인의 치료와 보호에 많은 시간과 에너지를 쏟는 부모로부터 관심을 받지 못하거나, 부모를 대신해 환자의 보호자 역할을 수행하게 되면서 역할 혼란과 과중한 부담감을 경험하기도 한다.

정신장애의 특성상 장기간의 치료가 필요하므로 형제자매는 부모의 보호를 보조하거나, 부모의 부재로 인해 전적인 보호를 담당하기도 한다. 그러나 형제자매의 경우 자발적 선택보다 부모의 사망 혹은 질환 등으로 어쩔 수 없이 주보호자 역할을 맡게 된다. 따라서 부모만큼의 책임과 부담을 기대하는 것은 현실적으로 어려울 수 밖에 없다. 최근 우리 사회가 당면하고 있는 가족구성원 간 개인화와 분절화는 형제자매에게 주보호자로서의 역할과 부모세대의 희생과 헌신을 동일하게 기대하기 어렵게 한다. 따라서 이에 따른 가치 갈등과 외부의 시선 등이 형제자매에게는 또 다른 부담이 되기도 한다.

한편 주보호자로서 역할을 담당하게 되는 형제자매는 부담과 고통을 경험하기도 하지만 환자와의 규칙적인 접촉을 통해 긍정적인 관계를 형성하고, 응집력이 있는 가족 환경에서 자랐을 때, 정신질환의 대처에서 개인적으로 이득을 경험했을 때 더 나은 관계를 유지한다는 연구 결과도 보고되고 있다(Smith, Greenberg, & Mailick, 2007). 즉, 일반 가정에 비해 스트레스를 일으키는 보호 부담이 존재하나 서로를 보호하고 지지하는 동시대의 체계로서 상호 원조 기능도 기대할 수 있다. 따라서 형제자매의 부담과 고통을 경감시키고, 상호지지 기능을 강화할 수 있는 사회심리적 지원이 요구된다. 그동안 정신장애인가족의 부담과 욕구에 대한 연구와 관심이 부모에 집중되어 있었음을 감안할 때, 이들 형제자매의 욕구와 특성에 맞는 서비스 프로그램의 개발이 다양하게 시도되어야 할 것이다.

(3) 정신장애인의 배우자

지역사회 정신건강의 정책적 지향은 정신장애인이 비정신장애인과 마찬가지로 직업과 결혼 등 성인기에 필요한 사회적 역할과 지위를 획득하고 이를 통해 지역사회 안에서 사회구성원의 한사람으로 자신의 삶을 유지하고, 실현해 나가는 데 있다. 이러한 정신장애인의 사회복귀 및 통합에 대한 관심이 높아지면서 정신장애인의 결혼과 성에 대한 요구도 높아지고 있다.

2017년 장애인 실태조사에 따르면 정신장애인의 55.7%는 미혼이다. 19.2%가 배우자가 있으며, 20.6% 정도가 이혼 혹은 별거 중인 것으로 나타났다(보건복지부, 한국보건사회연구원, 2018). 이는 정신장애인의 경우 결혼 자체도 어렵지만 결혼 이후 결혼생활을 유지하는 데도 어려움이 많음을 보여 준다. 결혼 후 부부가 가정을 이루고 적응해 가는 과정은 일상적 스트레스와 갈등을 야기하며, 상호지지와 협력이 요구되는 과업이다. 배우자와의 관계는 부모관계와는 다른 정서적 기대와 의존이 나타난다. 이러한 상황에서 일반인보다 스트레스에 취약하며, 생활상의 변화에 대처하고 적응하는 데 어려움을 겪고 있는 정신장애인의 경우 배우자와의 적절한 관계 유지와 상호 지지는 어려운 과업이다.

결혼한 정신장애인의 질병 경과 및 삶의 질에 있어서 배우자는 정신장애인에게 실질적이고 개인적인 도움을 제공할 뿐 아니라 정서적인 지원까지 담당한다. 따라서 정신장애인은 보호제공자에게 의존하게 되고, 정신장애인의 안녕은 배우자가 제공하는 돌봄의 질과 성격에 따라 결정된다(전혜성, 2008). 이러한 지지와 지원은 결혼관계에서 지속적이고 상호적으로 요구되지만 정신장애의 기능적 수준에 따라 유동적이고 예측불가능한 상호작용 패턴이 나타나므로 정신장애인의 배우자들은 지속적이고 복합적인 스트레스를 경험하게 된다.

일반적으로 정신장애인의 배우자가 느끼는 보호 부담의 내용을 정리하면 다음과 같다(서미경, 2007; 전혜성, 2008; 곽노진, 2001).

첫째, 정서적, 성적 상호작용의 부재와 심리적 소진을 경험한다. 정신장애인 배우자의 경우 정신장애의 증상으로 인해 일상적 경험을 나누고 정서적 상호작용을 발휘하기 어렵다. 동시에 항정신병 약물은 성적 능력과 관심을 감소시킴으로써 부부간의 성적 관계에 부정적 영향을 미친다. 정신장애인의 예측 불가능하고 이해하기 어려운 행동들로 혼란스럽고, 정신장애인의 치료 및 치료거부 등은 보호제공자에게 우울과 불안, 상실감을 야기하여 심리정서적 소진을 발생시킨다.

둘째, 경제적 어려움과 일상생활에서의 긴장을 경험한다. 반복되는 재발과 입원치료 과정에서 경제적 부담을 경험할 뿐 아니라 정신장애인 배우자 혼자 가족의 일상생활을 책임지고, 가족 내 긴장과 특수한 어려움들을 해결해야 하는 부담을 경험하게 된다. 정신장애인의 의존성으로 인해 부부간의 가사분담이 어렵고 정신장애인 배우자를 보호하고 책임져야 하는 부담까지 발생한다.

셋째, 자녀양육 및 유전에 대한 부담을 느낀다. 가족의 경제적 부양뿐 아니라 자녀양육에 관한 책임까지 건강한 한 사람이 모두 부담하게 된다. 또한 배우자의 정신장애가 자녀에게 유전될 수 있다는 두려움과 정신장애인 배우자의 정신과 치료에 대한 낙인으로 자녀의 학교생활이나 교우관계에 부정적 영향을 미칠 것을 걱정하기도 한다.

넷째, 정신장애에 대한 사회적 편견은 취업과 사회참여 곳곳에서 드러나지만 특히 정신장애인의 결혼에 대한 편견이 우리 사회에서는 더욱 강한 편이다. 정신장애인의 결혼에 대해 매우 부정적일 뿐 아니라 결혼의 유지와 가족해체의 책임을 일방적으로 정신장애인에게 전가하는 경우가 많다. 또한 정신장애인의 배우자와 자녀에 대한 부정적 인식 또한 다양하게 나타난다. 사회적 편견으로 인해 배우자의 정신장애를 주변 사람들로부터 숨겨야 되고 사회적 활동 역시 감소될 수밖에 없다.

(4) 정신장애인의 자녀

정신장애인의 결혼에 대한 관심의 증가는 정신장애인 자녀의 양육과 성장에 대한 관심으로 확대된다. 정신장애인의 자녀양육은 정신장애인의 입장에서는 사회적 역할 수행을 통한 사회통합의 증거로 인정될 수 있다(이혜경, 2008). 충족되어야 하는 욕구이자 보장받아야 하는 역할 기능으로 인식되는 반면, 자녀의 입장에서는 충분히 보호받지 못하고 스트레스에 취약한 환경에서 성장함에 따라 잠재적 위험 요인으로 인식되고 있다.

모든 정신장애인 부모가 자녀에게 부정적 영향을 미치는 것은 아니며 정신장애인 자녀들이 모두 문제를 일으키는 것은 아니다. 다만, 다른 일반적 만성질환 및 신체적 장애와 마찬가지로 부모의 정신장애는 가족체계에 영향을 미치고 정신장애인의 부모역할 수행에 부담을 준다. 실제 부모의 신체적, 정신적 장애는 아동의 적응과 성장에 영향을 미칠 수 있으며, 특히 정신장애의 경우 양육의 질에 영향을 미칠 수 있다. 일부 연구에서 부모의 정신장애는 자녀에게 행동적, 정서적 어려움과 적응상의 문제를 야기할 위험이 있으며, 이는 유전적 취약성의 문제일 수도 있으나 부모의 정신장애로 인해 발생하는 양육 환경의 문제가 원인으로 작용할 가능성을 증가시킨다고 보고 있다(이정범, 조수철, 1998; 박주홍, 2005).

그러나 부모-자녀체계는 일방적 관계이기보다 상호 영향을 주고받으며 변화하는 역동적 체계이다. 부모의 정신장애가 자녀의 발달에 미치는 영향뿐 아니라 자녀양육을 통한 사회적 역할 획득 및 유지는 정신장애인의 사회통합에 긍정적으로 기여할 수 있다. 정신장애인의 양육 과정에 필요한 사회적 지지와 서비스가 제공될 경우 부모로서의 양육 능력과 정상화된 역할 수행 기능이 향상될 수 있다(이혜경, 2008). 동시에 자녀양육의 부담과 스트레스는 정신질환의 악화 및 재발에 영향을 미치기도 한다. 자녀 역시 정신장애인 부모의 부적절한 양육과 가족체계의 불안정성으로 인해 취약한 환경에 처하기도 하지만 자녀 스스로 대처 능력을 강화하고 적응유연성의 증진을 통해 성공적으로 성장 · 발달할 수도 있다. 즉, 정신장애인의 자녀양육은 부모와 자녀의 상호작용을 통해 긍정적, 부정적 영향을 주고받는 것이다.

이에 부담과 장애를 예방하고, 기능과 강점을 강화하는 접근이 필요하다. 따라서 정신장애인 자녀와 관련하여 양육지원뿐 아니라 자녀들의 성장 · 발달을 도울 수 있는 학습적 지원 및 심리사회적 서비스 지원, 정신장애의 부모역할훈련 등 다양하고 포괄적인 지원 체계가 요구된다.

3) 정신장애인가족의 부담

가족체계 내 정신질환의 발생은 전체 가족의 위기로 작용한다. 가족구성원 중 발생한 질병은 가족환경 전체에 영향을 미치지만 조현병과 같은 정신장애는 질병의 발생과 재발 과정 등 가족관계 안에서 복잡하고 다양한 영향을 미친다. 정신장애인가족 대부분이 신체적, 심리적 기능의 파괴와 개인 생활의 어려움 등 심리정서적 스트레스를 경험한다. 정신장애는 가족 역동뿐 아니라 가족구성원의 신체적, 심리적 건강 모두에 영향을 미치는 것이다(Atkinson & Coia, 1995; 변원탄 외, 1995).

정신질환의 속성상 호전과 악화를 반복하기 때문에 환자의 가족들은 환자와 관련된 치료에 대한 기대와 실망, 수치심과 죄의식, 불안과 분노 등 다양한 심리적 스트레스를 경험하게 되며, 만성질환의 경과 과정 속에 치료비에 대한 경제적 부담을 경험한다. 양옥경(1995)은 정신장애인가족이 경험하게 되는 신체적, 정서적, 사회적 그리고 경제적 부담이 가족이 담당해 온 본래의 기능을 마비시키고 가족 자체의 복지를 위협할 수 있음을 밝히고 있다. 이는 정신장애인의 치료, 재활에 부정적 영향을 초래하기도 하는데, 보호 부담의 증가와 대처 기능의 약화를 둘러싼 정신장애인과 가족 간의 역기능적 상호작용이 정신장애인의 재발과 사회 기능의 퇴행으로 연결된다는 것이다.

이처럼 정신장애인가족이 정신장애인을 돌보는 과정에서 경험하게 되는 심리적, 정서적, 사회적 어려움을 가족 부담(family burden)으로 개념화하였다. 가족 부담에 대해 Zarit 등(1980)은 환자를 돌보는 가족이 환자의 행동이나 상태 변화와 같은 상황 및 사건과 관련되어 경험하게 되는 정신, 신체, 사회 및 경제적 어려움과 불편감의 정도라고 하였다(곽윤경, 2004에서 재인용). Hoenig과 Hamilton(1969)은 가족 부담감을 객관적 부담감과 주관적 부담감으로 나누어 설명하고 있는데, 객관적 부담감은 정신질환으로 인해 외적으로 나타나는 어려움, 즉 신체적 보호에 따른 일상생활의 제한과 대인관계, 직업, 재정 측면의 실제적인 부담을 의미한다. 경제적 부담은 가구원의 직업 상실과 자산의 지속적 손실 등에 의해 나타날 수 있으며 사회적 부담은 신체, 정신적 질환으로 인해 사회적 활동의 제한으로 나타날 수 있다. 주관적 부담감은 정신질환자의 비정상적인 행동들로 인해 가족이 느끼는 상실감, 비애, 죄책감, 불안 등과 같은 심리적인 반응으로 개인 내적 감정을 의미하며, 정서적 부담감과 정신질환에 관련된 문제 혹은 증상이나 문제행동을 얼마나 부담스럽게 지각하는지에 대한 부담을 말한다. 정신장애인가족의 심리사회적 스트레스는 객관적 부담의 존재 유무뿐 아니라 주관적 부담에 따라 많은 영향을 받는다(서미경, 2007에서 재인용).

이러한 정신장애의 발병과 치료 과정, 회복과 재발의 순환적 과정을 거치면서 가족들이 경험하게 되는 부담과 스트레스는 증상의 정도와 가족 및 사회적 특성에 따라 달라진다. 또한 정신장애인을 보호하고 지원하는 일차적 지지체계로서의 가족구성원이 누구인지에 따라서도 달라질 수 있다. 그러나 이러한 가족의 부담과 어려움이 정신장애인의 사회적응뿐 아니라 가족 기능의 안정에도 중요한 영향을 미친다는 점은 공통적이다. 예측 불가능한 증상에 대한 대처와 치료를 위한 심리, 경제적 부담, 사회적 편견과 낙인으로 인한 사회적 고립감 등 가족구성원들은 다양한 수준에서 스트레스를 경험한다. 가족구성원들이 경험하는 부정적 스트레스는 그대로 환자에게 영향을 미치게 되며 이러한 악순환은 지속적으로 정신질환의 진행을 심각하게 만들고 동시에 가족의 부담을 가중시킨다.

국가적으로 지역사회정신건강 사업이 본격적으로 시행되면서 정신장애인을 보호하는 가족의 부담을 줄일 수 있을 것으로 기대되었다. 그러나 장애인 실태조사에 따르면 실제 지역사회에 거주하는 정신장애인과 가족의 경우 정신건강복지센터나 지역사회기반 재활시설 등에서 제공하는 서비스를 이용하지 않거나 서비스 이용에 불편을 겪는 경우도 많은 것으로 알려졌다(보건복지부, 2017). 따라서 지역사회정신건강 서비스체계 내에 가족구성원의 부담을 감소시키고, 가족 기능의 회복을 돕는 다양한 서비스 프로그램이 요구된다.

3. 정신장애인가족에 대한 서비스 현황과 대책

1) 정신건강 정책의 현황

2017년 5월 30일부터 전면시행되고 있는 「정신건강복지법」은 정신건강정책에서의 '탈원화'를 위한 중요한 전환점이다. 개정 이전의 법률과 비교했을 때 비자의입원 요건과 절차가 대폭 강화되었고, 정신장애인에 대한 '지역사회 기반 복지서비스'의 중요성을 강조하면서 사회복지지원의 법적 근거를 마련하였다.

이러한 정책적 변화에 힘입어 「정신건강복지법」의 시행 이후 비자의입원이 2016년 61.6%에서 2018년 37.1%로 급격히 감소하였다. 또한 지역사회 기반 거주치료서비스 기관에 대한 외형적 증가도 나타나고 있다. 현재 지역사회 중심의 정신건강 서비스 사업을 수행하는 지역사회 내 기관 및 시설은 지속적으로 증가하고 있다. 2017년 12월 현재 전체 2,255개소의 정신건강증진기관 및 시설이 운영되고 있다(〈표 13-2〉 참고, 보건복지부, 2019). 구체적으로 정신건강복지센터 243개, 정신의료기관 1,554개(국공립 20곳, 민간 1,534곳), 정신요양시설 59개, 정신재활시설 349개, 중독관리통합지원센터 50개가 운영되고 있다(보건복지부, 2019).

그러나 외형적 측면에서 선진국형의 지역사회 중심 정신건강 정책을 표방하고 있음에도 현실적으로 우리나라 정신건강 사업의 지역화는 미약한 것으로 평가된다. 정신의료기관 입원환자의 평균 재원 기간이 OECD 국가에 비해 상대적으로 길고(2016년 기준, 197일), 2016년 기준 정신병상수 역시 인구 1천 명당 1.61병상(83,405병상)으로 OECD 회원국 가운데 유일하게 꾸준히 정신병상 수가 증가하고 있다. 이는 우리나라 정신건강 서비스의 시설화 경향을 여전히 나타내고 있다.

2017년 국가정신건강 현황조사에 따르면 정신장애에 이환된 적이 있는 대상자 중에서 22.2%만이 정신의료서비스를 이용한 적이 있다고 응답하고 있다. 또한 국가 간 정신의료서비스 이용률을 비교할 때 미국의 39.2%에 비해 우리나라는 16.3%로 낮은 경향을 나타내고 있다(국립정신건강센터, 2017). 또한 2017년 대국민 정신건강에 관한 지

〈표 13-2〉 정신건강증진기관, 시설 현황

(단위: 개소)

구분		기관 수	주요 기능
계		2,255	
정신건강복지센터		243	• 지역사회 내 정신질환 예방, 정신질환자 발견, 상담, 정신재활훈련 및 사례관리 • 정신건강증진시설 간 연계체계 구축 등 지역사회정신건강 사업 기획, 조정 - 광역 16(국비 15, 지방비 1) 기초 227(국비 201, 지방비 26)
정신의료기관	국공립	20	• 정신질환자 진료, 지역사회정신건강증진사업 지원
	민간	1,534	• 정신질환자 진료
정신요양시설		59	• 만성 정신질환자 요양, 보호
정신재활시설		349	• 병원 또는 시설에서 치료, 요양 후 사회복귀촉진을 위한 훈련 실시
중독관리통합지원센터		50	• 중독예방, 중독자 상담, 재활훈련

출처: 보건복지부(2019).

식 및 태도조사에 의하면, 정신건강문제를 경험한 사람의 28.9%는 일상적 활동과 사회 활동에 제약을 받아 본 경험이 있는 것으로 나타났으며, 상담 대상으로 '친구 또는 이웃'(36.1%)과 '가족 및 친지'(35.7%) 등 주변의 인물에게 많이 하는 것으로 나타났다. 실제 정신건강문제 시 도움을 제공하는 기관 중 하나인 정신건강복지센터를 인지하고 있는 응답자는 52.0%였으나, 제공하는 서비스까지 인지하고 있는 응답자는 24.7%, 정신건강 관련 서비스를 직접 이용해 본 적이 있는 대상은 8.5%에 불과한 것으로 나타났다(국립정신건강센터, 2017).

한편, 2016년 정부가 발표한 정신건강종합대책에 따르면 정부의 정신건강 정책 목표는 ① 국민 정신건강 증진, ② 중증 정신질환자 지역사회 통합, ③ 중독으로 인한 건강저해 및 사회폐해 최소화, ④ 자살위험 없는 안전한 사회구현 등으로 제시하고 있다. 세부 내용은 〈표 13-3〉과 같다.

〈표 13-3〉 정신건강증진 사업 정책목표 및 전략

정책목표	전략	정책과제
국민 정신건강 증진	1. 인식 개선을 통한 정신건강서비스 이용 제고	1-1. 정신건강증진 서비스 접근성 제고 1-2. 정신건강에 대한 국민 관심 제고 1-3. 정신질환 및 정신질환자에 대한 불합리한 차별 개선
	2. 정신건강 문제 조기발견 및 개입 강화	2-1. 우울, 불안 등에 대한 지역사회 서비스 강화 2-2. 스트레스 고위험군 집중관리 지원 2-3. 재난 피해자 등 위기심리지원 강화
	3. 생애주기별 정신건강 지원체계 구축	3-1. 영유아 정신건강 지원 3-2. 아동 · 청소년 정신건강 지원 3-3. 청 · 장년 정신건강 지원 3-4. 노인 정신건강 지원
중증정신질환자 지역사회 통합	1. 조기 집중치료로 만성화 방지	1-1. 건강보험 및 의료급여 수가체계 개선 1-2. 초발 정신질환자 관리모형 및 치료기술 개발
	2. 중증 · 만성 정신질환자 삶의 질 향상	2-1. 지역사회 지원체계 구축 2-2. 사회복귀시설 확충 및 내실화 2-3. 정신의료기관 및 정신요양시설 기능 재정립 및 역량 강화
	3. 정신질환자 인권 강화	3-1. 정신의료기관 입 · 퇴원 제도개선 3-2. 정신질환자의 자기결정권 강화 3-3. 정신의료기관 및 정신요양시설 내 인권 강화
중독으로 인한 건강저해 및 사회폐해 최소화	1. 중독 예방을 위한 사회적 환경 조성	1-1. 중독 폐해에 대한 사회적 인식 개선 1-2. 중독 위험환경 개선
	2. 중독문제 조기선별 · 개입체계 구축	2-1. 대상별 중독 선별체계 강화 2-2. 중독 고위험군 대상 중재 서비스 제공
	3. 중독자 치료 · 회복 지원 강화	3-1. 치료서비스 접근성 강화 3-2. 중독자 회복 지원을 위한 지지체계 마련
자살위험 없는 안전한 사회구현	1. 전사회적 자살예방 환경 조성	1-1. 사회적 인식 개선 1-2. 자살예방을 위한 사회적 지지체계 마련 1-3. 자살 위험환경 개선
	2. 맞춤형 자살예방 서비스 제공	2-1. 생애주기별 자살예방 대책 추진 2-2. 자살 고위험군 예방체계 강화 2-3. 자살 위기대응 및 사후관리체계 마련
	3. 자살예방정책 추진기반 강화	3-1. 자살예방 관련 교육 강화 3-2. 근거기반 자살예방 연구체계 마련

자료: 보건복지부(2016), p. 8에서 발췌함.

이러한 추진목표를 기조로 사전예방적이고 포괄적인 측면의 국가건강검진체계를 개선하여 아동·청소년, 청장년, 노년 대상의 생애주기별 정신건강검진을 확대 도입하는 등 정신건강의 증진과 질환 예방을 위한 국가 제도적 정책을 마련해 가고 있다. 또한 정신장애인가족에게 부담이 되는 중증정신질환 치료의 수준 향상과 재활 서비스 체계구축을 위해 초기집중치료의 효과성을 제고하고 지역 내 사회적 지원체계 간 연계활동 강화와 중증정신질환자의 직업, 사회적 재활 촉진을 위한 사회복귀 및 직업재활 프로그램을 확충해 나갈 계획이다.

2) 서비스 접근

(1) 가족교육

가족교육이란 정신장애인과 가족을 대상으로 정신장애의 원인과 증상, 치료 및 대처 전략 등에 대한 정보를 제공하는 것으로 주요한 정신건강 서비스 중의 하나이다. 가족교육의 주요 목적은 정신장애인가족의 스트레스와 부담을 줄이고 그들의 대처기술을 증가시켜 정신장애인가족과 정신장애인의 삶의 질을 향상시키는 것이다. 따라서 가족교육 프로그램에서는 정신장애에 대한 정보를 제공하고 지지적 관계를 통해 가족의 대처 능력을 수용·이해하며, 가족이 자기효능감과 자신감을 갖도록 돕는다(서미경, 2007).

이러한 가족교육은 프로그램을 주최하는 기관, 참여한 가족구성원, 질환의 주요 증상 및 기능 등에 따라 다양하나 대체적으로 정신질환에 대한 이해 및 치료, 가족들이 경험하는 스트레스와 문제의 해결방안 등을 기본적으로 다루게 된다. 특히 지역사회 중심의 정신건강 서비스가 확대되면서 정신장애인을 돌보는 가족들은 질환에 대한 정보뿐 아니라 정신장애인의 문제행동에 대한 대처 방법, 의사소통기술, 스트레스 관리기술, 자원에 대한 정보 등 구체적 정보와 대처기술을 필요로 한다(김희국, 2006). 이를 통해 가족들이 경험하는 불안이나 긴장, 부담감 등을 해소하고 정신질환에 대한 이해와 문제해결 능력을 증진시킴으로써 가족들의 대처 능력을 향상시킬 수 있는 효과를 기대할 수 있다.

최근의 정신건강 패러다임의 변화를 반영하는 가족교육으로 '가족 역량강화 심리교육'이 활성화되고 있다. 가족 역량강화 심리교육은 정신장애인가족이 정신장애 클라이언트의 재활 과정 동안 가족기능 수행을 위해 필요한 병에 대한 정보, 지식, 구체적인 대처기술(coping skills)을 제공하며, 동시에 상담과 지지 및 지원, 옹호(advocacy) 서비스를 포함한다(이영호 외, 2010). 이러한 심리교육적 접근은 가족구성원들에게 유용한 정보를 제공할 뿐 아니라 정신장애인가족들이 정신장애인의 증상과 기능을 보다 쉽게 이해하고 대처하는 데 필요한 심리사회적 지지를 제공한다. 이에 한국정신사회재활협회에서 세계보건기구 협력기관과 함께 '가족과 함께하는 교육프로그램(family link)' 교육을 수행하고 있다. 이 교육은 정신질환을 가진 당사자의 가족을 대상으로 가족교육 교육자를 양성하여 가족들이 교육을 시행하도록 지원하는 데 목적이 있다. 이를 통해 정신장애인가족활동가를 지원 양성함으로써 가족들의 옹호활동을 지원하고 있다(한국정신사회재활협회 홈페이지 참고).

(2) 자조집단

자조집단은 유사한 문제나 상황에 처한 사람들이 상호원조와 지지를 위해 자발적으로 구성된 집단이다. 만성질환이나 중독, 장애, 폭력 등 공동의 관심사나 문제에 대한 경험과 지식을 나누고 상호원조 활동을 통해 관련된 욕구를 충족시키거나 문제 상황에 대한 대처 능력을 향상시킨다. 정신장애인가족에게 자조집단은 상호지지와 경험의 공유, 상호원조 활동을 통해 보호의 부담을 줄이고, 사회정서적 지지와 원조를 제공할 수 있다. 사회적 편견과 낙인으로 인해 사회적 고립과 위축을 경험하는 정신장애인가족의 경우 동병상련의 경험을 공유하고 표현함으로써 정서적 긴장의 완화와 사회적 관계의 회복을 경험하게 된다.

정신장애인가족 자조집단은 초기에는 무력감을 공유하고 상호 애환을 나누는 것으로 시작하였으나 점차 집단 내 연대감을 형성하고 사회적 고립과 어려움을 함께 대처해 나가면서 가족 스스로 역량강화를 경험하게 되었다(박선영, 2009). 상호지지와 전문가 간의 연계, 지역사회 내 낙인개선 활동 등은 점차 자조집단을 사회운동 조직으로 발전시킬 수도 있다(조도현, 조대엽, 2008).

우리나라의 경우 전국 규모의 가족집단이 1995년 7월 '정신보건가족협회'라는 명칭으로 결성되었다. 이 협회는 서울에서 창립되어 1996년 5개 지역의 지부가 형성되고 1998년에 대한정신보건가족협회(Korea Family Association for Mental Health: KFAMH)라는 명칭의 사단법인으로 구성되었다. 주요한 사업으로 지역사회 정신건강 사업의 활성화를 위해 정신장애인의 사회복귀 촉진과 사회적 편견 해소를 위한 교육, 훈련, 정책적 노력 등에 주력하고 있다(대한정신보건가족협회 홈페이지 참고). 구체적으로 가족상담, 직업재활팀, 서울보건복지센터, 보호작업장 등을 운영하고 있다.

(3) 가족옹호

옹호(advocacy)는 정신건강 문제에 대한 인식을 높이고 국가의 정책의제를 보장하는 중요한 수단으로 정책과 입법, 서비스 개선으로 이어질 수 있다(WHO, 2003). 가족이 처한 환경에 개입하는 것으로 가족이 처한 현실 상황의 개선과 욕구 충족의 과정에서 정당한 권리를 가지고 있음에도 서비스나 자원에 접근할 수 없는 상황에 수행되는 활동이다. 정신건강 분야에서 옹호활동은 전문적 서비스 체계와 법적, 정책적 제도가 정신장애인과 가족에 직접적으로 연결되고, 실제 대상자들이 적극적으로 서비스 접근과 활용이 가능하도록 하는 데 기여한다. 정신장애인가족의 입장에서 정신건강전문가와 서비스 기관 간의 관계를 촉진시킬 수 있는 기회와 힘을 강화할 수 있는 서비스 활동이다.

따라서 **가족옹호**는 정신장애인가족의 생활조건을 향상시키기 위해 계획되는 전문적 서비스이며, 가족옹호를 통해 가족들은 자신들의 욕구를 직접적으로 충족시키고, 지역사회에 필요한 변화를 불러일으킨다(권진숙, 1998). 정신장애인가족이 경험하는 심리사회적 고통과 사회적 편견, 경제적 어려움 등 다양한 문제의 해결과 인식의 개선을 위해 이러한 가족옹호활동이 더욱 활성화되어야 한다.

◈ 참고문헌

곽노진(2001). 정신장애인의 성의식, 성생활, 성지식에 대한 연구. 이화여자대학교 대학원 석사학위논문.

곽윤경(2005). 전화방문이 재가정신분열병 환자를 돌보는 주가족간호자의 가족부담감에 미치는 영향. 연세대학교 대학원 석사학위논문.

국가인권위원회(2018). 정신장애인의 지역사회 거주 치료 실태조사.

국립정신건강센터(2017). 대국민 정신건강 지식 및 태도 조사.

권진숙(1998). 파트너십으로서의 가족. 한국정신보건사회사업학회 춘계학술대회 및 교수교육자료집, 15권.

김문근, 김이영(2008). 재가 정신장애인 및 가족의 생활실태 조사연구. 서울: 국가인권위원회.

김윤희, 정광하, 오현수, 신윤주, 양영주, 정의희, 신성희(2009). 정신장애인 부모의 정신건강 상태와 가족기능에 관한 연구. 정신간호학회지, 18(3), 332-340.

김희국(2006). 교육 경험이 정신장애인에 대한 가족의 태도에 미치는 영향. 정신보건과 사회사업, 22, 5-32.

문인숙, 양옥경(1991). 정신장애와 사회사업. 서울: 일신사.

박선영(2009). 미국과 한국의 정신장애인가족의 자조집단에 대한 고찰. 사회과학논총, 28(2), 51-80.

박주홍(2005). 정신분열병환자 자녀의 심리사회적 적응과정에 관한 질적 연구. 부산대학교 대학원 박사학위논문.

변원탄, 김철권, 강동호(1995). 정신분열병 환자 가족의 객관적·주관적 부담에 관한 연구. 신경정신의학, 34(1), 193-203.

보건복지부(2016). 정신건강에 대한 전사회적 대응전략강화, 관계부처 합동정신건강종합대책(2016~2020).

보건복지부(2017). 중앙정신보건사업지원단 사업보고서.

보건복지부, 한국보건사회연구원(2018). 2017년 장애인 실태조사.

보건복지부(2019). 정신보건사업안내.

보건복지부, 삼성서울병원(2017). 2016년도 정신질환실태조사.

서미경(2007). 정신장애와 가족. 경기: 집문당.

서진환, 김용석(2000). 정신장애인가족에 대한 사회복지사의 관점에 관한 연구. 정신보건과 사회사업, 제10집.

양옥경(1995). 정신장애인가족에 관한 연구: 가족의 보호부담, 대처기제, 서비스 욕구를 중심으로. 신경정신의학, 34, 809-829.

양옥경(2006). 정신보건과 사회복지. 경기: 나남출판.

이경아, 하경희(2012). 정신보건사회복지사들의 강점기반실천 경험에 관한 연구. 정신보건과 사회사업, 40(2), 63-90.

이영호, 심경순, 김태준(2010). 정신보건사회복지의 이해. 서울: 학지사.

이정범, 조수철(1998). 정신과 환자 자녀의 우울, 불안, 자기 개념 그리고 가정환경의 특성에 대한 연구. 소아청소년정신의학, 9(1), 54-66.

이혜경(2008). 여성정신장애인의 모성 경험에 관한 현상학적 연구. 정신보건과 사회사업, 30, 162-198.

전혜성(2008). 정신장애인의 배우자가 지각한 질병스트레스가 결혼적응에 미치는 영향에서 배우자신념체계의 중재효과. 가족과 문화, 20(1), 69-97.

정보경, 윤명숙(2013). 중장년기 정신장애인 형제자매의 경험. 한국장애인복지학, 22, 85-108.

조도현, 조대엽(2008). 아토피안 자조집단의 사회운동 조직적 성격. 현상과 인식, 겨울호, 191-230.

최명민, 권자영(2012). 만성정신질환자 형제자매의 보호자됨의 과정과 그 역할유형에 관한 연구. 한국사회복지학, 64(4), 311-336.

Atkinson, J. M., & Coia, D. A. (1995). *Families Coping with Schizophrenia, a Practitioner's Guide to Family Groups*. New York: John Wiley & Sons.

Fallon, I. R. H., Boyd, J. L., & McGill, C. W. (1984). *Family Care of Schizophrenia: A Problem-solving Approach to the Treatment of Mental Illness*. New York: The Gullford Press.

Hatfield, A. E. (1987). Families as caregivers: A historical perspective. In A. B. Hatfield and H. P. Lefley (Eds.), *Families of the Mentally Ill: Coping and Adaptation* (pp. 3-29). New York: The Guilford Press.

Johnson, D. L. (1990). The family's experience of living with mental illness. In H. P. Lefley & D. L. Johnson (Eds.), *Families as Allies in Treatment of the Mentally Ill* (pp. 31-63). Washington DC: American Psychiatric Press.

Marley, J. A. (2004). *Family involvement in treating schizophrenia-models, essential skills, and process*. New York: The Haworth Clinical Practice Press.

Saleeby, D. (2006). *The strengths perspective in social work practice*. Boston, MA: Allyn and Bacon.

Smith, M. J., Greenberg, J. S., Mailick, S. M. (2007). Siblings of adults with schizophrenia:

expectations about future caregiving roles. *American Journal of Orthopsychiatry, 77*(1), 29-37.

WHO. (2003). *Advocacy for mental health: Mental Health Policy and Service Guidance Package.* Geneva: WHO.

대한정신보건가족협회 홈페이지http://www.kfamh.or.kr

한국정신사회재활협회 홈페이지 http://www.kapr.or.kr/

제14장 만성질환가족

'긴 병에 효자 없다'는 옛말이 있다. 이 말에는 아무리 가족 간의 정이 깊더라도 질병을 앓는 상태가 지속되면 될수록 가족들만의 힘으로 감당해 내기 어렵다는 뜻이 함축되어 있다. 여러 질병 중에서도 만성질환은 장기간 진행되면서 환자 및 가족의 심리사회적 측면에 많은 영향을 주는 한편, 심각해지면 사망으로 이행될 수 있는 질환으로서 만성질환자 및 가족이 겪는 심리사회적 어려움의 수준이 매우 높다.

특히 전 세계적으로 고령화의 진행, 의료기술의 발전, 기대여명의 증가, 생활습관 등으로 만성질환 유병률이 증가하고 이에 따른 개인과 가족, 사회의 부담이 급증하고 있는 만큼(WHO, 2011) 만성질환가족에 대한 사회적 관심과 지원도 점점 중요한 과제로 대두되고 있다.

이와 같이 만성질환 유병률이 계속 증가하는 가운데 가족 중심 문화를 가진 우리 사회에서 만성질환가족에 대한 이해와 사회복지 실천은 앞으로 더욱 중요한 과제가 될 것이다. 따라서 이 장에서는 만성질환가족의 개념과 특성, 어려움을 파악하고, 이들을 위한 가족복지 정책과 서비스 현황에 대해 학습할 것이다.

1. 만성질환가족에 대한 이해

1) 만성질환가족

만성질환가족을 이해하기 위해서는 먼저 만성질환의 개념을 이해하는 것이 필요하다. 미국의 만성질환위원회(National Commission on Chronic Illness)에 따르면, 만성질환이란 완치되지는 않지만 오랫동안 지속되는 상태로서 관리될 수 있는 질환을 지칭한다. 구체적으로 질병 자체가 영구적인 것, 후유증으로 불능을 동반하는 것, 회복 불가능한 병리적 병변을 가지는 질병, 재활에 특수한 훈련을 요하는 질병, 장기간에 걸친 보호, 감시 및 치료를 요하는 질병이나 기능장애의 다섯 가지 중 한 가지 이상의 특성을 갖는 손상으로 규정된다(최영순 외, 2009).

미국의 국민건강조사(National Health Survey)에서는 만성질환(chronic condition)을 질병의 종류와 관계없이 발병 후 3개월이 넘어도 낫지 않는 병, 실제 이환기간에 관계없이 질병의 자연사적 특성에 따라 처음부터 만성병으로 분류해 놓은 34가지 질환으로 정의하고 있다.

우리나라의 만성질환의 범위는 순환기계, 근골격계, 호흡기계, 내분비 대사성질환, 암, 기타 질환으로 구분되며, 약 24개의 만성질환에 대한 유병조사가 수행되고 있다(한국보건사회연구원, 2013). 암은 주요 사망 원인 중 하나인 중증 질환이기 때문에 암이 만성질환에 포함되는 것에 대해 의아해하는 시각도 있을 것이다. 하지만 암은 발병하는 데 오랜 세월이 걸리고, 발병 이후에도 진단이 되기까지 오랜 시간이 걸리며, 또한 진단 후에도 만성적인 임상경과를 보이기 때문에 대표적인 만성질환으로 분류된다. 만성질환과 관련된 구체적인 내용을 한국보건사회연구원(2013) 자료를 발췌하여 〈표 14-1〉에 제시하였다.

〈표 14-1〉 우리나라의 만성질환 범위

분류	질환명
순환기계(5)	고혈압, 이상지혈증, 뇌졸중(중풍), 심근경색, 협심증
근골격계(2)	골관절염, 류머티스관절염
호흡기계(2)	폐결핵, 천식
내분비 대사성질환(2)	당뇨병, 갑상샘질환
암(7+)	위암, 간암, 대장암, 유방암, 자궁경부암, 폐암, 갑상샘암, 기타
기타 질환(6)	우울증, 아토피피부염, 신부전, B형간염, C형간염, 간경변증

주: 괄호 안의 숫자는 해당 분류에 속하는 질환의 수를 의미함.

정리하면, 만성질환은 급성질환과 대응하는 개념으로서 급성 질병이 빠른 발병과 짧은 과정이라는 뜻을 갖는 것과 반대로 완만하고 긴 진행 과정을 가지며 대개 6개월 혹은 1년 이상 계속된다. 하지만 급성질환과 만성질환의 분류가 질병의 중함과 경함을 구분하는 것은 아니다. 실제로 OECD(2010) 보고에 의하면, 만성질환은 전 세계적으로 장애와 사망의 주된 요인으로서 세계인구의 60%가 만성질환으로 사망하고 있는 것으로 추정될 만큼 사망률에 중대한 영향을 미친다. 따라서 만성질환은 진행기간과 심각성 모두에서 환자와 가족에게 많은 영향력을 주는 질환으로 볼 수 있다.

만성질환가족은 가족 중 누군가가 만성질환을 앓는 경우를 뜻한다. 만성질환자들은 진단 후 치료 과정에서 많은 삶의 부담에 직면하고 이를 극복하며 질병관리를 해나가야 하는데, 다른 가족들도 이 모든 과정을 함께 경험하게 된다. 환자와 가족들은 불확실한 병의 원인, 진행 과정, 예후, 그리고 질병으로 인한 자기 삶의 통제력 감소, 타인에 대한 의존, 일상적인 가족과 사회생활의 붕괴로 인하여 많은 어려움과 고통을 경험한다(Grapsa et al., 2014).

특히 만성질환가족은 질병으로 인해 직접적인 영향을 받는 동시에 만성질환자에게 지속적으로 건강관리와 지지를 제공하는 중요한 사회적 자원으로서(서문경애 외, 2013) 이중적인 위치에 놓이게 된다. 만성질환가족은 가족원의 만성질환 때문에 일상을 재조정해야 하고, 다양한 보조적 서비스를 제공해야 하며, 경제적으로도 많은 비용을 지불해야 하므로 삶의 전반에서 변화와 위기를 경험하게 된다.

2) 만성질환가족 이론

모든 가족은 균형체계를 이루고 있지만 가족구성원 중 한 명이 만성질환을 갖게 되면 그동안 유지하던 안정성이 위협을 받으며 균형의 상실을 경험하게 된다. 이때 가족구성원 중 한 사람이 질병으로 인한 두려움과 좌절, 스트레스를 혼자서 다루려고 시도한다면, 가족체계는 심각하게 붕괴될 수도 있다. 이와 같이 가족 내에서의 만성질환 발생은 그 가족에게 심리적 및 경제적 어려움을 초래하는 스트레스 요인으로 작동하므로 가족들은 다양한 자원 활용을 통하여 이러한 위기에 대응할 것을 요구받게 된다. 그러나 이러한 스트레스 대응은 가족들에게 부담인 동시에 개인과 가족의 내적 및 외적 성장을 이루어 내는 전환점으로도 작동한다. 따라서 이 장에서는 만성질환가족 관련 이론을 스트레스 대응 모델과 강점 관점 중심으로 살펴보고자 한다.

(1) 스트레스 대응 모델

① 스트레스 대응 모델

Lazarus와 Folkman(1984)은 인지적 정서 이론에 따라 스트레스에 대한 인지적 평가 및 대응 과정에 초점을 두었다. 스트레스 사건이 발생하여 개인에게 영향을 미치는 동안 개인은 스트레스에 대응하는 과정을 거치게 된다. 즉, 스트레스 자체가 문제가 되는 것이 아니라 그 스트레스 사건을 어떻게 지각하느냐가 중요하다는 것이다. 개인은 그 사건에 대해 인지적으로 평가한 후, 그 스트레스를 효과적으로 다루기 위한 대응전략을 수립하게 된다. 이 때 대응전략은 크게 문제집중적 전략과 정서집중적 전략으로 구분되는데, 전자는 문제를 해결하거나 변화시키는 것에, 후자는 정서적 반응을 조절하는 것에 초점을 둔다. 이와 같이 개인이 일상생활에서 겪는 다양한 사건에 대응하기 위해서는 여러 가지 자원이 필요한데, 이는 개인적 자원과 환경적 자원으로 구분할 수 있다. 대개 개인적 자원은 신체적 건강과 에너지, 긍정적 신념, 문제해결기술 및 사회기술을 포함하고, 환경적 자원은 사회적 지지와 물질적 자원들을 포함한다.

② 스트레스 대응 모델과 만성질환가족

스트레스 대응 모델을 적용해 보면 만성질환가족은 돌봄 제공과 경제적 부담 등 비교적 높은 수준의 스트레스와 문제를 경험하며 이에 대응해 나가게 된다.

가족구성원 중에 암, 당뇨, 뇌졸중 장애, 관절염, 천식, 치매, 정신장애와 같은 만성질환을 가진 식구들이 있을 경우에는 질병이 없는 다른 가족들의 심리적 안녕과 가족기능에도 영향을 주게 된다.

만성질환과 관련된 국내 연구들은 대개 가족의 부담감, 스트레스와 대처에 관한 것이다. 서문경애 등(2013)과 석민현 등(2004)은 1970년과 1980년 이후부터 2003년까지의 기간 동안 수행된 만성질환 관련 논문을 검색하여, 수백 편의 논문을 분석하고 그 결과를 발표하였다. 분석 대상이 된 논문들은 대개 가족의 스트레스, 부담감, 불확실성과 같은 사회심리적 변수들에 초점을 두고 있었다. 또한 연구 대상으로서 가장 많았던 질환은 뇌졸중, 암, 치매, 정신질환 순이었다. 이것은 뇌졸중과 암이 국내에서 가장 주된 사망원인으로서 주요 관심질환이기 때문일 것으로 분석되었다. 또한 여러 대학병원에서 뇌졸중 및 암환자와 가족교육 프로그램 등을 진행하고 있으므로 가족접근성이 높았던 것도 이유가 되었을 것이다. 하지만 이 연구들은 가족 전체가 아니라 가족구성원 중의 한 사람으로부터 받은 개인적 자료에 의존하고 있어 가족의 전체 관계나 구조를 파악하는 데는 아직 한계를 보여 준다. 많은 연구들이 가족구성원 중 어머니를 대상으로 했다는 점도 흥미로운데, 이것은 우리나라 문화에서 어머니가 아직까지 가장 중요한 돌봄 제공자이기 때문인 것으로 분석된다.

최경원(2003)은 종합병원의 소아과 외래를 방문한 백혈병 및 암환아 23명, 일반 만성질환아 50명, 정상아 부모 85명을 대상으로 가족기능척도(Family Functioning Style Scale)를 이용하여 가족기능에 대해 조사하였다. 연구 결과, 만성질환을 앓고 있는 가족의 기능이 가장 낮게 나타났다. 이것은 만성질환가족의 가족기능 회복을 위한 상호관계, 대처전략, 자원활용 능력 향상을 위한 개입의 필요성을 보여 준다.

(2) 강점 관점

① 강점 관점에 대한 이해

강점 관점은 문제중심의 병리적 관점과는 다르게 인간 안에 있는 힘(power)을 강조한다. 강점에 대한 지향이나 강점 관점의 중심이 되는 실천원리의 진술을 지원하는 용어들에는 역량강화(empowerment), 멤버십(membership), 레질리언스(resilience), 치유와 전인성(healing and wholeness), 대화와 협력(dialogue and collaboration), 불신의 중단(suspension of disbelief) 등이 있다(Saleebey, 2006).

강점 관점은 다음과 같은 가정과 이해에서 출발한다(Saleebey, 2006). 첫째, 모든 개인, 집단, 가족과 지역사회는 강점을 갖고 있다고 본다. 둘째, 충격과 학대, 질병과 고통은 유해할 수도 있지만 도전과 기회의 원천이 될 수도 있다고 본다. 셋째, 인간의 성장과 변화에 대한 한계를 상정하지 말고 개인, 집단, 지역사회의 열망과 꿈을 진지하게 받아들일 것을 요구한다. 넷째, 이용자와 협력할 때 그들에게 가장 도움이 될 수 있다고 본다. 즉, 도움을 제공하는 사람은 전문가가 아니라 협력자나 자문가로 가장 잘 정의될 수 있다. 다섯째, 모든 환경은 자원이 가득하다고 본다.

② 강점 관점과 만성질환가족

최근에는 사회복지 실천 문헌들에서 아동과 청소년, 노인들의 여러 문제와 질환에 대한 접근으로서 강점 관점에 기초한 서비스의 효과와 가능성에 대해 다루고 있다(Kemp et al., 2013; Sullivan & Fisher, 1994). 즉, 가족구성원 중 만성질환을 가진 사람이 있을 때 스트레스뿐 아니라 역경을 극복하는 과정에서의 힘과 자원을 조망해 본다면 가족들의 다른 힘을 발견하게 된다는 것이다.

연구에 따르면 만성질환을 가진 아동의 레질리언스는 가족 레질리언스와 관련되어 있다(백경원, 최미혜, 2006). 즉, 가족 레질리언스는 만성질환을 가진 아동의 레질리언스를 강화시켜 나가는 데 긍정적인 방향으로 작용된다는 것이다. 만성질환가족은 질병대처 과정에서 가족 간의 상호 노력과 협동심이 증가되었고, 이를 통해 가족 간의 감정이입, 인내심, 서로에 대한 헌신 등도 더 발전되었다(Gallo et al., 1992: 손지현, 1999에서 재인용).

이와 같이 만성질환 가족 안에서 질병이 없는 다른 가족보다 더 많은 의사소통이 일어날 수 있고 결국에는 부모, 형제와의 관계가 더 가까워질 가능성도 높다. 소아암 아동 형제들의 경우에도, 스트레스 경험에도 불구하고 변화된 상황에 잘 적응하면서 오히려 제 나이 또래보다 더 성숙함을 보이고 타인을 생각하는 마음이 깊다고 보고되어 왔다.

다음 사례는 소아당뇨로 진단을 받은 후에 십수년 동안 그 질병과 함께 살아온 당뇨 환자의 이야기를 담고 있다. 이를 통해 우리는 적절한 가족의 지원을 통해 만성질환자가 어떻게 도움을 받는지와, 가족의 만성질환이 고통이나 위기로서뿐 아니라 가족에게 성장과 희망으로 경험될 수 있음을 알 수 있다.

> "저에게 당뇨병이 있다는 것을 처음 알게 되었을 때는 무척 당황스러웠습니다. 그러나 지금은 그 시점을 제 인생의 전환점이라고 생각합니다. 이렇게 성장하고 올바르게 생활할 수 있었던 것은 당뇨라는 것을 친구 삼아 좌절하지 않고 꾸준한 노력을 해 왔기 때문이라고 생각합니다. 소아당뇨 환자의 부모님은 아이와 함께 당뇨와 친구가 되고 항상 긍정적인 사고방식을 가지고 아이와 대화해야 합니다. 또 겁먹지 말아야 합니다. 당뇨로 인한 문제점은 관리를 제대로 못했을 때 나타나기 때문에 무턱대고 겁먹지 말고 당뇨병에 대해 관심을 가지고 공부하며 이해하면 건강한 생활을 할 수 있을 것입니다. 당뇨라는 것이 인생의 방해물이 아니라 전환점, 기회라고 생각하세요."(김규영, 2006)

지금까지 검토한 것을 종합해 보면, 만성질환의 발병과 진행이 그 가족에게 어떤 영향을 주는가 하는 부분들은 어떤 것을 강조하느냐에 따라 부정적인 측면과 긍정적인 측면 모두에서 영향을 미치는 것으로 나타났다. 그러나 전반적인 동향을 볼 때, 과거에는 주로 만성질환가족의 스트레스와 위기에 초점을 두면서 치료진이 그러한 스트레스와 위기를 어떻게 중재할 것인가에 초점을 두었다면 현재는 가족구성원의 내적 및 외적 성장에 관심을 두는 강점 관점 접근이 좀 더 다양하게 시도되고 있는 것으로 보인다.

2. 만성질환가족의 실태와 문제점

1) 만성질환가족의 실태

우리나라 국민의 질병 부담 원인으로는 당뇨병, 고혈압, 암, 심뇌혈관질환 등 만성질환이 거의 대부분을 차지하고 있다(Oh, Yoon, & Kim, 2011). 국민건강통계 자료에 따르면, 우리나라 30세 이상 성인의 고혈압 유병률[1)]은 2016년 남자 35.0%, 여자 22.9%이고, 고혈압 인지율[2)]은 68.9%이며, 치료율[3)]은 65%로 나타났다. 또한 우리나라 30세 이상 성인의 당뇨병 유병률[4)]은 2016년 남자 12.9%, 여자 9.6%이며, 당뇨병 치료율(만 30세 이상)은 2016년 67.2%로 나타났다.

또한 보건복지부와 중앙암등록본부가 조사한 우리나라 국민의 2011년 국가 암발생률과 암생존률 발표에 따르면, 2011년 신규 암환자 수는 20만 8,000여 명으로, 2001년과 비교하여 두 배 가까이 증가한 것으로 나타났다. 이것은 우리나라 인구 45명당 1명꼴로 암에 걸린 적이 있거나 암과 함께 살아가고 있음을 나타낸다. 우리나라 국민들이 평균수명인 81세까지 생존한다고 할 때 암에 걸릴 확률은 36.9%로서, 세 명 중 한 명 이상이 암에 걸린다고 볼 수 있다. 2007~2011년 암 발생자 중 갑상샘암, 위암, 대장암의 5년 생존율은 각각 100%, 69.4%, 73.8%로 높게 나타나, 암과 같은 중증 및 만성질환의 관리가 점차 중요하게 대두됨을 알 수 있다.

이와 같이 고혈압, 당뇨병, 암의 높은 수준의 유병률과 지속적인 증가율은 만성질환 가족원의 수와 돌봄 부담 또한 지속적으로 증가하고 있음을 시사한다. 실제로 OECD (Organization for Economic Cooperation and Development)의 한 보고서에서는 대한민국을 OECD 국가 중 의료비가 앞으로 가장 급격히 증가할 가능성이 높은 나라로 지목하

---

1) 수축기혈압이 140mmHg 이상이거나 이완기혈압이 90mmHg 이상 또는 고혈압 약물을 복용한 분율, 만 30세 이상.
2) 고혈압 유병자 중 의사로부터 고혈압 진단을 받은 분율, 만 30세 이상.
3) 고혈압 유병자 중 현재 혈압강하제를 한달에 20일 이상 복용한 분율, 만 30세 이상.
4) 공복혈당이 126mg/dL 이상이거나 의사진단을 받았거나 혈당강하제 복용 또는 인슐린 주사를 투여받고 있는 분율, 만 30세 이상.

였는데 그 원인의 상당 분은 만성질환의 증가 및 관리대책의 미비에서 기인한 것으로 예측되고 있다(윤석준, 2012). 따라서 가족주의 문화가 강한 우리나라에서는 만성질환 가족에 대한 이해를 토대로 환자와 가족의 질병관리 및 삶의 질 향상을 위한 다각적인 노력이 중요하다고 보겠다.

2) 만성질환 가족의 역할

가족의 돌봄은 독립적인 생활을 할 수 없는 가족들에게 도움을 제공하는 활동을 의미한다. 지금까지 만성질환가족은 만성질환 가족에게 돌봄을 제공하는 측면에서 관심을 받아 왔다. 이에 따라 가족들이 환자의 질병관리에 어떠한 영향을 미치는가에 대하여 많은 연구들이 수행되어 왔다. 중년기에 당뇨를 앓는 환자의 경우, 가족지지가 높을수록 환자가 당뇨관리 순응도와 삶의 질이 높게 나타났다(최영옥, 2001). 당뇨병이 있는 아동의 경우, 가족 내에서 갈등이 발생할 때 아동의 혈당조절이 악화되지만(이채원, 2004), 가족 속에서 아버지가 적극적인 역할을 수행할수록 자녀의 당뇨관리 순응도가 높아진다는 결과도 보고되었다(김진숙, 1997). 이와 같이 가족이라는 환경은 만성질환자의 질병관리 및 심리사회적 적응에 중대한 영향력을 미치는 것이 여러 연구들을 통해 확인되었다. 그러므로 만성질환자 가족들이 만성질환자의 질병관리와 심리사회적 적응을 돕기 위해서는 질병관리에 대한 협조와 역할분담이 필수적이며, 이를 위해서는 가족 내의 명확한 의사소통이 중요하다.

그러나 만성질환자 가족 또한 가족원의 질병 때문에 많은 어려움을 겪게 된다. 대표적인 만성질환으로 꼽히는 암환자 가족의 돌봄 경험과 삶의 질의 관계를 다룬 선행연구들을 보면, 돌봄제공자들은 생활패턴의 변화, 경제적 부담, 가족의 협조부족, 신체적 부담 등의 돌봄 부담이 높을수록 돌봄제공자인 가족들의 삶의 질이 낮아지는 것으로 나타났다(김계숙, 김진우, 2018).

그러므로 가족들의 돌봄 부담을 낮추기 위해서는 개인적 차원의 지지 방안은 물론 공적 서비스, 네트워크 및 정부기관 등의 사회적 연계 방안을 고려해야 한다. 여러 연구들을 통해 만성질환가족들의 사회적 네트워크, 즉 다른 가족구성원, 친척 등과 교류가 많고, 종교 활동 및 지역사회 단체 활동 참여가 높을수록 돌봄 부담이 완화되는 것으로 나타났기 때문이다.

정리하면, 만성질환가족의 역할은 환자의 질병관리 및 심리사회적 적응에 매우 중요하나, 가족들 또한 돌봄 부담으로 인한 스트레스 등 삶의 질 측면에서 부정적인 영향을 받을 수밖에 없는 상황이다. 그러므로 만성질환가족에 대한 사회적 지지를 통해 가족들의 돌봄 부담을 낮추고, 경험적 의미를 찾도록 도우며, 만성질환자의 질병관리 및 심리사회적 적응을 지원하는 방향으로의 개입이 필요하다.

3) 만성질환가족의 문제점

(1) 심리적 측면

① 만성질환자 부모

만성질환 가족의 심리적 어려움을 이해하기 위하여 소아당뇨에 걸린 아이를 둔 부모의 경우를 예로 들어 보도록 하겠다. 소아당뇨로 일컬어지는 인슐린 의존성 당뇨병의 경우, 일상생활에서 인슐린 치료, 영양관리, 운동관리 등을 엄격하게 시행해야 하며, 질병관리가 예후에 결정적인 영향을 주는 만큼 가족의 부담도 더 커지게 된다. 특히 자녀가 당뇨를 앓는 경우 부모가 식사관리를 책임져야 하므로 부모의 부담이 커지게 된다.

이와 같이 만성질환 자녀를 둔 부모는 자녀를 잃을 것에 대한 두려움, 자녀의 고통을 지켜보면서 겪게 되는 슬픔과 죄책감, 자녀 치료와 간병으로 인한 역할 변화에 대한 부담 등 다양한 심리사회적 어려움을 겪게 된다. 구체적으로는 입원 자녀에 대한 간병, 외래치료 방문에서의 동행, 식사조절, 운동관리, 치료비 부담, 다른 자녀에 대한 양육 부담 속에서 가족의 구조와 기능에도 변화를 겪게 된다. 만성질환으로서 당뇨를 앓고 있는 사람과 그 가족의 어려움에 대해 제시된 영상자료를 보며 좀 더 생각하고 토의해 볼 수 있다.

나의 당뇨이야기

② 만성질환자의 형제자매

만성질환가족의 어려움을 이야기할 때 주로 떠올리게 되는 돌봄 제공자는 만성질환자의 나이가 어릴 경우에는 대개 부모이고, 만성질환자의 나이가 많을 경우에는 대개 배우자나 자녀가 될 것이다. 그러나 부양의 책임을 맡는 사람 외에도 관심을 가져야 할 대상이 바로 만성질환자의 형제자매이다.

자녀 중 한 명이 만성질환을 앓게 될 때 상대적으로 건강한 자녀들은 부모의 관심 속에서 소외되기 쉽다. 건강한 형제자매들은 성장 과정에서 부모로부터 적절한 관심과 지원을 받기 어려울 수 있으며 자신의 건강에 대한 죄책감, 가족 상황에 대한 분노와 슬픔을 갖게 된다.

대표적으로 소아암을 앓는 어린이의 건강한 형제들이 복잡한 심리사회적인 어려움을 겪고 있다는 사실은 잘 알려져 있다. 소아암은 성인암에 비해 완치율이 높고 회복도 빠른 편이며 생존율도 75%로 성인에 비해 높다. 그러나 소아암은 성인암에 비해 진행속도가 빠르기 때문에 조기에 적절한 치료를 받는 것이 무엇보다 중요하다. 또한 발병 후 1~3년 동안 매우 집중적인 입원 치료를 필요로 하기 때문에 이 가족에서 부모들의 아픈 자녀에 대한 돌봄 부담이 극대화되며, 아프지 않은 자녀들은 돌봄에서 소외되기 쉽다.

이에 따라 아픈 형제에게 질투심과 분노를 느끼는 동시에 자신만 건강한 것에 대한 죄책감, 자신도 병에 걸릴지 모른다는 걱정, 불안, 두려움 등 다양하고 복잡한 심리사회적 어려움을 경험한다(한국백혈병어린이재단, 2011).

(2) 경제적 측면

만성질환가족은 경제적 부담으로 많은 어려움을 겪게 된다. 우리나라에서 고혈압 및 당뇨병으로 인한 진료비는 건강보험 재정의 1, 2위를 차지할 만큼 많은 사회경제적 부담으로 작용하고 있다. 만성질환은 조기퇴직 유발, 노동생산성 하락 등으로 가구의 경제적 상황에도 부담을 주지만 질병치료와 예방에 소요되는 사회적 부담으로 인하여 사회경제에도 영향을 미치는 것으로 알려져 왔다(Bloom et al., 2017; 임태준, 2017에서 재인용). 또한 경제적 스트레스는 만성질환에 대처하는 가족의 능력을 감소시키는 것으로 나타났다(Holmes & Deb, 2003).

한편, 만성질환의 유병률이 가구의 소득수준과 관계가 있다는 것에 대해서도 생각해 볼 필요가 있다. 김윤아와 오경원(2013)의 연구 결과, 남성과 여성 모두에서 소득수준이 낮은 집단에서 만성질환 유병률이 높게 나타났다. 이것은 소득이 낮은 집단일수록 만성질환으로 인한 경제적 어려움이 가중됨을 의미하므로, 특히 가족복지 측면에서 저소득층 만성질환가족에 대한 경제적 지원과 의료접근성 향상에 많은 관심과 노력이 필요하다. 즉, 가족복지적 측면에서 소득수준에 따른 건강격차 해소를 위한 노력에도 관심을 가져야 한다.

3. 만성질환가족에 대한 서비스 현황과 대책

1) 만성질환가족 지원 정책

만성질환가족 지원 정책은 만성질환과 밀접하게 관련되므로 먼저 만성질환 관련 법과 관리체계 현황을 살펴보고, 대표적인 중증 만성질환인 암환자에 대한 가족 지원 정책을 간략하게 살펴보도록 하겠다.

(1) 만성질환 관련 법과 관리체계

만성질환의 범위는 매우 넓기 때문에 정부에서는 국가적인 관리가 필요한 우선순위에 따라서 관리의 범위를 제한하고 구체적인 관리 방법을 규율하고 있다. 「보건의료기본법」 제39조는 "국민건강에 위해가 큰 질병 중에서 국가가 특별히 관리하여야 할 필요가 있다고 인정되는 질병을 선정하고 이를 관리하기 위한 특별한 대책을 수립 및 시행"할 것을 보건복지부장관의 의무로 규정하고 있으며 같은 법 제41조에서 중점관리 대상 질병의 범주를 암·고혈압 등 만성질환으로 정의하고 있다. 만성질환 중 암의 발생과 증가를 예방하고 말기암환자를 포함한 암환자에 대한 적정한 보건의료의 제공 및 관리를 위해서는 「암관리법」(2003. 5. 29. 제정)이 마련되어 시행되고 있다.

〈표 14-2〉 우리나라 만성질환 관리체계 현황

구분	시행 단위	시행주체	사업명	사업 대상	중점과제
종합계획	국가	보건 복지부	국민건강증진 종합계획	전국민	1차/2차/3차 예방을 통한 건강수명 연장 및 건강형평성 제고
			심뇌혈관질환 종합대책	전국민	1차/2차/3차 예방을 통한 통합적인 관리체계 구축
만성질환 관리 프로그램	국가	보건소	건강관리서비스 사업(시범사업)	전국민	개인별 맞춤형 관리를 통한 전 국민의 만성질환 예방
			시군구(보건소) 만성질환관리사업	지역사회	심뇌혈관질환 고위험군 및 심뇌혈관질환자 대상 2차 예방
			맞춤형방문 건강관리사업	취약계층	취약계층의 1차/2차/3차 예방
		지방대학 병원	권역심뇌혈관센터 운영	지역사회	1차/2차/3차 예방
	보험자	국민건강 보험공단	건강검진사후관리 프로그램	건강검진결과 유소견자	2차 예방
		건강보험 심사평가원	만성질환 적정성 평가	의료기관	요양급여의 비용효과적 측면 및 의약학적 측면 평가를 통한 의료서비스의 질 향상 및 건강보험 재정 효율성 증대
	광역 자치 단체	대구광역시 (조기종료) 광명시	고혈압 당뇨병 등록관리사업	지역사회	2차 예방 중점
		인천광역시	만성질환 건강포인트 사업	지역사회	2차 예방 중점
		서울특별시	대사증후군 관리사업	지역사회 보건소 중심	1차/2차 예방 중점

출처: 윤석준(2013).

우리나라 만성질환 관리체계를 보면, 종합계획을 담당하고 있는 보건복지부에서는 〈표 14-2〉에 제시한 바와 같이 국민건강증진종합계획(Health Plan 2020)과 심뇌혈관질환종합대책 등의 대상과 전략을 구체화하여 실행 중에 있다. 또한 보건소와 보험자, 광역자치단체를 중심으로 만성질환 관리를 위한 다양한 프로그램이 시행되고 있다.

하지만 이러한 사업은 아직까지 그 성과를 발휘하지 못하고 있다는 평가가 지배적이다. 미흡한 성과의 원인으로 가장 크게 지적되고 있는 것은 사업 주체가 저마다 다르고 이로 인해 분절적이고 부분적인 접근이 이루어지고 있다는 점이다(윤석준, 2012). 특히 통합적 접근의 부재, 지역사회의 역할제고를 위한 구체적 방안 미흡 외에도 개인 및 가족지원 영역에 대한 구체적 전략 부재가 지적되고 있다. 따라서 환자 개인뿐 아니라 가족 대상의 다양한 관리 프로그램의 개발이 필요하다.

특히 가족구성원들의 치료비 부담과 돌봄 부담을 낮추는 측면에서의 정책적 지원이 더욱 고려되어야 할 필요가 있다. 만성질환 중 진료비 지출이 가장 높은 것으로 나타난 만성신부전증에 대한 치료비 지원이 보다 적극적으로 고려될 필요가 있으며, 취약계층을 대상으로 외국에서 활용되고 있는 임시간호(respite care) 서비스를 도입하여 가족의 간병 부담을 낮추는 것을 적극적으로 고려할 수 있다(Holmes & Deb, 2003).

(2) 암환자 가족 지원 정책

암은 다른 만성질환에 비해 국가 차원의 질병관리 지원 체계를 갖춘 질환으로서, 보건복지부에서는 국가암 조기검진사업, 암환자 의료비 지원사업, 재가 암환자 관리사업, 말기 암환자 완화의료서비스 등을 통해 환자와 가족을 지원하고 있다. 이 중 가족의 경제적 및 심리사회적 부담 완화에 직접적으로 도움을 제공하는 의료비 지원사업과 재가암환자 관리사업의 내용을 살펴보면 다음과 같다(보건복지부, 2014).

① 의료비 지원사업

이 사업은 저소득층에 대한 경제적 부담 완화를 위하여 저소득층 암환자 및 소아·아동 암환자에 대하여 의료비를 지원하는 제도이다. 지원을 받기 위해서는 암환자의 주민등록지 관할 보건소로 연중 지원 신청을 할 수 있다. 필수 구비 서류는 등록신청서, 진단서, 개인정보제공동의서이며, 가족관계 증명서, 소득 및 재산신고서, 전문의 소견서가 추가될 수 있다.

〈표 14-3〉 암환자 의료비 지원사업의 세부 내용

구분	소아암환자	성인 암환자		
		의료급여수급자	건강보험가입자	폐암환자지원암종
지원암종	전체암종	전체암종	5대 암종	원발성 폐암
선정기준종	건보: 소득대상조사 의급: 당연선정	당연선정	국가암검진 수급자 1월 건강보험료 (검진연도 제외)	건보: 평균보험료 의급: 당연선정
지원금액	백혈병: 3,000만 원 백혈병 이외: 2,000만 원 (이식 시 3,000만 원) *급여, 비급여 구분 없음	급여 120만 원 비급여 100만 원	급여 200만 원	정액 100만 원 **치료비 발생 여부와 무관
지원항목	법정 본인부담금 비급여본인부담금	법정 본인부담금 비급여 본인 부담금	법정본인부담금	정액금 지원
지원기간	만 18세까지 연속지원	연속 최대 3년	연속 최대 3년	연속 최대 3년

② 재가암환자 관리사업

이 사업은 지역사회의 암 환자의 삶의 질을 증대시키고, 가족구성원의 환자 보호 및 간호 등에 따른 부담경감을 위하여 지역사회에서 재가암환자를 대상으로 통합적, 지속적으로 보건서비스를 제공하는 것이다. 모든 재가암환자(치료 중인 암환자, 말기암환자, 암생존자 등)를 대상으로 하지만 동일 조건일 경우 취약계층 암환자와 말기암환자를 우선적으로 지원한다. 거주지 시 · 군 · 구 보건소를 통해 서비스를 신청할 수 있다. 환자 상태별 서비스 제공 내용은 다음과 같다.

〈표 14-4〉 암환자 상태에 따른 서비스 제공 내용

치료 중인 암환자: 3개월에 1회 이상 방문을 원칙으로 함
• 암 진단(최초 또는 재발)을 받고 병원 중심의 의료 서비스를 제공받고 있는 재가암환자 • 기본 서비스 영역 → 환자평가, 체위 및 안위간호, 적절한 치료를 위한 환자 및 가족교육, 투약지도, 영양 및 운동교육, 비약물적 통증완화요법, 증상 및 통증 조절을 위한 의사의 진료 및 처방 • 증상 및 통증조절 (재가암환자 관리팀의 의사가 진료 및 처방 담당) → 약물치료, 통증조절, 물리치료, 정맥주사 및 근육주사 • 사회적, 심리적 지지 → 사회적 지지, 심리적 문제 해결, 정서적 지지, 영적 지지 • 자원봉사자 서비스 → 신체간호, 심리간호, 영적간호, 가사일 보조, 차량봉사, 지역사회 암환자 발굴/의뢰, 기타(물리치료 보조 등) • 환자, 가족에 대한 상담, 교육, 정보 제공
치료(항암치료, 수술 등)가 끝난 암생존자: 3개월에 1회 이상 방문을 원칙으로 함
• 암 치료 종결 후 5년이 경과하지 아니한 환자로 주로 의료기관에서 재발 여부를 추적 검사하는 경우 • 기본 서비스 영역 → 사회적 지지 서비스, 심리적 문제 해결, 정보 및 교육제공, 적절한 만성질환관리, 건강위험요인 조절, 의료기관에서의 주기적인 검진 권고
말기암환자: 월 2회 이상 방문을 원칙으로 함
• 의료기관에서 말기암이라고 진단받은 환자 • 기본 서비스 영역 → 환자평가, 체위 및 안위간호, 투약 지도, 비약물적 통증완화요법, 통증 및 증상 조절을 위한 의사의 진료 및 처방 • 증상 및 통증조절(재가암환자 관리팀의 의사가 진료 및 처방 담당) → 환자가 호소하는 증상조절, 통증조절, 물리치료, 정맥주사 및 근육주사 • 특수간호 서비스 → 특수 장치 소독 및 관리, 관장, 관절운동, 산소요법, 욕창관리 등 • 사회적, 정서적, 영적 지지 • 자원봉사자 서비스 → 신체간호, 심리간호, 영적간호, 가사일 보조, 사별간호, 차량봉사, 지역사회 암환자 발굴/의뢰, 기타(물리치료 보조 등) • 임종지지 및 사별가족 지지 → 호스피스 기관 연계 및 임종지지, 사별가족에 대한 지지, 사별가족 모임 알선 • 환자와 가족에 대한 상담, 교육, 정보 제공

2) 만성질환가족 지원 프로그램

만성질환가족에 대한 교육과 개입이 필요한 이유는 이들이 겪는 많은 심리사회적 어려움들이 의학적 상황과 치료 방법에 대한 정보와 설명, 부작용에 대한 대처 방법, 사회적 지원체계의 안내와 연결, 동일한 문제를 겪은 다른 부모들과의 만남을 통해 경감될 뿐 아니라 오히려 레질리언스 강화로 전환될 수 있기 때문이다. 연구 결과, 만성질환자 부모들은 다른 가족구성원들로부터 지지를 받을 때 대처 능력이 강화된 반면, 의료팀과의 관계가 좋지 않거나 어떻게 해야 할지 모를 때 스트레스 수준이 높아졌다 (Nabors et al., 2013). 이것은 질병관리 교육, 스트레스 감소를 위한 교육과 치료, 가족 기능을 강화하는 다양한 활동이 필요함을 시사한다.

(1) 가족심리교육

만성질환가족을 위한 대표적인 서비스 접근으로는 여러 병원들에서 제공되고 있는 다양한 심리교육 프로그램을 들 수 있다. 심리교육 프로그램은 교육과 지지 제공이 혼합된 프로그램으로서 프로그램 안에서 의학적 정보를 포함한 구체적인 정보를 제공하고 사회적인 지지를 제공하는 것이다. 환자 가족들은 이러한 프로그램 참여를 통해 질병이 가족에게 주는 영향과 그것에 대처하는 방식을 알고 질병을 관리해 나가는 데 도움을 받을 수 있다. 또한 같은 어려움을 가진 다른 가족들과의 만남과 교류를 통해 정서적인 위로를 받고 서비스 및 제도 개선을 위한 연대를 시작할 수 있다.

가족심리교육의 예로는 서울대학교병원에서 실시되어 오고 있는 '말기암환자 가족을 위한 집단상담 프로그램'을 들 수 있다. 〈표 14-5〉에 제시된 이 프로그램에서는 말기암환자의 의료 문제, 통증과 약, 말기암환자의 식사관리, 말기암환자의 가정간호, 말기암을 갖고 살아가기의 주제를 다루며 의사, 사회복지사, 영양사 등이 다학제 팀으로 접근한다. 이는 만성질환가족들이 환자의 증상관리를 지원하고, 가족 스트레스 대처전략을 높이도록 돕는다. 질환 관리를 돕는 통증과 약, 식사, 가정간호 등의 교육적 내용을 다루는 한편, 가족들의 어려움, 임종통고, 호스피스 정보 등 가족들이 겪는 직접적인 스트레스를 다루며 대처 능력을 높이는 데 초점을 둔다.

〈표 14-5〉 말기암환자 가족을 위한 집단상담 프로그램

말기암환자의 의료문제
말기암환자의 정의/종합병원 이용절차의 장단점과 집에서 환자를 돌볼 경우의 장단점/3차 의료기관과 1, 2차 의료기관의 진료 특성/대체 요법(민간요법)의 문제점
통증과 약
암환자의 통증/통증과 진통제의 복용/진통제의 종류/마약성진통제 복용 시 주의사항/부작용과 대처법
말기암환자의 식사관리
좋은 영양을 위한 식사/식사상 문제가 있을 때/보충식의 종류
말기암환자의 가정간호
통증/수면장애/변비/열/설사/숨 가쁨/욕창/부종/활동 정도/가정간호/임종시기
말기암을 가지고 살아가기
환자가 말기암인 경우에 대처하기/가족이 가진 어려움/임종통고문제/호스피스 정보

출처: 이영숙 외(1998)의 내용을 바탕으로 표로 구성함.

반드시 강좌를 열지 않더라도 적절한 자료집의 제작과 제공을 통해 가족교육이 이루어질 수 있다. 한국백혈병어린이후원회에서 간행되는 『자녀가 암에 걸렸을 때』『형제가 암에 걸렸을 때』와 같은 가족지침서들은 여러 병원에서 가족의 통제감 및 적응을 높이기 위한 자료로 제공되고 있다 .

가족들의 스트레스를 직접적으로 감소시키는 집단 프로그램도 운영된다. 박혜정(2004)은 뇌졸중 환자 가족을 대상으로 인지행동 모델에 근거한 스트레스 관리 프로그램을 개발하여 주 1회씩 총 8회간 실시하였다. 이를 통해 집단 프로그램이 뇌졸중 환자 가족의 스트레스 수준, 스트레스 대처방식, 삶의 만족도 증진에 효과가 있다는 것을 밝혀냈다.

삼성서울병원에서 제공하고 있는 '암환자와 가족의 대화기술' 영상을 보며 가족교육의 내용과 방법에 대해 함께 토의해 볼 수 있다.

삼성서울병원 암환자와 가족의 대화기술

(2) 가족캠프

몇몇 병원에서는 질병과 관련된 가족캠프를 개최한다. 만성질환으로 인해 다양한 체험활동이 제한된 삶을 사는 환자와 가족들에게 전문 의료진이 함께 참여하는 캠프는 안정성과 교육, 새로운 경험의 측면에서 상당한 의미가 있다. 서울대병원 장기이식센터에서는 신장 또는 간을 이식 받은 아이들과 가족에게 올바른 의학정보 전달 및 의료진과의 소통의 기회를 제공하고자 마련한 '희망캠프'를 개최하였다. 캠프에는 100여 명의 아이들과 가족, 장기이식센터 의료진이 함께하여 교육 및 친교의 시간을 가졌다(한유리, 2014).

또한 한국백혈병어린이재단에서 실시하는 소아암 어린이의 형제캠프도 주목할 만하다(한국백혈병어린이재단, 2011). 소아암 어린이의 형제캠프 프로그램은 연 1회씩 2박 3일로 실시되어 왔다. 프로그램은 〈표 14-6〉에 제시된 바와 같이 집단상담과 소아암교육, 문화체험 및 레크리에이션 프로그램으로 이루어져 있다. 이러한 캠프 활동은 참가 형제 개인적 차원에서는 가족에 대한 이해를 높이고, 같은 경험을 하고 있는 또래로부터 지지를 받는 소중한 경험이 되는 한편, 사회적 차원에서는 소아암 어린이의 형제들에 대한 관심을 제고하는 효과를 가진다.

〈표 14-6〉 소아암 형제자매 캠프 프로그램 내용

프로그램명	프로그램 목표	수행 방법
집단상담 프로그램	• 소아암 진단 후 변화된 환경으로 인한 정서적 어려움 표출 • 가족을 포함한 타인과의 관계 고찰을 통한 이해 증진 • 긍정적 관계개선 방법 모색	• 3~4세션에 걸쳐 프로그램 조별로 집단상담 진행
소아암교육 프로그램	• 소아암에 대한 기초적 정보 습득	• 소아암 강의 실시 후 개인별 자습 • 강의 내용 및 소아암 편견에 대한 문제를 여러 가지 게임 형식(예 : 골든벨, 윷놀이 등)으로 출제
문화체험 및 레크리에이션 프로그램	• 문화적 소양 증진 • 정서적 환기	• 물놀이, 목공예, 금속공예 등의 체험활동, 캠프파이어 등 레크리에이션 활동

출처: 한국백혈병어린이재단(2011).

(3) 지역사회 프로그램

국가 정책에 따른 만성질환 관리체계가 점차 뿌리내리고 있기 때문에 지역 보건소 및 병원에서는 질병에 대한 공개강좌, 질병교실 등의 만성질환가족 지원 프로그램들을 점차 다양하게 시도하고 있다. 각 지역의 대학병원이나 보건소에서는 고혈압, 당뇨병, 고지혈증을 가진 주민이나 가족을 대상으로 만성질환의 예방, 올바른 치료, 적절한 관리 방법을 교육을 실시하고 있다. 예를 들면, 경기도 내의 한 보건소에서는 심뇌혈관질환 예방관리를 위한 '고혈압, 당뇨, 고지혈증 주민 공개강좌'를 운영하였다. 심뇌혈관 전문의를 초빙해 보건소뿐만 아니라 노인대학, 종교단체, 노인일자리센터 등에서 주민 공개강좌를 확대 실시해 나감으로써 지역 주민의 호응을 얻고 있다(유근상, 2014).

이와 같이 지역사회 내에서 다양한 프로그램들이 시도되고 있지만, 이용률과 효과성 측면에서는 아직 만족스럽지 않은 수준이다. 또한 아직까지 민간 의료기관이나 지역사회와의 체계적인 연계도 부족한 실정이다. 그러므로 앞으로 기존 정책과 서비스의 효과적인 운용을 위한 홍보와 교육, 운용 과정에 대한 모니터링과 효과성 평가를 확대하고 개선을 위한 노력을 적극적으로 수행해 나가야 한다. 또한 만성질환가족의 적절한 환자 돌봄을 지원하고 돌봄 부담을 경감시키기 위해서는 취약 계층의 만성질환가족을 단위로 한 사례관리의 적용이 더 확대되어야 하며, 사례관리 슈퍼비전과 이에 대한 논의가 더 활성화되어야 한다.

◈ 참고문헌

김계숙, 김진우(2018). 암환자 가족의 돌봄 경험, 돌봄 시간, 만성질환 여부가 삶의 질에 미치는 영향: 사회적 자본의 조절효과를 중심으로. 보건사회연구 38(4): 57-97.

김규영(2006). 당뇨는 내 15년 지기 친구, 겁먹지 마세요! 월간 당뇨, 7, 50-55.

김윤아, 오경원(2013). 우리나라 성인에서 소득수준에 따른 만성질환 유병률. 주간건강과 질병. 8권(2호): 33-36.

김진숙(1997). 당뇨아동 가족의 아버지 역할 수행에 관한 연구. 서울대학교 대학원 석사학위논문.

박혜정(2004). 뇌졸중 환자 가족의 스트레스 관리를 위한 집단 프로그램의 효과 연구. 이화여자대학교 대학원 석사학위논문.

백경원, 최미혜(2006). 만성질환을 가진 아동과 가족의 극복력. 아동간호학회지, 12(2), 223-232.

보건복지부(2014). 암관리. http://www.g-health.kr

서문경애, 장성옥, 임혜상(2013). 국내만성질환자 가족간호 연구분석. 기본간호학회지, 10(3), 371-382.

석민현, 윤영미, 오원옥, 박은숙(2004). 만성질환 아동과 가족에 관한 국내 연구동향. 한국모자보건학회지, 8(1), 121-134.

손지현(1999). 소아암 환아 형제들의 심리사회적 적응에 영향을 미치는 요인. 이화여자대학교 대학원 석사학위논문.

윤석준(2012). 만성질환 관리제도의 올바른 방향. Journal of korean medical association, 55(5), 414-416.

윤석준(2013). 지역사회기반 만성질환 예방 및 관리모형 개발 세미나 자료집.

윤현숙, 김연옥, 황숙연(2011). 의료사회복지 실천론. 경기: 나남..

이영숙, 허대석, 윤영호, 김현숙, 최경숙, 윤여정(1998). 말기 암환자와 가족을 위한 집단상담 프로그램: 서울대학교병원의 분석. 한국호스피스완화의료학회지, 1(1), 56-64.

이채원(2004). 아동의 만성질환관리에 영향을 미치는 가족요인. 한국아동복지학회, 18, 217-242.

임태준(2017). 만성질환의 경제적 비용에 대한 연구. Kiti 리포트, 426호: 31-34.

정영호, 고숙자, 김은주(2013). 효과적인 만성질환 관리방안 연구. 세종: 한국보건사회연구원.

최경원(2003). 만성질환아 가족과 정상아 가족기능의 강점비교연구. 서울대학교 대학원 석사학위논문.

최영순 외(2009). 만성질환 단골의사제 시범사업. 서울: 국민건강보험공단.

최영옥(2001). 중년기 당뇨병 환자의 가족지지, 자기간호행위, 삶의 질에 관한 연구. 이화여자대학교 대학원 석사학위논문.

한국백혈병어린이재단(2003). 자녀가 암에 걸렸을 때. 서울: 한국백혈병어린이재단.

한국백혈병어린이재단(2004). 형제가 암에 걸렸을 때. 서울: 한국백혈병어린이재단.

한국백혈병어린이재단(2011). 소아암 어린이 형제캠프 10주년 기념 사업보고서. 서울: 한국백혈병어린이재단.

한국건강증진개발원(2017). '17 건강통계연보. 한국건강증진개발원.

한국보건사회연구원(2013). 효과적인 만성질환관리연구. 세종: 한국보건사회연구원.

Bloom, D. E., Chen, S., Kuhn, M., McGovern, M. E., Oxley, L., & Prettner, K. (2017). *Bloom The Economic Burden of Chronic Diseases: Estimates and Projections for China, Japan, and South Korea*. NBER Working Paper; https://www.nber.org/papers/w23601

Gallo, A. M., Breitmayer, B. J., Knafl, K. A., & Zoeller, L. H. (1992). Well siblings of children with chronic illness: parents' reports of their psychologic adjustment. *Pediatric Nursing, 18*(1), 23-27.

Grapsa, E., Panteliasa, K., Ntentaa, E., Pipili, C., & Kiousia, E. (2014). Caregivers' Experience in Patients With Chronic Diseases. *Social work in health care, 53*, 670-678.

Holmes, A. M., & Deb, P. (2003). The effect of chronic illness on the psychological health of family members. *The Journal of Mental Health Policy and Economics, 6*, 13-22.

Kemp, S. P., Marcenko, M. O., Lyons, S. J., & Kruzich, J. (2013). Strengths-based practice and parental engagement in child welfare services: An empirical examination Original Research Article. *Children and youth services review*, 12 November(online).

Lazarus, R. S., & Folkman, S. (1984). *Stress, Appraisal, and Coping*. New York: Springer Publishing Company.

Nabors, L. A., Kichler, J. C., Brassell, A., Thakkar, S., Bartz, J., Pangallo, J., Van Wassenhove, B., & Lundy, H. (2013). Factors Related to Caregiver State Anxiety and Coping With a Child's Chronic Illness. *Families, systems & health: The journal of collaborative family health care, 31*(2), 171-180.

OECD (Organization for Economic Cooperation and Development). (2010). *Health care systems: efficiency and policy settings*. Paris: OECD Publishing.

Oh, I. H., Yoon, S. J., & Kim, E. J. (2011). The burden of disease in Korea. *Journal of korean medical association, 54*, 646-652.

Saleebey, D. (2006). *The Strengths Perspective in Social Work Practice* (4th ed.). Boston: Pearson Education, Inc.

Strauss, A. (Ed.). (1984). *Chronic Illness and the Quality of Life*. St. Louis, MO: The C. V. Mosby Company.

Sullivan, W. P., & Fisher, B. J. (1994). Intervening for Success: Strengths-Based Case Management and Successful Aging. *Journal of gerontological social work, 22*, 61-74.

WHO. (2011). Noncommunicable Diseases - Country Profiles 2011.

박대준 기자(2013. 8. 23). 국립암센터 '암환자와 가족을 위한 완화의료' 강좌 개최. 뉴시스.

유근상 기자(2014. 6. 17). 용인시 보건소, 만성질환 예방관리에 만전. 일간경기. http://www.1gan.co.kr/news/articleView.html?idxno=5967

한유리 기자(2014. 6. 24). 서울대병원, 장기이식 받은 아이와 가족 위한 '힐링캠프' 개최. 닥터더블류(doctor W).

제15장
치매노인가족

1. 치매노인가족에 대한 이해

1) 치매노인의 특성

치매노인은 신체적, 정서적인 면에서 변화된 양상을 보인다. 이 때문에 치매노인에게는 인지 기능 장애, 성격과 인격의 변화가 발견되는데 그 특성은 다음과 같다.

치매의 핵심적인 증상은 기억장애, 지남력 장애, 계산 능력 장애, 언어장애, 실행증, 실인증, 집행 기능의 장애, 시공간 능력의 장애, 이식증 등의 섭식장애, 불결행동, 야간불면, 우울, 이상행동, 수집벽 등 기억상실과 관련된 행동, 부적절한 성적 행동, 판단력 장애와 방황하는 행동, 인격장애와 공격행동 등이다(American Psychiatric Association, 1994). 치매의 증상이나 문제행동은 오랜 기간 동안 서서히 나타나기 때문에 초기에는 가족들이 모르고 지내는 경우가 많다. 구체적으로 인지장애 증상으로는 기억, 언어, 지남력, 인격 등의 장애가 있고, 신경정신과적 증상은 기운이 없어 보이고 생활의욕이 약해

지며 외부 일에 관심이 없는 우울증과 같은 증상을 보이고 나중에는 화를 잘 내고, 충동적이며, 피해망상과 환각증상을 보이기도 한다. 기억상실로 인해 다른 사람과의 약속이나 이름, 장소 또는 물건을 어디에 두었는지 기억하지 못하는 경우가 많다. 치매초기에는 자신의 기억력 상실을 감추기 위한 억지나 고집을 피우고 화를 내는 행위 등의 행동이나 돈이나 물건을 훔쳐 갔다고 다른 사람을 의심하는 행동 등이 나타난다. 지남력 장애로 시공간 파악 능력이 감퇴하여 밤중에 일어나 집안 여기저기를 돌아다니며 급기야 밖으로 나가 배회하는 문제행동이 생긴다. 또한 아무데서나 옷을 벗거나 옷을 입지 않고 집 안이나 길거리를 배회하는 경우도 있다(Stella et al., 2007).

2) 치매노인가족의 특성

치매노인을 부양하는 가족들은 일반가정에 비해 여러 가지 감당하기 힘든 어려움이 있다. 치매환자 때문에 가족들은 스트레스가 쌓여 만성적 불안감을 갖게 되고, 가족들 사이에 갈등이 나타나고, 가족의 기능이 저하되어 정신신체적 증상까지 나타나게 된다.

치매노인을 부양하고 있는 가족들에게 부양 부담을 줄이고 안정감을 높이도록 돕기 위해서는 병의 진행에 따라 각기 다른 시점에서 가족의 정서적 반응을 고려하는 것이 중요하다(김소영, 2013). Lindesay 등(2010)은 치매노인의 가족들이 다음의 5단계로 구성되는 적응 과정을 겪는다고 했다. 1단계(부정)에서 가족구성원들은 환자의 병적 증상에 대해 구실을 만들고 노인에게서 나타나는 변화들을 정상적인 노화, 스트레스 등의 탓으로 돌린다. 2단계(과잉관여)에서 가족구성원들은 노인의 증상악화가 명백해짐에 따라 환자의 여러 가지 기능의 상실에 대해 보상을 하려고 시도한다. 3단계(분노)에서 가족구성원들은 노인의 행동에 의해 야기되는 육체적 부담, 혼란, 좌절 때문에 화를 내기 시작한다. 4단계(죄책감)에서 가족구성원들은 자신들의 참을성 없음, 분노 그리고 노인의 비논리적 및 비현실적 행동과 요구들을 조정하지 못하는 것에 대해 죄책감을 느낀다. 5단계(수용)에서는 질병의 초기 단계에서 노인은 질병의 잠재적인 발병과 긴 진행 과정 때문에 수용이 천천히 나타나고, 가족구성원들은 비탄의 과정을 경험한다.

2. 치매노인가족의 실태와 문제점

1) 치매노인가족의 실태

(1) 치매 유병률 현황

우리나라의 치매환자 현황은 〈표 15-1〉에서 보듯 2017년 말 기준 724,857명으로 10.18%의 유병률을 보인다. 중앙치매센터에서 2015년에 집계한 648,223명보다 11.8%가 증가하였으며 유병률도 2015년의 9.8%보다 0.38%가 증가한 것으로 나타난다. 치매환자 중 여성이 517,623명으로 207,234명인 남성보다 2.5배가 많으며, 80세 이상 여성의 생존율과 비례하여 치매 유병률 역시 남성보다 월등히 높아짐을 알 수 있다.

〈표 15-1〉 2017년 우리나라 치매 유병률 현황

연도	성별	연령	노인인구(명)	치매환자(명)	유병률(%)
2017	남	65~69	1,081,448	35,369	3.27
		70~74	792,976	16,982	2.14
		75~79	611,824	72,996	11.93
		80~84	340,311	38,803	11.40
		85~	167,261	43,085	25.76
		계	2,993,820	207,234	6.92
	여	65~69	1,192,767	14,320	1.20
		70~74	961,067	30,910	3.22
		75~79	877,145	74,831	8.53
		80~84	612,257	147,861	24.15
		85~	481,648	249,701	51.84
		계	4,124,884	517,623	12.55
	합계		7,118,704	724,857	10.18

출처: 중앙치매센터(2018).

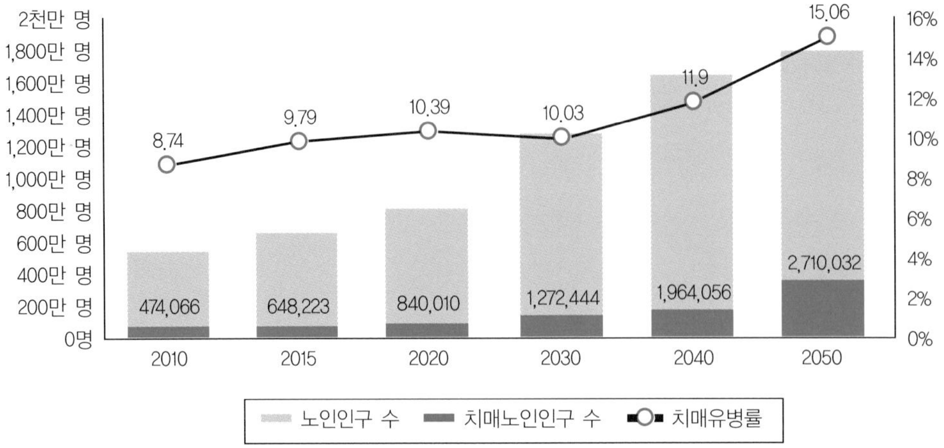

[그림 15-1] 치매노인 수와 치매유병률 추이

출처: 감사원, 중앙치매센터(2017).

고령화가 심화되면서 노인인구가 증가하고 있고 그에 따라 치매환자 수도 증가하고 있다. 치매발병률은 인구 1,000명 당 연간 7.9명으로 매 12분마다 1명의 새로운 치매환자가 발생하는 것으로 예상되었으며, 2015년 기준 9.79%인 치매 유병률도 2020년에는 10.39%, 2040년에는 11.9%, 2050년에는 15.6%에 이를 것으로 추정하였다.

(2) 치매노인부양가족의 현황

치매노인을 주로 보호하는 부양자를 성별로 보면, 여성(68.2%)이 남성(31.0%)보다 높다. 그리고 부양자는 며느리(45.6%)가 가장 높은 비율을 차지하며 자녀(30.6%), 배우자(21.2%), 친척 및 친구(1.2%)의 순으로 나타나고 있다(황미혜, 2011). 치매노인을 주로 부양하고 있는 가족구성원 중에서 특히 며느리의 경우는 가사를 담당하는 역할을 동시에 수행하고 있어서 부담이 더욱 가중된다(오희, 석소현, 2009). 치매노인을 위한 가족의 보호나 부양 실태를 보면, 치매에 대한 지식과 치매의 증상 완화를 위한 치료적 환경이나 재활요법의 필요성에 대한 인식이 부족함을 알 수 있다. 그리고 가족들은 치매의 완치에 대해서는 대부분 부정적인 시각을 가지고 있다.

주부양자들의 부양기간 현황을 살펴보면, 치매노인의 경우 평균 3년 8개월 정도이며, 5년 이상 부양을 한 경우가 25.3%로 많았고 그다음으로 3~4년 미만과 1~2년 미만이 19.5%, 2~3년 미만이 16.1%, 1년 미만이 5.7%의 순인 것으로 나타났다(장민기, 2009). 치매노인의 간호수발을 위하여 하루에 투입되는 시간을 보면, 10~14시간 정도가 34.5%, 5~9시간 정도가 32.2%로 많았으며 치매노인을 수발함에 있어 시간상 과중한 부담의 고통을 겪고 있는 것으로 나타났다(이미헌, 2011). 주부양자의 인식은 치매노인 부양을 아들이나 며느리, 딸이나 사위 등 누구나 형편이 되는 사람이 하는 것이 바람직한 것으로 보는 현 실태가 28.7%로 가장 많았고, 자녀들이 공평하게 번갈아 가면서 모시는 경우가 26.4%로 상당히 많았다. 그 외에도 배우자가 맡아야 되는 경우가 14.9%, 장남이 맡아야 되는 경우가 13.8%, 형편이 되는 딸이 맡아야 되는 경우가 2.3%, 기타가 8%로 특정인의 부양 의무에 대한 인식을 벗어나고 있다. 그러나 가족 내에서 치매노인의 부양자를 결정함에 있어서는 여성에게 부양책임이 집중되는 경향이 강하다(최정희, 2012).

통계청 발표에 의하면 2010년 말 우리나라 치매노인부양가족의 가구당 평균 인원은 2.67명으로 나타났으며, 치매노인 수는 46만 9천 명, 그 가족의 수는 125만여 명으로 추산된다. 이들은 치매노부모 부양 문제로 고통을 받고 있으며, 그 수는 지속적으로 증가하고 있다.

〈표 15-2〉 주부양자의 유형별 특징 (단위: %)

주부양자 \ 구분	재가치매노인	시설치매노인
배우자	4	2
장남	32	34
차녀	0	12
며느리	64	44
손자	0	2
조카	0	6
계	100	100

출처: 최상화(2007).

〈표 15-3〉 치매노인 수 및 치매노인부양가족 수 (단위: 천 명, %)

연도	노인 인구 수	치매노인 비율	치매노인 수	치매노인부양가족
2008	5,016	8.4	421	1,124
2009	5,193	8.6	445	1,188
2010	5,357	8.8	469	1,252

출처: 통계청(2010).

2) 치매노인가족의 문제점

치매노인을 부양할 경우 가족들의 삶에 커다란 영향을 끼치게 된다. 치매는 유병기간이 평균 10년에서 최고 20년 동안 지속되기도 하므로 일상생활의 스트레스와 갈등은 가족 불화 및 해체 등의 사회문제를 제공한다. 치매노인은 인지장애 및 행동장애가 매우 심해서 하루 24시간 동안 상당한 스트레스와 부양 부담을 안겨 주기 때문에 치매노인 환자를 부양하는 부양자의 역할이 중요하다(이미헌, 2011).

치매가족 교육영상

(1) 치매노인가족의 경제적 문제

치매노인가족들의 경제적 어려움은 치매환자를 돌보는 데 비용이 많이 들고, 신체적 문제를 포함한 합병증뿐만 아니라 부양하는 데 많은 시간을 투자해야 하는 간접비용까지 감안할 때 매우 크며, 이러한 경제적 부담으로 가중되는 부양가족들의 심리적 압박 역시 심각한 수준이라고 할 수 있다. 특히 소득수준이 낮은 치매노인가족일수록 속박감과 부양 부담을 감당하기 어려워하는 것으로 조사되었다(팽재영, 2009). 따라서 치매노인부양가족에 대한 사회적 비용절감의 제도적 시스템이 필요함을 알 수 있고, 가족에 의해 보호가 이뤄지는 경우 이에 대한 지원이 가능하도록 제도적 뒷받침도 필요함을 시사한다.

(2) 치매노인가족의 정신, 신체적 문제

치매노인부양가족의 정신적 부담은 우울, 미래를 예측하지 못하는 데서 오는 불안,

편하게 모실 수 없는 죄책감, 환자의 지나친 요구 및 과격행동에 대한 분노 등과 같은 부정적 감정들뿐만 아니라, 치매증상의 수발로 인한 만성피로, 수면부족, 수발의 시달림으로 인한 자신의 약화된 신체적 문제, 친구 및 사회활동 상실, 여가활동 제한 등의 사회적 고립 등이다(Alison, Christine, & Asma, 2004). 우리나라 치매노인 주부양자의 경우, 66% 정도가 치매노인을 부양한 이후로 요통, 심장질환, 고혈압, 관절염, 소화기질환 등의 신체적 질환을 한 가지 이상 앓고 있는 것으로 나타나 신체적 질환으로 인한 건강상의 부담이 매우 높다.

특히 치매노인 부양가족의 긴장은 가족 스트레스원, 개인 및 가족 자원 그리고 부양자의 인지평가가 상호작용하는 과정에서 결정된다고 보고 있다. 즉, 부양 부담을 부양자의 전반적 스트레스와 부양의 영향이라고 정의하여, 부양자의 단편적인 긴장과 구분하고 있다(박상섭, 2010; Susan & McCurry, 2006).

(3) 치매노인부양가족의 정서, 심리적 문제

치매노인부양가족의 정서적 · 심리적 대처 과정의 특성을 보면, 첫째, 치매의 발병초기에는 정서적 혼란기로 가족들은 노인의 변화된 인격, 행동을 보며 나이 탓으로 무심히 생각하고 지내는 경우가 많다. 그러나 환자가 이상행동을 반복하는 것을 보면서 점차 감정적으로 대하게 되고 노인의 인격이 상실되어 가는 것에 실망하고 정서적 슬픔을 경험한다. 둘째, 치매 증세에 대해 받아들이려 하지 않고 거부적 태도를 보인다. 치매노인의 문제행동으로 가정생활이 혼란스러워지는데다 친척이나 가족의 이해까지 부족해지면 주부양자는 고립감을 느끼게 된다. 치매노인을 거절하고 싶은 마음이 생기고 노인에게 불친절하게 대하여 상태를 더욱 나빠지게 하거나 때로는 노인을 방치하는 경우도 있다(정혜원, 2010).

(4) 치매노인가족의 갈등 문제

치매가족의 경우 성원들 간의 갈등이나 스트레스를 경험하는 부정적 변화를 구체적으로 살펴보면 다음과 같다. 치매가족 내에서 가족 갈등이 일어나는 이유는 치매노인의 신체 및 정신장애 정도의 판정, 치매노인을 대하는 적절한 태도나 상호작용 유형,

그리고 부양자의 태도나 부양 전략에 대한 가족구성원들 간의 의견 차이가 존재하기 때문이다. 특히 부양자와 다른 구성원들 간에 갈등이 일어나는 이유는 나머지 가족구성원들이 부양자가 노인에게 적절한 원조를 제공하지 못한다고 여겨 부양자의 행동에 대해 불필요한 조언을 하거나 부양을 잘못한다고 비난 또는 힐책하기 때문이다(최정희, 2012).

〈표 15-4〉 치매노인부양가족 차원의 영역별 부담

영역	부양가족 차원
생활의 제약	• 간호로 인한 부정적인 일상생활제약
정신 문제	• 좌절감, 증오심 형성 • 불안감 증가
경제 문제	• 부양가족의 의료비 지출 • 생계활동 지장 • 건강보험비 상승
가치규범의 문제	• 부모(치매노인)에 대한 존경심 상실 • 학대, 폭력 가능성 증대 • 노후에 대한 두려움 증가 • 가족 간의 갈등 증가
보건의료 문제	• 정신질환 발생 가능 • 과로에 따른 질병 위험

출처: 한국의료보험관리공단(2009).

3. 치매노인가족에 대한 서비스 현황과 대책[1)]

보건복지부에서는 2008년부터 2015년까지 총 3회에 걸쳐 치매관리종합계획을 수립하면서 이제까지 수행되거나 계획된 다양한 치매 관련 정책들을 정리하고 개선하는

1) 제철웅, 김효정, 박인환에 의해 연구된 치매국가책임제와 의사결정지원제도와 김민경, 서경화에 의해 연구된 국내외 치매관리정책에 대한 비교연구의 논문을 재정리하였다.

방향으로 종합적인 정책 내용을 포괄해 왔다.

1차 치매종합관리대책은 치매 조기발견과 예방 강화, 종합적 체계적인 치매 치료관리, 효과적 치매관리를 위한 인프라 구축, 치매환자 부양 부담 경감과 부정적 인식 개선 등을 4대 정책목표로 진행되었다. 이후 2011년 8월 「치매관리법」이 제정되고 이를 근거로 2012년 2월 5일부터 시행되었는데, 「치매관리법」은 치매의 예방, 치매환자의 진료·요양 및 치매퇴치를 위한 연구 등에 관한 정책을 종합적으로 수립·시행함으로써 치매로 인한 개인적 고통과 피해 및 사회적 부담을 줄이고 국민건강증진에 이바지하는 것을 목적으로 하고 있다. 「치매관리법」에 따라 2012년에는 제2차 치매관리종합계획(2013~2015)이 수립되었고, 2015년에는 제3차 치매관리종합계획(2016~2020)이 수립되었다.

1) 치매국가책임제

2017년에 발표된 '치매국가책임제'는 「치매관리법」 제3조, 성년후견제 이용지원에 관한 규정 신설(제12조 3)로 법적근거를 마련하였다. 또한 보건복지부 산하의 국가치매관리위원회에서는 치매관리종합계획을 5년마다 수립하고 국가치매관리제도의 발전 종합계획 수립과 평가, 연도별 시행계획, 치매관리사업의 예산 등을 심의하도록 하고, 보건복지부는 치매검진사업, 치매등록통계, 역학조사, 중앙치매센터를 설치, 운영 및 치매상담전화센터를 설치하고, 시·도지사는 광역치매센터를 설치·운영, 시·군·구는 치매상담센터를 설치하도록 하고 있다.

치매국가책임제 추진계획 주요 내용(KTV 국민방송)

치매국가책임제는 고령화의 심화로 증가하게 될 치매환자의 고통과 그 가족의 부양부담을 경감하고 치매에 대한 조기진단과 예방부터 상담, 사례관리, 의료지원까지 종합적 치매지원체계를 구축한다는 내용을 담고 있으며, 이를 통해 치매어르신과 가족의 고통을 덜어 주고, 치매로부터 자유로운 치매안심사회를 만들어 나가겠다는 목적으로 만들어졌다.

(1) 치매국가책임제의 내용

치매국가책임제는 치매의료비 90% 건강보험 제공, 치매지원센터 및 치매안심병원 확대, 노인장기요양보험 본인부담 상한제 실시와 요양보호사의 처우 개선에 관한 국가책임을 제시하였다. 치매국가책임제의 주요 내용은 맞춤형 사례관리, 장기요양서비스 확대, 치매환자 의료지원 강화, 치매 의료비 및 요양비 부담 완화, 치매 예방 및 친화적 환경 조성, 연구개발과 행정체계 정비 등 6개 분야로 요약된다.

〈표 15-5〉 치매국가책임제도의 주요 내용

추진 계획	내용
맞춤형 사례관리	• 전국 252개 보건소에 치매안심센터 설치 • 1:1 맞춤형 상담, 검진, 관리, 서비스 연결까지 통합적 지원 • 치매노인등록시스템으로 전국에서 연속적으로 관리
장기요양서비스 확대	• 장기요양등급체계 개선 → 경증치매환자도 요양서비스 대상에 포함 • 치매안심형 시설 확충 • 주야간 보호시설과 치매안심형 입소시설 확충
치매안심요양병원 확충	• 이상행동이 심한 중증환자 → 치매안심요양병원에서 단기집중치료 • 공립요양병원에서 시범실시 후 확대
의료비 부담 완화	• 중증 치매환자의 의료비 본인부담률 10%로 인하 • 치매진단 정밀검사 비용 건강보험 적용 • 장기요양본인부담금 경감 혜택 대상의 단계적 확대
치매예방 및 친화적 환경 조성	• 건강검진 인지기능 검사 정밀화와 검사주기 단축화를 통해 조기진단 및 지속적 관리를 위한 연계 • 치매예방프로그램 제공 • 치매노인 공공후견제도 • 치매가족휴가제 및 치매어르신 실종 예방사업
치매 연구개발과 행정체계 정비	• 치매에 대한 체계적 연구 계획 수립 • 치매해결을 위한 중장기 연구 지원 • 보건복지부 내에 치매정책 전담부서 설치

(2) 치매관리체계

① 치매안심센터 서비스

국가와 지방자치단체는 치매환자의 치료 및 진단 비용을 지원할 수 있고 치매관리 업무 수행을 위하여 의료법상의 종합병원에서 중앙치매센터를 지정할 수 있도록 하고, 시 · 군 · 구에서는 관할 보건소에 치매상담센터를 설치하도록 하고, 치매관리사업을 수행하는 자에 대하여 치매연구사업, 치매검진사업 등에 드는 비용을 지원할 수 있도록 명시하였다.

2007년 이후 전국 지방자치단체에 개설된 치매지원센터의 주요 사업은 치매예방 및 인식 개선 사업, 치매조기검진 사업, 치매예방 등록관리사업, 치매 치료비 지원사업, 치매 지역자원 강화사업이다. 치매지원센터는 국가 기준에 맞춰 '치매 안심센터'로 전환하여 치매환자 집중사례관리, 치매 환자 쉼터와 가족카페, 치매 인식 개선 및 교육 · 홍보 등 전문 치매서비스사업 센터로 기능을 확대하였다.

② 치매 의료서비스

치매국가책임제의 시행으로 의료서비스와 건강보험을 통해 치매 당사자와 가족들의 부담을 덜어 주는 치매관리 정책을 실시하고 있다.

일반병원에서 돌보기 곤란한 치매 환자에게 전문 의료서비스를 제공하기 위한 공립요양병원은 2014년 기준으로 77개소에 1만 3,043개의 병상이 있고, 치매환자의 입원은 2015년 기준으로 64.5%에 이르며, 치매환자의 증가 추세에 비하여 공립요양병원은 부족하고 최근의 요양병원들은 보건복지부의 의료기관평가인증시스템에 따라 진료 수준을 향상시키면서 양의와 한의, 재활서비스와 복지프로그램도 진행한다. 따라서 장기요양등급을 받은 치매환자는 요양병원의 의료 서비스와 재가 방문요양서비스 및 주간보호서비스를 선택하거나 병행해서 받을 수 있다.

③ 치매 요양서비스 및 돌봄서비스

노인장기요양보험제도는 2011년에 치매 등급판정 도구를 개선하여 주 · 야간 보호

서비스 내 치매 인지개선프로그램을 보급하고, 2012년에는 3등급 인정기준을 완화하여 주 · 야간 보호서비스에서 치매환자에 특화된 서비스 제공을 검토하였으며, 전반적인 치매 요양서비스는 2014년 7월부터 3등급을 3, 4등급으로 완화하고 5등급을 신설하여 경증의 치매노인 대한 서비스로 시행되고 있다.

치매노인에 대한 재가서비스는 바우처 제도로 시행되는 사회서비스 체계에서 노인돌봄종합서비스를 제공하고 노인의 일상생활 지원(식사 및 세면, 가사정리 등), 말벗, 관공서 업무 대행, 병원 동행 등의 서비스를 지원하며 치매환자 가족을 위한 여행서비스를 제공한다.

④ 치매노인 공공후견제도

치매노인 공공후견제도는 2017년 9월 19일 「치매관리법」상 성년후견제 이용지원에 관한 규정이 신설(제12조의3)되면서 그 근거가 마련되었다. 치매노인 공공후견제도는 독거 치매환자가 자력으로 후견인을 선임하기 어렵다고 판단되는 경우, 「치매관리법」 제12조의3에 따라 지방자치단체의 장이 가정법원에 후견의 심판을 청구할 수 있도록 지원하도록 설계하였다.

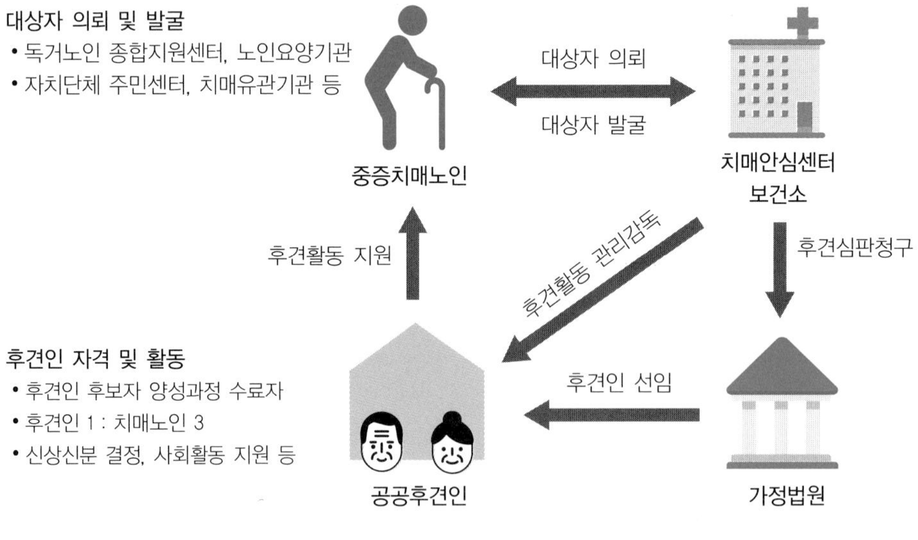

[그림 15-2] 치매노인 공공후견사업 추진체계

2) 치매노인가족을 위한 정서대처강화 프로그램[2)]

치매노인의 문제행동에 대해 소극적으로 수용하는 대처행동은 부양자의 부담을 누적시키고, 치매노인 부양자들이 주로 사용하는 대처방법인 회피·도피를 많이 사용할수록 부양 부담의 수준이 높아져 소진을 야기할 수 있다(김경희, 2001; 김주성 외, 2004). 반면, 우리나라 부양자들이 다양한 대처기술을 사용하지 못하고 소극적 대처기술을 사용하므로, 시간이 지남에 따라 대처기술 수준이 낮아지는 것으로 나타났다(김주성 외, 2004). 부양스트레스 관리를 위한 문제행동대처기술, 일상생활 기술 및 자기주장훈련등의 프로그램 적용 후 부양 부담과 자아존중감 등에서 효과가 있는 것으로 나타났고(이윤로, 김양이, 2002), 부양스트레스를 줄이는 간호중재의 중요한 요인이 자기효능감을 증가시키는 것이다(김남초 외, 2002).

본 프로그램은 Lazarus와 Folkman(1984)의 스트레스-대처-적응모델을 기초로 하여, 재가치매노인 가족에게 치매노인의 행동심리증상에 대한 정서대처강화 프로그램을 적용한 후 가족의 부양스트레스, 대처행동 및 자기효능감을 증진시키는 프로그램이다.

총 8회기 프로그램으로 1회기와 2회기에는 치매와 부양스트레스 관련 내용, 3~7회기에는 치매노인 행동심리증상에 대한 대처강화 내용, 8회기에는 마무리 소감 나누기 등으로 강의, 역할극, 감정 드러내기, 의견 나누기 및 일기 쓰기 내용으로 구성되어 있다.

---

2) 임동영에 의해 연구된 '재가치매노인행동심리증상에 대한 가족의 정서대처강화 프로그램 효과'의 박사논문을 재정리하였다.

〈표 15-6〉 치매노인 가족을 위한 정서대처강화 프로그램

1회기	치매 관련 교육
2회기	부양스트레스 교육
3회기	공격행동에 대한 대처방법 옷 갈아입기를 거부하며 폭력을 휘두르는 문제, 주위사람들이 자신을 욕하고 있다고 생각하는 문제, 물건을 집어 던지는 등 배뇨장애로 인한 폭력의 문제, 옆집에 가서 자신의 집이라고 나가라고 소리 지르는 문제, 이쑤시개 등을 가지고 신체를 해하는 문제에 대한 역할극을 통한 정서대처강화 프로그램을 적용한 후 서로의 감정을 드러내고, 생각과 소감을 나누고 일기노트(치매노인 공격행동에 대해 힘든점, 공격적 행동 대처방법에 대해 알게 된 점, 정서대처강화 후 느낀 점 등) 작성. 강의, 역할극 및 의견 나누기로 진행
4회기	초조행동에 대한 대처방법 계속 움직이려는 문제, 반복하여 화장실 가는 문제, 반복하여 같은 질문하는 문제, 큰소리로 불필요한 이야기하는 문제, 자신의 물건과 구별하지 못하고 숨기는 문제에 대해 역할극을 통한 정서대처강화 프로그램을 적용한 후 서로의 감정을 드러내고, 생각과 소감을 나누고 일기노트(치매노인 초조행동에 대해 힘든 점, 초조행동 대처방법에 대해 알게 된 점, 정서대처강화 후 느낀 점 등) 작성. 강의, 역할극 및 의견 나누기로 진행
5회기	저항행동에 대한 대처방법 옷 입고 벗고 하지 못하는 문제, 속옷을 3~4개 겹쳐 입는 문제, 화장실이 아닌 딴 곳에서 용변 보는 문제, 혼자서 목욕하려는 문제, 약을 독이라고 복용하지 않으려는 문제, 식사를 거부하는 문제에 대해 역할극을 통한 정서대처강화 프로그램을 적용한 후 서로의 감정을 드러내고, 생각과 소감을 나누고 일기노트 작성
6회기	신체적 행동에 대한 대처방법 야간 이상행동 문제, 밥을 먹지 않았다고 계속 달라고 조르는 문제, 부적절한 접촉 시도나 성적 행동을 하는 문제에 대해 역할극을 통한 정서대처강화 프로그램을 적용한 후 서로의 감정을 드러내고, 생각과 소감을 나누고 일기노트(치매노인 신체적 행동에 대해 힘든 점, 신체적 행동 대처방법에 대해 알게 된 점, 정서대처강화 후 느낀 점 등) 작성. 강의, 역할극 및 의견 나누기로 진행
7회기	신경, 정신행동에 대한 대처방법 무엇을 했는지 잊어버리는 행동 문제, 한밤중에 불필요한 이야기하는 문제, 집안에서 자신의 방을 찾지 못하는 문제, 독이 있다고 식사를 거부하는 문제, 물건이나 돈을 훔쳐갔다고 의심 하는 문제에 대해 역할극을 통한 정서대처강화 프로그램을 적용한 후 서로의 감정을 드러내고, 생각과 소감을 나누고 일기노트(치매노인 정신, 신경행동에 대해 힘든 점, 신경, 정신행동 대처방법에 대해 알게된 점, 정서대처강화 후 느낀 점 등) 작성
8회기	마무리 인사 및 사후검사 실시

출처: 임동영(2017).

◈ 참고문헌

감사원, 중앙치매센터(2017). 치매환자 관리 누락 방지를 위한 국가치매관리체계 개선방안 연구, 30면.

김경희(2001). 치매노인 부양가족의 스트레스와 대처방안에 대한 질적조사. 서울여자대학교 대학원 석사학위논문.

김남초, 김정희, 임영미(2002). 재가 치매노인의 주 수발자의 환경 실태. 한국보건간호학회지, 16(1), 13-29.

김민경, 서경화(2017). 국내외 치매관리정책에 대한 비교연구. 국가정책연구, 31, 233-260.

김소영(2013). 치매노인 가족의 부양부담과 부양자의 삶의 질에 관한 연구. 숙명여자대학교 대학원 석사학위논문.

김주성, 이해정, 김기련(2004). 가족관계 유형별 치매노인가족의 간호제공상황평가, 소진 및 대처유형. 한국노년학회지, 24(4), 39-51.

박상섭(2010). 치매노인 부모를 널싱홈에 위탁하는 과정에서 주부양자가 경험하는 심리변화 연구. 백석대학교 대학원 박사학위논문.

오희, 석소현(2009). 치매노인 주 부양가족의 건강상태, 부양부담감 및 삶의 질 연구. 정신간호학회지, 18(2), 157-166.

이미헌(2011). 구조화된 치매교육이 치매환자 주 부양가족의 돌봄경험 평가와 치매환자의 인지행동에 미치는 효과. 동의대학교 대학원 석사학위논문.

이윤로, 김양이(2002). 치매가족 부양스트레스 관리 프로그램의 효과성. 노인복지연구학회지, 15, 169-188.

임동영(2017). 재가치매노인 행동심리증상에 대한 가족의 정서대처강화 프로그램 효과. 계명대학교 대학원 박사학위논문.

장민기(2009). 치매노인 주부양자의 부양부담 영향요인에 관한 연구. 경성대학교 대학원 석사학위논문.

정혜원(2010). 입원한 치매노인 부양자의 부양부담에 관한 연구: 성인자녀 주부양자를 대상으로. 전남대학교 대학원 석사학위논문.

제철웅, 김효정, 박인환(2019). 치매국가책임제와 의사결정지원제도. 의생명과학과 법, 21, 81-107.

중앙치매센터(2018). 2017 중앙치매센터 연차보고서. 성남: 중앙치매센터.

최상화(2007). 치매노인 가족 부양부담에 관한 연구. 동국대학교 대학원 석사학위논문.

최정희(2012). 치매노인 부양자의 특성과 삶의 질에 관한 연구. 한양대학교 대학원 석사학위논문.

팽재영(2009). 치매노인 부양가족원의 부양부담에 관한 연구: 가족친밀감과 대처전략을 중심으로. 동국대학교 대학원 석사학위논문.

한국의료보험관리공단(2009). 건강보험료 지출에 관한 연례보고서.

황미혜(2011). 주간보호서비스 이용 여부가 치매노인 주부양자 부양부담에 미치는 영향. 숭실대학교 사회복지대학원 석사학위논문.

Alison, M. H., Christine, E. R., & Asma, I. (2004). Family funtioning in the caregivers of patients with dementia. *Journal of geriatric psychiatry, 19*, 533-537.

American Psychiatric Association. (1994). *Diagnostic and Statistical Manual of Mental Disorders, 4th edition* (DSM-IV). Washington, DC: Author.

Lazarus, R. S., Folkman, S. (1984). *Stress appraisal and coping*. New York: Springer. 93-105.

Lindesay, J., Bullock, R., Daniels, H., Emre, M., & Forstl, H. (2010). Turning principles into practice in Alzheimer's disease; Promote dementia awareness and understanding. *Journal of clinical practice, 64*(10), 1198-1209.

Stella, F., Banzato, C. E., & Gasparetto, E. V. (2007). Risk factors for vascular dementia in elderly psychiatric outpatients with preserved cognitive function. *Journal of clinical practice, 72*, 254-261.

Susan, M., & McCurry, H. (2006). *When a Family Member Has Dementia: Step to Becoming a Resilient Caregive.*. London: Praeger.

찾아보기

[인명]

ㄱ

고미영 43
공계순 31
곽노진 368
김경희 417
김남초 417
김동기 162
김만두 41
김사현 77
김수정 66
김양이 417
김영화 41, 59
김유숙 144, 147
김윤재 43
김은비 162
김인숙 30
김주성 417
김주수 21
김주현 265
김혜경 59
김혜란 30, 31
김혜련 30
김혜숙 197
김혜영 43

ㅂ

박미은 40, 264
박화옥 18
변수정 75
변화순 43

ㅅ

서미경 368
성정현 19, 69
송다영 30, 55, 63
신용하 18
신지현 43

ㅇ

양심영 40
양옥경 18
여지영 19
우국희 19
윤홍식 30, 43, 62, 67, 100
이여봉 18

이영실 62, 69
이원숙 21
이윤로 417
이재경 30
이정우 111
이효재 19
임세희 19

ㅈ

장경섭 18, 19
장수미 265
전명희 249
전정희 41
전혜성 368
정문자 188, 190, 196, 199, 202
정선영 55, 63
정재훈 115
조홍식 30, 41

ㅊ

채구묵 67
최선희 18
최승희 19
최영 101
최정숙 18, 19

ㅎ

홍경준 77
홍선미 31
황남희 75

B

Bales, R. 20
Banmen, J. 196
Beavin, J. H. 146
Becvar, D. S. 202
Berg, I. K. 205
Berry, J. W. 311
Billings, A. G. 176
Bismarck, O. 110
Boss, P. G. 165, 167, 177
Bowen, M. 140, 185
Brown, S. 360

C

Carter, B. 151, 158
Cronkite, R. C. 176

D

DeVault, C. 20
Duvall, E. M. 151

E

Esping-Anderson, G. 56, 58

F

Feldman, F. L. 41
Finney, J. W. 176
Folkman, S. 384, 417

G

Garmezy, N. 177
Gauthier, A. H. 65
Giddens, A. 19
Graham, L. N. 265
Greenberg, J. S. 367
Gubrium, J. F. 40

H

Halvorsen, J. G. 172
Hansen, D. 169
Harding, L. F. 64
Hartman, A. 19
Hepworth, D. H. 20, 31
Hill, R. 151, 166, 169
Holstein, J. A. 40

I

Ihinger-Tallman, M. 250

J

Jackson, D. D. 146

K

Kahn, A. J. 60
Kamerman, S. B. 60
Kerr, M. E. 185
Kübler-Ross, E. 329

L

Laird, J. 19
Larsen, J. 20
Lazarus, R. S. 384, 417
Lester, G. R. 177

M

Mailick, S. M. 367
Masten, A. S. 177
McCubbin, H. I. 166, 171, 172, 173, 177, 180
McGoldrick, M. 151, 158, 188
Miller, S. D. 205
Minuchin, S. 197, 199
Moos, R. H. 176
Murdock, G. O. 18, 20

N

Nichols, M. 185, 187, 192

O

Olson, D. H. 225

P

Papero, D. V. 188, 189
Parsons, T. 20, 40
Pasley, K. 250
Patterson, J. M. 166, 173, 178
Pierce, G. R. 172

R

Rooney, R. H. 20
Rutter, M. 177

S

Saleebey, D. 386
Sarason, B. R. 172
Satir, V. 190, 192, 196
Scherz, F. H. 41
Seibert, M. T. 39
Siporin, M. 215
Smith, M. J. 367
Strom-Gottfried, K. S. 20
Strong, B. 20

T

Thoennes, N. 265
Titmus, R. 103
Tjaden, P. 265

W

Walker, L. E. 263
Walsh, F. 31
Watzlawick, P. 146
Werner, E. E. 177
Wilson, L. 177

Z

Zastrow, S. 20
Zimmerman, S. 62

[내용]

1인 가구 24
A.A. 299
ABCX 모델 166, 168, 169
AFDC 104
Al-Anon 301
CCDF 105
CTC 106
Double ABCX 모델 166, 168, 173
EITC 105
N포세대 29
SNAP 105
TANF 102, 104
the family 19
x, aA, bB에 대한 지각 175

ㄱ

가계도 188, 220
가계도 작성 193
가구규모 24
가구원 수 24
가정양육수당 78
가정폭력 257, 258
가정폭력방지법 270
가정폭력범죄의 처벌 등에 관한 특례법 258
가정폭력보호시설 278
가정폭력상담소 277
가정폭력에서 벗어나는 과정 282
가정폭력특례법 270
가정폭력 행위자에 대한 교정적 개입 280
가정폭력현황 260
가정한시지원제도 102, 104
가족 63, 181
가족관계등록부 85
가족관계상의 이슈와 가족기능상의 이슈 32
가족관계의 등록 등에 관한 법률 84
가족교육 227, 375
가족구조 22, 197
가족구조 및 형태 18
가족구조 확인 199
가족규칙 144, 191
가족기능 18, 28
가족기능의 사회화 58
가족기능척도 385
가족 레질리언스 178
가족 레질리언스 모델 168, 178, 179
가족력 218
가족 문제 31
가족 발달주기 150
가족법 49, 84
가족변화 29
가족변화론 30
가족보조금 116, 120
가족보조금법 106
가족복지 55
가족복지 서비스 47
가족복지의 개념 38
가족복지의 대상 45
가족복지의 목적 41
가족복지의 범위 42
가족복지의 수단 42
가족복지의 주체 41
가족복지 정책 47, 49, 59, 63
가족복지 행정 47
가족 부담 370
가족부양수당 120
가족 사례관리 48, 230
가족사회사업 40
가족생활교육 49
가족 생활 연대기 195
가족수당 109, 120
가족수당 지역공단 116
가족 스트레스 31
가족 스트레스 이론 165, 166
가족신화 145
가족심리교육 397
가족 역량강화 심리교육 376
가족옹호 49, 377

가족위기론 29
가족의 개념 18
가족의 기능 약화 43
가족의 문제해결과 대처 181
가족의 범위 20, 85
가족의 재구조화 200
가족의 재구조화 기법 201
가족의 취약성 181
가족 자조집단 229
가족 적응 182
가족 적응 단계 182
가족 적응성 및 응집성 평가척도 225
가족 정책 59, 100
가족 조각 196
가족 조절 180
가족 조절 단계 180
가족주기 28
가족주의-정부비개입 모델 65
가족진보론 30
가족 질병 289
가족책임주의 58, 59
가족체계 이론 268
가족치료 48, 229
가족캠프 399
가족 투사 과정 186
가족항상성 142
가족 형태 25
가족화 99
가족화 우선형 68
가족화 · 탈가족화 병행형 68
간략화 204
간접 서비스 226
간접적 방법 47
감정조절의 장애 289
감정 질병 289
감정표출 이론 359
강점 관점 386
강한 남성부양자 모델 111
강화 205
개인 내적 이론 267
개입 단계 226
개학수당 121
객관적 부담감 371
거시적 방법 47
건강가정 87
건강가정기본법 86, 344
건강가정 사업 88
건강가정 지원센터 88
검찰의 상담조건부 기소유예제도 273
결혼이민자 306, 314
결혼이민자 가족 307
결혼적응기 151, 154
결혼전기 151, 153
경계선 138, 198
경제적 기능 20
경제적 어려움 31, 32
경제적 폭력 260
경찰의 긴급임시조치 273
경험적 가족치료 189
계부모가족 250
계약 213
계획수립 219
고객형 206
고령사회 23
고령사회 대응 기반 구축 75
고령사회 대응체계 확립 75
고령화사회 23
고령화 현상 23
고복지-노동중심 67
고복지-양육중심 67
고용보험법 95
공감 215
공동의존 294
공동의존의 유형 295
공동체 거주가족 44
공모자 295
과몰입 288
과정 질문 188
과제 부여 201
관계의 질 19
관계 형성 212
관점으로서의 가족복지 정책 61
교육 및 사회화의 기능 20
구조적 가족치료 197
구조적 지도 201
국가아동보육정책 108
국제결혼 25
권위주의 모델 64

귀염둥이 293
근로가족세금공제제도 109
근로가족소득지원제도 107
근로기준법 78, 93
근로세금공제제도 109
근로자세금공제 105
긍정적인 조절 181
기능 19
기능손상 32
기대수명 23
기적질문 206
기존 자원과 새로운 자원 175
긴장고조 기법 201
긴장이 쌓이는 단계 264

ㄴ

나의 입장 기법 189
남녀고용평등과 일 · 가정 양립 지원에 관한 법률 78, 94
내적 스트레스원 170
냉담한 공동의존자 295
노년기 152, 163
노령화지수 28
노인 단독가족 44
노인돌봄기본서비스 81
노인돌봄 정책 80
노인돌봄종합서비스 81
노인부양 부담 23
노인장기요양보험제도 80
누적 스트레스원 174

ㄷ

다문화가족 27, 305
다문화가족 실태조사 313
다문화가족의 유형 307
다문화가족지원법 306, 313
다문화가족 지원센터 322
다문화가족 지원센터 서비스 322
다문화주의 310
다세대 가족치료 185
다세대 전수 과정 187
다양한 가족 19
다양한 가족 형태 44
대처 175
대처방식 168
대처질문 207
대화와 협력 386
독박 육아 39
돌봄수당 112
동맹 213
동정 215
동화 311, 312

ㄹ

라곰 123
라테파파 127
레질리언스 176, 386

ㅁ

마음 치유: 이혼부모교육 247
만성질환 382
만성질환가족 381, 383
만성질환가족 이론 384
만성질환위원회 382
만성질환자 부모 390
만성질환자 형제자매 391
맞벌이 가족 44
멤버십 386
명상 196
명확한 경계 198
명확한 의사소통기술 215
모방 200
모성보호에 관한 법 93
문제의 명확화 212
문화적 부적응 315
문화적 역량 323
문화적응 315
문화적응 이론 311
물질사용장애 288
미발달형 68
미시적 접근 47
민법 84
밀착된 가족 139, 147

ㅂ

박해자 295
반응적 관점 359

발달장애인 권리보장 및 지원에 관한 법률 345
방과후 보육 정책 80
방문형 205
방임 260
배우자의 출산휴가 78
배우자폭력 258
법원의 피해자 보호명령 274
베버리지 보고서 106
변화의 불가피함 204
병리적 관점 358
보건의료기본법 392
보수주의 복지국가 57
보육 정책 79
보호 부담 365
보호 요인 178
복지국가 55
부모급여 125
부모수당 114
부모 육아휴직제도 127
부모-자녀관계에 관한 규정 86
부모-자녀 하위체계 198
부모화 148
부적응 176
부조절 181
북한이탈주민 27, 306
북한이탈주민 가족 25, 307
분거가족 25, 28, 44
분리 311, 312
분리된 가족 147
불신의 중단 386
불평형 206
브릿지 플랜 2020 74
비규범 203
비난형 190
비의지적 스트레스원 170
비자발적 클라이언트 211
비전형적 가족 30
비정상가족 30
비정상적인 스트레스원 170
비판자 294
빙산 치료 193

ㅅ

사민주의 및 대륙형 복지국가 103
사정 217
사회구조·문화 이론 269
사회민주주의 복지국가 57
사회보장기본법 49
사회복지사업법 49
사회심리 이론 267
사회적 가족 19
사회적 어려움 31
사회정책 110
사회정책의 한 분야로서의 가족복지 정책 60
사회체계 관점 167
사회통합 프로그램 321
사회학습 이론 265, 267
사후관리 233
산만형 191
삼각관계 143, 185
새로마지플랜 2010 74
새로마지플랜 2015 74
샐러드 볼 이론 310
생산적이고 활기찬 고령사회 76
생태도 223
서비스지원 정책 77
선천적 장애 333
선택적 가족 19
성별역할분업 29
성인아이 291
성인장애수당 121
성적 기능 20
성학대 260
세대 간 전이 265
소년소녀가장 가족 44
수단으로서의 가족복지 정책 61
수용 215
숙려기간 241
순교자 295
순적응 176
순환성 140
순환적 질문 218
술친구 295
스트레스 대응 모델 384
스트레스-대처-적응모델 417
스트레스원 168

스트레스원에 대한 가족의 지각 평가 181
스트레스 이론 268
스트레스 인지평가 168
스트레스 지각 172
스트레스 취약성 이론 359
시간지원 정책 77
시장형 68
신체적 폭력 260
실연 200
실종아 293

ㅇ

아내폭행 259
아내학대 258
아동간병휴가 및 급여 128
아동급여 109
아동보육 10개년 전략 108
아동보육법 108
아동세금공제제도 110
아동세금환급공제 106
아동수당 77, 109, 113, 128
아동수당법 77
아동양육보조금 105
아동지원법 112
아빠의 공주 294
아이와 함께 행복한 사회 74
알라넌 229, 299
알라넌 회원 301
알코올-마약 이론 267
암관리법 392
얀텔라겐 121
양육비 징수지원 120
어린이집 92
엄마의 왕자 294
여성긴급전화 1366 277
여성주의 이론 269
역량강화 386
열린 가족 31
영아보육수당 119
영아수당 117
영양보조프로그램 105
영웅 293
영유아보육법 91
영향력의 수레바퀴 195
예외질문 207
외국인 근로자 가족 307
외적 스트레스원 170
요보호아동가족부조 102
욕구의 명확화 212
용광로 이론 309
우애적 결혼 28
원가족 삼인군 치료 193
원격가족 44
위계구조 198
위기 168, 172
위기 전 174
위기 후 174
위험 요인 178
유지 200
육아휴직 79, 127
육아휴직의무할당제 127
은유 196
음주와 폭력의 동시발생 265
의료비 지원사업 394
의사소통 및 대처 유형 190
의존 288
의지적 스트레스원 170
이끌어 내기 205
이민자 조기적응 프로그램 322
이야기 막대 기법 214
이주노동자 306
이중구속 358
이혼가족 239
이혼에 관한 규정 85
이혼율 25
일반체계이론 137
일치형 191
일하는 엄마 38
임신급여 125
임신현금급여 126
입양수당 129

ㅈ

자기분화 185
자녀간호수당 121
자녀독립기 152, 160
자녀양육기 152, 156

자녀양육 부담 29
자녀청소년기 152, 158
자아존중감 190
자원 168, 171, 181
자원 이론 269
자유방임 모델 64
자유주의 복지국가 56
자조집단 229, 299, 376
잔여형 사회정책 103
장애아교육수당 120
장애인가족 327
장애인복지법 342
장애인 실태조사 364
장애인활동 지원에 관한 법률 344
재가암환자 관리사업 395
재판상 이혼 240
재판이혼 240
재혼가족 44, 250
재혼율 25, 26
저복지-노동중심 67
저복지-양육중심 67
저출산 · 고령사회 기본계획 73
저출산 · 고령사회기본법 73
저출산 대응기구 구축 74
적응 168, 176
전체로서의 가족 40, 45
전통 지향적 모델 65
전형적 가족을 넘어 19
전형적인 정상 가족 19
점진적 출산율 회복 74
접수 단계 211
정상 가족 30
정상적인 스트레스원 170
정서적 단절 186
정서적 폭력 260
정신건강 203
정신건강복지법 356, 372
정신건강종합대책 373
정신건강증진 및 정신질환자 복지서비스 지원에 관한 법률 356
정신병리 이론 267
정신분열병을 일으키는 어머니 358
정신요양시설 372
정신의료기관 372
정신장애 356
정신장애인가족 355
정신장애인의 배우자 367
정신장애인의 배우자가 느끼는 보호 부담 368
정신장애인의 부모 365
정신장애인의 자녀 369
정신장애인의 형제자매 366
정신장애 평생유병률 363
정신재활시설 372
조기지원 프로그램 348
조손가족 25, 27, 44
조장자 294
조정이혼 240
조종자 294
조합주의 복지국가 57
종결 단계 231
주관적 부담감 371
주변화 311, 312
중간개입 모델 64
중도장애 333
중독가족 287
중독관리통합지원센터 372
중독의 양상 289
중독 288
중독 이론 267
중범위적 방법 47
증상활용 기법 201
지역사회 통합돌봄 82
직접 서비스 226
직접적 방법 47
진심 어린 관심 215

ㅊ

척도질문 207
첫 상담 이전의 변화에 대한 질문 206
체계로서의 가족 136
초고령사회 23
초기 스트레스원 174
초이성형 190
초혼연령 22

추적 200
출산과 재생산 기능 20
출산율 23
출산장려 모델 65
출산전후 휴가 78
측정도구 224
치료적 삼각관계 188
치매관리법 413
치매국가책임제 413
치매노인 405
치매노인가족 405
치매노인 공공후견제도 416
치매안심센터 서비스 415
치매 요양서비스 및 돌봄서비스 415
치매 유병률 407
치매 의료서비스 415
치매종합관리대책 413
치유와 전인성 386

ㅋ

커뮤니티 케어 355, 360

ㅌ

탈가족주의 58
탈가족화 58, 99
탈가족화 우선형 68
탈삼각화 186
탈상품화 56, 58
탈이론 203
통제 260
통합 311, 312
특수교육법 343

ㅍ

평등주의 모델 65
폭력의 순환성 263
폭발 단계 264

ㅎ

하위체계 139, 198
한 단위로서의 가족 전체 42, 347
한부모가족 44, 89
한부모가족복지시설 90
한부모가족을 위한 수당 120
한부모가족지원법 88, 343
한부모에 대한 양육지원비 128
합계출산율 23, 28
합류 199, 200
해결중심 단기치료 202
핵가족 정서체계 186
핵가족화 38
행위자 294
헌법 49
헌신과 의무 215
현금지원 정책 77
현재와 미래에 대한 지향 204
현존하는 자원 174
협력 204
협의이혼 239
형제자매 위치 187
형제자매 하위체계 198
형태 20
혼인에 관한 규정 85
혼인 현황 22
혼합가족 250
화해 단계 264
확대가족 38
확장 205
회유형 190
희생양 293

저자 소개

최정숙(Choi, Jung Sook)
단국대학교 행정법무대학원 사회복지학과 교수

강향숙(Kang, Hyang Sook)
남서울대학교 아동복지학과 교수

김경희(Kim, Kyung Hee)
꽃동네대학교 사회복지학과 교수

김선민(Kim, Sun Min)
Colombo Plan Global Master Trainer

김유정(Kim, Yoojung)
가천대학교 리버럴아츠칼리지 교수

김주현(Kim, Ju Hyun)
경희사이버대학교 사회복지학과 교수

김지혜(Kim, Ji Hae)
남서울대학교 사회복지학과 교수

박형원(Park, Hyung Won)
서울사이버대학교 사회복지대학 교수

백형의(Baik, Hyung Ui)
을지대학교 중독재활복지학과 교수

우재희(Woo, Jea Hee)
부산가톨릭대학교 사회복지학과 교수

이영선(Rhee, Young Sun)
조선대학교 행정복지학부 교수

이예승(Lee, Ye Seung)
고려대학교 안암병원 정신건강의학과 사회복지사

이인정(Lee, In Jeong)
호서대학교 사회복지학부 교수

이혜경(Lee, Hyekyung)
건양대학교 사회복지학과 교수

임정원(Lim, Jung-Won)
강남대학교 사회복지학부 교수

장수미(Jang, Soo Mi)
청주대학교 사회복지학과 교수

정선영(Jung, Sun Young)
국립한국복지대학교 사회복지과 교수

한인영(Han, In Young)
전 이화여자대학교 사회복지학과 교수

가족복지론(2판)

Family Social Welfare (2nd ed.)

2015년 2월 7일 1판 1쇄 발행
2019년 9월 20일 1판 5쇄 발행
2020년 3월 10일 2판 1쇄 발행
2024년 3월 25일 2판 6쇄 발행

지은이 • 최정숙 · 강향숙 · 김경희 · 김선민 · 김유정 · 김주현
김지혜 · 박형원 · 백형의 · 우재희 · 이영선 · 이예승
이인정 · 이혜경 · 임정원 · 장수미 · 정선영 · 한인영

펴낸이 • 김 진 환

펴낸곳 • (주) 학지사
04031 서울특별시 마포구 양화로 15길 20 마인드월드빌딩 5층

대표전화 • 02) 330-5114 팩스 • 02) 324-2345

등록번호 • 제313-2006-000265호

홈페이지 • http://www.hakjisa.co.kr
인스타그램 • https://www.instagram.com/hakjisabook

ISBN 978-89-997-2047-5 93330

정가 **20,000원**